Stefan Merath
Der Weg zum erfolgreichen Unternehmer

Stefan Merath

Der Weg zum erfolgreichen Unternehmer

Wie Sie und Ihr Unternehmen neue Dynamik gewinnen

24. Auflage

Externe Links wurden bis zum Zeitpunkt der Drucklegung des Buches geprüft.
Auf etwaige Änderungen zu einem späteren Zeitpunkt hat der Verlag keinen Einfluss.
Eine Haftung des Verlags ist daher ausgeschlossen.

Bibliografische Information der Deutschen Nationalbibliothek

Die Deutsche Nationalbibliothek verzeichnet diese Publikation
in der Deutschen Nationalbibliografie; detaillierte bibliografische Daten
sind im Internet über http://dnb.d-nb.de abrufbar.

ISBN 978-3-89749-793-1

24. Auflage 2025

© 2008 by GABAL Verlag GmbH, Schumannstraße 155, D-63069 Offenbach,
info@gabal-verlag.de
Projektleitung: Dr. Sandra Krebs
Lektorat: Anke Schild, Hamburg
Umschlaggestaltung: Martin Zech, Bremen | www.martinzech.de
Umschlagfoto: Ted Levine / zefa / Corbis
Autorenfoto: Orhidea Briegel
Satz und Layout: Das Herstellungsbüro, Hamburg | www.buch-herstellungsbuero.de
Druck und Bindung: Salzland Druck GmbH & Co. KG, Löbnitzer Weg 10, D-39418 Staßfurt,
vertrieb@salzland-druck.de

Alle Rechte vorbehalten. Vervielfältigung, auch auszugsweise, nur mit schriftlicher
Genehmigung des Verlages. Der Verlag behält sich das Text- und Data-Mining nach
§ 44b UrhG vor, was hiermit Dritten ohne Zustimmung des Verlages untersagt ist.

Wir drucken in Deutschland.

www.gabal-verlag.de
www.gabal-magazin.de
www.facebook.com/Gabalbuecher
www.x.com/gabalbuecher
www.instagram.com/gabalbuecher

Inhalt

1. **Zusammenbruch** 7
2. **Fachkraft oder Unternehmer? (Samstag, 4. März)** 12
   2.1 Entscheidender Engpass 12
   2.2 Aufgaben des Unternehmers 26
   2.3 Stärken, Werte und Träume 62
   2.4 Entscheidung und Commitment 107
3. **Erste Schritte (Sonntag, 5. März)** 125
   3.1 Rückgabe der Fachaufgaben 128
   3.2 Unternehmersystem 151
   3.3 Soziale Einbindung 199
   3.4 Manager und Unternehmer 217
   3.5 Arbeitsplan 235
4. **Werte, Strategie und Vision (Freitag, 17. März)** 247
   4.1 Werte 257
   4.2 Prinzipien der Strategie 294
   4.3 Zielgruppe 307
   4.4 Engpass der Zielgruppe 315
   4.5 Unternehmensvision 326
5. **Persönlichkeitsentwicklung (Samstag, 1. April)** 340
   5.1 Persönliche Entwicklungsplanung 349
   5.2 Glaubenssätze 366
   5.3 Umgang mit Emotionen 376

6. **Durchbruch (Mittwoch, 7. Juni)** 385

7. **Zielgerade (Samstag, 10. Juni)** 399

8. **Ernte (Donnerstag, 10. August)** 431

   Warum ich dieses Buch geschrieben habe **437**
   Persönliches Nachwort zur 20. Auflage **444**
   Literaturhinweise **453**
   Sach- und Personenregister **459**
   Über den Autor **463**

Zur Umsetzung der Methodik auf ihre individuelle Situation erhalten Leser dieses Buches unter www.unternehmercoach.com/tools kostenlos eine umfangreiche Tool-Sammlung zum Download.

1. Zusammenbruch

Vom Balkon meines Hotels in den Berchtesgadener Alpen genoss ich an einem strahlenden Augusttag den einzigartigen Blick auf den Hochkönig. Aber ich war nicht als Tourist hier und wollte auch nicht klettern. Ich war hier, um eine wichtige Entscheidung zu treffen. Eine Entscheidung über die Zukunft meines Unternehmens und eine Entscheidung über meine eigene Zukunft.

Eine Entscheidung, die mir vor einem knappen halben Jahr noch völlig undenkbar erschienen war. So viel war seither geschehen! Ich versuchte, mich möglichst genau zu erinnern, ganz in die Vergangenheit einzutauchen, und begann, in meinem Tagebuch, das ich seit dieser Zeit führte, zu blättern.

Vor einem halben Jahr also, es war Freitag, der 3. März 2006, saß ich ebenfalls in einem Hotelzimmer. Ich hatte an jenem 3. März abends eingecheckt, um die folgenden zwei Tage mit einem Unternehmercoach zu verbringen.

Offen gestanden fehlte nicht viel und ich wäre wieder abgereist, noch bevor ich diesen Unternehmercoach überhaupt gesehen hatte. Berater waren in meinen Augen schon immer Zeit- und Geldverschwendung. Und meine Erfahrungen mit den ersten Gründungsberatern bestärkten mich noch in dieser Ansicht. Die meisten von ihnen hatten selbst noch nie ein Unternehmen gegründet, wollten aber anderen Menschen erklären, wie es geht.

Als ich ebenjenem Unternehmercoach, Wolfgang Radies, bei unserem ersten Telefonat meine ablehnende Haltung deutlich machte, lachte er nur und gab mir recht: »Stimmt, bei neunzig Prozent aller Berater ist das so. Genauso, wie neunzig Prozent aller Filme, neunzig Prozent aller Mitarbeiter und neunzig Prozent aller Unternehmen nicht unseren Idealvorstellungen entsprechen. Sie müssen halt lernen, die zehn Prozent zu finden, die etwas taugen.« Damit war ich dann doch neugierig geworden und hatte zugesagt.

Meine Gedanken schweiften noch weiter zurück. Eigentlich hatte alles nochmals vier Jahre zuvor begonnen, Anfang 2002. Ich hatte gerade den Crash der New Economy zu spüren bekommen. Mein damaliger Arbeitgeber ging pleite und ich wurde arbeitslos. Zuerst wollte ich zwei Monate im Himalaja eine Trekkingtour machen, um meinen Kopf für eine neue Perspektive frei zu bekommen. Kurz vor meiner Abfahrt rief jedoch ein ehemaliger Kunde meines Ex-Arbeitgebers an, der ganz dringend eine Erweiterung der Software, die wir ihm programmiert hatten, benötigte. Also verschob ich die Abfahrt und sagte zu. So kam ich zu meinem ersten Auftrag. Oder genauer: So kam mein erster Auftrag zu mir.

Ich erweiterte also die Software seines Internetportals um die gewünschten Funktionen. Noch während ich dabei war, fragte ein weiterer ehemaliger Kunde nach und ich nahm auch diesen Auftrag an. Dann folgte ein Auftragsloch. Eigentlich hätte ich nun meine Trekkingtour machen können, aber ich befürchtete, dass ich danach keine neuen Aufträge bekäme. Also blieb ich zu Hause und akquirierte neue Aufträge. Schließlich gewann ich meine ersten »eigenen« Kunden.

Meine Tätigkeit gewann immer neue Dynamik und ich schuftete nun schon sechzig bis siebzig Stunden pro Woche, um alles abzuarbeiten. Damals, im Jahr 2002, war das viel und zeugte von ersten Erfolgen. Vor einem halben Jahr hingegen, im Februar 2006, wäre mir das wie Faulenzen erschienen. Anfang 2003 musste ich einen ersten Mitarbeiter einstellen, da ich die Aufträge andernfalls nicht mehr bewältigt hätte. So fragte ich Ann, eine befreundete Web-Programmiererin, ob sie bei mir arbeiten wolle. Und um dem Unternehmen auch eine Form zu geben, gründete ich mit den Einnahmen des ersten Jahres eine GmbH, die WWW GmbH. Der Name war aus einer Bierlaune entstanden: Willmanns Wahnsinns-Websites. Thomas Willmann, das bin ich. Aber wir waren damals alle noch von der New Economy berauscht.

Im zweiten und dritten Jahr legten wir aus eigener Kraft ein beachtliches Wachstum hin. Mitten im Niedergang der New Economy zog ich ein dynamisches New-Economy-Unternehmen hoch. Ich fühlte mich unverwundbar. Ich war der König. Der König von vierzehn weiteren Mitarbeitern. Nicht, dass ich das ausgenutzt hätte, aber ich fühlte mich sehr wichtig und bedeutend. Es gab nichts, was ich nicht konnte. Deshalb mischte ich überall mit. Ich programmierte, ich machte die Buchführung, den Vertrieb, den Support. Ich stellte Mitarbeiter ein und entließ andere. Inzwischen arbeitete ich neunzig Stunden und mehr und fühlte mich wohl dabei. Ja, man kann sagen, dass ich damals auf meine Leistungen stolz war.

2005, im vierten Jahr meines Unternehmens, verlangsamte sich alles. Wir blieben insgesamt fünfzehn Mitarbeiter. Die Umsätze stagnierten und wir machten erste leichte Verluste. Trotz Wirtschaftsaufschwung. Zwar hatte ich eine Kontokorrentlinie von 100 000 Euro und dort noch ordentlich Luft, aber dennoch begann ich mir langsam Sorgen zu machen. Allein die Gehälter und Lohnnebenkosten lagen bei knapp 60 000 Euro im Monat.

Oft konnte ich nicht mehr richtig schlafen oder fühlte mich ziemlich schlapp. Anfang Februar 2006 schickte mir meine damalige Partnerin eine E-Mail, in der sie mir das Ende unserer Beziehung mitteilte: »Ich hätte es Dir gerne persönlich gesagt, aber Du hattest in den letzten zwei Wochen keine Zeit für ein Gespräch – übrigens genauso wenig wie in den zwei Jahren zuvor.«

Ziemlich geschockt fand ich am selben Tag die Kündigung von Bernd Schaad, unserem Account-Manager, auf meinem Schreibtisch. Er war erst gar nicht mehr zur Arbeit erschienen, da er noch so viel Resturlaub hatte. Das war das erste Mal seit über vier Jahren, dass ich einfach das Büro verließ und nach Hause fuhr. Ich wollte etwas Zeit für mich haben.

Kaum war ich dort angekommen, klingelte das Handy. Maria, meine Sekretärin, teilte mir mit, dass uns einer unserer Kunden verklagte, weil er mit unseren Leistungen nicht zufrieden war. Laut fluchend warf ich das Handy in die Ecke und stierte es einige Zeit an. Dann nahm ich meinen Autoschlüssel. Wieder keine Zeit zum Nachdenken: Krisenmanagement war angesagt.

In den folgenden Tagen übernahm ich auch die Vertriebsarbeit von Bernd Schaad und hätte wohl erstmals eine 110-Stunden-Woche erreicht, wenn nicht, ja wenn nicht alles anders gekommen wäre. Ann kam zu mir ins Büro und legte ihre Kündigung auf den Tisch. Sie finde alles zu perspektivlos und inhaltsleer. Und sie würde mit zwei Freunden mit dem Fahrrad in achtzig Tagen von Berlin nach Peking fahren. Etwas irre war sie schon immer. Aber so irre? Und ausgerechnet jetzt? Sie entgegnete nur, dass es immer besser sei, von Bord zu gehen, bevor das Schiff ganz untergegangen sei.

Etwas konsterniert schaute ich sie an. Untergehendes Schiff? Und genau in diesem Moment bewegte sich die Tischplatte ganz langsam von links nach rechts durch mein Gesichtsfeld. Dort tauchte dann auf einmal mein Computer auf, der sonst immer unter dem Tisch stand. Das kam mir merkwürdig vor. Dann wurde alles dunkel.

Später wachte ich im Krankenhaus auf. Ich fühlte mich wie durch den Fleischwolf gedreht. Ich, Thomas Willmann, der unverwundbare König, war einfach zusammengeklappt. Wegen einer simplen Kündigung. Die Ärztin verordnete mir drei Wochen Ruhe – ohne Arbeit, ohne E-Mails, ohne Telefon. Zuerst versuchte ich dies zu umgehen, scheiterte dabei aber an Maria. Sie nahm das Verbot der Ärztin offensichtlich ernst, warf mich aus der Leitung und ließ meinen E-Mail-Account von unserem Administrator sperren. Ich war zu schlapp, um dagegen vorzugehen. Aber ich nahm mir vor, nach meiner Rückkehr in meine Firma ein Wörtchen mit ihr zu reden. Das war schließlich meine Firma und nicht ihre!

In den folgenden Tagen wurde ich etwas ruhiger. Schließlich besuchte mich eine Bekannte, ebenfalls Unternehmerin. Ich hatte sie immer bewundert: Sie schaffte es, ihr Unternehmen zu führen, eine erfüllte Partnerschaft zu leben und ihr Kind zu erziehen. Und wirkte dabei sehr ausgeglichen. Als ich ihr dies sagte, erzählte sie mir von diesem Herrn Radies. Sie wäre bis vor drei Jahren auch im Chaos ertrunken, aber dann hätte sich mit seiner Hilfe alles gewendet. Ich solle ihn doch anrufen, vielleicht könne er mir ja ebenfalls helfen. Zuerst lehnte ich ab, ich wäre ja schließlich in zehn Tagen wieder fit und gesund, aber meine Bekannte wählte einfach eine Nummer und drückte mir ihr Handy in die Hand.

Und nun hatten wir Freitagabend, den 3. März 2006. Die folgenden beiden Tage würde ich mit diesem Psychotypen Radies verschwenden und am Montag könnte ich mich wieder in meine eigentliche Arbeit stürzen. Es war mit Sicherheit viel liegen geblieben. Gut, dass ich mich einigermaßen fit fühlte.

2. Fachkraft oder Unternehmer? (Samstag, 4. März)

2.1 Entscheidender Engpass

Am nächsten Morgen kam ich einige Minuten zu spät in das Besprechungszimmer, das Maria im Hotel angemietet hatte. Herr Radies, ein Mittfünfziger, klein gewachsen, schlank, teuer und dezent gekleidet und dennoch etwas kauzig wirkend, wartete schon. Als ich ihn ziemlich zurückhaltend begrüßte, sah er mich leicht schräg von unten an. Immerhin schien er zu merken, dass meine Vorfreude nicht übermäßig groß war.

Er drehte sich um und ging zum Fenster. »Nehmen wir einmal an«, begrüßte er mich, während er durch die breite Fensterfront des Besprechungsraums ins grüne Tal blickte, »Sie könnten sich bei einer guten Fee eine Person wünschen, die Sie in Ihrem Unternehmen unterstützen würde. Was für eine Person wäre das?«

»Jemand, der mir einen großen Teil meiner Arbeit abnimmt!«, entgegnete ich, ohne nachzudenken.

»Dazu stellen Sie einfach jemanden ein. Wozu brauchen Sie da eine gute Fee?«, erwiderte Herr Radies leicht ungeduldig. »Also noch mal: Wenn Sie sich eine Person wünschen könnten, die Sie unterstützen würde, was für eine Person wäre das?«

Etwas nachdenklicher erwiderte ich: »Ich hätte gerne jemanden, der mir hilft, mein Unternehmen wieder auf den Wachstumspfad zu bringen. Jemanden, der Erfahrung hat und selbst Unternehmer ist.

Am besten jemanden, der auch schon solche stressigen Situationen durchgemacht hat. Zufrieden?«

Flink wie ein Wiesel bewegte sich Herr Radies zum Flipchart und schrieb:

- **Wachstum des Unternehmens**
- **Erfahrener Unternehmer**
- **Kennt Stresssituationen**

»Noch was?«, fragte er.

»Erst mal nicht«, schüttelte ich den Kopf. Irgendwie hatte ich den Verdacht, dass er mich reingelegt hatte.

»Gut, da Sie offensichtlich Ihre Hausaufgaben nicht gemacht haben, möchte ich Ihnen ein bisschen von mir erzählen.«

»Welche Hausaufgaben?«, erkundigte ich mich etwas irritiert.

»Nun, Sie hätten sich über mich informieren können. Wie sonst wollen Sie herausfinden, ob ich zu den zehn Prozent der Berater gehöre, die Ihnen in Ihrer Situation helfen können?

Also von vorne: Vor siebenundzwanzig Jahren gründete ich mein erstes Unternehmen. Elektronik-Versandhandel. Nach drei Jahren hatte ich fünfzig Mitarbeiter. Nach vier Jahren war ich pleite. Da mir Deutschland zu jener Zeit etwas zu ungemütlich wurde, ging ich in die USA und gründete dort ein neues Unternehmen. Verkauf von Apple-Computern. Das lief am Anfang wie geschnitten Brot. Bald hatte ich wieder dreißig Mitarbeiter und zahlte meine Schulden in Deutschland zurück.

Dummerweise hatte ich aber aufs falsche Pferd gesetzt. Apple setzte sich im professionellen Bereich nicht gegen den PC und im Consumer-Bereich nicht gegen Commodore und Atari durch. Ich hielt Apple selbst dann noch die Treue, als mein damaliges Idol, Steve Jobs, der Gründer von Apple, aus seiner eigenen Firma herausgeworfen wurde.

Mit Arbeitseinsatz versuchte ich dagegenzuhalten, brach aber gesundheitlich zusammen. Einer meiner Mitarbeiter übernahm in dieser Situation meine Firma für einen Appel und ein Ei.

Wochenlang machte ich erst mal gar nichts. Ich fühlte mich körperlich am Ende, depressiv und hatte starke Zweifel bekommen, ob ich als Unternehmer überhaupt etwas taugte. Schließlich begann ich in den USA herumzureisen und machte dabei die Bekanntschaft eines erfahrenen Unternehmers. Von diesem lernte ich drei Jahre lang das Einmaleins der Unternehmensführung, bekam wieder neuen Mut und ging unmittelbar nach der Wende zurück nach Deutschland. Seither habe ich drei Unternehmen gegründet. Eines dümpelt vor sich hin und zwei funktionieren ziemlich gut.«

Mit wachsender Neugier hatte ich zugehört. »Sie sind also gar kein Psychocoach?« Dabei fiel mein Blick auf das Flipchart. Lachend ergänzte ich: »Stattdessen kommen Sie von der guten Fee. Das ist natürlich was ganz anderes!« Nun, vielleicht würde der Tag doch noch spannend werden.

Herr Radies verdrehte leicht die Augen. Kopfschüttelnd entgegnete er: »Wieso wollten Sie einen Psychocoach? Wenn Sie Sportler sind, suchen Sie sich doch auch einen Coach, der schon mal dieselbe Sportart ausgeübt hat. Aber lassen wir das. Sie hatten mir am Telefon erzählt, dass Sie zusammengebrochen sind, und ich habe ein bisschen über Ihr Unternehmen recherchiert. Aber am besten schildern Sie mir noch mal die Entwicklung und die Herausforderungen aus Ihrer Sicht. Einverstanden?«

Ich nickte. Während ich Herrn Radies meine Geschichte erzählte, hörte er aufmerksam zu. Immer wieder schrieb er Stichworte auf gelbe Post-it-Zettel. Zwischendurch stellte er einige Fragen und schrieb auch dazu wieder Stichworte auf. Als ich fertig war, klebte Herr Radies acht beschriebene Zettel untereinander an das Flipchart. »Das sind die Dinge, die in den letzten Wochen schiefgegangen sind oder zumindest nicht so funktioniert haben, wie Sie sich das vorstellten. Ist Ihnen schon mal aufgefallen, dass das eine ziemliche Häufung von Problemen ist?«

»Ja, schon«, erwiderte ich, »aber das ist eben manchmal so, dass sich schlechte Ereignisse häufen. In anderen Zeiten häufen sich ja auch gute Ereignisse.«

»Sie sagen also, es sei eben manchmal so, dass sich schlechte Ereignisse häufen. Diese Beobachtung habe ich, wie Sie aus meiner Geschichte unschwer erkennen können, auch schon gemacht. Haben Sie sich denn schon mal Gedanken gemacht«, er machte eine lange Pause, »*warum* das so ist?«

»Nein, eigentlich nicht«, musste ich etwas verblüfft einräumen. »Ich nahm das als gegeben an. Manchmal häufen sich schlechte Ereignisse und manchmal gute.«

»Also ich finde, das ist eine ziemlich starke Häufung von Problemen«, insistierte Herr Radies, während er auf die Post-its zeigte. Er las vor:

- **Stagnation der Umsätze**
- **Keine Gewinne**
- **90 bis 110 Stunden Arbeit pro Woche**
- **Partnerschaft zu Ende**
- **Mitarbeiter laufen davon**
- **Kunden sind unzufrieden**
- **Keine Trekkingtour / 4 Jahre ohne Urlaub**
- **Gesundheitlicher Zusammenbruch**

»Und bei einer solchen Häufung kann man schon mal auf die Idee kommen, dass es einen inneren Zusammenhang gibt, finden Sie nicht?«

»Na ja, zum Teil schon«, gab ich zu. »90 bis 110 Stunden pro Woche vertragen sich schlecht mit Urlaub. Aber wie die ausbleibenden Gewinne mit dem Ende meiner Beziehung zusammenhängen sollten, sehe ich nicht.«

»Nun, der Zusammenhang ist ganz einfach: Es sind *Ihre* Gewinne, die ausbleiben, und es ist *Ihre* Beziehung, die scheiterte. Sie sind *selbst* der Zusammenhang. Treten Sie einmal ein Stück zurück und sehen Sie Thomas Willmann als lebendes System, das mit der Umwelt interagiert. Jedes lebende System wächst. Außer es gelangt an einen Engpass. Justus von Liebig hat dies bei Pflanzen gezeigt. Pflanzen brauchen verschiedene Nährstoffe. Fehlt einer, dann geht es nicht weiter – auch wenn Sie eine beliebige Menge der anderen Nährstoffe dazugeben. Die Pflanze lässt den Kopf hängen, die Farbe ändert sich, sie ist anfälliger für Schädlinge und zeigt vielleicht noch ein paar weitere Symptome.

Das Entscheidende ist: Es gibt in einem System zu einem bestimmten Zeitpunkt genau einen Engpass. Wenn dieser Engpass beseitigt ist, wächst das System weiter, bis es irgendwann auf einen neuen Engpass stößt. So gesehen verschiebt sich der Engpass an eine andere Stelle, wenn Sie den fehlenden Nährstoff zugeben. Irgendwann wird dann nämlich ein anderer Nährstoff fehlen. Experten wie Wolfgang Mewes, der Entwickler der engpasskonzentrierten Strategie, oder Eliyahu Goldratt, der Entwickler der ›Theory of Constraints‹, haben dieses Konzept in den Bereich der Unternehmensführung übertragen.

Was ich damit sagen will: Auch im ›System Thomas Willmann‹ gibt es zurzeit genau einen Engpass, der zu Ihren Problemen führt. Den gilt es zu finden.«

»Also soll ich jetzt bewerten, welches dieser acht Probleme das wichtigste ist, und wir fangen dann mit diesem Problem an?«, fragte ich.

»Nein, tun wir nicht«, schüttelte Herr Radies nachdrücklich seinen Kopf. »Das ist zwar das übliche Verfahren, aber es taugt nichts. Sehen Sie, das, was wir hier aufgeschrieben haben, sind die Symptome. Wir fangen aber nicht damit an, die Pflanze mit einem Faden hochzubinden, damit sie nicht mehr den Kopf hängen lässt. Wir werden sie auch nicht grün anmalen. Auch nicht, wenn wir das als das dringendste Problem empfinden. Das, was uns am dringendsten erscheint, ist nur in den seltensten Fällen der entscheidende Engpass des Systems. Wäre das anders, dann wären unsere Probleme ja meist schon gelöst,

> **Das, was uns am dringendsten erscheint, ist nur in den seltensten Fällen die wirkliche Ursache.**

bevor sie richtig akut würden. Wir wüssten ja sofort, wo wir ansetzen könnten und was wir tun müssen.

Was wir jetzt tun, ist etwas anderes. Wir halten uns an einen Rat von Einstein: ›Wenn man mir eine Stunde Zeit geben würde, ein Problem zu lösen, von dem mein Leben abhängt, würde ich vierzig Minuten dazu verwenden, es zu studieren, fünfzehn Minuten dazu, Lösungsmöglichkeiten zu prüfen, und fünf Minuten, um es zu lösen.‹ Wir studieren also das Problem und machen uns auf die Suche nach Ihrem Engpass. Einverstanden?«

»Ja, der Ansatz macht mich neugierig. Auch wenn ich offen gestanden noch nicht davon überzeugt bin, dass es nur einen Engpass gibt. Probieren wir es trotzdem aus!«

»Gut. Bitte seien Sie sich im Klaren darüber, dass auch meine Methode im Wesentlichen darauf basiert, die Zusammenhänge zu verstehen. Der größte Teil unserer gemeinsamen Arbeit wird also genau darin bestehen, diese Zusammenhänge zu durchleuchten. Die Lösung ergibt sich dann fast von alleine.

Für die ersten Schritte nutzen wir ein Verfahren, das von Eliyahu Goldratt entwickelt wurde, in leicht abgewandelter Form. Das dürfte Ihnen mit Ihren Fähigkeiten als Programmierer liegen. Wir versuchen, logische Ursache-Folge-Zusammenhänge in Ihre Symptome zu bringen. Daraus ergibt sich automatisch eine Vernetzung des Systems. Und so erkennen Sie dann den Engpass, an dem Sie ansetzen können. Beginnen wir!

Nehmen Sie sich einfach zwei Post-its, von denen Sie glauben, dass sie in einem Ursache-Folge-Zusammenhang stehen könnten. Kleben Sie diese ans Flipchart und malen Sie einen Pfeil dazwischen. Mir scheinen zum Beispiel die beendete Partnerschaft und 90 bis 110 Stunden Arbeit pro Woche so ein Punkt zu sein.«

»Ja, das war sicher eine Ursache, dass ich keine Zeit hatte«, stimmte ich zu.

»Dann kleben Sie«, forderte mich Herr Radies auf.

Die folgenden fünf Minuten verbrachte ich damit, verschiedene Ursache-Wirkungs-Zusammenhänge aufzukleben und Pfeile zu zeichnen. Danach hatte ich folgendes Bild.

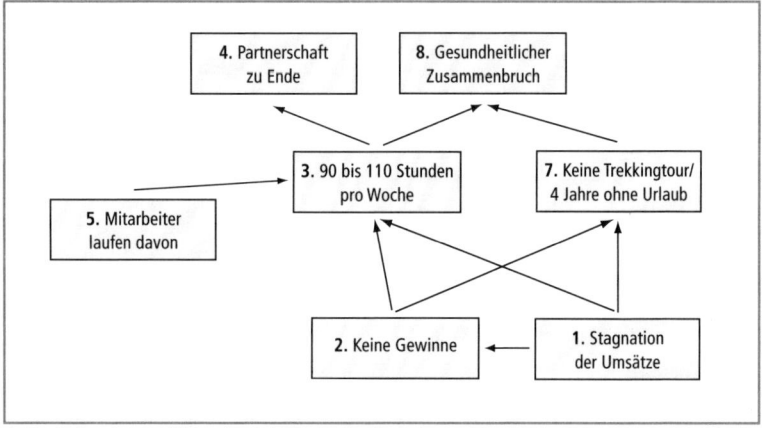

Ich trat einen Schritt zurück und betrachtete mein Werk. Auf der einen Seite erschien mir alles handhabbarer. Einige Probleme waren nur eine Folge von anderen. Dann fiel es mir auf: »Sehen Sie, Herr Radies, Ihre Theorie funktioniert nicht: Die unzufriedenen Kunden fehlen noch und es gibt zwei grundlegende Ursachen. Meine Mitarbeiter dürften mir nicht davonlaufen und ich müsste die Umsätze erhöhen, dann wäre alles in Ordnung. Finden Sie nicht auch?«

»Nein. Ich finde eher, dass Ihre Arbeit noch unvollständig ist. Nehmen wir einmal die unzufriedenen Kunden. Warum sind sie unzufrieden?«

»Nun ja, meine Mitarbeiter sind unmotiviert und ich kann nicht alles ausgleichen. Aber dafür haben wir keine Zettel.«

Herr Radies reichte mir lächelnd den Stift: »Dann malen Sie eben einfach noch welche.«

»Das hätten Sie mir auch früher sagen können, dass ich noch neue Zettel schreiben darf«, gab ich leicht verärgert zurück, während ich die beiden neuen Zettel anbrachte. Dabei fiel mir auf, dass es zwischen den unmotivierten Mitarbeitern und den davonlaufenden Mitarbeitern auch einen Zusammenhang geben könnte. Ich machte Herrn Radies darauf aufmerksam. Und er meinte, dass die Mitarbeiter vermutlich unzufrieden wären. Und deshalb unmotiviert wären und deshalb davonlaufen würden. Ich klebte einen weiteren Zettel an das Flipchart.

»Und warum sind Ihre Mitarbeiter unzufrieden?«, erkundigte sich Wolfgang Radies.

Offen gestanden, ich hatte keine Ahnung. Ann hatte etwas vom sinkenden Schiff erzählt, und so nahm ich an, dass es an den fehlenden Gewinnen liegen könne. Aber genau wusste ich das nicht. Diese Überlegungen teilte ich Herrn Radies mit.

»Und wie könnten Sie herausfinden, warum Ihre Mitarbeiter unzufrieden sind?«

»Ich könnte sie fragen«, schlug ich vor.

»Gute Idee«, strahlte Herr Radies. »Und warum haben Sie das bisher nicht gemacht?«

»Dazu hatte ich schlicht keine Zeit!«, entgegnete ich leicht genervt.

»Okay, dann machen Sie einen neuen Zettel: ›Keine Zeit für Mitarbeiter‹.«

Als ich den Zettel hingeklebt hatte, fiel es mir wie Schuppen von den Augen: Die unzufriedenen Kunden führten zur Stagnation der Umsätze. Also machte ich da auch noch einen Pfeil.

»Ist dies die einzige Ursache für die Umsatzstagnation?«, fragte Herr Radies.

»Nein, wir haben ziemlich viele und starke Konkurrenten.« Als ich das einzeichnete, schien ich die Ursache gefunden zu haben. Die starke

Konkurrenz führte zur Stagnation der Umsätze. Deshalb arbeitete ich mehr und daraus ergaben sich die ganzen restlichen Probleme. »Aber wie kann ich die starke Konkurrenz beseitigen?«

»Ach, das ist einfach«, erwiderte Herr Radies. »Durch eine bessere Strategie und Positionierung. Leider können Sie das bei sich nicht machen«, schüttelte er scheinbar traurig seinen Kopf. Dann grinste er. »Sie haben nämlich keine Zeit dafür.«

Also malte ich auch das ein und hatte nun folgendes Bild vor mir:

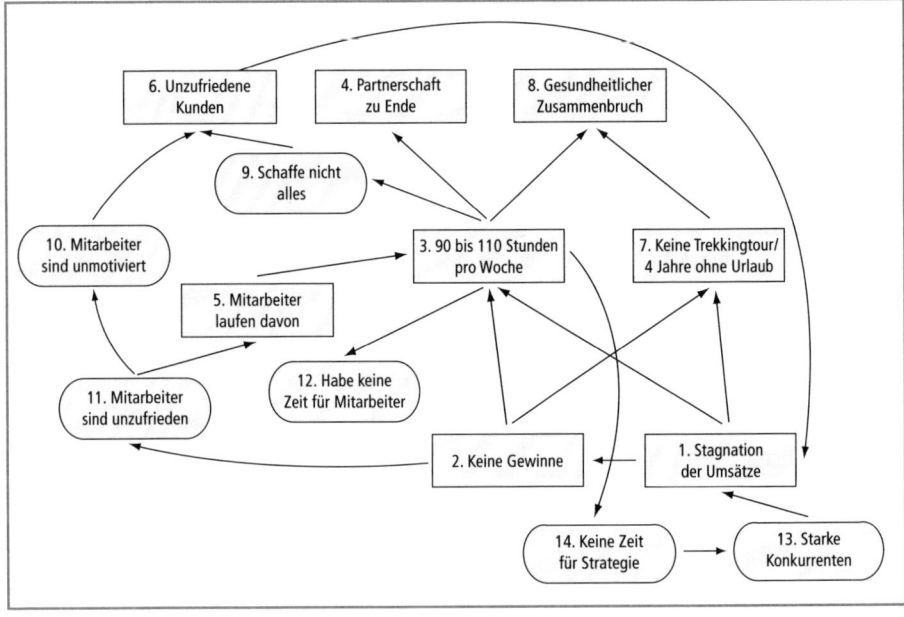

Lange schaute ich darauf und wurde zunehmend verwirrter. »Jetzt hängt alles mit allem zusammen. Zudem habe ich noch Rückkopplungen, und nun weiß ich erst recht nicht, wo ich beginnen soll. Das ist doch alles Mist!«

»Mist? Ich habe eher das Gefühl, jetzt eine einigermaßen angemessene Beschreibung Ihrer Situation vor mir zu haben. Sie sind zu ungeduldig, Herr Willmann«, schüttelte Herr Radies den Kopf. »Wir lichten das Dunkel jetzt. Gibt es einzelne Äste, die nur Folge, aber keine Ursache sind?«

»Ja, die Partnerschaft und der gesundheitliche Zusammenbruch«, nickte ich.

»Okay, das können Sie also erst mal vergessen.«

»Aber diese Äste könnten doch auch die Ursache von irgendetwas sein?«, wandte ich ein.

»Sicher, da haben Sie recht. Wenn wir das ›System Thomas Willmann‹ komplett beschreiben wollten, wäre das so. Unsere Aufgabe ist es jedoch, die Ursache für ein definiertes Bündel von Problemen zu finden. Und nach der bisherigen Zeichnung hat das Ende der Partnerschaft keinen wesentlichen Einfluss auf die restlichen Probleme. Also können wir das weglassen.«

»Prima, dann bleiben uns jetzt nur noch zwölf Kandidaten für den zentralen Engpass«, fasste ich leicht zynisch zusammen.

»Okay, nächster Schritt. Es gibt im Prinzip drei Sorten von Problemen. Erstens solche, die Sie direkt beeinflussen können. Wenn Sie die Hand auf der heißen Herdplatte haben, dann nehmen Sie die Hand einfach herunter und das Problem ist gelöst. Das ist Ihr Kontrollbereich.

Zweitens solche, die Sie indirekt beeinflussen können. Um Ihre Partnerschaftsprobleme zu lösen – vorausgesetzt, Sie wollen das noch mit Ihrer ehemaligen Partnerin –, könnten Sie sie um eine Aussprache bitten. Ob sie darauf eingeht, liegt aber nicht in Ihrer Hand. Sie haben Einfluss darauf, aber keine unmittelbare Kontrolle über das Ergebnis. Das ist Ihr Einflussbereich.

Drittens solche, die Sie gar nicht beeinflussen können, wie die Weltwirtschaftslage oder Ihre Erziehung durch Ihre Eltern. Das eine ist viel zu vielen Einflüssen unterworfen, sodass Ihr Handeln immer nur zufällig wirkt. Das andere liegt in der Vergangenheit und ist gar nicht mehr veränderbar. Diese Bereiche sind Ihr persönliches Universum. Dort suchen die meisten Menschen ihre Probleme am liebsten. Dort können sie nämlich nichts ändern und deshalb müssen sie nichts tun. Was uns aber heute interessiert, sind die Punkte, auf die Sie unmittelbaren Einfluss haben. Finden Sie da etwas?«

»Wieso interessieren uns gerade diese Probleme? Ist das nicht etwas willkürlich?«

Herr Radies lächelte: »Wenn Sie Ihre Situation nur abstrakt theoretisch beschreiben wollten, dann sicher. Aber Sie wollen Ihre Situation *ändern!* Wo sollten Sie sonst anfangen, wenn nicht an den Punkten, auf die Sie direkten Einfluss haben?«

Ich nickte. »Die einzigen zwei Punkte, auf die ich direkten und unmittelbaren Einfluss habe, sind die Trekkingtour und meine Arbeitszeit. Aber das geht doch nicht! Ich kann doch nicht einfach in den Urlaub fahren. Mir bricht doch alles zusammen!«

»Ich kann Sie beruhigen, Herr Willmann«, gluckste Herr Radies. »Sie müssen gar nicht in den Urlaub fahren. Der fehlende Urlaub ist zwar für Ihren gesundheitlichen Zusammenbruch verantwortlich, aber nicht die Ursache der anderen Punkte. Es bleibt also nur noch ein Punkt.«

»Ja, schön, aber das geht auch nicht! Ich muss doch die Probleme in meinem Unternehmen lösen und ich bin für alles verantwortlich.«

»Mal abgesehen davon, dass es nicht geht: Wenn es gehen würde, wären damit Ihre Probleme gelöst?«

Herr Radies ließ nicht locker. Und so betrachtete ich nochmals mein Werk. »Mal angenommen, ich hätte genügend Zeit, dann könnte ich mich um meine Mitarbeiter kümmern und ich könnte eine Strategie entwickeln. Dann wären meine Mitarbeiter und meine Kunden zufriedener und ich könnte meiner Konkurrenz ein Schnippchen schlagen. Dann hätte ich höhere Umsätze und mehr Gewinne und letztlich mehr Zeit. Dann könnte ich meine Trekkingtour machen und hätte vielleicht sogar die Energie für eine neue Partnerschaft. Ja, ich glaube, damit wären meine Probleme gelöst. Aber das geht nicht!« Langsam ging mir dieses Theoretisieren etwas auf die Nerven.

Herr Radies schien das zu überhören, indem er siegessicher zusammenfasste: »Also haben wir unseren einen zentralen Ansatzpunkt gefunden. Jetzt müssen wir nur noch schauen, warum es nicht geht und wie es gehen könnte. Und«, strahlte Herr Radies, »da haben Sie gerade eben schon die Antwort genannt.«

Ich wusste von nichts und schüttelte den Kopf. Herr Radies schaute mich lange an. Aber mir wurde immer noch nicht klar, welche Antwort er meinte. Deshalb schüttelte ich nochmals mit dem Kopf.

»Sehen Sie, Herr Willmann, Sie sagten eben, dass Sie die Probleme in Ihrem Unternehmen lösen müssten und für alles verantwortlich seien.«

»Das bin ich ja auch!«

»Das mag ja sein, aber stellen Sie sich vor, es käme wieder eine gute Fee – ich bin übrigens ein großer Fan von guten Feen«, lachte er, »eine gute Fee also, die Ihre Aufgaben auf andere Art lösen würde. Versuchen Sie sich wirklich in diese Situation hineinzuversetzen! Dann würde es doch gehen?«

»Ja klar, mit guten Feen funktioniert alles«, entgegnete ich bissig.

»Oh, vielleicht kennt Ihre gute Fee«, dabei machte er leicht tänzelnde Bewegungen, »eine Art, die Probleme anders zu lösen. Und eine Art, Ihnen die Zeit zu verschaffen, die Sie benötigen. Interessiert?«

Merkwürdiger Kauz. Aber neugierig hatte er mich jetzt gemacht. So nickte ich.

»Gut«, nickte er. »Zuerst möchte ich unsere Zeichnung jetzt vervollständigen. Was Sie bislang davon abhielt, anders vorzugehen, waren Ihre Glaubenssätze, vor allem die Glaubenssätze, dass Sie für alles verantwortlich seien und dass die Herausforderungen in Ihrem Unternehmen durch einen verstärkten Zeiteinsatz Ihrerseits gemeistert werden könnten.

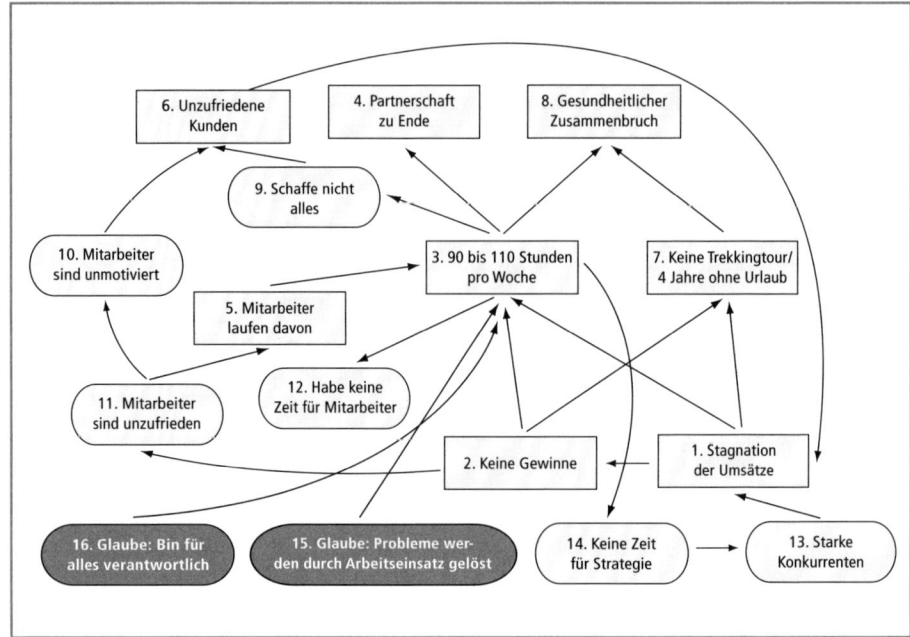

Solange Sie diese beiden Glaubenssätze haben und ihnen innerlich zustimmen, ist jeder andere Lösungsansatz verschwendete Zeit. Was auch immer Sie beginnen würden, irgendwann kämen Probleme, und Sie würden versuchen, diese mit dem Einsatz Ihrer Arbeitszeit zu lösen. Und dann begänne der Kreislauf von vorn.

Wir werden jetzt Folgendes machen: Zuerst eine kleine Pause, damit Sie sich nochmals alles vergegenwärtigen können. Falls Sie Einwände haben oder nicht völlig überzeugt sind, werden wir dies nach der Pause als Erstes besprechen. Falls Sie keine Einwände haben, beginnen wir gleich mit der Frage, wie diese Glaubenssätze entstanden sind. Danach erzähle ich Ihnen etwas von den grundsätzlichen Alternativen. Und dann durchforsten wir bis zum Mittagessen Ihren Zeitplan. Einverstanden?«

»Ja, fast. Kann man Glaubenssätze ändern?«

»Ja, kann man. Glaubenssätze sind ja Ihre persönlichen Überzeugungen. Überzeugungen beruhen oft nur auf wenigen Einzelbeispielen. Und es lassen sich für nahezu alle Überzeugungen auch widersprechende Beispiele finden. Sie haben in Ihrem Leben auch schon oft eigene Überzeugungen geändert. Meist deshalb, weil Sie ein paar Ihrem ursprünglichen Glaubenssatz widersprechende Dinge erlebt haben.

Bis dahin haben wir aber noch ein paar Schritte vor uns. Sie müssen sich nämlich zuerst entscheiden, ob Sie diese Glaubenssätze überhaupt ändern *wollen*. Und dazu müssten Sie wissen, zwischen was Sie sich eigentlich entscheiden. Ich bitte Sie also noch um etwas Geduld. Ich denke, wir werden heute Abend so weit sein. Okay?«

Ich nickte und Herr Radies verschwand für die nächsten zehn Minuten. Ich öffnete die Tür und trat auf die Terrasse. Es war ein kalter, aber strahlender Morgen im März.

Was war eigentlich passiert? Erst hatte ich keine Lust auf dieses Coaching und auf einmal waren wir mittendrin. Und ich hatte das Gefühl, wirklich etwas verstanden zu haben. Das, was ich vorher für einen Berg verschiedenster Probleme gehalten hatte, bekam auf einmal einen Zusammenhang.

Plötzlich wurde mir klar, dass auch meine Überlegungen der letzten Wochen, wie ich den Vertrieb nach dem Ausscheiden von Bernd Schaad wieder stärken könnte, am völlig falschen Punkt ansetzten. Wenn die Logik stimmte, und sie schien mir zu stimmen, dann hätte ich durch einen besseren Vertrieb mein Problem nicht gelöst, sondern verstärkt: Ich hätte noch weniger Zeit, die Kunden wären noch unzufriedener und die Umsätze wären wieder zurückgegangen. Dasselbe würde bei jeder anderen Maßnahme an jedem anderen Symptom auch passieren. Nur bei meinem Zeiteinsatz nicht.

Mir war zwar völlig schleierhaft, was meine gute Fee – ich musste innerlich grinsen – jetzt vorschlagen würde. Aber ich hatte den Eindruck, viel lernen zu können, wenn ich mich auf die Gedankengänge einließe. Ich musste mir eingestehen, dass ich begann, diesen Kauz zu mögen. Es irritierte mich nur, dass er zweimal selbst gescheitert war, und so fragte ich mich, ob ich von einem richtig erfolgreichen Unternehmer nicht noch mehr lernen könnte.

2.2 Aufgaben des Unternehmers

Kurz darauf kam Herr Radies wieder zurück. »Nun, haben Sie noch Fragen zum Bisherigen?«

»Ja, eine Frage«, entgegnete ich. »Wäre es nicht besser, wenn ich von einem Unternehmer lernen würde, der nicht auf die Nase gefallen und stattdessen so richtig erfolgreich ist?«

»Ach das!«, lachte Herr Radies. »Nun, Scheitern gehört zum Unternehmersein dazu. Viele berühmte Unternehmer sind zum Teil mehrfach gescheitert. Sie haben ja auch von Ihren Eltern das Laufen gelernt, obwohl diese als Kinder ebenfalls dauernd hingefallen sind. Aber das ist noch nicht einmal das Wesentliche. Das wirklich Entscheidende ist: Solange Sie Erfolg haben, müssen Sie nichts ändern. Sie sind nicht gezwungen, zu lernen und zu hinterfragen. Wenn Sie klug sind, tun Sie es natürlich trotzdem.

Aber wenn Sie Misserfolge haben, dann haben Sie die größte Chance zum Lernen überhaupt. Ich muss sagen, dass ich in meiner ganzen Unternehmerlaufbahn nie so viel gelernt habe wie in den zwei Fällen, in denen ich gescheitert bin. Zudem wäre ich ohne diese Erfahrungen überhaupt nicht offen für die Lehren meines Coachs gewesen. Und ich glaube auch, Sie wären überhaupt nicht hier, wenn Sie nicht zusammengebrochen wären.«

Nachdenklich nickte ich. Nein, ohne meinen Zusammenbruch wäre ich nicht hier. »Aber es gibt doch berufsmäßige Pleitiers, die man sofort an der Nasenspitze erkennt. Von denen würde ich nichts lernen wollen«, wandte ich trotzdem ein.

»Stimmt«, nickte Herr Radies, »ich auch nicht. Es gibt drei unterschiedliche Arten, mit dem Scheitern umzugehen. Die Angehörigen der ersten Gruppe bleiben einfach liegen und lecken für den Rest des Lebens ihre Wunden. Diese Menschen haben beschlossen, das Scheitern durch ihre Identität zu erklären: Sie denken, sie *sind* schlechte Unternehmer. Von dieser Gruppe können Sie nichts lernen. Sie haben nämlich recht: Sie sind schlechte Unternehmer.

Die verbleibenden zwei Gruppen können Sie ganz einfach unterscheiden. Fragen Sie nach dem Grund für das Scheitern. Bei der Gruppe, die Sie gerade genannt haben, war der Grund die Wirtschaftslage. Oder die gemeine Konkurrenz. Oder ein Kunde, der nicht bezahlt hat. Ein betrügerischer Mitarbeiter, die Banken, die Politik oder sonst jemand. Der Grund liegt bei dieser Gruppe jedenfalls nie beim Unternehmer. Das ist einerseits angenehm – sie müssen dann nichts ändern und nichts lernen, andererseits auch wenig hilfreich: Es wird nämlich immer eine schlechte Wirtschaftslage, einen Kunden, der nicht bezahlt, oder einzelne betrügerische Mitarbeiter geben. Und damit wird diese Gruppe wieder auf die Nase fallen und sich noch mehr bestätigt fühlen. Von dieser Gruppe können Sie auch nichts lernen.

Die letzte Gruppe sieht die Ursache hingegen in ihren Handlungen und Einstellungen. Sie kann die Fehler klar benennen und hat sich nächtelang, teilweise über Monate und Jahre hinweg, den Kopf zerbrochen, um eine Lösung zu finden. Das können Fehler wie eine falsche Strategie, aber auch eine falsche Einstellung oder falsche Glaubenssätze sein. Von diesen Fehlern habe ich eine ganze Menge gemacht. Sie können sich sicher sein, auf einige hätte ich wirklich liebend gern verzichtet. Dennoch denke ich im Nachhinein, dass der Preis für meine daraus folgenden Lernschritte nicht zu hoch war. Der Preis für großen Erfolg ist nahezu immer eine ebenso große vorausgehende Krise.

Vermuten Sie, dass Sie von dieser Gruppe etwas lernen könnten?«

Langsam nickte ich. »Entschuldigung, dass ich Ihnen da etwas zu nahe getreten bin. Ich wollte Sie nicht brüskieren oder so.«

»Das sollten Sie aber! Wie wollen Sie sonst etwas über die Dinge erfahren, die gerade in Deutschland normalerweise verschwiegen werden?

Ich nehme an, ich habe Ihre Frage beantwortet. Machen wir weiter?«

»Ja«, willigte ich ein.

Tätigkeitsübersicht

Herr Radies dachte einen Moment nach. Dann fuhr er fort: »Gut. Zuerst erstellen Sie gleich eine Liste mit all den Tätigkeiten, die Sie bislang ausgeführt haben. Dann schauen wir uns an, wie Sie zu diesen Tätigkeiten gekommen sind. Anschließend folgt ein eher theoretischer Teil, der Ihnen hilft, zu erkennen, welche Aufgaben Sie als Unternehmer ausführen sollten. Und mit dieser Grundlage schauen wir uns nochmals Ihre Liste mit den Tätigkeiten an. Einverstanden?«

Ich nickte.

»Gut, wenn Sie an Ihrem Umgang mit der Zeit ansetzen wollen, dann müssen wir als Erstes herausfinden, was Sie eigentlich den ganzen Tag machen.«

Ich verspürte einen leichten Vorwurf, fast so, als würde er sagen, dass ich meine Zeit verplempern würde, sagte aber nichts.

»Bitte machen Sie eine Tabelle mit drei Spalten: die erste für die Tätigkeitsbeschreibung, die zweite für Ihren Zeitaufwand pro Monat, die dritte kann ganz schmal sein und bleibt erst mal leer. Die Betrachtung der Tätigkeiten pro Monat ist vielleicht etwas ungewöhnlich, aber die einzelnen Wochen sind bei Unternehmern meist sehr unterschiedlich. Wir bekämen bei der Betrachtung einer einzelnen Woche ein verzerrtes Bild. Im Verlauf eines Monats gleichen sich die Tätigkeiten etwas aus. Für das, was jetzt kommt, reicht eine zusammenfassende Übersicht. Wenn wir später einmal an die Detailoptimierung gehen, brauchen wir es viel kleinteiliger, zum Beispiel im Zwei-Minuten-Takt. Jetzt reicht eine zusammenfassende Liste, aber schreiben Sie auf jeden Fall auf, wenn eine Tätigkeit sehr häufig oder mit vielen Unterbrechungen ausgeführt wird.«

Am Anfang tat ich mich sehr schwer. Ich hatte nur für Tätigkeiten wie Support und Software-Entwicklung, die ich direkt beim Kunden abrechnen konnte, eine vernünftige Zeiterfassung eingeführt; darüber hinaus hatte ich eigentlich keine klare Übersicht, was ich tat. So musste ich in vielen Bereichen schätzen. Nach etwa fünfzehn Minuten hatte ich folgende Tabelle erstellt, die mir einigermaßen stimmig vorkam:

Nr.	Aufgabe	Std./Monat
1.	Akquisebesuche vor Ort	70
2.	Software-Entwicklung	40
3.	E-Mails (rund 50 pro Tag, permanente Unterbrechungen)	40
4.	Mitarbeiterfragen beantworten (rund 20 am Tag, permanente Unterbrechungen)	25
5.	Support-Anfragen bearbeiten (ca. 4–5 pro Tag, permanente Unterbrechungen)	24
6.	Telefon (ca. 15 Gespräche pro Tag, permanente Unterbrechungen)	24
7.	Angebote erstellen	24
8.	Post beantworten (ca. 6 Briefe pro Tag)	20
9.	Projektleitung	16
10.	Networking (ca. 1 Abend pro Woche)	8
11.	Buchhaltung, Finanzen und Controlling	6
12.	Teambesprechungen	6
13.	Rechts- und Vertragsprobleme	4
14.	Werbe- und PR-Aktionen koordinieren	4
15.	Texte schreiben (Flyer, Mailings, eigene Website)	3
16.	Einstellungsgespräche	2
17.	Beratungsgespräche (Steuern, Recht, Banken)	2
18.	Diverses	20
Summe Stunden pro Monat		**338**

Als ich die Stunden zusammenrechnete, erschrak ich. Irgendwie wirkte die Zahl auf dem Papier schockierender, als wenn ich nur darüber sprach. Herr Radies sah, dass ich fertig war, und bat: »Zeigen Sie mal her.« Er überflog kurz die Liste und nickte. »Was fällt Ihnen an Ihrer Liste auf, Herr Willmann?«

»Na ja, es ist schon ziemlich viel Arbeit«, erwiderte ich. »Mehr als ich gedacht habe, als ich nur darüber sprach.«

»Und?«, fragte Herr Radies.

»Die Aufgaben Nr. 3 bis 6 könnte ich vielleicht etwas besser organisieren, um die Unterbrechungen zu vermeiden.«

»Wie viel Zeit würde das einsparen?«

»Vielleicht 20 Stunden im Monat?«, überlegte ich.

»Na toll, dann kämen Sie wenigstens mit Ihrer Zeit hin, wenn Sie sich duplizieren könnten. Aber nur, wenn Sie weiterhin nie in Urlaub gehen und ab sofort nie wieder krank sind«, schüttelte Herr Radies vehement seinen Kopf. »Was Sie brauchen, Herr Willmann, sind keine Peanuts, sondern eine Revolution! Gehen wir der Reihe nach vor.«

Fachkraft, Manager und Unternehmer

»Als Sie mit Ihrem Unternehmen begonnen haben, waren Sie allein. Richtig?«

»Ja«, bestätigte ich.

»Also war das Unternehmen mit Ihnen identisch. Alles, was Sie gemacht haben, hat auch das Unternehmen gemacht. Wenn Sie ins Gebirge gefahren wären, dann wäre Ihr Unternehmen auch im Urlaub gewesen. Wenn Sie wenig gearbeitet haben, haben Sie wenig verdient. Bei viel Arbeit haben Sie mehr verdient. Und wenn Sie etwas liegen gelassen haben, hat es keiner gemacht. Kann man das so sagen?«

»Ja, so ungefähr. Es gab natürlich auch Arbeit, an der ich nicht unmittelbar verdiente, wie Buchhaltung oder Akquise, aber im Großen und Ganzen stimmt das.«

»Gut, dann vergleichen Sie das bitte mit den zwei Glaubenssätzen, die wir vorher aufgeschrieben haben: dem Glauben, dass Sie für alles verantwortlich sind, und dem Glauben, dass Probleme durch Arbeitseinsatz gelöst werden. Man könnte auch noch den Glauben, dass Erfolg aus Arbeitseinsatz resultiert, hinzufügen. Fällt Ihnen da was auf?«

»Na klar! Das ist alles richtig! Wenn ich geglaubt hätte, dass ich nicht für alles verantwortlich wäre, dann wären die Sachen ja liegen geblieben. Und mit weniger Arbeitseinsatz hätte ich weniger Erfolg gehabt.« Siegessicher fügte ich hinzu: »Das sage ich Ihnen ja schon dauernd.« Während ich dies aussprach, schwand meine Siegesgewissheit allerdings: Herr Radies hatte sicher noch ein Ass im Ärmel.

Und so war ich völlig verblüfft, als er zustimmte: »Genau! Sie benötigen diese Glaubenssätze, wenn Sie ein Unternehmen gründen.« Nach einer kurzen Pause ergänzte er jedoch: »Das ist wie beim Flugzeug mit dem Fahrwerk. Ohne Fahrwerk kommen Sie nicht hoch. Und ohne Ihre Glaubenssätze wären Sie nicht losgefahren und hätten nicht beschleunigt. Sobald Sie aber in der Luft sind, ist das Fahrwerk hinderlich. Und wenn Sie Ihre Glaubenssätze nicht einpacken, sobald das Unternehmen abhebt, haben Sie ein Problem.

Wir benötigen jetzt einige Unterscheidungen, um weiterzukommen. Sie können sich also erst mal etwas zurücklehnen und zuhören. Diese Unterscheidungen basieren auf einer Grundidee des amerikanischen Autors und Unternehmensberaters Michael E. Gerber. In Deutschland leider fast unbekannt. Er trifft als einer der ersten und ganz wenigen Berater die Unterscheidung zwischen Fachkraft, Manager und Unternehmer.*

---

* Ursprünglich geht die Unterscheidung vermutlich auf den Nationalökonomen Joseph Schumpeter zurück. Heutzutage wird in aller Regel jedoch nur zwischen »Mitarbeitern« und »Führungskräften« unterschieden und dabei das Wesentliche übersehen. Es gibt lediglich einige wenige wissenschaftliche Untersuchungen, die sich auch mit den Unterschieden zwischen Managern und Unternehmern befassen. Mehr dazu in Kapitel 3.4.

Die Fachkraft ist der Macher. Sie reagiert auf Ereignisse, auf Dinge, die zu tun sind. Wenn etwas ansteht, macht sie es selbst. Sie lebt in der Gegenwart; Visionen und neue Ideen sind ihr suspekt. Feste Regeln engen sie ein. Sie ist glücklich, wenn sie Aufgaben und Probleme lösen kann – am besten auf dem schnellsten und direktesten Weg. Leider gibt es den Manager, der ihr Regeln vorgibt, und den Unternehmer, der ihr mitten in der Arbeit eine andere Aufgabe zuweist, weil er eine neue tolle Idee hat.

Der Manager ist derjenige, der Ordnung schafft. Dafür entwickelt er Systeme. Arbeit ist für ihn, ein System einzuführen und zu steuern, innerhalb dessen Aufgaben optimal gelöst werden können. Er definiert Abläufe, Strukturen, Standards und kontrolliert die Einhaltung. Er ist glücklich, wenn sein System funktioniert. Leider gibt es die Fachkraft, die immer alles anders macht, und den Unternehmer, der seine Systeme mit neuen Ideen aus dem Takt bringt und oft auch zerstört.

Der Unternehmer ist derjenige, der neue Visionen entwickelt. Er ist der Träumer und die Energie hinter allem und lebt in der Zukunft. Für ihn besteht die Welt, wie Michael Gerber es so schön ausdrückt, ›aus zwei Dingen – einer Fülle von Gelegenheiten und sich dahinschleppenden Füßen‹. Er ist glücklich, wenn er Träume verwirklichen kann – oder verwirklichen lassen kann. Leider gibt es für den Unternehmer immer die sich dahinschleppenden Füße der Fachkräfte und Manager.

Die Schwierigkeit ist: Sie brauchen alle Rollen in Ihrem Unternehmen – und diese Rollen widersprechen sich. Sie können deshalb niemals alle Rollen gleichermaßen gut ausfüllen. Die Phasen, in denen Sie mehrere dieser Rollen ausfüllen, sollten unbedingt die Ausnahme bilden.

Ich möchte es bildlich ausdrücken: Sie befinden sich in einem Dschungel. Dann benötigen Sie Leute, die mit Macheten den Weg frei räumen – die Fachkräfte. Außerdem benötigen Sie Leute, die die Arbeit einteilen, sodass niemand zu sehr ermüdet, aber trotzdem alle vorwärtskommen. Diese Personen überprüfen auch, ob einzelne Fachkräfte effektiver sind und warum dies so ist. Schließlich bringen sie den anderen die Optimierungen bei. Das sind die Manager. Und last, but not least gibt es noch einen, der oben im Baum sitzt und herunterruft: ›Hört mal zu, Jungs und Mädels, wir sind im falschen Wald.‹ Das ist der Unternehmer. Sie können nicht zur gleichen Zeit den Weg frei hacken, die Arbeit einteilen und auf dem Baum sitzen.

Das heißt, all diese Tätigkeiten unterscheiden sich durch den Anlass, warum sie ausgeführt werden, durch das Ziel, durch das, was eigentlich als Arbeit verstanden wird, durch die Arbeitsweise und das Ergebnis. Und leider unterscheiden sich diese Tätigkeiten nicht nur, sondern widersprechen sich auch, wie wir eben gesehen haben. Was dem einen als Arbeit erscheint, erscheint dem anderen nicht als Arbeit. Zum Beispiel erscheint dem, der hackt, das Sitzen im Baum nicht als Arbeit. Was für den einen wichtig ist, hat für den anderen keine Bedeutung. Zum Beispiel ist dem, der hackt, die freie Sicht im Baum völlig gleichgültig, für den auf dem Baum ist diese jedoch wesentlich. Was für den einen wertvoll ist, ist für den anderen lästig.«

Mir war ganz schummrig vor den Augen. Das, was Herr Radies hier erzählte, ließ sich durchaus auf mein Unternehmen beziehen. »Herr Radies, das erklärt eine ganze Menge! Ich verstehe plötzlich, warum manche meiner Programmierer genervt sind, wenn ich dauernd mit neuen Ideen ankomme. Ich verstehe, warum sie genervt sind, wenn die Projektleiterin einen Projektplan macht, und ich verstehe, warum die Projektleiterin genervt ist, wenn die Programmierer wieder eine neue, ungeplante Idee umsetzen. Ich verstehe, warum die Support-Mitarbeiter das Support-System meines zweiten Projektleiters nicht nutzen, und ich verstehe, warum dieser mittlerweile frustriert ist. Und warum die Support-Mitarbeiter und der andere Projektleiter nicht zuhören, wenn ich ihnen erzähle, dass der Support Chancen für ein Neugeschäft bieten könnte.

Und vor allem verstehe ich, warum ich mir selbst dauernd ein Bein stelle. Als Manager will ich sauberere Abläufe und als Fachkraft wehre ich mich dagegen. Als Unternehmer zerstöre ich mit meinen neuen

Ideen die wenigen Strukturen, die ich als Manager aufgebaut habe usw. Und ich hatte bislang immer gedacht, ein Unternehmer und ein Manager wären dasselbe.«

Herr Radies lächelte erfreut: »Da haben Sie eine der wichtigsten Unterscheidungen erkannt, die Sie treffen können. Unternehmer und Manager sind etwas völlig Unterschiedliches* – auch wenn sie in der Regel unter dem Label ›Führungskräfte‹ in einen Topf geworfen werden! Darauf werden wir noch öfter zurückkommen.«

Ich fuhr fort: »Es ist tatsächlich genau so, wie Sie es eben gesagt haben: Was für den einen wichtig ist, hat für den anderen keine Bedeutung. Was für den einen wertvoll ist, ist für den anderen lästig. Und das könnte auch der Grund dafür sein, dass ich oft abends nach Hause komme und das Gefühl habe, dass ich nichts geschafft habe. Ich nehme alle drei Rollen wahr und diese entwerten sich gegenseitig.«

»Ja, das ist bei Unternehmern sehr häufig so. Sie kommen nach einem Sechzehn-Stunden-Tag nach Hause und haben das Gefühl, nichts getan zu haben. Wenn Sie an Ihrer Strategie sitzen, sagt die Fachkraft in Ihnen, dass das keine Ergebnisse und Umsätze bringt. Und wenn Sie programmieren, ärgert sich der Unternehmer in Ihnen, dass er nicht zu den wichtigen Dingen kommt. Das ist doch ziemlich irre, oder? Und dann wundern Sie sich auch noch über Kopfschmerzen.«

»Aber wie löse ich das jetzt?«

---

* Hier handelt es sich *nicht* um die verbreitete Unterscheidung zwischen Leader und Manager aus der »Führungsdiskussion«. Während in dieser Diskussion ein Leader auch ein Manager ist, aber eben einer, der sich auch auf die Menschen und nicht nur auf die Dinge konzentriert, haben Unternehmer und Manager völlig unterschiedliche *Aufgaben*. Die Notwendigkeit, sich sowohl auf Dinge als auch auf Menschen zu konzentrieren, besteht hingegen für Manager und Unternehmer.

Selbstständige und Unternehmer

Herr Radies führte nun eine weitere Unterscheidung ein, nämlich die zwischen einem Selbstständigen und einem Unternehmer: »Ein Selbstständiger oder auch Freiberufler *ist eine Fachkraft,* die zum Teil die Aufgaben des Managers und des Unternehmers übernimmt. Und auch noch die Aufgaben anderer Fachkräfte, etwa Buchhaltung oder Vertrieb. Weil eben niemand anderes da ist. Weil der Freiberufler oder Selbstständige seine ureigene Fachtätigkeit liebt und sie nicht aufgeben würde. Und weil der Selbstständige die Aufgaben vieler Fachkräfte und des Managers und des Unternehmers ausführt, ist er sehr schnell überlastet. Und deshalb haben Freiberufler und Selbstständige auch nach vielen statistischen Untersuchungen die geringste Lebenserwartung.

Ein Unternehmer hingegen übernimmt *ausschließlich* die Aufgaben des Unternehmers. Dazu muss er anders denken, anders fühlen und anders handeln als ein Selbstständiger. Ich nenne dies die zweite unternehmerische Wachstumshürde. Die erste Hürde ist, auf die Startbahn zu kommen und zu beschleunigen. Die zweite Hürde ist, abzuheben und das Fahrwerk einzufahren. Auf der Startbahn und in der Luft gelten völlig unterschiedliche Regeln und Gesetze.«

Plötzlich fuhr es mir wie ein Geistesblitz durch den Kopf: »Jetzt verstehe ich! Ich habe mich bisher wie ein Freiberufler oder Selbstständiger verhalten. Und damit komme ich nur bis an eine bestimmte Grenze der Belastbarkeit. Das ist, wie wenn ich mit 300 Sachen die Startbahn entlangrase und nicht abhebe. Und dann treten die Konflikte und Probleme auf. Und zwar an allen Stellen gleichzeitig. Und die Lösung bestünde darin, ein Unternehmer zu werden. Richtig?«

»Exakt. Und irgendwann ist die Startbahn übrigens zu Ende – ich überlasse es Ihrem Vorstellungsvermögen, sich auszumalen, was dann passiert.«

»Gut, und Sie zeigen mir jetzt, wie ich abheben kann?«, freute ich mich.

»Ganz so schnell geht das nicht. Sie sind zu ungeduldig, Herr Willmann. Was Sie hier in Ihrem jugendlichen Leichtsinn erwarten, ist ein kompletter Berufswechsel. Oder noch weiter gehend: eine komplette Neuausrichtung Ihrer Persönlichkeit. Das ist mit Risiken und Gefahren verbunden. Und Sie haben nicht den leisesten Dunst, ob Sie das können oder gar wirklich wollen. Und«, bekräftigte er, »ich werde nicht mit Ihnen mit Volldampf in eine Richtung fahren, die Ihnen vielleicht gar nicht liegt.

Was wir bisher herausgefunden haben, ist jedoch schon eine ganze Menge. Kurz zusammengefasst können wir sagen, dass Ihre Probleme dadurch entstanden sind, dass Sie wie ein Selbstständiger gedacht, gefühlt und gehandelt haben. Für den Beginn exakt das Richtige. Später nicht mehr.

Wenn Ihr Unternehmen weiter wachsen soll, müssen Sie Unternehmer werden. Sie kommen nicht umhin, sich zu entscheiden. Und um sich entscheiden zu können, benötigen Sie zwei Dinge. Erstens eine grobe Vorstellung davon, was die Aufgaben des Unternehmers überhaupt sind. Zweitens eine Vorstellung davon, was Sie in Ihrem Leben eigentlich wollen.

Das Erste schauen wir uns jetzt noch an, das Zweite wird uns dann heute Nachmittag beschäftigen. Heute Abend sind Sie dann so weit, folgende Entscheidung zu treffen: ›Wollen Sie eine Zukunft als Selbstständiger oder eine Zukunft als Unternehmer?‹ Einverstanden?«

»Nein, ich glaube nicht, dass ich diese Zwischenschritte noch brauche!«, wandte ich ein. Es konnte mir plötzlich nicht schnell genug gehen.

»Sorry«, lehnte Herr Radies ab, »aber jetzt haben Sie vier Jahre als Selbstständiger verbracht. Dann kommt es auf ein paar zusätzliche Stunden auch nicht mehr an. Und Sie wollen bestimmt wissen, welche neuen Probleme Sie sich damit einhandeln«, grinste er.

Etwas in meiner Euphorie gedämpft, nickte ich: »Okay, also zuerst die Zwischenschritte.«

Wolfgang Radies lächelte zufrieden.

Zweck eines Unternehmens

»Michael E. Gerber, den ich vorhin schon erwähnte, hat eine sehr einfache, aber kluge Unterscheidung getroffen. Die Fachkraft arbeitet *im* Unternehmen. Manager und Unternehmer arbeiten nicht *im*, sondern *am* Unternehmen. Die Fachkraft Schmied arbeitet zum Beispiel am Pflug, der Manager und der Unternehmer arbeiten am Unternehmen, das Pflüge herstellt, also an der Schmiede. Der Manager ist dabei nach innen gewandt, der Unternehmer nach außen. Darauf gehe ich später und bei unseren folgenden Terminen noch genauer ein.

> **Die Fachkraft arbeitet *im* Unternehmen. Manager und Unternehmer arbeiten nicht *im*, sondern *am* Unternehmen.**

Wenn jemand an etwas arbeitet, sollte er den Zweck kennen. Ein Schmied, der den Zweck des Werkzeugs, das er gerade herstellt, nicht kennt, wird kaum ein gutes Werkzeug herstellen und schon gar nicht in der Lage sein, das Werkzeug zu verbessern. Er verbessert dann nämlich in die falsche Richtung. So ist ein Styropor-Pflug zwar schön leicht und verhindert Muskelkater, aber der Pflug erfüllt seinen Zweck nicht mehr. Genauso muss der Unternehmer zuerst den Zweck eines Unternehmens kennen.

Was würden Sie als den Zweck Ihres Unternehmens ansehen?«

»Na ja, ich habe damit meinen Lebensunterhalt verdient. Aber so genau habe ich mir darüber noch nie Gedanken gemacht. Es hat mir einfach Spaß gemacht und ich habe mich gut dabei gefühlt.«

»Das Unternehmen als Mittel, um sich als König zu fühlen«, lachte Herr Radies. »Auch ein Zweck. Aber der wird normalerweise nicht erwähnt.

Der am häufigsten genannte Grund lautet in der Softie-Form, damit seinen Lebensunterhalt zu verdienen, in der deutlichen Form, damit Profit zu machen. Ein Unternehmen hat nach dieser Ansicht den Zweck, Gewinne zu erwirtschaften und damit das Vermögen der

Anteilseigner oder Besitzer zu mehren. Dieses Konzept ist die Basis des vor allem in den USA verbreiteten Konzepts des Shareholder-Value.«

»Na klar«, warf ich ein. »Der Unternehmer soll reich werden. Also muss das Unternehmen so aufgebaut werden, dass es möglichst viel Profit macht. Richtig?«

Herr Radies schüttelte langsam, aber nachdrücklich den Kopf. »Wir entscheiden uns erst mal noch nicht. Sie sollten immer zuerst die Alternativen kennen, bevor Sie sich für irgendetwas entscheiden.« Er ging zum Flipchart. »Wir haben jetzt folgende möglichen Zwecke: erstens das Königsgefühl und zweitens Profit. Fallen Ihnen noch weitere Möglichkeiten ein?«

Ich dachte nach. »Ja, man schaltet das Radio zu einem beliebigen Zeitpunkt an und hört, dass die Wirtschaft und Unternehmen Arbeitsplätze schaffen sollen. Das wäre noch ein möglicher Zweck.«

Herr Radies nickte und schrieb: »Arbeitsplätze schaffen. Fallen Ihnen noch weitere möglichen Zwecke ein?«

Ich stand auf, schaute zum Fenster hinaus, aber kam auch nach einer Minute auf keinen weiteren Zweck. So schüttelte ich den Kopf.

»Nun, Herr Willmann, für wen machen Sie das, was Sie machen, eigentlich? Wer verwendet Ihre Produkte und Dienstleistungen?«

Klar, meine Kunden. Ich ging zum Flipchart und schrieb: »Den Kunden Nutzen bieten«.

Herr Radies fasste zusammen: »Wir haben jetzt vier Möglichkeiten. Ein Unternehmen kann vier mögliche Zwecke haben: erstens das gute Gefühl des Unternehmers, das Königsgefühl, zweitens den Profit, drittens Arbeitsplätze schaffen und viertens Kunden Nutzen bieten. Für welchen Zweck würden Sie sich nun entscheiden, wenn Ihnen nichts Weiteres mehr einfällt?«

Ich stand vor dem Flipchart und grübelte. Es erschien mir alles sinnvoll und erstrebenswert. Schließlich antwortete ich: »Ich kann mich nicht entscheiden. Alle Zwecke erscheinen mir vernünftig. Können wir nicht alle vier Zwecke nehmen?«

Herr Radies schüttelte lächelnd den Kopf. »Die meisten Menschen können sich nicht entscheiden. Deshalb wurde in den Zwanzigerjahren des letzten Jahrhunderts das Konzept der Stakeholder eingeführt, das neben den Unternehmern, Investoren, Mitarbeitern und Kunden zusätzlich noch die Lieferanten, Banken, Berater, die Öffentlichkeit und weitere Gruppen berücksichtigt. Nach diesem Konzept scheint es der Zweck eines Unternehmens zu sein, es möglichst allen recht zu machen. Damit dies hübscher aussieht, hängt meistens das Etikett ›Balance‹ oder ›Interessenausgleich‹ vorne dran. Damit waren dann die meisten glücklich. Der Punkt ist: ›Everybody's Darling ist Everybody's Depp.‹ Das gilt auch hier.

Es geht bei der Zweckfrage ja darum, wie ein Unternehmen aufgebaut wird, welche Handlungen also in bestimmten Situationen bevorzugt werden. Angenommen, ein Unternehmen gerät in Schieflage, dann wird derjenige, für den es vor allem um ein gutes Gefühl geht, vielleicht einen Geschäftspartner suchen oder aber auch in den Urlaub fahren. Der Profitorientierte wird so weit Kosten sparen, dass am Ende wieder eine schwarze Zahl steht. Der Freund der Arbeitsplätze wird sich vor allem um Subventionen zum Erhalt der Arbeitsplätze kümmern. Derjenige, der den Nutzen für den Kunden vor Augen hat, wird versuchen, den Nutzen seines Angebots zu erhöhen. Und der, der sich nicht entscheiden kann, wird entweder von allem ein bisschen tun, unendlich viele Meetings zum ›Interessenausgleich‹ abhalten und sich hoffnungslos verzetteln oder angesichts widersprüchlicher Handlungsanforderungen einfach in Duldungsstarre versinken und warten, dass alles vorübergeht. Und das geht es dann meist auch.

Je nach Zweck des Unternehmens werden Sie also unterschiedliche Handlungen bevorzugen. Und je nach Zweck des Unternehmens werden Sie, wenn Sie an Ihrem Unternehmen arbeiten, in eine andere Richtung optimieren. Und damit haben Sie je nach Zweck des Unternehmens als Unternehmer auch andere Aufgaben.« Er nickte mir aufmunternd zu. »Also noch ein Versuch?«

Ich konnte nur raten. »Im Wirtschaftsteil der Presse scheint es die einhellige Meinung zu sein, dass ein Unternehmen Profit erwirtschaften muss.«

Herr Radies entgegnete: »Das ist die häufigste Antwort. Die Presse beschäftigt sich, wie die ›Stiftung Familienunternehmen‹ herausgefunden hat, zu neunzig Prozent mit börsennotierten Aktiengesellschaften, obwohl diese nur zehn Prozent der Wirtschaftsleistung ausmachen. Und börsennotierte Aktiengesellschaften scheinen aus den weitaus meisten Blickwinkeln genau zu diesem Zweck zu existieren: um Profit zu machen. Dasselbe Bild haben Sie im Bereich der Managementliteratur: Neunzig Prozent der Bücher beziehen sich auf Management in Großunternehmen, in der Regel auf Management in börsennotierten Großunternehmen. Dadurch entsteht ein weitgehend verzerrtes Bild.

Aber ich möchte Sie nicht weiter schmoren lassen. Es waren mir bei dieser Übung zwei Dinge wichtig. Erstens, dass Sie erkennen, dass Sie sich entscheiden müssen. Sonst gehen Sie sowieso baden. Und zweitens, dass Sie sich ohne ein Kriterium gar nicht gezielt entscheiden können. Ein Unternehmen existiert nicht losgelöst von allem, sondern in einem gesellschaftlichen Kontext. Unternehmen haben sich historisch entwickelt, um in der Gesellschaft bestimmte Aufgaben zu erfüllen. Also gehen wir ganz einfach zurück in die Geschichte und schauen uns an, wie sich Unternehmen entwickelt haben.«

Ich verdrehe die Augen. »Geschichte? Sie meinen zurück zu Adam und Eva? Da hat sich doch seither einiges gewandelt!«

»Nicht so sehr, wie viele glauben und vor allem diejenigen, die von Neuerungen leben, also zum Beispiel die Beraterzunft, die Software-Industrie oder die Medien, glauben machen wollen«, schüttelte Herr Radies den Kopf. »Doch ich mache es kurz. Unternehmen sind aus der gesellschaftlichen Arbeitsteilung hervorgegangen, vor allem aus Handwerk und Handel. Der zivilisationsgeschichtliche Vorteil der Arbeitsteilung, also der Grund, warum diese sich gegenüber Gesellschaften ohne Arbeitsteilung durchgesetzt haben, ist schlicht, dass es effektiver ist.

Wenn ein Mitglied einer Gesellschaft besonders gut Metall bearbeiten kann, dann ist es effektiv, dieses Mitglied zu einem ›hauptberuflichen‹ Schmied zu machen. Seine Aufgabe ist es, die Gemeinschaft mit Metallwerkzeugen für Ackerbau oder Haushalt zu versorgen. Und dafür erhält es einen Anteil am Wohlstand der Gemeinschaft. Der Zweck seiner Tätigkeit ist es also, der Gemeinschaft, somit seinen Kunden, Nutzen zu bieten.«

»Sie meinen also, dass es der Zweck des Unternehmens sei, seinen Kunden Nutzen zu bieten?«

»Sehen Sie einen anderen Zweck?«

»In Ihrem Beispiel mindestens noch den, den Lebensunterhalt des Schmieds zu sichern.«

Herr Radies schüttelte den Kopf: »Kein Zweck. Der Schmied war vorher Bauer und hatte einen gesicherten Lebensunterhalt. Es macht keinen Sinn, vom gesicherten Lebensunterhalt auf das Risiko, von den anderen für Pflüge zu wenig zu bekommen, umzusteigen. Und vom Blickwinkel der Gemeinschaft aus betrachtet, ist der Lebensunterhalt des Schmieds nur notwendiger Bestandteil, damit er auch in Zukunft Pflüge herstellen kann. Also handelt es sich auch aus diesem Blickwinkel nicht um einen eigenständigen Zweck.«

Noch wollte ich mich nicht geschlagen geben: »Ja, schon, aber seit Adam und Eva hat sich die Welt doch deutlich verändert.«

»Okay, lassen wir das Dorf wachsen. Es benötigt mehr Werkzeuge und unser Schmied benötigt einen Gehilfen. Am Zweck des Unternehmens Schmiede hat sich nichts geändert: Die Aufgabe ist immer noch, die Gemeinschaft mit Werkzeugen zu versorgen. Und der Zweck des Unternehmens ist *nicht*, den Gehilfen mit Brot zu versorgen – auch wenn dies aus der subjektiven Sicht des Gehilfen so aussehen mag.

Angenommen, das Dorf wächst nun sprunghaft weiter, der Bedarf nach Werkzeugen steigt rasant und der Schmied würde gern noch mehr Werkzeuge produzieren, kann es aber nicht, weil er gar nicht die Mittel hat, einen weiteren Amboss zu bauen oder eine größere Esse zu kaufen. Nun geht er zum Geldverleiher, leiht sich Kapital, vergrößert damit seine Schmiede und stellt dann mehr Werkzeuge her. Der Zweck des Unternehmens Schmiede ist aber immer noch, die Gemeinschaft mit Werkzeugen zu versorgen. Und der Zweck des Unternehmens Schmiede ist es *nicht*, Zinsen für den Geldverleiher zu produzieren, auch wenn es diesem aus seiner subjektiven Perspektive so erscheinen mag. Wenn der Schmied die Gemeinschaft mit Werkzeugen versorgt, also Werkzeuge gekauft werden, kommt der Gewinn von allein.

Deswegen lassen Sie nie, nie, nie, nie«, Herrn Radies' Gesicht färbte sich etwas dunkler, »und damit meine ich wirklich: niemals, von den Stakeholdern, also den Mitarbeitern, Investoren, Lieferanten usw., über den Zweck des Unternehmens abstimmen. Sie bekommen falsche Sichtweisen hinein. Diskutieren Sie am besten noch nicht einmal darüber! Sie verzetteln sich sonst nur. Es gibt nur einen einzigen Zweck eines Unternehmens: Und das ist der, seinen Kunden Nutzen zu bieten.«

Das erschien mir etwas radikal. »Herr Radies, finden Sie Ihre Einstellung hier nicht etwas autoritär? Sie erheben hier den Anspruch, die Wahrheit für sich zu pachten!«

»Nein, tue ich nicht. Ich gebe Ihnen ein Beispiel. Noch mal ein historisches Beispiel. Ich hoffe, Sie vertragen noch so viel Geschichte«, grinste Herr Radies. »Frühes 16. Jahrhundert. Norddeutsche Tiefebene. Die Bauern dort hielten die Erde für flach, für eine Scheibe. Das war für ihre Zwecke ausreichend. Wenn Sie dort stehen und zum Horizont blicken, erscheint Ihnen alles flach. Völlig richtig.

Wenn Sie mit dieser Weltsicht jedoch ins neu entdeckte Amerika fahren oder wie Magellan die Welt umrunden wollen, dann haben Sie ein Problem. Sie brauchen eine übergeordnete Sicht der Dinge. Sie können sich als Kapitän eines Schiffes vom Bauern zwar ihre Verpflegung organisieren, aber Sie dürfen sich niemals auf eine Diskussion darüber einlassen, ob die Erde flach oder kugelförmig ist. Sie haben zwei schlechte Alternativen. Wenn Sie dem Bauern glauben, werden Sie unterwegs ertrinken. Und wenn Sie ihm nicht glauben, werden Sie auf dem Scheiterhaufen verbrannt. Also diskutieren Sie das niemals!

Genauso ist es beim durchschnittlichen Investor. Aus seiner Perspektive ist es völlig ausreichend, dass das Unternehmen eine Rendite erwirtschaftet. Aber mit dieser Perspektive können Sie kein Unternehmen aufbauen, weil das nicht der Zweck eines Unternehmens *ist*. Also diskutieren Sie niemals mit dem Investor über den Zweck. Auch nicht mit den übrigen Stakeholdern. Okay?«

Langsam nickte ich. Ich spürte, dass diese Entscheidung sehr weitreichende Konsequenzen haben würde. Noch konnte ich sie nicht benennen. Doch nach und nach fiel ein Druck von mir ab. Früher schien ich mein Unternehmen immer allein in den unendlichen Weiten des Weltraums zu navigieren. Der Vergleich mit Raumschiff Enterprise hatte mir dabei gefallen. Und es war mir sehr einsam vorgekommen. Nun hatte ich auf einmal das Gefühl, dass mein Unternehmen eine Bedeutung bekam, in etwas Größeres eingebettet war. Ich bat um fünf Minuten Pause.

Kunde des Unternehmers

Als ich nach einigen Minuten aus der Kälte des sonnigen Morgens wieder in der Raum trat, nickte ich Herrn Radies zu und fasste zusammen: »Also haben wir folgendes Ergebnis: Der einzige Zweck eines Unternehmens ist es, die Bedürfnisse der Kunden zu befriedigen. Auch wenn dies Investoren, manchen Mitarbeitern, Sozialpolitikern, Gewerkschaften oder Lieferanten nicht gefallen mag. Und was machen wir jetzt damit?«

Herr Radies ergänzte: »Wir kennen nicht nur den Zweck eines Unternehmens – und zwar jedes beliebigen Unternehmens. Wir wissen auch, dass es die Aufgabe eines Unternehmers ist, *am* Unternehmen zu arbeiten. Das heißt, genauso wie ein Schmied an seinem Werkstück arbeitet, arbeitet der Unternehmer am Unternehmen. Das Unternehmen ist somit das Produkt des Unternehmers. Ein Schuster produziert Schuhe, ein Programmierer produziert Programme und ein Unternehmer produziert Unternehmen.«

Ich überlegte: »Aber wenn es der Zweck des Schusters, des Schmieds und aller anderen ist, nützliche Dinge für ihre Kunden herzustellen, für wen stellt dann der Unternehmer das Unternehmen her? Wer ist dann der Kunde des Unternehmers?«

»Kluge Frage!«, lobte Herr Radies. »Ich hoffe an dieser Stelle immer, dass die Unternehmer, die ich coache, von selbst auf diese Frage kommen. Sie sind jedoch der Erste, der diese Frage wirklich gestellt hat. Auch in der Managementliteratur wird diese Frage nirgends gestellt. Ich sehe, Sie haben das Konzept voll verstanden!«

Das Lob tat mir gut. Allerdings konnte ich mich vor Neugier kaum halten: »Wer ist denn jetzt der Kunde des Unternehmers?«

Herr Radies klärte auf: »Das ist eigentlich ganz einfach. Sehen Sie, Sie werden Ihr Unternehmen nicht ewig führen. Entweder sind Sie irgendwann zu alt oder Sie möchten sich neuen Herausforderungen stellen. Und dann werden Sie das Unternehmen einem Nachfolger übergeben. Entweder innerhalb Ihrer Familie oder innerhalb der Belegschaft oder an einen Käufer außerhalb. Wer auch immer dies sein wird: Das ist der Kunde des Unternehmers.

Wie es die Aufgabe des Unternehmens als Organisation ist, seinen Kunden einen optimalen Nutzen zu bieten, so ist es analog die Aufgabe des Unternehmers als Person, seinem Kunden, nämlich seinem Nachfolger, einen optimalen Nutzen zu bieten. Das hat bei einem Verkauf aller Wahrscheinlichkeit nach einen gesteigerten Unternehmenswert zur Folge, ist aber etwas völlig anderes als die *angestrebte* Steigerung des Shareholder-Value oder Unternehmenswerts. Das Ziel ist die Schaffung und Erhöhung des Nutzens für den Nachfolger. Dazu muss das Unternehmen ohne Sie funktionieren. Da es dies in fünfundneunzig Prozent der Fälle nicht tut, sind fünfundneunzig Prozent der Unternehmer Sklave ihres Unternehmens. Und fünfundneunzig Prozent machen somit ihren Job nicht richtig.

Positiv ausgedrückt: Ein wirksamer Unternehmer, ein effektiver Unternehmer ist ein Unternehmer, der den Nutzen seines Unternehmens für seinen Nachfolger steigert.«

Jetzt war ich schon wieder verwirrt. Und es schien mir auch aktuell nicht wichtig zu sein. Warum sollte ich mich dafür interessieren, ob ich in dreißig Jahren mein Unternehmen an einen Nachfolger übergeben könnte oder nicht? Das fragte ich auch Herrn Radies.

»Sehen Sie her, es ist eigentlich ganz einfach.« Er ging ans Flipchart und erstellte eine schnelle Skizze.

Ein effektiver Unternehmer ist ein Unternehmer, der den Nutzen seines Unternehmens für seinen Nachfolger steigert.

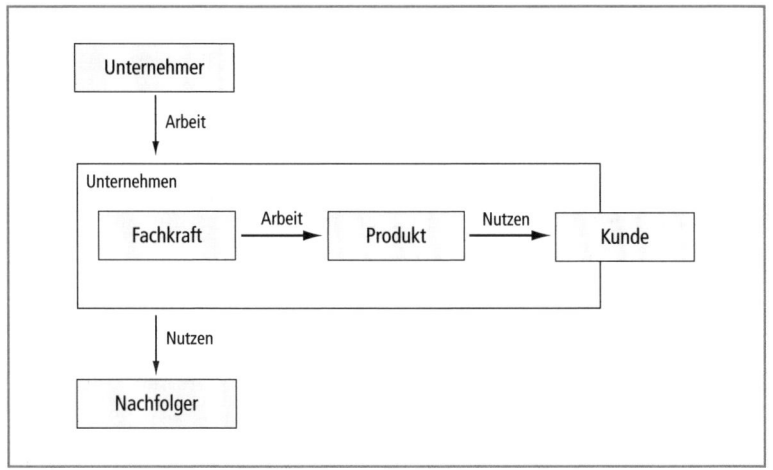

»Schauen Sie sich hier auf der Zeichnung das Grundprinzip an. Es ist nicht kompliziert, sondern nur etwas fremd. Es gibt zwei verschiedene Dimensionen. Die eine ist die Produktentwicklung oder Erbringung einer Leistung für den Kunden, also die Horizontale. Daneben gibt es die Vertikale, nämlich die Entwicklung des Unternehmens für den Nachfolger.

Gehen wir nochmals zu unserem Schmied zurück. Auch dieser hatte nicht nur die Aufgabe, Pflüge für die Bauern zu produzieren, er hatte darüber hinaus dafür Sorge zu tragen, dass irgendjemand nach seinem Ableben die Schmiede weiter betreiben konnte und so die

Funktionsfähigkeit der gesellschaftlichen Arbeitsteilung gewährleistet blieb. In kleinen Strukturen, also auch bei Kleinstunternehmen, können beide Funktionen von derselben Person wahrgenommen werden. In größeren Strukturen fällt dies auseinander.

Was die Sache aber so schwer zu verstehen macht, ist die Tatsache, dass es sich um extrem lange Zeiträume handelt. Ein Produkt, das für einen Kunden produziert wird, wird je nach Branche sofort, innerhalb weniger Stunden oder spätestens nach ein paar Monaten an den Kunden übergeben. Ein Unternehmen wird in aller Regel – mit Ausnahme von einigen wenigen New-Economy-Unternehmen – jedoch erst nach einer zweistelligen Anzahl von Jahren an den Nachfolger übergeben. Und in einem solchen Zeitraum wird sich die Welt verändert haben und dementsprechend müssen Sie auch Ihr Unternehmen verändern. Und es fällt uns Menschen sehr schwer, so weit vorauszudenken und gleichzeitig das jetzige Handeln an dieser Vision auszurichten. Meist sind nur Unternehmer aus sehr lange bestehenden Familienbetrieben darin geübt, in einer solchen Art zu denken.

Die Idee, erst kurz vor einer Übergabe das Unternehmen umzubauen, funktioniert in der Praxis einfach nicht. Wenn Sie nicht an den Nachfolger denken, ist die Versuchung ziemlich groß, das Unternehmen so zu konstruieren, dass Sie als Unternehmer im Zentrum stehen – man fühlt sich irgendwie größer und bedeutender. Als König, wie Sie es so schön sagten. Mit Blick auf eine Übergabe ist es jedoch zwingend erforderlich, das Unternehmen so zu konstruieren, dass es ohne Sie funktioniert. Ohne den ›König Unternehmer‹.

Wenn Sie es einmal auf eine gewisse Art und Weise aufgebaut haben, dann können Sie nicht einfach ein Jahr vor der Übergabe beginnen, das Unternehmen komplett umzubauen. Nicht nur, weil es organisatorisch schwierig wäre, sondern vor allem auch, weil Sie selbst es nicht können. Wenn Sie zwanzig Jahre lang alles getan haben, um im Zentrum zu stehen, dann können Sie nicht einfach den Schalter in Ihrem Kopf umlegen und sich dann innerhalb eines Jahres überflüssig machen.

Der entscheidende Punkt ist einfach: Wenn Sie die Rolle eines Unternehmers wahrnehmen wollen, dann müssen Sie so denken. Andernfalls sind Sie Fachkraft. Vielleicht auch Investor oder Manager. Aber nicht Unternehmer.«

Ich dachte einen Moment nach, während Herr Radies mich beobachtete. Zwar wurde mir das Modell theoretisch etwas klarer, aber ich konnte das nicht auf die Wirklichkeit in meinem Unternehmen übertragen: »Nun gut, ich verstehe den Ansatz. Trotzdem geht mir das zu schnell. Bitte noch mal zwei Schritte zurück. Ich kann mich doch nicht ausschließlich auf den Nutzen für die Kunden konzentrieren. Viele Kunden nehmen doch den ganzen Arm, wenn ich ihnen den Finger reiche. Ich verbrauche mich dabei doch noch mehr als jetzt schon. Und schließlich müssen meine Mitarbeiter und ich auch von etwas leben. Ich benötige also mindestens zwei Handlungskriterien!«

Herr Radies schüttelte den Kopf. »Hatten wir vorhin schon: Wenn Sie zwei Handlungskriterien haben, dann haben Sie ein Problem: Es steht Ihnen für beide Kriterien nicht mehr die volle Kraft zur Verfügung, sondern eben nur noch die halbe Kraft. Wenn es dumm läuft, gehen die beiden halben Kräfte auch noch in unterschiedliche Richtungen. Und es gibt einen schönen Spruch: ›Voller Einsatz bedeutet vollen Erfolg, halber Einsatz bedeutet keinen Erfolg.‹ Wenn es also irgend möglich ist, nur mit einem Kriterium auszukommen, dann sollten Sie das tun.

Aber ich verstehe Ihren Einwand. Die Lösung steht bereits dort am Flipchart.«

Ich starrte auf die Skizze, die Herr Radies gezeichnet hatte, und blickte ihn dann zweifelnd an.

»Schauen Sie, der Nutzen für den Nachfolger besteht darin, dass er seinem Kunden in der Zukunft einen möglichst noch hochwertigeren Nutzen bieten kann als Sie heute. Durch die zweite Dimension in der Grafik haben Sie sich aus der unmittelbaren Gefahr des Verbrauchens und Kaputtarbeitens befreit. Sie stehen nicht mehr unter der Fuchtel Ihrer aktuellen Zielgruppe oder, noch schlimmer, des einzelnen Kunden, Sie orientieren sich vielmehr an dem zukünftig erwarteten Nutzen Ihrer zukünftigen Zielgruppe.«

Ich schüttelte den Kopf: »Das klingt mir wie ein ziemlich bescheuerter Taschenspielertrick!«

Herr Radies lachte: »Gut, ich will es anders erklären. Es geht um die Frage der Identität von Weg und Ziel. Zwei Beispiele: Gandhis Ziele waren die Befreiung Indiens und eine gewaltfreie Gesellschaft. Und der Weg war ebenfalls Gewaltfreiheit. Jesu Ziel war die Nächstenliebe der Menschen untereinander und der Weg war ebenfalls Nächstenliebe. Ihr Ziel als Unternehmer ist der Nutzen für den Kunden und der Weg ist ebenfalls der Nutzen für den Kunden. Verstehen Sie? Durch diese Identität beseitigen Sie den größten Teil der handlungsblockierenden Widersprüche. Sie verzetteln sich auch nicht in widersprechenden Zielsystemen. Durch die Identität von Weg und Ziel entsteht reine Power, frei fließende Energie!

Vergessen Sie die zusätzliche Fokussierung auf die Gewinne. Darin, dass Sie in Zukunft noch mehr Nutzen bieten wollen als heute, ist die Notwendigkeit von Gewinnen bereits enthalten. Ohne Gewinne können Sie nur sehr schwer zusätzlichen Nutzen bieten. Sie müssen Gewinne also gar nicht mehr extra anstreben und sich damit von Ihrem Weg und Ziel ablenken. Und in dem Ziel, in Zukunft mehr Nutzen zu bieten, ist die Notwendigkeit des Lebensunterhalts und der Weiterentwicklung für Sie und Ihre Mitarbeiter ebenfalls enthalten.

> **Sie benötigen außer der Fokussierung auf den Nutzen keine zusätzliche Fokussierung auf die Gewinne: In dem Ziel, in Zukunft noch mehr Nutzen zu bieten als heute, ist die Notwendigkeit von Gewinnen bereits implizit enthalten.**

Gewinn ist eine notwendige Funktion des Unternehmens, da der Zweck des Unternehmens nicht nur darin liegt, seinen Kunden einen Nutzen zu bieten, sondern in Zukunft noch besseren Nutzen zu bieten. Man kann dies in gewisser Weise mit dem Blutkreislauf vergleichen:

Dieser ist auch notwendig für das Funktionieren des Körpers. Aber aus dem Blutkreislauf ergibt sich weder Zweck noch Sinn noch Schönheit des Lebens. Ganz im Gegenteil: Wenn Sie sich in fünfzig oder hundert Prozent Ihrer Wachzeit auf Ihren Blutkreislauf konzentrieren, dann vergällen Sie sich Ihr Leben und machen dies sinnlos. Dann sind Sie nichts als ein paranoider Hypochonder. Die einzige sinnvolle Ausnahme ist, wenn Sie ernsthaft verletzt sind. Dann sollten Sie sich sogar auf Ihren Blutkreislauf konzentrieren.

Wissen Sie, aus diesem Blickwinkel erkennen Sie die Panik, die in den meisten Unternehmen herrscht – viele machen den Eindruck, von solchen paranoiden Hypochondern geleitet zu werden. Als Unternehmer haben Sie die Chance und die Pflicht, hinter die eigenen Gewinninteressen zurückzutreten. In börsennotierten Publikumsgesellschaften können Sie das natürlich vergessen. Den Investor interessiert weder das Wohl des Kunden noch das Wohl des Unternehmens, ihm geht es einzig und allein darum, ob sein Investment bei möglichst geringem Risiko eine möglichst hohe Rendite abwirft. In dem Maße, wie Sie dem Investor Einflussmöglichkeiten auf das Unternehmen einräumen, institutionalisieren Sie den Wahn. Hier liegt wohl einer der wichtigsten Gründe, warum Familienunternehmen in den letzten zwanzig Jahren auch bei der Heranziehung des eingeschränkten Maßstabs des Unternehmenswerts deutlich besser abgeschnitten haben als die Publikumsgesellschaften.

Natürlich ist es nicht einfach, hinter seine eigenen Gewinninteressen zurückzutreten. Das ist mit Kampfsport vergleichbar, Sie müssen lernen, hinter die eigenen Schmerzen zurückzutreten. In dem Moment, in dem Sie Ihren (möglichen) Schmerzen Raum geben, haben Sie verloren.«

»Aber wie kann ich das machen? Dieses Bedürfnis nach Gewinn kommt doch ganz automatisch?«

»Vier Ansätze. **Erstens,** indem Sie sich auf das konzentrieren, was Ihnen wichtig ist, nämlich auf Ihre *Werte*. Sie überstrahlen damit einfach das Bedürfnis nach Gewinn. Irgendwann verliert der Gewinn seine Bedeutung. Oder genauer: Der Gewinn bekommt seine Bedeutung nur in dem Kontext, in dem Sie auch Ihre Werte verwirklichen können. Das geht nämlich zumeist besser mit Gewinn.

Zweitens durch *Vertrauen*. Lernen Sie, darauf zu vertrauen, dass Sie sowieso immer genügend erhalten werden, solange Sie sich auf den Nutzen für Ihre Kunden fokussieren. Wieder wie ein Kampfsportler. Im Laufe der Zeit lernt er, dass er weniger Schmerzen haben wird, wenn er sich voll und ganz auf den Kampfablauf konzentriert. Wenn Sie etwas Nützliches für den Kunden produzieren, hat dieser ein Interesse daran, dass Sie auch morgen noch da sind.

Drittens, indem Sie *privaten Wohlstand* aufbauen. Das heißt in wenigen Worten, dass Ihre finanziellen Wünsche und Bedürfnisse mit den Zinsen zu befriedigen sind, die Sie aus Ihrem Vermögen außerhalb Ihres Unternehmens erhalten. Das bedeutet zum einen natürlich den Aufbau eines finanziellen Vermögens, zum anderen aber auch eine Disziplinierung Ihrer Wünsche. Solange Ihre Wünsche schneller wachsen als Ihr Vermögen, sind Sie gezwungen, sich auf den Gewinn zu fokussieren.

Und **viertens** durch die *Identität von Weg und Ziel*. Viele Unternehmen versuchen vordergründig und kurzfristig dem Kunden zu nutzen, streben aber am langen Ende immer nur den Gewinn an. Da die meisten Menschen, die mit diesen Unternehmen zu tun haben, nicht blind sind, merken sie das. Deshalb werden diese Unternehmen unglaubwürdig. Kunden und Mitarbeiter beginnen die Einstellung zu kopieren, denken dann also ebenso gewinnorientiert und entziehen dem Unternehmen dadurch Lebenskraft. Erst in dem Moment, in dem Sie durch die oben in der Grafik dargestellte zweite Dimension eine Identität von Weg und Ziel schaffen, werden Sie konsistent, damit glaubwürdig und schaffen sich so reine Power! Das ist eine der wichtigsten und zentralsten Lehren, die ich Ihnen überhaupt mitgeben kann.«

Ich war nachdenklich geworden. »Das Konzept ist wirklich extrem einfach. Es ist nur völlig anders als alles, was ich bislang gedacht habe. Aber ist es nicht etwas zu idealistisch?«

Herr Radies schüttelte den Kopf: »Ich weiß wohl, dass viele Unternehmer, auch erfolgreiche Unternehmer, nicht so handeln, aber doch ein überraschend großer Teil handelt genau so. Gottlieb Duttweiler, der erfolgreichste Unternehmer der Schweiz im 20. Jahrhundert, hat sein Unternehmen an seine Kunden verschenkt; Sam Walton, einst der reichste Mann der Welt, fuhr mit einem verbeulten Pick-up durch die Gegend und wohnte in einem kleinen Einfamilienhäuschen; Andrew Carnegie, einer der größten Industriellen der USA, stiftete in nahezu jeder größeren Stadt der USA eine öffentliche Bibliothek. Auch wenn es nicht dem Dagobert-Duck-Bild der öffentlichen Wahrnehmung entspricht: Ein sehr großer Teil der wirklich erfolgreichen Unternehmer nutzt sein Vermögen *nicht* für privaten Luxus.

Vor einiger Zeit wurden Unternehmer zu ihrer Motivation befragt: Geld, Freiheit, Ideen verwirklichen etc. Von elf Möglichkeiten war der private Verdienst die elfte. Die Unternehmer, denen es einfach ums Kohlemachen geht, sind zwar lauter und eignen sich auch für die Medien besser als Angriffsobjekt, aber trotzdem sind sie in der Minderheit. Abgesehen davon wäre es für die meisten Leute einfach nur dumm, wenn sie aus finanziellen Gründen Unternehmer würden: Eine Untersuchung von B. H. Hamilton aus dem Jahre 2000 hat ergeben, dass Selbstständige und Unternehmer in den ersten zehn Jahren ihrer Selbstständigkeit durchschnittlich fünfunddreißig Prozent weniger verdienen als Angestellte in einer vergleichbaren Position.«

»Das widerspricht wirklich der öffentlichen Wahrnehmung. Und auch meiner bisherigen Wahrnehmung. Aber ich glaube Ihnen das jetzt einfach mal. Mir selbst war der Gewinn ja auch nicht so wichtig.« Nach einer kurzen Pause fuhr ich fort: »Mein Problem ist nun aber offen gestanden, dass ich noch immer keinen Schimmer davon habe, was ich jetzt praktisch tun soll.«

Aufgabenbereiche des Unternehmers

»Ach, der Rest ist jetzt einfach«, lachte Herr Radies. »Wenn der Schmied mal begriffen hat, wofür der Pflug gut ist, dann kann er seine Arbeit planen: Feuer machen, Eisen erhitzen und bearbeiten etc. Und bei uns geht es jetzt auch nur noch darum, herauszufinden, welche Tätigkeiten der Unternehmer ausführen muss, um ein Unternehmen mit hohem Nutzen für seinen Nachfolger zu produzieren.

Insgesamt hat der Unternehmer sieben Aufgabenbereiche.«

»Nur sieben verschiedene Aufgabenbereiche?«, wunderte ich mich. Bislang hatte ich vierzig und mehr unterschiedliche Tätigkeiten. »Wenn das stimmen würde«, überlegte ich, »dann hätte ich ja eine Zeitrevolution. Langsam verstehe ich, worauf Sie hinauswollen.«

»Diese sieben Aufgaben«, fuhr Wolfgang Radies fort, »haben Sie bei der Produktion von jedem beliebigen Gegenstand. Also auch bei einem Unternehmen. Sie müssen den Zweck und die Bedeutung des Gegenstands bestimmen, Sie benötigen einen zielgerichteten Plan, Sie müssen Energie und Rohstoffe auftreiben, Sie benötigen Platz und Zeit zur Produktion, Sie müssen produzieren, Sie müssen sich die richtigen Fähigkeiten aneignen und Sie müssen Ihr Produkt dem Kunden übergeben. Am besten gehen wir diese Aufgaben der Reihe nach durch. Und in späteren Workshops gehen wir dann bei den einzelnen Aufgaben ins Detail. Einverstanden?«

»Ja«, nickte ich.

»Gut. Der **erste Bereich:** *Vision & Werte*. Wenn Sie ein Unternehmen aufbauen möchten, benötigen Sie ein Bild davon, was das Unternehmen langfristig für die Gemeinschaft beitragen und nach welchen Grundprinzipien es funktionieren soll. Man könnte es auch anders formulieren: Sie brauchen ein Bild dessen, was Sie Ihrem Nachfolger übergeben wollen.

Dabei geht es nicht um die üblichen Visionsplattitüden wie Kundenorientierung etc.: Kundenorientierung ergibt sich unmittelbar aus dem Zweck von Unternehmen – das muss man nicht in der Vision nochmals wiederholen. Ein gutes Beispiel ist die alte Vision von Microsoft: ›Ein Computer in jedem Wohnzimmer‹.

Je genauer Sie wissen, wofür Ihr Unternehmen steht, desto zielgerichteter und energiesparender können Sie Ihr Unternehmen aufbauen. Wenn Sie hingegen am Anfang nicht wissen, ob Sie als Architekt eine klassische Villa oder ein Miethaus bauen wollen, werden Sie viele Umwege in Kauf nehmen müssen.

Natürlich sind Vision & Werte nicht statisch. Die Welt verändert sich und damit verändern sich auch die Chancen und Möglichkeiten Ihres Unternehmens. Deshalb umfasst dieser Aufgabenbereich eine kontinuierliche Arbeit.

Der **zweite Bereich** zielt auf *Strategie & Positionierung*. Während sich der erste Bereich vor allem auf den Bauplan in Bezug auf den Nachfolger richtet, geht es hier um die Kunden des Unternehmens. Natürlich besteht dabei ein innerer Zusammenhang, auf den wir später eingehen, aber wir können jetzt schon sagen, Strategie & Positionierung sind in der Perspektive kurzfristiger. Im ersten Bereich denken Sie in einer zweistelligen Anzahl von Jahren, bei Strategie und Positionierung sind wir im mittleren bis oberen einstelligen Bereich.«

»In der New Economy haben wir aber deutlich kürzere Zyklen«, warf ich ein. »Da können Sie keine Strategie für mehrere Jahre entwerfen.«

»Doch!«, beharrte Herr Radies. »Andernfalls ist die Strategie falsch. Aber darauf kommen wir in den nächsten Wochen noch zurück.

Im Prinzip geht es bei der Frage der Strategie darum, wie Sie mit dem geringsten Kräfteeinsatz den optimalen Nutzen bieten können. Je stärker dieser Nutzen empfunden wird, desto größer wird auch die Energie sein, die Ihnen zufließt.

Damit kommen wir zum **dritten Aufgabenbereich:** *externe Energie & Wachstum* organisieren. Hier geht es nicht um die Frage, wie viel Sie im nächsten Jahr mehr auf dem Konto haben als in diesem Jahr. Stattdessen geht es um zwei größere Themenkomplexe.

Zum einen könnten Sie die ersten beiden Aufgaben auch allein bewältigen. Dann sind Sie ein weitblickender Selbstständiger. Wollen Sie aber ein Unternehmen aufbauen, das an einen Nachfolger weitergegeben werden kann, muss es zwingend auch ohne Sie existieren können. Und damit ebenso zwingend mehr umfassen als nur Ihre Person. Das heißt, Sie benötigen externe Energie für Ihr Wachstum.«

»Was verstehen Sie denn unter ›externer Energie‹?«, fragte ich verwirrt dazwischen.

»Externe Energie ist all das, was der Organismus des Unternehmens aufnimmt, um zu wachsen: Begeisterung der Kunden, Mitarbeiter, Kapital, begeisterte Öffentlichkeit usw. Wie jeder Organismus Nährstoffe in einem bestimmten Verhältnis benötigt, so auch ein Unternehmen. Das heißt, Sie müssen sich um den permanenten Zufluss kümmern oder diesen organisieren.

Der zweite Themenkomplex des dritten Aufgabenbereichs ist fast noch wichtiger. Dabei geht es um die Wachstumsgesetzmäßigkeiten. Wenn ein neuer Mitarbeiter bei Ihnen beginnt, wie sorgen Sie dann für seine Integration ins Unternehmen? Mit welcher Motivation engagieren sich Ihre Mitarbeiter, und was tun Sie, um genau diese Motivation zu fördern? Was tun Sie, damit die Unternehmenswerte aktiv gelebt werden? Von welchen Mitarbeitern trennen Sie sich unter welchen Voraussetzungen?

Wie sieht Ihre Wachstumsstrategie aus? Sie können organisch wachsen wie die meisten Unternehmen, erkaufen sich damit aber permanente Umstrukturierungen. Oder Sie können durch Kopien Ihrer selbst wachsen wie bei einem Filial- oder Franchisesystem oder im Multi-Level-Marketing. Oder Sie können durch fraktale Zellteilungsmechanismen wachsen wie die Adolf Würth GmbH & Co. KG. Wenn Sie hier keine klaren Konzepte und Regeln haben, dann verliert Ihr Unternehmen seine Einheitlichkeit und beginnt zu wuchern. Es bekommt Unternehmenskrebs und stirbt.

Die **vierte Aufgabe** ist die *permanente ›Müllentsorgung‹*. Jedes Unternehmen sammelt alle möglichen Kunden, Informationen, Prozesse,

Finanzierungsquellen, Produkte, Rituale, Mitarbeiter usw. an. Diese gewinnt man im Laufe der Zeit möglicherweise lieb, aber sie tragen irgendwann vielleicht nichts mehr zum Zweck des Unternehmens bei. Alles überflüssige Fett kostet Energie. Um dies zu begrenzen, benötigen Sie einen Prozess, der zur systematischen Müllentsorgung beiträgt. Da die Müllentsorgung jeden einzelnen Mitarbeiter treffen kann, zum Beispiel indem man ihm seinen Lieblingskunden wegnimmt, der leider nur Geld kostet, oder noch extremer, indem man ihm seinen bisherigen Arbeitsplatz wegnimmt, wird sie meist verschleppt oder sabotiert. Letztlich kann nur derjenige dafür verantwortlich sein, der unkündbar außerhalb des Unternehmens steht: der Unternehmer.«

»Außerhalb des Unternehmens?«, warf ich fragend ein.

»Selbstverständlich außerhalb. Der Unternehmer arbeitet ja nicht *im* Unternehmen, sondern *am* Unternehmen. Dann kann er nicht innerhalb des Unternehmens sein. Wir kommen darauf später nochmals zurück.

Die **fünfte Aufgabe** ist es, die *Umsetzung zu sichern*. Sie können wahrhaft schöne Werte und Strategien aufschreiben, die von allen bewundert werden. Wenn Sie nicht sicherstellen, dass auch danach gehandelt wird, dann können Sie sich auch die ersten vier Aufgaben sparen. Sie sterben in Schönheit. Das Sichern der Umsetzung beinhaltet eine möglichst fokussierte Planung auf mehreren zeitlichen Ebenen und eine ebenso fokussierte Kontrolle.

In diesem Bereich findet sich auch die Kontrolle der Risiken. Werden diese nicht kontrolliert, gibt es keine Umsetzung und ohne Umsetzung keine Verwirklichung des Unternehmenszwecks.«

Die **sechste Aufgabe** ist die wichtigste und wird doch am häufigsten vernachlässigt: die *Entwicklung der eigenen Persönlichkeit*. Sehen Sie, Herr Willmann, das Unternehmen ist letztlich der Spiegel der Unternehmerpersönlichkeit. Beide können sich nur gemeinsam entwickeln. Die Aussage, dass der Unternehmer zumeist die Ursache für jede erfolgreiche Unternehmensentwicklung ist, ist genauso wahr wie die Aussa-

> **Das Unternehmen ist der Spiegel der Unternehmerpersönlichkeit. Beide können sich nur gemeinsam entwickeln. Wenn Ihr Unternehmen wächst, haben Sie zwei Möglichkeiten. Entweder Sie wachsen mit und Sie haben Erfolg. Oder Ihr Unternehmen wächst Ihnen über den Kopf und Sie gehen unter.**

ge, dass die meisten Unternehmen am Unternehmer scheitern.

Sie stehen im Lauf der Zeit immer wieder vor neuen Herausforderungen. Sowohl fachlich als auch in Bezug auf Ihre Kompetenzen als auch mit Blick auf Ihre Einstellungen. Diese Aufgabe müssen Sie genauso zielorientiert angehen wie alle anderen Aufgaben auch. Wenn Ihr Unternehmen wächst, haben Sie zwei Möglichkeiten. Entweder Sie wachsen mit und Sie haben Erfolg. Oder Ihr Unternehmen wächst Ihnen über den Kopf und Sie gehen unter.

Die **siebte Aufgabe** betrifft die *Übergabe des Unternehmens* an Ihren Nachfolger. Dabei handelt es sich weniger um den konkreten Prozess der Übergabe. Für Unternehmensverkauf oder Nachfolge gibt es Experten, die dies mit Ihnen durchführen können. Hier geht es vielmehr um eine Leitfrage, die Sie sich bereits vor der Gründung des Unternehmens stellen sollten: Für wen machen Sie das alles? In gewisser Weise schließt sich an dieser Stelle der Kreis zur Vision und den Werten.

Die siebte Aufgabe umfasst also die Bestimmung des Nachfolgers, die permanente Überprüfung, ob Sie auf dem richtigen Weg sind, und die fortlaufende Ausrichtung darauf, sich selbst arbeitslos zu machen.«

Plötzlich machte es bei mir Klick. »Mein Job als Unternehmer ist es also, mein Unternehmen so für meinen Nachfolger aufzubauen, dass es ihm einen optimalen Nutzen bietet. Und dafür muss ich von Anfang an bestimmte Dinge tun und andere lassen. Und mein eigenes Wohlergehen ist darin enthalten, sodass ich mich nicht darauf konzentrieren muss: Würde ich nämlich verhungern, dann könnte ich meinem

Nachfolger keinen Nutzen mehr bieten. Warum sagen Sie das nicht gleich so, dass man es versteht?«

Herr Radies verdrehte die Augen. »Weil das Alltagsverständnis ein halbes Dutzend Denkhürden aufbaut, sodass Sie gar nicht erst zu dieser Konsequenz kommen. Solange Sie glauben, dass es der Zweck des Unternehmens ist, Ihren Lebensunterhalt zu sichern oder Ihrem Königsbedürfnis zu dienen, solange Sie glauben, dass der Nachfolger keine Rolle spielt, oder solange Sie mit ›ausbalancierten Zielsystemen‹ arbeiten, sehen Sie das alles nicht. Aber ich bin froh, dass Sie mir so weit folgen konnten.«

Das klang mir doch etwas zu arrogant. Ich musste ihm auf jeden Fall zeigen, dass ich es begriffen hatte. »Wenn es der Job des Unternehmers ist, sich selbst arbeitslos zu machen, dann findet sich doch sicher auch jemand, der die sieben Aufgaben übernimmt?«, fragte ich hoffnungsvoll.

Herr Radies lachte: »Sie lernen schnell! Für einen Teil dieser Aufgaben können Sie automatisierte Systeme schaffen, einen anderen Teil können Sie delegieren, sobald Sie eine klare Vorstellung von den Aufgaben haben. Und wieder einen anderen Teil sollten Sie mithilfe von externen, spezialisierten Beratern angehen. Aber die Verantwortung für diese sieben Aufgaben bleibt bei Ihnen allein, solange Sie Unternehmer sind.

Mit einem kleinen Teil dieser Aufgaben haben wir bereits begonnen. Ich skizziere Ihnen das in folgender Mindmap:«

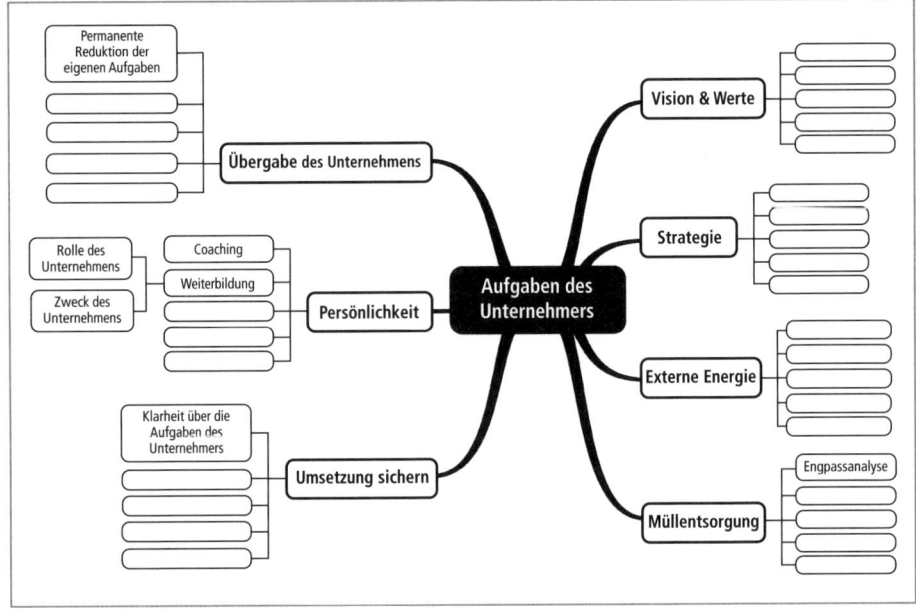

Ich ächzte: »Das ist ja noch fast alles leer!«

»Sie müssen ja nicht alles gleichzeitig lernen«, beruhigte mich Wolfgang Radies. »In den nächsten Wochen werden wir diese Mindmap gemeinsam ergänzen und so ein an Sie angepasstes System entwickeln. Dabei werden wir nicht in einer durch die Mindmap bestimmten Reihenfolge vorgehen, also nicht rechts oben beginnen und dann im Uhrzeigersinn fortfahren. Stattdessen werden wir von Ihren jeweiligen Problemen und Engpässen ausgehen. Wir werden also ausgehend von Ihren jeweils aktuellen Problemen nachdenken, an welcher Aufgabe beziehungsweise Teilaufgabe in der jeweiligen Situation sinnvollerweise anzusetzen ist. Und so wird sich die Mindmap im Laufe der Zeit füllen. Das ist effektiver als jedes vordefinierte Lehrprogramm. Sie lernen die Inhalte am besten, die Ihnen unmittelbaren Nutzen bieten. Und die Sie selbst sofort anwenden.

Zudem beinhaltet ein solches Vorgehen auch die Möglichkeit, das Modell zu verwerfen oder zu ändern, wenn wir auf ein Problem stoßen, das sich im Rahmen der sieben Aufgabenbereiche nicht bearbeiten lässt. Damit haben wir auch Ihre Bedenken, dass es vielleicht doch mehr Aufgaben sein könnten, aufgegriffen. Einverstanden?«

Ich nickte.

Zeitrevolution

Herr Radies sah auf die Uhr: »Nun, wir haben noch eine Viertelstunde bis zum Mittagessen. Zeit für eine praktische Aufgabe. Und ich verspreche Ihnen: Das gerade eben war einer der theoretischsten Teile unserer Zusammenarbeit.«

Ich atmete tief durch. »Was kommt jetzt?«, erkundigte ich mich dann gespannt.

»Nun, das ist ziemlich einfach. Sie haben ja vorhin eine Übersicht über Ihre Tätigkeiten gemacht. Und Sie haben die dritte Spalte leer gelassen. Wenden Sie jetzt einfach Ihr neues Wissen an und schreiben Sie hinter jede dieser Spalten ein ›F‹ für Fachkraft, ein ›M‹ für Manager und ein ›U‹ für Unternehmer. Wenn Sie nicht genau wissen, was passt, dann schreiben Sie einfach mehrere Buchstaben hin.«

Ich begann zu arbeiten.

Nr.	Aufgabe	Dauer	F/M/U
1.	Akquisebesuche vor Ort	70	F
2.	Software-Entwicklung	40	F
3.	E-Mails (rund 50 pro Tag, permanente Unterbrechungen)	40	F/M
4.	Mitarbeiterfragen beantworten (rund 20 am Tag, permanente Unterbrechungen)	25	M
5.	Support-Anfragen bearbeiten (ca. 4–5 pro Tag, permanente Unterbrechungen)	24	F

6.	Telefon (ca. 15 Gespräche pro Tag, permanente Unterbrechungen)	24	F/M/**U**
7.	Angebote erstellen	24	F
8.	Post beantworten (ca. 6 Briefe pro Tag)	20	F/M
9.	Projektleitung	16	M
10.	Networking (ca. 1 Abend pro Woche)	8	F/**U**
11.	Buchhaltung, Finanzen und Controlling	6	F/M
12.	Teambesprechungen	6	M/**U**
13.	Rechts- und Vertragsprobleme	4	M
14.	Werbe- und PR-Aktionen koordinieren	4	F/**U**
15.	Texte schreiben (Flyer, Mailings, eigene Website)	3	F/**U**
16.	Einstellungsgespräche	2	M/**U**
17.	Beratungsgespräche (Steuern, Recht, Banken)	2	M
18.	Diverses	20	F/M/**U**
Summe Stunden pro Monat		**338**	

Nach einigen Minuten sah ich verblüfft auf: »Da sind ja überhaupt keine reinen Unternehmeraufgaben dabei. Selbst wenn ich die Tätigkeiten, die bis zu einem gewissen Grad unternehmerische Aufgaben umfassen, voll zählen würde, käme ich«, ich rechnete kurz nach, »auf gerade mal 67 Stunden. Das sind ja nur zwanzig Prozent.« Ich atmete tief durch. »Dann sind achtzig Prozent meiner bisherigen Arbeit Zeitverschwendung?«

»Zeitverschwendung nicht. Die Aufgaben der Fachkräfte und der Manager müssen ja trotzdem erledigt werden. Aber es ist die Verschwendung Ihrer Zeit, die Verschwendung von Unternehmerzeit. Und Unternehmerzeit ist das Wertvollste, was Sie in einem Unternehmen haben.«

Und dann stellte Herr Radies eine Frage, die den Kreis schloss: »Wenn Sie bis hierher gedanklich mitgehen würden, dann hätten Sie Ihre Revolution. Nicht nur Peanuts. Und die gute Fee«, sagte er breit grinsend, »hätte Ihren aktuellen Engpass gelöst. Wie fühlen Sie sich dabei?«

»Das geht mir jetzt wieder zu schnell!«, warf ich ein. »Ich kann doch nicht alles stehen und liegen lassen und mich nur noch um die Aufgaben des Unternehmers kümmern!«

»Entschuldigung. Ich habe mich unklar ausgedrückt. Es geht natürlich noch nicht um die praktische Frage, wie man diese Aufgaben an die Verantwortlichen zurückgeben kann. Das wird uns später beschäftigen. Es geht noch nicht mal um die Frage, ob Sie die Rolle des Selbstständigen gegen die Rolle des Unternehmers tauschen wollen. Es geht bislang nur um die Frage, ob Sie dem Konzept folgen und wie Sie sich bei der Vorstellung, achtzig Prozent Ihrer jetzigen Tätigkeiten nicht mehr zu tun, fühlen würden.«

Als ich mir alles nochmals vor Augen führte, fühlte es sich ziemlich durchwachsen an. »Einerseits ist das, was Sie hier geschildert haben, vor allem der reduzierte Zeitplan, natürlich verlockend. Auch die innere Logik erscheint mir sehr klar – wenn man sich mal auf Ihre Gedankengänge einlässt. Andererseits habe ich wirklich nicht die geringste Erfahrung mit den Aufgaben, die Sie beschrieben haben. Und, was auch noch dazukommt: Ich programmiere sehr gerne. Ich würde das vermissen.«

Herr Radies nickte. »Deswegen ist die Entscheidung ja auch so schwer. Es geht letztlich um einen Berufswechsel. Sie verzichten auf das, was Sie gut können und Ihnen Spaß macht, und tauschen es gegen etwas ein, von dem Sie jetzt zwar eine grobe Vorstellung, aber noch keine wirkliche Ahnung haben und bei dem Sie sich deshalb unsicher und unwohl fühlen. Um trotzdem zu einer Entscheidung zu kommen, werden wir uns nach dem Essen Ihre Werte und Träume anschauen. Und ich glaube, dann haben Sie eine gute Grundlage, um heute Abend eine Entscheidung treffen zu können. Okay?«

Ich hatte genug vom Fragen und spürte auch meinen Hunger. So nickte ich einfach und stand auf.

Gerade als ich den Raum verlassen wollte, fragte Herr Radies noch: »Ach, Herr Willmann, schreiben Sie eigentlich Tagebuch?«

Etwas irritiert antwortete ich: »Nein, wie kommen Sie darauf?« Und fügte dann grinsend hinzu: »Sie wissen doch, ich habe nicht mal Zeit für die Strategie und meine Mitarbeiter. Wie sollte ich da noch Tagebuch schreiben?«

Herr Radies lachte. »Ihr Zeitproblem lösen wir ja gerade. Dann haben Sie in Zukunft auch Zeit für ein Tagebuch. Es ist entscheidend, dass Sie Ihre Gedanken und den Weg zur heutigen Entscheidung darin festhalten. Es gibt nur wenige andere Methoden, sich dauerhaft so gut selbst kennenzulernen und zu stärken, wie mit einem Tagebuch. Wissen Sie, fast alle großen Menschen haben, lange bevor sie groß und berühmt waren, damit begonnen, Tagebuch zu schreiben.« Mit diesen Worten übergab er mir ein solides, in Leder eingebundenes Buch. Ein Tagebuch.

Das Buch, von dem ich jetzt, im August 2006, gerade aufsah. Während ich die Felsen des Hochkönigs bewunderte, wurde mir bewusst, wie viel ich im letzten halben Jahr eigentlich geschrieben hatte und wie viele Dinge mir klar geworden waren. Herr Radies hatte mit dem Tagebuch recht gehabt. Wie mit so vielen anderen Dingen – wenn auch definitiv nicht mit allen. Das, was ich im letzten halben Jahr gelernt und geschrieben habe, würde mir sicher für meine Entscheidung an diesem herrlichen Augusttag einen großen Nutzen bieten.

2.3 Stärken, Werte und Träume

Meine Gedanken schweiften wieder zurück zu jenem kalten Märztag 2006. Während des Mittagessens hatte ich darüber nachgedacht, was wir bisher besprochen hatten. Zuerst hatte ich keine Lust auf diesen ganzen Workshop. Ich glaube, ich war der Herausforderung einfach ausgewichen, weil ich in dem Wust von Problemen keinen Ansatzpunkt sah. Dann hatten wir einen zentralen Ansatzpunkt gefunden, nämlich meinen Umgang mit der Zeit. Da ich, wie ich jetzt sah, für meine aktuellen Herausforderungen untaugliche Glaubenssätze hatte, konnte ich in diesem Ansatzpunkt zuerst keine Lösung erkennen. Um mir mehr Klarheit zu verschaffen, hatte ich während des Essens in meinem neuen Tagebuch folgende Skizze gezeichnet:

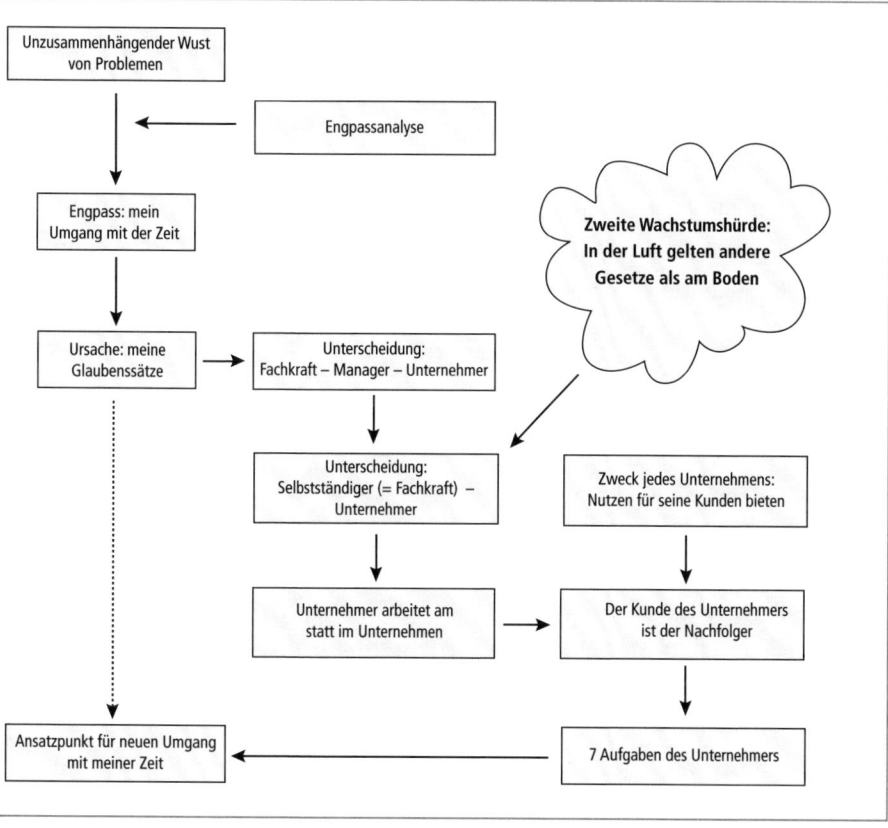

Wir hatten die Unterscheidungen zwischen Fachkraft, Manager und Unternehmer sowie zwischen Selbstständigem und Unternehmer getroffen. Aus diesen Unterscheidungen ergab sich die Hauptaufgabe des Unternehmers, *am* statt *im* Unternehmen zu arbeiten. Wir hatten dann den Zweck eines Unternehmens bestimmt, nämlich seinen Kunden Nutzen zu bieten. Aus dem Zweck einerseits und der Hauptaufgabe andererseits hatten wir dann abgeleitet, dass der Kunde des Unternehmers sein Nachfolger ist. Für diesen muss ein Nutzen geschaffen werden. Und daraus ergaben sich dann die sieben Aufgabenbereiche des Unternehmers. Dabei hatte ich langsam eine Vorstellung davon bekommen, dass alles, was ich bislang gemacht hatte, nichts mit den Aufgaben eines Unternehmers zu tun hatte. Und das gab mir das gute Gefühl, dass wir an dem zentralen Ansatzpunkt für meine Probleme, nämlich meinem Umgang mit meiner Zeit, wirklich etwas ändern könnten. Nun war ich neugierig, wie es weitergehen würde.

Als ich nach dem Mittagessen den Besprechungsraum betrat, stand Herr Radies bereits an der Fensterfront und schaute über das Tal hinweg. »Wir wechseln jetzt die Perspektive!«, begann er langsam, ohne sich umzudrehen. »Bislang ging es zwar um Ihren Engpass, aber sonst eher um Konzepte, die nicht unmittelbar etwas mit Ihren Wünschen, Fähigkeiten oder Bedürfnissen zu tun hatten.

Nun wollen wir Ihre Entscheidung vorbereiten: ›Wollen Sie in Zukunft Unternehmer sein oder wollen Sie Selbstständiger bleiben?‹ Das hat sehr viel mit Ihnen zu tun. Genau genommen bildet diese Entscheidung die Grundlage dafür, wie Sie in den nächsten Jahren Ihr Leben führen werden. Man kann sogar sagen, dass der Rest Ihres Lebens anders verlaufen wird, je nachdem, welche Entscheidung Sie heute Abend treffen. Sie befinden sich gewissermaßen an einem Scheideweg wie Herkules in der Antike. Deshalb werden wir uns jetzt mit Ihnen beschäftigen.« Er drehte sich um und schaute mir in die Augen: »Was sind Ihre Werte und was sind Ihre Träume? Was ist Ihre Identität und woran glauben Sie? Und: Wie wollen Sie in Zukunft sein?«

Da ich mir nicht sicher war, ob ich überhaupt Talent dazu hatte, die Aufgaben eines Unternehmers zu erfüllen, ergänzte ich: »Ich würde gern zusätzlich noch über meine Stärken und Schwächen sprechen. Ich bin mir nicht sicher, ob ich der Herausforderung gewachsen wäre.«

»Gut, nehmen wir Ihre Talente und Stärken noch mit auf«, willigte Herr Radies ein. »Es dürfte Ihre Entscheidung unterstützen. Aber sie haben lange nicht die Bedeutung, die ihnen oft gegeben wird. Dazu kommen wir später noch.

Wir werden dann in den nächsten Stunden Ihre Entscheidung vorbereiten. Dazu ziehen wir als Grundlage Ihre Werte, Träume und Stärken heran.«

»Warum eigentlich genau diese Kriterien?«

»Stimmt, das kann man sich wirklich ernsthaft fragen. Sie könnten sich selbst ja auch durch Ihre Schulnoten, Ihre Ängste, Ihre Freunde oder Ihren Tagesablauf beschreiben. Sie können sich auch in den Begriffen der traditionellen Psychoanalyse beschreiben.

Noch dazu wirken diese Fragen zur eigenen Person auf den ersten Blick recht simpel; jeder kann einige Sätze dazu sagen. ›Ich kann gut zuhören‹, ›Ich möchte reich werden‹ oder ›Ich bin ein optimistischer Mensch‹. Einfache und mehr oder weniger klare Aussagen. Aber jeder, der schon mal länger als fünf Minuten in seinem Leben über sich selbst nachgedacht hat, weiß, dass solche Sätze wie Treibsand sind.«

»Ja«, ergänzte ich, »und manchmal ist dieses Nachdenken über sich selbst ziemlich verwaschen und ich bekomme dabei ziemlich schnell schlechte Laune.«

Herr Radies pflichtete mir bei: »Ja, das ist oft so. Die entscheidenden Fragen sind nun also: Wie kann man über sich nachdenken, ohne schlechte Laune zu bekommen? Und warum denken wir jetzt ausgerechnet über Werte, Stärken und Träume nach?

Zur ersten Frage: Meist denken Menschen über sich selbst nach, wenn irgendetwas schiefgegangen ist. Dann suchen sie in ihrer Vergangenheit nach Ursachen und Fehlern. Und natürlich finden sie diese. Unser Gehirn ist nämlich ein ziemlich praktischer Apparat: Neben vielen anderen Dingen beantwortet das Gehirn Fragen, versucht Widersprüche zu klären und Erklärungen zu finden.

Dabei nimmt es Ihr Gehirn mit der Wahrheit allerdings nicht sonderlich genau. Es gibt einen schönen wissenschaftlichen Versuch von Elizabeth Loftus. Verschiedenen Versuchspersonen wurden Fotos aus ihrer Kindheit vorgelegt. Die Probanden sollten dem Versuchsleiter erklären, was sie darauf sehen und was damals an diesem Tag passierte. Es gab auch ein Foto, auf dem die Versuchsperson mit Bugs Bunny in Disneyland abgebildet war. Einige der Versuchspersonen erzählten, was für ein schöner Tag das damals mit Bugs Bunny in Disneyland war und was sie dort erlebt hatten. Der springende Punkt freilich war: Die Fotos waren manipuliert; Bugs Bunny war niemals in Disneyland – er gehört nämlich zur Konkurrenz.«

Ich war offen gestanden ziemlich verwirrt: »Dann haben die Leute das alles erfunden und gelogen?«

»Nicht ganz«, schüttelte Herr Radies den Kopf. »Sie haben, nachdem sie das Foto gesehen haben, ganz automatisch eine konsistente Geschichte ihrer Vergangenheit mit anderen Versatzstücken produziert.

So stark ist das menschliche Bedürfnis nach einer widerspruchsfreien Vergangenheit. Aber das Wichtigste für unsere Frage ist: Suchen Sie niemals die Ursachen von Problemen in Ihrer Identität in der Vergangenheit. Ihr Gehirn ist so genial, dass es in jedem Fall Ursachen finden wird. Und dann haben Sie eine problembehaftete Identität und fühlen sich miserabel.

Eigentlich wollten Sie ja etwas ganz anderes. Etwas ist schlecht gelaufen. Sie wollten, dass es besser würde. Deshalb haben Sie Ursachenforschung betrieben und rückblickend Ursachen konstruiert. Im schlimmsten Fall haben Sie sich eine problembehaftete Identität verschafft und sich damit einen zusätzlichen Stein in den Weg gelegt. Verdammt schlechte Strategie!«

»Aber wenn wirklich etwas schlecht gelaufen ist? Wenn ich einen Fehler gemacht habe? Ich kann doch nicht so tun, als ob alles gut gewesen wäre? Da mache ich mir doch etwas vor?«

»Der Fehler liegt in der Vergangenheit. Es ist vorbei. Wenn Sie vermuten, dass eine solche Situation nochmals auftreten wird, sollten Sie die passenden Strategien und Kompetenzen entwickeln sowie die passende Identität erwerben. Sie suchen in so einem Fall nicht nach Ursachen und Problemen, sondern nach Lösungen. Und diese finden Sie in Ihren Stärken und Potenzialen. Selbst beim größten Fehler sind einzelne Schritte ja richtig gewesen. Welche minimale Änderung in Ihrer Strategie oder Ihrer Einstellung hätte dazu geführt, dass das Ganze gutgegangen wäre? Und dann fragen Sie, wie Sie Ihre Einstellung oder Strategie entsprechend ändern können.

Das ist ein völlig anderes Herangehen: Sie suchen also prinzipiell nach positiven, nützlichen Aspekten. Entweder solchen, die da waren, oder solchen, die Sie entwickeln können.« Herr Radies lächelte: »Und da Ihr Gehirn ein so überaus praktischer Apparat ist, werden Sie diese Aspekte finden.«

»Aber wenn Sie recht hätten, dann würden die ganzen Psychotherapeuten, die Ursachen in der Vergangenheit suchen, in die falsche Richtung laufen«, entgegnete ich. Um gleich, vor allem auch in Erinnerung an eine alte Bekannte und ihre Dauertherapie kopfschüttelnd zu ergänzen: »Das hatte ich sowieso schon immer vermutet.«

»Zauberlehrlinge!«, knurrte Herr Radies. »Doch das ist nicht unser Thema. Wir suchen positive Aspekte und Fähigkeiten. Genau das ist die Suche nach Stärken, Werten oder Träumen. Positive Aspekte könnten Sie natürlich auch bei Ihren Freunden oder bei Ihren Schulnoten finden. Warum schauen wir also nicht das an?«

»Das ist die zweite Frage von vorhin«, nickte ich.

»Das, was wir für die Wirklichkeit, im Beispiel eben die wirkliche Vergangenheit, halten, ist letztlich eine Konstruktion unseres Gehirns. In Wahrheit gibt es in unserem Kopf keine logisch geordnete, konsistente und vollständige Vergangenheit. Wir wissen noch nicht mal, was es gibt.

Bilder, Gefühle, Gerüche, Gesprächsfetzen. Meist oder nahezu immer außerhalb oder unterhalb dessen, was wir Bewusstsein nennen. Und selbst diese haben nicht unbedingt etwas mit der ›Wirklichkeit‹ zu tun. Nehmen Sie den Mond am Horizont. Wenn Sie jeweils ein Foto machen, eines vom Mond am Horizont und eines vom Mond oben am Himmel, dann ist der Mond auf den Fotos in beiden Fällen gleich groß. Wenn Sie hingegen mit bloßem Auge hinschauen, erscheint er Ihnen am Horizont viel größer, als wenn er oben am Himmel steht. Und alles nur, weil ein Teil Ihres Gehirns meint, dass es perspektivisch richtiger wäre, wenn der Mond am Horizont größer aussieht. Und Ihnen ein anderes Bild präsentiert.

Und das findet in so tiefen Schichten unseres Gehirns statt, dass Sie, selbst wenn Sie wissen, dass der große Mond am Horizont nicht wirklich groß, sondern nur eine Konstruktion Ihres Gehirns ist, trotzdem einen großen Mond sehen.

Das Einzige, was wir haben, sind sozusagen Karten, Landkarten von einem gewissen Gebiet. Dadurch werden bestimmte Aspekte beleuchtet. Dieses Landkartenkonzept wird uns in den nächsten Wochen immer wieder beschäftigen. Ich möchte Ihnen ein Beispiel geben.

Angenommen, Sie sind Tourist in Berlin und möchten vom Ku'damm zum Brandenburger Tor. Dann brauchen Sie einen Stadtplan, in dem die Straßen, Plätze und Sehenswürdigkeiten eingezeichnet sind. Angenommen, Sie sind in Berlin und möchten ins Kino. Dann brauchen Sie eine Programmzeitschrift. Angenommen, Sie sind in Berlin und wollen einen Freund, den Sie schon Jahre nicht mehr gesehen haben, besuchen. Dann könnte Ihnen ein Telefonbuch weiterhelfen. Stadtplan, Programmzeitschrift und Telefonbuch sind Modelle von Berlin, die einen jeweils anderen Aspekt beleuchten.«

»Und das wirkliche Berlin ist auch mehr als die Summe all dieser Modelle«, ergänzte ich.

»Genau. Und nun möchte ich Ihnen noch zwei Steigerungen bieten. Erstens existiert das, was im Modell enthalten ist, nicht in Wirklichkeit. Sie werden zum Beispiel dort, wo im Stadtplan ein Kreis mit einem abgebrochenen Kreuz die Gedächtniskirche darstellen soll, in der Wirklichkeit keinen Kreis mit einem abgebrochenen Kreuz finden. Und zweitens: Das ›wirkliche Berlin‹ würde Ihnen auch gar nichts helfen, wenn Sie sich orientieren wollen. Stellen Sie sich vor, Sie hätten ein lebendiges Eins-zu-eins-Modell von Berlin im Kopf und wollten damit vom Ku'damm zum Brandenburger Tor. Sie wären so schlau wie zuvor!«

»Wollen Sie damit sagen, dass wir die Wirklichkeit nicht nur nicht erfassen können, sondern dass es uns auch gar nichts nützen würde, wenn wir es täten?«

»Exakt! Die entscheidenden Punkte sind, klare Fragen zu stellen und dafür das richtige Modell zu wählen. Sie organisieren sich die Wahrnehmung Ihrer Realität also selbst. Wenn ich wissen will, was heute Abend in Berlin im Kino kommt, wird mir das Stadtplan-Modell nicht helfen. Obwohl es irgendwie ›richtig‹ ist. Es ist aber der Frage nicht adäquat. Die Aufgabe wird aufgrund des inadäquaten Modells schwierig bis unlösbar. Also ist das Modell in diesem Fall nicht nützlich.

Natürlich – und das ist sehr entscheidend – muss das Modell nicht nur der Frage entsprechen, sondern auch die relevanten Aspekte der Wirklichkeit erfassen. Mit einem Stadtplan von Paris werden Sie in Berlin nicht weit kommen. Gemessen an einer klaren Frage und dem Kriterium der Nützlichkeit sind also bestimmte Modelle durchaus richtig oder falsch.«

»Gut, aber was hat das jetzt mit meiner Entscheidung zu tun?«

»Nun, Sie wollen und brauchen eine Entscheidung, die zu Ihnen passt. *Aber Sie sind für sich selbst wie die Stadt Berlin. Sie haben nur Modelle von sich.* Die Konzepte von Werten, Stärken und Träumen sind solche Modelle. Ich will, dass Sie verstehen, dass es so etwas wie Werte, Stärken oder Träume in der Wirklichkeit nicht gibt – so wenig wie Kreise mit abgebrochenen Kreuzen obendrauf. Es sind Modelle, die es uns erlauben, bestimmte Fragen zu beantworten.

Sie könnten sich, wie gesagt, auch durch Ihre Ängste, Ihre Schulnoten oder in den Begriffen der traditionellen Psychoanalyse beschreiben – das ist dann eben, wie wenn Sie mit einem Plan der Kanalisation vom Ku'damm zum Brandenburger Tor robben wollten. Wenn schon nicht wahrhaftiger, dann ist das immerhin tiefgehender.«

Ich musste unwillkürlich grinsen, als ich mir meine Bekannte mit einem Plan der Kanalisation vorstellte.

Herr Radies wartete, bis ich mit meiner Aufmerksamkeit wieder bei ihm war: »Nun zur Frage, warum wir diese drei Modelle der Werte, der Stärken und der Träume wählen. Die Antwort ist praktischer Natur. Wenn Sie Biografien erfolgreicher Unternehmer lesen, können Sie feststellen, dass diese sich immer wieder mit diesen drei Modellen beschäftigt haben. Die Art und Weise, wie Menschen denken, ist eine entscheidende Ursache für ihren Erfolg. Deswegen übernehmen wir das einfach. Und wenn irgendwann erfolgreiche Menschen noch effektivere Methoden finden, über sich selbst nachzudenken, dann werden wir eben diese kopieren.«

Stärken, Talente und Spaß

Herr Radies fuhr fort: »Kommen wir zunächst zu Ihren Stärken. Sie baten darum, Ihre Stärken und Talente bei der Entscheidung ebenfalls zu berücksichtigen. Auch in der Literatur wird immer wieder auf die große Bedeutung der Stärken verwiesen.

In der modernen Managementliteratur herrscht Einigkeit darüber, die eigenen Stärken als Ansatzpunkt zu wählen. Es gehe nicht darum, Schwächen auszugleichen, sondern Stärken noch weiter auszubauen. Das ist eigentlich trivial, muss aber angesichts des üblichen Vorgehens, zuerst seine Schwächen auszumerzen, immer wieder betont werden. Deswegen ist es natürlich effektiver, einen Bereich zu wählen, in dem Sie Ihre Stärken ausspielen können.«

Ich nickte. »Wir wollen also herausbekommen, welche Stärken ich habe, um dann entscheiden zu können, ob diese Stärken besser zu einer Tätigkeit als Selbstständiger oder besser zu der Tätigkeit des Unternehmers passen«.

»Genau!«, bestätigte Herr Radies. »Ganz wichtig ist es, dass wir dabei auch zwischen Ihren Stärken und den Stärken Ihres Unternehmens unterscheiden. Das wird praktisch überall vermischt. Dieses Thema haben wir ja heute Morgen schon besprochen: Sie sind zwar zu Beginn identisch mit Ihrem Unternehmen, später jedoch nicht mehr. Später arbeiten Sie nicht mehr im Unternehmen, sondern am Unternehmen. Ihr Unternehmen hat irgendwann andere Stärken und Schwächen als Sie. Und Sie selbst benötigen ebenfalls andere Stärken, je nachdem ob Sie im oder am Unternehmen arbeiten.

Im Augenblick geht es uns nur um Ihre Stärken, nicht um die Ihres Unternehmens, damit Sie Ihre persönliche Entscheidung treffen können. Später beschäftigen wir uns dann mit den Stärken Ihres Unternehmens, um Ihre Unternehmensstrategie zu entwickeln.«

Ich atmete einmal tief durch. Diese Erklärung gab mir den Hauch einer Ahnung, dass dieses Konzept der Trennung der Arbeit am und der Arbeit im Unternehmen sich durch alle folgenden Erklärungen hindurchziehen und immer wieder neue Sichtweisen bieten würde. Bislang hätte ich eine Unternehmensstrategie ganz schlicht auf meinen eigenen persönlichen Stärken aufgebaut. Das würde jedoch völlig in die Irre führen.

Herr Radies fuhr fort: »Obwohl die Stärken eine wichtige Ausgangsbasis darstellen, spielen Sie meines Erachtens nach nicht die ganz große Rolle im Entscheidungsverfahren.«

Neugierig betrachtete ich Herrn Radies.

»Die Bedeutung von Eigenschaften oder Fähigkeiten, Talenten oder Stärken ergibt sich aus der Dauerhaftigkeit. Handelt es sich dabei um etwas sehr Stabiles ohne große Veränderungsmöglichkeit, dann ist die Bedeutung sehr groß. Handelt es sich jedoch um etwas Veränderbares, dann sinkt die Bedeutung. Sie könnten diese Eigenschaften, Fähigkeiten, Talente oder Stärken ja entwickeln.

Da niemand als Unternehmer zur Welt kommt und nur wenige das Glück haben, in der Nähe von exzellenten Unternehmern aufzuwachsen und die erforderlichen Fähigkeiten und Stärken mit der Muttermilch aufzusaugen, müssen Sie so oder so bestimmte Fähigkeiten, Stärken und Talente entwickeln.

Außerdem hat jeder zunächst einmal nur bestimmte Fähigkeiten. Ob etwas eine Schwäche oder eine Stärke ist, hängt vom Kontext ab. Und die Herausforderung für einen Unternehmer ist die, dass er seine Rolle und damit seinen Kontext mehrfach ändern muss. Mindestens von der Fachkraft zum Unternehmer, manchmal sogar von der Fachkraft A zur Fachkraft B, dann zum Manager und dann zum Unternehmer. Es kommt zwangsläufig zu Friktionen und es müssen zwangsläufig neue Stärken ausgebildet werden. Und es müssen ebenso zwangsläufig bestimmte Fähigkeiten in anderen Kontexten neu als Stärke oder Schwäche interpretiert werden. Und manchmal ist es sogar so, dass bestimmte Stärken dafür sorgen, dass wir unsere Rollen nicht wechseln oder immer wieder in alte Rollen zurückfallen. Die größten Stärken werden dann zu den größten Hindernissen.«

»Werfen Sie jetzt mit Fähigkeiten, Stärken und Talenten nicht mehrere unterschiedliche Dinge in einen Topf? Nach meinem Verständnis kann man Fähigkeiten entwickeln, Talente hingegen hat man von Geburt oder zumindest von früher Kindheit an.«

Herr Radies nickte: »Viele Stärken-Konzepte gehen davon aus, dass es zwei unterschiedliche Arten von Stärken gibt. Zum einen angeborenes oder in der frühen Kindheit entwickeltes Talent, zum anderen später erlernte Fertigkeiten.

Die Idee hinter dieser Trennung ist, dass man in den Bereichen mit Talent wesentlich erfolgreicher werden kann als in den Bereichen, in denen man nur angelernte Fertigkeiten hat. Und die Kehrseite der Medaille ist, dass man in den Bereichen, in denen man kein Talent hat, nie wirklich gut werden könne.

Das hat zum Beispiel das Gallup-Institut durch eine Befragung von zwei Millionen Beschäftigten weltweit herausgefunden.«

»Wow, zwei Millionen Leute haben die befragt? Das ist ja ein eindrucksvoller Beweis.«

»Kaum!«, schüttelte Herr Radies seinen Kopf. »Das ist eine eindrucksvolle Verschwendung von Ressourcen. Sie können so nur feststellen, dass im statistischen Durchschnitt die meisten Menschen ihre

Talente oder Stärken nicht ändern. Gehen Sie auf ein Ehemaligentreffen Ihres Abi-Jahrgangs, dann sehen Sie das auch, ohne zwei Millionen Leute zu befragen.

Die entscheidende Frage ist in diesem Zusammenhang jedoch: Gibt es nur einen *einzigen* Menschen, der im Lauf seines Lebens völlig neue Stärken entwickelt hat? Falls ja, können Sie das Modell der Trennung von angeborenen Talenten und später erworbenen Fertigkeiten kippen. Kennen Sie da welche?«

»Klar, mich selbst! Ich bin erst im Alter von vierundzwanzig Jahren zur Software-Entwicklung gekommen und wurde darin extrem schnell sehr gut.«

»Ja, und so finden Sie viele Beispiele. Die Vorstellung, dass angeborene Talente etwas über die späteren Fähigkeiten und Ergebnisse aussagen, wurde in einer Untersuchung des amerikanischen Psychologen K. Anders Ericsson widerlegt. Danach sind Übung, Training und Ausdauer die Quellen überragender menschlicher Leistung.

Nehmen wir zwei Personen, die Person A und die Person B. Person A ist talentiert und Person B ist es nicht. Die Hypothese derjenigen, die die Ergebnisse auf Talent zurückführen, ist die, dass Person B lernen könne, so viel sie wolle, aber niemals über eine gewisse Grenze hinauskommt. Das heißt, Person A wird immer besser sein. Ericsson findet für diese Hypothese jedoch keinerlei empirische Bestätigung. Umgekehrt hat Ericsson festgestellt, dass nach fünf Jahren Erfahrung in einem Gebiet das ursprüngliche ›Talent‹ keinerlei Vorhersagekraft mehr hat.

Es gibt lediglich einen Punkt, an dem ›Talent‹ Erklärungskraft besitzt. Nämlich dann, wenn ›fehlendes Talent‹ als Ausrede verwendet wird, um nicht weiter zu üben und zu lernen. Und wenn Sie genau hinhören, wird das Wörtchen ›Talent‹ auch fast immer genau in diesem

> **Es gibt nur einen Punkt, an dem ›Talent‹ Erklärungskraft besitzt. Nämlich dann, wenn ›fehlendes Talent‹ als Ausrede verwendet wird, um nicht weiter zu üben und zu lernen.**

Zusammenhang verwendet. Menschen, die in einem bestimmten Bereich extrem gut sind, gewichten Übung, Training und Ausdauer immer wesentlich höher als Talent. Menschen hingegen, die in einem bestimmten Bereich schlecht sind, reden sich fast immer mit fehlendem Talent heraus.

Der deutsche Entrepreneur-Forscher Jochen Röpke brachte dies schön auf den Punkt: ›Die empirisch widerlegte Begabungstheorie … schafft sich durch den Glauben an sie die Bedingungen ihrer faktischen Wirksamkeit. Nicht [Begabung] triumphiert, sondern der Glaube [daran]. Eine ›falsche‹ Theorie konstruiert ihre eigene Wirklichkeit.‹

Das heißt, es ist – wenn Sie sich von der Talenttheorie verabschieden – auf lange Sicht immer eine Frage des Einsatzes, der Übung und der Disziplin, ob jemand in einem Bereich wirklich gut wird oder nicht. Und zwar völlig unabhängig vom ursprünglichen Talent. Ich möchte Ihnen dafür ein etwas ausführlicheres Beispiel geben, weil dieses Thema so wichtig ist:

Sie haben einen Schüler aus der achten Klasse mit Talent, der hundert Meter in dreizehn Sekunden läuft, und einen Klassenkameraden, der zwanzig Sekunden lang über die Bahn kriecht und fünf Meter vor dem Ziel zusammenbricht. Mit dem richtigen Training und entsprechender Disziplin wird jedes Kind aus der Klasse, sofern es körperlich gesund ist, in fünf Jahren ein Ergebnis von zwölf Sekunden erreichen können und damit besser sein als der ungeübte Talentierte. Vielleicht wird der ursprünglich langsame Schüler niemals 9,7 Sekunden laufen, aber das ist außer für die völlig eindimensionale Tätigkeit eines Sprinters auch völlig irrelevant. Für den durchschnittlichen Fußballer wäre zum Beispiel das Ergebnis von zwölf Sekunden schon ziemlich gut.«

Das erschien mir zu konstruiert. Deshalb wandte ich ein: »Ja, das kann gut sein. Aber ich glaube einfach nicht, dass jemand, der sich als sportliche Niete sieht, fünf Jahre lang diszipliniert trainieren wird. Es macht ihm nämlich einfach keinen Spaß.«

»Ja, Herr Willmann, mit dem Spaß haben Sie nun die interessantere Dimension der Stärken und des Lernens angesprochen. Und Sie haben recht: Üblicherweise macht es der sportlichen Niete keinen Spaß, fünf Jahre lang diszipliniert zu trainieren. Dadurch kommen ja gerade die statistischen Ergebnisse des Gallup-Tests zustande. Die meisten Menschen assoziieren dies mit Strapazen und nehmen diese erst gar nicht auf sich. Und um das Bewusstsein des eigenen Scheiterns aus dem Kopf zu verbannen, erklären sie laut und unüberhörbar: ›Ich habe eben kein Talent. Da kann man nix machen.‹ Und wer nicht übt, entwickelt natürlich auch keine Stärken.

Die gängige Meinung ist die: Die Stärken sind da, wo der Spaß ist. Ich muss also nur herausfinden, was mir Spaß macht, und schon wird alles gut. Ich persönlich glaube, dass diese Einschätzung etwas kurzsichtig ist. Sie haben nämlich Einfluss auf den Spaß bei einer Tätigkeit. Sie entscheiden selbst darüber, ob etwas Spaß macht oder nicht! Nehmen wir als Beispiel den Zwanzig-Sekunden-Läufer.

Angenommen, ich stecke diesen Schüler zum Training in die amerikanische Olympia-Sprinter-Mannschaft. Was wird wohl passieren?«

»Dann haben die ein neues Faktotum«, lachte ich. »Und falls dafür ein anderer aus der Mannschaft flog, dann wird es alles andere als spaßig für ihn.«

»Gut, nun packen wir denselben Menschen in eine Trainingsgruppe für Übergewichtige.«

Ich gab zu: »Dann hat er vermutlich Erfolgserlebnisse. Vielleicht überwindet er sogar die letzten fünf Meter.«

Herr Radies grinste. »Ja, und es wird ihm mehr Spaß machen. Und vielleicht ist er nach ein paar Wochen bei achtzehn Sekunden.«

»Und kann dann möglicherweise sogar die Gruppe wechseln«, ergänzte ich.

»Genau! So funktioniert ja auch schon das Klassenmodell in der Schule. Wenn Sie Erstklässler mit Fünftklässlern unterrichten würden, würde das den Ersteren wenig Freude machen. Nehmen wir nun wieder den Zwanzig-Sekunden-Läufer und geben ihm einen Trainer, der ihn in kürzester Zeit auf die zwölf Sekunden bringen will. Die Methoden werden ziemlich rabiat sein. Wird ihm dies Spaß bereiten?«

»Kaum«, entgegnete ich. »Wohingegen ein Trainer, der seine Schwächen zur Kenntnis nimmt und ein angemessenes Trainingsprogramm entwickelt, durchaus zum Spaß beitragen könnte.«

»Gut«, fuhr Herr Radies fort, »so viel zu den äußeren Rahmenbedingungen. Nun die Frage der inneren Einstellung. Angenommen, der langsame Läufer sagt sich: ›Ich bin eine Flasche. Ich habe kein Talent. Ich schaffe das nie!‹ Der Proband konstruiert sich also eine negative Identität.«

Ich folgerte: »Dann wird er sich immer fragen, wozu er sich die Plackerei eigentlich antut. Und keinen Spaß haben.«

»Genau. Wenn er sich hingegen sicher ist, dass er irgendwann die Zwölf-Sekunden-Grenze knackt, weil das jeder mit dem entsprechenden Training kann, dann dürfte das anders aussehen.

Drehen wir nun einmal an einem anderen Schräubchen: Der Zwanzig-Sekunden-Läufer ist ambitioniert und stellt sich vor: ›In zwei Monaten knacke ich die Zwölf-Sekunden-Grenze.‹ Was passiert dann?«

Ich dachte nach: »Dann packt ihn vermutlich irgendwann auf halbem Wege der Frust, weil er sieht, dass er es nicht schaffen wird.«

»Ja. Oder er trainiert zu stark und verletzt sich dabei. Der Effekt ist derselbe: Kein Spaß!

Weiterer Punkt: Warum macht der Typ das eigentlich? Angenommen, er hat mal im Fernsehen eine Sendung gesehen, die die positiven Aspekte des Sprinter-Lebens dargestellt hat. Wie lange wird das halten und Spaß machen?«

»Ungefähr bis er die nächste Fernsehsendung sieht«, antwortete ich grinsend.

»Wenn er hingegen das Bild eines tollen athletischen Körpers vor sich hat, damit ein ganz neues Selbstwertgefühl verknüpft und bei jeder erkämpften Zehntelsekunde spürt, wie sich sein Körper verändert und sein Selbstwertgefühl steigt?«

»Dann dürfte der Spaß zumindest nach einiger Zeit steigen«, schätzte ich.

»Nun, angenommen, alles stimmt. Das Training passt, die Vergleichsgruppe ist in Ordnung, er hat ein echtes Ziel vor Augen, das für ihn eine Bedeutung hat, er hat die richtigen Glaubenssätze über sich und den Sport. Aber: Unser Proband nascht gern. Das Training führt zu geringeren Resultaten als möglich. Was passiert dann?«

»Klare Sache, der Spaßfaktor geht im Laufe der Zeit in den Keller.«

»Genau. Solange es widersprüchliche Bedürfnisse und falsche Strategien gibt, macht es auf Dauer auch keinen Spaß. Und jetzt der letzte und wichtigste Punkt: Durststrecken gibt es immer. Da macht die Tätigkeit eben einfach keinen Spaß – ob mit oder ohne Talent. Dann brauchen Sie jemanden, der Sie anfeuert, jemanden, der für Sie in Ihren Schwächen herumwühlt und Methoden zur Überwindung präsentiert, jemanden, der Ihnen den Spaß vermitteln kann: einen Toptrainer! Ohne diesen wird es ein Zwanzig-Sekunden-Läufer kaum jemals schaffen, auf zwölf Sekunden zu kommen.«

Herr Radies schwieg. Ich versuchte, das für mich zusammenzufassen, und ging meine Notizen nochmals durch. »Stärken sind also ein Konzept, mit dem ich herausfinden kann, für welche der beiden Alternativen ich besser geeignet bin. Damit ist jedoch nur die Ausgangsbasis beschrieben, weil der entscheidende Punkt die Disziplin ist. Die Disziplin bringe ich jedoch nur auf, wenn mir das Ganze Spaß macht. Und für den

> **Disziplin ist die Kunst, bei den Tätigkeiten, die ich für richtig oder wichtig erachte, Spaß und Freude zu empfinden.**

Spaß kann ich sorgen, indem ich auf einige wichtige Faktoren achte. Disziplin ist so gesehen die Kunst, bei den Tätigkeiten, die ich für richtig oder wichtig erachte, Spaß und Freude zu empfinden.

Das heißt, dass meine Stärken – vorausgesetzt, ich setze die obigen Methoden ein und lerne die entsprechende Disziplin – auf eine Sicht von fünf Jahren weitestgehend egal sind. Sie machen mir zwar den Start einfacher, sind aber letztlich nicht so relevant für eine langfristige Perspektive.«

Herr Radies nickte anerkennend. »Nun, sie sind lange nicht so relevant, wie gemeinhin angenommen wird. Vorausgesetzt, Sie lernen diese Art der Disziplin und Sie haben einen exzellenten Trainer oder Coach. Und Sie geben sich genug Zeit zur eigenen Entwicklung. Im Spitzensport käme niemand auch nur auf die Idee, ohne Disziplin, ohne genügend Vorbereitungszeit und ohne guten Trainer überhaupt anzutreten.«

Ich dachte nach: »Das sind alles sehr individuelle Rahmenbedingungen. Sie meinen also, die Ursache dafür, dass viele Menschen keine weiteren Stärken entwickeln, ist, dass sie überhaupt nicht in einem solch individuell zugeschnittenen Rahmen lernen?«

»Ja, genau«, stimmte mir Herr Radies zu. »Vielleicht ist das auch ein Grund, warum unsere Schulen Mittelmaß produzieren und fördern und warum viele erfolgreiche Unternehmer nie sonderlich gut in der Schule waren und warum die wirklich erfolgreichen Menschen nahezu immer einen persönlichen Mentor hatten.

Aber auch wenn sich Stärken entwickeln lassen: Sie sollten es sich nicht zu schwer machen. Wenn Sie die Alternative wählen, für die Sie weniger Stärken mitbringen oder die Ihnen zu Beginn weniger Spaß macht, sollten Sie gute Gründe haben. Sonst ist es einfach dumm und ineffektiv, trotzdem den schwächeren Bereich zu wählen.

Außer für die Analyse der Ausgangsbasis dient die Analyse der eigenen Stärken natürlich auch dazu, herauszufinden, welche Stärken Sie noch weiterentwickeln müssen. Sie bekommen mehr Klarheit über das, was Sie die nächsten Jahre trainieren müssen. Aber dazu kommen wir dann morgen noch genauer.«

»Herr Radies, Sie haben mir jetzt ausführlich etwas über die Hintergründe erzählt. Wie finde ich nun eigentlich meine Stärken heraus?«

»Gut, Herr Willmann, ich will Sie nicht mehr länger auf die Folter spannen. Es gibt ganz unterschiedliche Kataloge, welche Stärken ein Unternehmer haben soll. Manche umfassen nur zehn Eigenschaften, manche wie zum Beispiel der von Cay von Fournier umfassen achtundneunzig. Aber alle sind sie in gewissem Sinne beliebig. Einfach zufällige Sammlungen der Stärken von real beobachteten Unternehmern vermischt mit dem, was der jeweilige Autor zusätzlich noch für wichtig hält.

Das liegt zum einen daran, dass unterschiedliche Gruppen von Menschen in einen Topf geworfen werden: Selbstständige, Manager, Unternehmer und sogar Investoren oder Händler. Zum anderen liegt es daran, dass überhaupt kein stringentes Konzept der Aufgabenbereiche eines Unternehmers existiert. Wenn ich nicht weiß, was eigentlich die Aufgaben sind, kann ich natürlich auch nicht schlüssig sagen, was man dazu können muss, um die Aufgaben zu erfüllen.

Ich gebe Ihnen nun folgende Aufgabe. Im **ersten Schritt** nehmen Sie einen Packen Post-its und schreiben Ihre Stärken und das, was Sie gerne tun, auf. Auf jeden Zettel genau eine Stärke. Sammeln Sie so viele wie möglich.

Zuvor rufen Sie jedoch noch fünf Bekannte, möglichst aus unterschiedlichen Lebensbereichen, an und bitten sie, ebenfalls aufzuschreiben, welche Stärken sie bei Ihnen sehen. Die fünf nach Meinung Ihrer Bekannten wichtigsten Stärken sollten sortiert sein. Die wichtigste Stärke bekommt fünf Punkte, die zweitwichtigste vier Punkte usw. Nehmen Sie für die Post-its Ihrer Bekannten eine andere Farbe.«

»Ja, aber ich werde jetzt niemanden aus meinem Bekanntenkreis finden, der sofort die Zeit hat, sich damit zu beschäftigen«, erwiderte ich etwas konsterniert.

Herr Radies schüttelte lachend den Kopf: »Dann seien Sie eben überzeugend!

In einem **zweiten Schritt** kleben Sie dann die Post-its ans Flipchart. Und zwar die mit ähnlichen Stärken immer nah beieinander. Wenn Sie zum Beispiel die Stärken ›Analytisches Denken‹ und ›Software entwickeln‹ haben, dann erscheinen diese nebeneinander. Eine Stärke wie ›Leidenschaftlichkeit‹ oder gar ›Verkaufsstärke‹ hingegen wird woanders platziert. So stellen sich einerseits bestimmte Häufungen und Cluster heraus, andererseits stellen Sie bei einer späteren Zusammenfassung sicher, dass Sie keine Doppelungen ähnlicher Stärken unter anderen Bezeichnungen haben.

In einem **dritten Schritt** suchen Sie die fünf Ihrer Meinung nach wichtigsten Stärken heraus und geben ihnen Punkte von fünf bis eins. Dann addieren Sie dies mit den Bewertungen Ihrer Bekannten. Schließlich ergibt sich eine gewichtete Liste mit Ihren Stärken. Und diese vergleichen wir dann mit einer Liste von typischen Stärken, mit denen Sie die sieben Aufgaben des Unternehmers gut bewältigen können. Sie kommen klar?«

»Nein«, erwiderte ich vehement. »Warum soll ich meine Bekannten mit so einem Ansinnen belästigen?«

»Weil das eigene Selbstbild oft nicht dem Fremdbild entspricht. Manche unserer Fähigkeiten erscheinen uns nicht der Rede wert, während sie für alle um uns herum glasklar große Stärken sind.

Umgekehrt existieren einige unserer Stärken nur in unserer Einbildung.« Dann grinste Herr Radies: »Wenn Ihnen die Anrufe unangenehm sind, betrachten Sie sie einfach als Training für Ihre Verkaufsstärke.

Ich bin in einer Dreiviertelstunde wieder da.«

Und mit diesen Worten ließ er mich allein. Zuerst wollte ich noch etwas entgegnen, aber dann schüttelte ich nur resigniert den Kopf. Komischer Kauz! Genervt nahm ich mein Handy und begann wie wild zu telefonieren. Nach zwanzig Minuten hatte ich dann von drei Bekannten eine Auflistung meiner Stärken bekommen: von Ann, von meinem kleineren Bruder und von einem befreundeten Unternehmer aus meinem Netzwerk.

Dann beschrieb ich Post-its mit eigenen Einschätzungen. Schließlich gruppierte und bewertete ich sie und war gerade fertig, als Herr Radies auf die Sekunde genau zur Türe hereinkam.

Stärke	Punkte
Kann jedes Problem überwinden	11
Programmiert hervorragend	8
Kann diszipliniert arbeiten	7
Übernimmt Verantwortung	7
Kann drei Dinge gleichzeitig machen	6
Kann überzeugen und mitreißen	5
Behält immer den Überblick	5
Geht Risiken ein	5

Er betrachtete eine Zeit lang das Ergebnis und nickte dann: »Wie ist es Ihnen ergangen?«

Ich war noch immer etwas verblüfft von den Ergebnissen: »Die Unterschiede in der Fremdbewertung und der Eigenbewertung haben mich etwas aus der Fassung gebracht, muss ich gestehen. Dass ich Verantwortung übernehme und andere überzeugen und mitreißen kann, hatte ich selbst überhaupt nicht als Stärke gesehen. Und umgekehrt scheine ich der Einzige zu sein, der meint, ich würde immer den Überblick behalten. Auch wenn die Stärken für meine Entscheidung keine allzu große Rolle spielen werden, so habe ich doch einen anderen Blick auf mich selbst gewonnen. Sie sagten vorhin, dass wir jetzt diese Stärken mit den Stärken von Unternehmern abgleichen würden.«

»Ja, sagte ich«, erwiderte Herr Radies. »Betrachten Sie diese Liste mit Vorsicht. Sie haben bestimmte Aufgaben. Diese sind fix. Einzelne Aufgaben können Sie mit ganz unterschiedlichen Stärken lösen.«

»Wie meinen Sie das?«

»Nehmen Sie eine solch überschaubare Aufgabe wie Fußball spielen. Es gibt Weltklassefußballer, die aufgrund ihres Einsatzes in die Weltspitze vorstießen, andere aufgrund ihrer Technik und wieder andere aufgrund ihrer Physis. Völlig unterschiedliche Stärken, um dieselbe Aufgabe gut zu erfüllen. Dasselbe gilt in allen anderen Bereichen. Es gibt gute Verkäufer, die fast nur zuhören, und es gibt ebenso gute Verkäufer, die einen großen Teil der Zeit reden. Wieder völlig unterschiedliche Stärken, um dieselbe Aufgabe gut zu erfüllen.

Deswegen ist eine Eins-zu-eins-Zuordnung zwischen Aufgaben und Stärken nicht möglich. Im Folgenden handelt es sich also um eine mögliche Zuordnung, die auf Analysen von Unternehmerbiografien und meinen eigenen Analysen, mit welchen Stärken sich die sieben Aufgabenbereiche am besten bewältigen lassen, beruht.«

- **Disziplin, Ausdauer, Arbeitsmethodik**
- **Visionsorientierung**
- **Optimismus**
- **Entwicklungsorientierung**
- **Wunsch, Nutzen zu bieten**
- **Verkraftet Enttäuschungen gut**
- **Liebt Probleme**
- **Schauspielerisches Talent**
- **Ergebnisorientierung**
- **Klarheit im Denken und Sprechen**
- **Verkaufsstärke**
- **Autorität**
- **Blick fürs Ganze**
- **Leidenschaftlichkeit**
- **Denken in Bildern**
- **Machtstreben**
- **Selbstbewusstsein / Selbstreflexion**
- **Risikobereitschaft**
- **Strategisches Denken**
- **Fokussiertheit im Denken und Handeln**
- **Fähigkeit, unbequeme Entscheidungen zu treffen**

Nachdem er mir die Liste gezeigt hatte, fuhr er fort: »Von den Stärken, die Sie genannt haben, sind zwei nur für die selbstständige Fachkraft interessant, nämlich die Programmierkenntnisse und die Fähigkeit, drei Dinge gleichzeitig zu tun. Die anderen Stärken können Ihnen sowohl als selbstständige Fachkraft als auch als Unternehmer von Nutzen sein.«

»Aber andere Dinge wie Verkaufsstärke oder Denken in Bildern gehören nicht so zu meinen Stärken.«

»Sie können natürlich nicht überall Stärken haben. Das ist aber auch nicht so wichtig. Entscheidend ist nur, dass Sie die Aufgaben gut ausführen.

Gehen wir nun gleich zu den Werten über. Die nun folgende Landkarte der Werte hängt in gewisser Weise mit den Stärken zusammen. Dementsprechend liegt in den Werten auch ein wichtiger Schlüssel zur Ausbildung von Stärken oder zur Verhinderung einer solchen Ausbildung. Sie können niemals die Stärke ›analytisches Denken‹ entwickeln, wenn Ihr Wertekanon Ihnen sagt, dass das Gefühl oder die Intuition viel wichtiger sei. Und Sie können niemals Ihre Kommunikationsfähigkeit perfektionieren, wenn es zu Ihren höchsten Werten gehört, erst alles genau zu durchdenken, bevor Sie jemanden mit Ihren wirren Ideen belasten.

Dies bedeutet in letzter Konsequenz, dass sich bestimmte Stärken zum selben Zeitpunkt gegenseitig widersprechen oder sogar ausschließen. Sie beruhen zum Teil eben auf sich widersprechenden Werten. Im Sport ist dies klar. Ein Sumo-Ringer eignet sich nicht zum Stabhochsprung. Und ein Stabhochspringer wird vielleicht beim Marathon eine schlechte Figur machen. Sie haben einfach anders trainiert und sich einen anderen Körper geschaffen. In den Personalabteilungen scheint diese Erkenntnis hingegen noch nicht angekommen zu sein: In den meisten Stellenbeschreibungen sollen die Bewerber in allen Bereichen Stärken haben.«

Werte

»Wir haben nun eine erste Landkarte erstellt, die Ihnen bei Ihrer Entscheidung helfen wird. Nun gehen wir an eine zweite Landkarte. Dabei geht es um Ihre Werte.«

»Werte, hm. Das klingt ein bisschen nach Christentum und konservativer Einstellung«, wandte ich vorsichtig ein.

»Nun, wir können es auch Grundmotive nennen. Es geht um die Idee, dass bei verschiedenen Menschen einige Grundmotive vorherrschen und sich das Verhalten daran ausrichtet. Manche Menschen schließen mit Vorliebe hohe Lebensversicherungen ab, bauen hohe Zäune um ihr Haus und haben für den Notfall immer noch einen tragbaren Airbag dabei, wenn sie in ein fremdes Auto steigen. Das Konzept der Werte oder Grundmotive abstrahiert von den konkreten Handlungen und fasst sie in einer Idee zusammen. Im konkreten Fall ist das die Idee der Sicherheit. Die Idee dahinter ist, dass sich diese Person nun vermutlich auch in anderen Situationen sehr um ihre Sicherheit sorgt. Richtig unglücklich kann man solche Menschen machen, wenn man ihnen zum Geburtstag einen Kurs im Fallschirmspringen schenkt.

Letztlich handelt es sich bei dem Begriff ›Werte‹ oder ›Grundmotive‹ nur um einen Namen. Ich spreche von Werten, weil dieser Begriff seit zwanzig Jahren durch die Managementliteratur geistert. Wie nahezu immer, wenn ein Begriff inflationär gebraucht wird, verstehen alle etwas anderes darunter.«

»Und wir finden jetzt die Art der Verwendung, die am nützlichsten ist?«, erkundigte ich mich. »Wenn Sie mit mir fertig sind, dann bin ich vermutlich kein Unternehmer, sondern ein Philosoph«, lachte ich.

»Kaum. Der Philosoph sucht Wahrheit. Er hätte am liebsten das Eins-zu-eins-Modell von Berlin in der Tasche. Uns geht es um effektives Handeln. Also schauen wir uns an, welche Konzepte es gibt. Und welche am hilfreichsten für eine Entscheidung sind, mit der Sie glücklich werden können.

Grob lassen sich drei Grundkonzepte unterscheiden. Erstens gibt es eine starke christliche Fraktion und ihre Ableger. Diese wird gespeist von diversen christlichen Unternehmervereinigungen und einigen bekannten mehr oder weniger offensiv christlichen Unternehmensberatern.

Hintergrund ist dabei das christliche Werteverständnis. Es gibt in diesem Konzept einige christliche Grundwerte, die normativen Charakter haben und an die man sich halten sollte. Dabei geht es im Wesentlichen um Grundregeln des Zusammenlebens. Es kommt bei diesem Konzept nicht darauf an, herauszufinden, ob man diese Werte hat und ob einem diese Werte etwas bedeuten, sondern es geht darum, diese vorgegebenen, benannten und definierten Werte für sich als bedeutend anzuerkennen, danach zu leben und zu handeln.

Die zweite starke Richtung ist vom neurolinguistischen Programmieren geprägt, abgekürzt NLP. Dies ist der Hintergrund der meisten Erfolgsratgeber, die sich eigentlich durchgängig (zum Teil ohne dass dies den Autoren bewusst wäre) auf Anthony Robbins beziehen. Nach Anthony Robbins sind Werte die persönlichen Überzeugungen, was Sie für besonders wichtig halten. Werte und Überzeugungen ändern sich im Verlauf des Lebens, sind frei wählbar und lassen sich somit auch bewusst ändern. Ändert man seine Werte, so ändert sich fast automatisch auch das Verhalten.

Die dritte Richtung ist noch recht unbekannt und kommt aus dem Bereich der neueren neurologischen Forschungen. Als bekanntesten Vertreter kann man hier Hans-Georg Häusel nennen, der einen menschlichen Werte- und Motivraum beschreibt. Diese Werte sind vor allem emotionale Vorlieben, die sich weitestgehend unbewusst durchsetzen. Sie verändern sich zwar im Laufe des Lebens, sind aber nicht bewusst beeinflussbar.

Nach diesem Ansatz sind Werte nicht normativ, im Gegensatz zum christlichen Ansatz. Das Konzept der Normativität geht ja davon aus, dass das Bewusstsein sozusagen oben sitzt und das Handeln bestimmt – aktuelle neurologische Forschungen kommen jedoch zu dem Resultat, dass das Handeln emotional* ist und das Bewusstsein im Wesentlichen nur nachträglich informiert wird. Der Gehirnforscher Gerhard Roth bezeichnet das bewusste Ich als einen Regierungssprecher, der Entscheidungen interpretieren und legitimieren muss, deren Gründe und Hintergründe er gar nicht kennt und an deren Zustandekommen er zudem nicht beteiligt war.

Festzuhalten ist, dass sich die Grundverständnisse von Werten in der Führungsliteratur nach mindestens drei entscheidenden Kriterien drastisch unterscheiden. Erstens: Erfolgen die wertebasierten Handlungen bewusst oder unbewusst? Zweitens: Sind die Werte veränderbar oder gar bewusst veränderbar und soll man sie überhaupt ändern? Drittens: Soll oder kann man sich normativ nach vorgegebenen Werten verhalten oder verhält man sich gemäß den vorhandenen individuellen Werten und Motiven?

Da diese Unterschiede üblicherweise in der Managementliteratur nicht benannt werden, gehen die drei Grundrichtungen wild durcheinander. Abhängig von den Antworten erfolgt ein völlig anderer Umgang mit den Werten.

Will man eine einheitliche Wertegrundlage im Unternehmen, so werden die Vertreter des christlichen Werteverständnisses das überzeugende Gespräch wählen, die Vertreter der NLP-Richtung die Persönlichkeitsentwicklung fördern, die Vertreter der neueren neurologischen Forschungen die Personalpolitik bemühen und sich gegebenenfalls einfach vom Mitarbeiter trennen.

Im Weiteren gehe ich von nachfolgendem Wertemodell aus. Nach

---

* Aus Rücksicht auf den Leser schreiben viele Forscher, dass das Handeln »überwiegend« oder »zu siebzig bis neunzig Prozent« emotional ist. Hinter vorgehaltener Hand wird jedoch gesagt, dass es zu hundert Prozent emotional ist: Es gibt keine Entscheidung, an der nicht Emotionen beteiligt wären. Eines der Hauptprobleme beim Verständnis dieses Zusammenhangs bildet die fixe Idee, dass das Rationale der Gegensatz der Emotionalität sei. De facto handelt es sich bei der Rationalität jedoch nur um einen Spezialfall der Emotionalität. Mehr dazu in Kapitel 4.1.

meiner Überzeugung sind Werte bewusst veränderbar.* Es ist sogar entscheidend, sie so zu ändern, dass sie zur heutigen Zeit und zur persönlichen Berufung passen. Dabei kann und sollte man nicht bei null anfangen, sondern die teilweise jahrtausendealten Wertekonzepte verschiedener Religionen oder Philosophien bewusst einbeziehen. Jeder kann sich Werte also selbst setzen – die meisten konkreten Handlungen erfolgen dann aber unbewusst auf Basis dieser Werte. Somit erfolgt zwar die einzelne kurzfristige Handlung in aller Regel unbewusst, der langfristige Wertesetzungsprozess kann hingegen bewusst ablaufen. Das heißt, der entscheidende Punkt ist, dass Werte zuerst unbewusst existieren. Zu beobachten sind nur Handlungen, die gemeinsame Motive aufweisen. Sobald Sie mit dem Begriff der Werte hantieren, bewegen Sie sich in einem Raum der bewussten Erklärung und Interpretation. Sie schaffen eine Landkarte. Das Problem dabei ist, dass diese bewusste Erklärung mehr durch das bestimmt ist, wie Sie sich selbst sehen, als durch die Motive oder Werte.«

»Wie meinen Sie das? Und, Herr Radies, Sie sehen ja, ich bin eher ein praktisch veranlagter Mensch: Wie finde ich denn jetzt heraus, was meine Werte sind? Kann ich nicht einfach wieder Menschen aus meinem Umfeld fragen?«

»Könnten wir machen. Leider ist das in der Regel nicht sonderlich effektiv, da die Antworten, die die anderen Menschen geben würden, unsere Beziehung zu diesen Menschen noch stärker verändern würden als die Frage nach den Stärken. Das heißt, die anderen Menschen werden in aller Regel filtern.«

»Dann geben Sie mir wieder eine Liste mit Werten und ich suche die für mich wichtigsten heraus«, schlug ich vor.

---

* Eine detaillierte Begründung würde den Rahmen dieses Buchs sprengen. Deshalb hier nur in Kurzform: Werte erhalten ihre Bedeutung durch zugrunde liegende Emotionen. Diese Emotionen lassen sich durch die verschiedensten Methoden wie NLP, andere Lebensführung, Visualisierungstechniken, Schauspieltechniken, ja selbst Sport oder eine andere Ernährung beeinflussen. Und damit erhalten die entsprechenden Werte eine andere Bedeutung.

»Wird meist in Managementseminaren so gemacht. Funktioniert aber auch nur begrenzt. Stellen Sie sich mal einen Menschen vor, der von sich erzählt, dass er Abenteuer über alles lieben würde. Und wenn Sie ihn dann über seinen Alltag befragen, ist er Katasteramtsbeamter und macht Badeurlaub im heimischen Freibad, weil ihm die Wellen auf Mallorca zu hoch sind ...«

Ich musste lachen. »Ja, solche Menschen gibt's in der Tat haufenweise. Genau wie Menschen, die erzählen, wie wichtig ihnen Vertrauen ist, und die dennoch permanent über andere lästern. Oder Leute, die erzählen, wie wichtig ihnen Geld sei, die aber nie welches haben.«

»Genau! Und deswegen bekommen Sie niemals die Werte, also die realen Handlungsmotive aus jemandem heraus, indem Sie ihn befragen. Sie lernen nur etwas über sein Selbstbild, also seine Glaubenssätze zur eigenen Identität. Die Glaubenssätze zur eigenen Identität sind aber etwas anderes als das Gemeinsame Ihrer konkreten Handlungen. Sie können sich auch Ihre Werte nicht auf direktem Wege bewusst machen.

Eigentlich gibt es nur einen einzigen einigermaßen schnellen und fundierten Weg: Sie erzählen mir von wichtigen Situationen, Wendepunkten und Entscheidungen in Ihrem Leben. Danach finden wir gemeinsam heraus, welche Werte wohl dahinterstecken. So können Sie immerhin sicher sein, dass Sie sich auf Werte, die auch wirklich Auswirkungen auf Ihr Leben haben, beziehen.«

»Jetzt verstehe ich: Wir schauen uns meine bisherigen Entscheidungen an, versuchen die allgemeinen dahinterliegenden Grundmotive zu finden und nutzen diese dann für meine Entscheidung heute Abend?«

»So ungefähr. Leider haben Sie ja bislang kein Tagebuch geschrieben. Sonst hätten wir schon ausgiebig Material, das nicht durch Ihre Erinnerung verfälscht ist. Schade.«

Er drehte sich um, zog seinen Mantel über und fragte mich: »Haben Sie auch Lust, etwas spazieren zu gehen? Frische Luft und Bewegung tut uns sicher gut.«

Ich nickte und wir waren innerhalb von wenigen Minuten mitten im Grünen. Die Bäume waren noch kahl. Aber die Sonne wärmte schon.

Herr Radies nahm das Gespräch wieder auf: »Bislang weiß ich noch sehr wenig über Sie. Mögen Sie mir etwas aus Ihrem Leben erzählen? Mich interessiert, wie Sie zur Software-Entwicklung gekommen sind.«

»Das ist gar nicht so einfach«, entgegnete ich versonnen. Meine Gedanken wanderten zurück. »In der Schule war ich in allen Fächern durchschnittlich. Und in einigen Fächern etwas schlechter. Schule gab mir nichts. Nach der Schule habe ich ein Physikstudium begonnen. Das war eher Zufall. Vielleicht, weil ich in Physik noch etwas über dem Durchschnitt lag, vielleicht auch, weil mein Vater Chemiker war. Das war etwas Ähnliches, aber doch anders genug.

Aber ich studierte nicht sehr viel. Mein Leben war das Klettern in den Bergen. In jedem freien Moment war ich in den Alpen. Leider ist Klettern auf Dauer nicht ganz billig. Material, Fahrtkosten, Unterkunft. Na, Sie wissen schon. So nahm ich immer wieder irgendwelche Jobs an, um mein Studium und vor allem meine Kletterleidenschaft zu finanzieren. Mitte der 90er-Jahre waren die für mich erreichbaren Jobs mit der besten Bezahlung eben Programmierjobs im Multimedia- und Internetbereich. Programmieren war ja auch ein Teilbereich beim Physikstudium. Und im Programmieren wurde ich sehr schnell ziemlich gut.

Aber zwischen meinem Leben in der Wand und der Arbeit, um dieses Leben zu bezahlen, blieb irgendwann kein Platz mehr und so brach ich nach acht Semestern mein Studium ab. Die beiden anderen Bereiche gaben mir Erfüllung, weil ich darin gut war. Zum ersten Mal in meinem Leben.«

Herr Radies schwieg einen Moment, bevor er die nächste Frage formulierte: »Das Klettern scheint für Sie sehr wichtig zu sein. Wie kamen Sie dazu?«

»Ich mochte die Berge schon immer. Vielleicht weil ich in Bad

Urach am Rande der Schwäbischen Alb aufgewachsen bin. Ganz sicher aber habe ich die Liebe zu den Bergen von meiner Mutter. Sie war Ski-Abfahrtsläuferin. Und wir waren jeden Winter, aber auch oft im Sommer in den Alpen.«

»Richtig professionelle Abfahrtsläuferin? Oder nur so zum Spaß?«

»Nein, sie war richtig gut. Sie hat sogar einmal an den Olympischen Spielen teilgenommen. Da war ich gerade zwei Jahre alt.«

Herr Radies pfiff anerkennend.

»Allerdings war sie nicht gut genug. Sie hat nie einen großen Wettbewerb gewonnen. Und als ich fünf oder sechs Jahre alt war, fing sie mit dem Trinken an. Ich glaube, sie ist an ihren Misserfolgen zerbrochen.«

Herr Radies schüttelte traurig den Kopf. »Ja, es gibt so viele Menschen, die nicht wissen, dass Misserfolge ein notwendiger Schritt auf dem Weg zum Erfolg sind. Oder die es vielleicht wissen, es für sich jedoch nicht umsetzen können.« Nach einer kurzen Pause fuhr er fort: »Und wie kamen Sie dann zum Klettern?«

»Erst spät. Ich hatte im Urlaub immer wieder Kletterer beobachtet und hatte Lust, das zu probieren. Meine Mutter hat mich unterstützt, mein Vater hat es verboten. Er hat sich durchgesetzt. So bin ich, abgesehen von ein paar heimlichen Kletterausflügen, erst mit achtzehn Jahren richtig dazu gekommen. Am Anfang lernte ich schnell. Ich wollte das Klettern sogar zum Beruf machen.«

»Geht das?«, fragte Herr Radies erstaunt.

»Ja, es gibt einige Starkletterer, die mit Werbeverträgen zugeschüttet werden. Und dann gibt es ziemlich viele, die als Kletterführer arbeiten oder eine Kletterschule betreiben. Mich hat nur der Job des Starkletterers interessiert.« Nach einer kurzen Pause fuhr ich resigniert fort: »Aber ich war nicht gut genug und habe vor etwa drei Jahren damit aufgehört.«

»Welche Bedeutung hat das Klettern für Sie? Was fanden Sie daran faszinierend?«

»Da kam vieles zusammen. Die Leistung und das völlige Versinken, ähnlich wie bei einer Meditation. Die gegenseitige Verantwortung beim Teamsport und zugleich die völlige Selbstverantwortung. Die große Weite und der Blick für jeden kleinsten Griff und Tritt. Das Risiko und die Kontrolle. Aber das Wichtigste war: das Überwinden von Grenzen.«

»Sind das Motive, die auch in Ihrer Rolle als Selbstständiger eine Bedeutung haben?«

»Ja, natürlich! Zumindest am Anfang. Im letzten Jahr war es nicht mehr so – doch das wissen Sie ja schon.«

»Wenn das Klettern für Sie so eine große Bedeutung hatte, wie kam es dann dazu, dass Sie damit aufgehört haben?«

»Eigentlich aus zwei Gründen. Zum einen, weil ich merkte, dass ich nicht gut genug war. Zum anderen gab mir mein neu gegründetes Unternehmen zum ersten Mal das Gefühl, es wirklich schaffen zu können. Das Gefühl, eine Bedeutung zu haben. Das Gefühl, an der Spitze zu stehen.«

»Haben Sie dafür ein Beispiel? Gab es ein wichtiges Erlebnis?«

»Ja, im Dezember vor gut drei Jahren trat die ComSense Portals GmbH an mich heran. Sie hatten zur CeBIT ein neues Portal angekündigt, an dessen Entwicklung ein drittes Unternehmen bereits neun Monate gearbeitet hatte. Dieses Unternehmen ging pleite, sämtliche Entwicklungen waren verloren. Die ComSense Portals GmbH hatte noch drei Monate für eine Neuentwicklung und kein Kapital, um ein ausreichend großes Team zu bezahlen.

Alle Entwickler, die sie gefragt hatten, hatten angesichts des Zeitdrucks und einer ziemlich saftigen Konventionalstrafe abgesagt. Ich war wahnsinnig genug, zu akzeptieren. Wenn ich den Termin nicht einhalten würde, würde mich die Konventionalstrafe in die Knie zwingen. Wenn ich den Termin hingegen einhalten würde, bekäme ich eine Bezahlung, die viermal so hoch läge wie bei meinen vorigen Aufträgen.

Ich hatte damals noch kein Büro und habe zu Hause gearbeitet. Morgens um halb sechs begann mein Tag. Vom Bett an den Computer, drei Stunden gearbeitet, halbe Stunde Frühstück, dann wieder an den Rechner ohne Pause bis sechs oder sieben Uhr abends. Dann kam der Pizza-Bringdienst. Nach einer Viertelstunde ging es weiter bis zwölf oder ein Uhr nachts. Anschließend bin ich ins Bett gefallen. Das Ganze Tag für Tag, auch am Wochenende, Woche für Woche, Monat für Monat. Drei volle Monate lang.

Mehrfach stand ich vor unüberwindbar scheinenden Schwierigkeiten. Die Performance stimmte nicht. Die eingesetzten Programmbibliotheken von Drittanbietern waren fehlerhaft. Die angelieferten Rohdaten waren unbrauchbar. Aber meine Zeitplanung war so eng, dass ich noch nicht mal erkannte, dass die Schwierigkeiten eigentlich unüberwindbar waren.

In der Nacht vor der CeBIT-Eröffnung wurde ich um vier Uhr morgens fertig. Ich war mir ziemlich sicher, dass die Software gut war. Genau wusste ich das allerdings nicht: Ich hatte keine Zeit mehr für ausgiebigere Tests. Ich fiel einfach nur noch ins Bett. Um halb sechs wachte ich wie immer ganz automatisch auf, setzte mich an den Rechner und starrte den Bildschirm an. Erst nach fünfzehn Minuten wurde mir klar, dass ich nichts mehr zu tun hatte. Meine Aufgabe war beendet. Nachdem ich weitere zehn Minuten auf den Bildschirm gestarrt hatte, schaltete ich den Computer aus und ging wieder ins Bett.

Um halb elf klingelte das Telefon. Schlaftrunken nahm ich den Hörer ab. Der Geschäftsführer der ComSense Portals GmbH war dran. Bedeutungsschwer sagte er: ›Herr Willmann, wir haben Ihre Software getestet.‹ Pause. Eine Sekunde. Drei Sekunden. Schweres Atmen. Sechs Sekunden. Zehn Sekunden. Dann sein Freudengeheul. Mir fiel im Halbschlaf fast das Ohr ab. ›Ihre Software läuft! Bereits die erste Präsentation war ein voller Erfolg! Herr Willmann, Sie sind ein Genie!‹

Herr Radies, haben Sie eine Vorstellung, welche Gefühle mich in dieser Situation überkamen?«

»Ja natürlich! Solche Erlebnisse sind das Salz in der Suppe vieler Selbstständiger! Solche Erlebnisse sind gigantisch! Ohne solche Erlebnisse werden Sie es als Selbstständiger nie zu etwas bringen.

Was war es genau, was Ihnen an diesem Erlebnis so wichtig war?«

»Das ist doch klar! Etwas zu schaffen, was sonst keiner hinbekommen hätte. Etwas, was alle anderen abgelehnt hatten. Die Grenzen des Möglichen zu überwinden. Das Gefühl, wirklich einmal als Erster auf dem Podest zu stehen.«

»Und das war Ihnen so wichtig, dass es dem Klettern den Rang ablief?«

»Ja, so gesehen haben Sie wohl recht. Ich habe bislang einfach immer gedacht, dass ich keine Zeit mehr hatte, weil die Aufträge über mich hereinbrachen. Aber wenn mir das Klettern noch wichtiger gewesen wäre, hätte ich vermutlich die Zeit gefunden.«

Gedankenverloren nickte Herr Radies. Dann blickte er auf: »Lassen Sie uns umkehren! Und dabei Ihre Geschichte etwas genauer betrachten.«

Ich stimmte zu. Mir war inzwischen auch kalt geworden.

»Herr Willmann, Sie haben mehrfach wichtige Entscheidungen getroffen, die Ihr Leben umgekrempelt haben. Dabei stechen mir insbesondere zwei Werte ins Auge, die immer wieder auftauchen. Zum einen müssen Sie der Beste sein. In der Hoffnung darauf bringen Sie vollen Einsatz. Zuerst beim Klettern, dann bei Ihrem Unternehmen.«

»Ja, stimmt. Und andersherum läuft es auch so: Wenn ich das Gefühl habe, es nicht zu schaffen, der Erste zu sein, dann verliere ich jedes Interesse. Stärker noch: Ich laufe weg, um das Gefühl des Scheiterns zu vermeiden. Zum Beispiel bei meinem Studium oder auch als ich mit dem Klettern aufgehört habe.«

»Und damit laufen Sie Gefahr, zu früh aufzugeben.«

Nachdenklich pflichtete ich ihm bei: »Wie meine Mutter.« Mein Hang zur Spitzenleistung war wirklich ein sehr zweischneidiges Schwert.

»Herr Radies, Sie sagten, Ihnen stechen zwei Werte ins Auge. Welcher ist der zweite?«

»Ich würde es als ›Grenzen überwinden‹ bezeichnen. Es scheint Ihnen nicht nur darum zu gehen, der Beste zu sein, sondern auch darum, Dinge zu tun, die vorher noch nie jemand gemacht hat oder von denen es heißt, dass sie unmöglich seien.«

Das gefiel mir. Ja, das Überwinden von Grenzen war der ultimative Kick für mich: »Auch beim Klettern ging es mir darum, immer besser zu werden und immerhin meine eigenen Grenzen zu überwinden. Und in gewissem Sinne ist auch mein riesiges Arbeitspensum ein Überwinden von Grenzen. Ich habe mich daran berauscht. Noch besser war natürlich das Überwinden von Grenzen, die von allen als unüberwindbar angesehen wurden. Überwinden von Grenzen ist noch wichtiger für mich, als der Beste zu sein.«

In diesem Moment spürte ich ganz leicht einen inneren Stich. Irgendetwas stimmte noch nicht. Es war, wie wenn ich um bestimmte Grenzen einen Bogen machen würde. Aber im selben Moment war der Gedanke auch schon wieder verschwunden. Überdeckt von einer anderen Geschichte. Ich hatte Herrn Radies und auch mir selbst nicht die ganze Wahrheit erzählt. Langsam begann ich: »Es gab noch einen anderen Grund, warum ich mit dem Klettern aufhörte.«

Herr Radies sah mich neugierig an.

»Ich kann mich gut erinnern, wie ich einen Freund überredete, gemeinsam eine Route im Tennengebirge bei Salzburg zu klettern. Die Route war im unteren sechsten Grad. Eigentlich zu schwer für Franz. Durch eine Unachtsamkeit brach er an einem eigentlich einfachen Tritt aus. Und brach sich den Knöchel. In einer ziemlich waghalsigen Abseilaktion brachte ich ihn schließlich nach unten.«

Herr Radies fragte irritiert nach: »Solche Verletzungen gibt es beim Klettern doch sicher häufiger. Das ist doch kein Grund, mit dem Klettern aufzuhören?«

»Nein, das nicht«, wand ich mich. »Nun. Franz war auch ein guter Kletterer, aber eigentlich nicht gut genug für das Klettern im unteren sechsten Grad. Er wusste das. Ich wusste das. Ich habe ihn trotzdem überredet. Meine Begeisterung hat mich fortgerissen. Und Franz war während des Aufstiegs auf seine Angst fokussiert. Und dann scheitert man. Fast immer.« Als ich das so sagte, kam ich mir ziemlich altklug vor. »Wenn ich ihn da nicht herausgeholt hätte, hätte ich mir das nie verzeihen können.«

»Die Sehnsucht danach, Grenzen zu überschreiten, ist also noch stärker als die Verantwortung gegenüber anderen. Andererseits haben Sie auch so viel Verantwortung gehabt, Ihr eigenes Leben zu riskieren, um andere zu retten. Sie lassen die Leute nicht hängen.«

»Ja, das stimmt. Das ist mir auch sehr wichtig, die anderen nicht hängen zu lassen. Dass sich alle füreinander einsetzen.«

»Und nachdem Sie dann gesehen hatten, dass Ihr Wunsch, Grenzen zu überwinden, andere in Lebensgefahr bringen kann, sind Sie nie mehr Klettern gegangen. Richtig?«

Etwas gedehnt entgegnete ich: »Doch. Noch ein paarmal.« Und da war er wieder, dieser Stich, Panik stieg in mir auf. Aber ich konnte das Gefühl wieder nicht fassen. Und dann war es auch schon wieder verschwunden.

Herr Radies sah mich leicht irritiert an, schüttelte den Kopf und ging schweigend weiter. Ich schwieg nun auch und so kamen wir beide gedankenversunken beim Tagungsraum an.

Herr Radies ging zum Flipchart und schrieb auf:

Werte
1. Grenzen überwinden
2. Spitzenleistung bringen
3. Verantwortung
4. Füreinander einstehen

Aversionswerte
1. Angst, nicht der Beste zu sein

»Wir haben nun nicht Ihr ganzes Leben betrachtet, sondern nur einige wichtige Wendepunkte. Daraus ergaben sich diese Werte und Aversionswerte.«

»Mit ›Aversionswerten‹ meinen Sie, dass ich alles tue, um die entsprechende Situation zu vermeiden, während ich bei den Werten alles tue, um die Situation herbeizuführen, richtig?«

»Ja, genau. Der Begriff Aversionswerte wurde von Anthony Robbins geprägt, um auszudrücken, dass es manchmal Motive gibt, die darauf abzielen, etwas zu vermeiden. Und zum Teil sind sie noch stärker handlungssteuernd als positiv formulierte Werte. Wenn wir mehr Zeit hätten, dann könnten wir sicher noch einige andere Werte auf diese Art und Weise herausfinden. Aber in der Regel kann man davon ausgehen, dass an den zentralen Wendepunkten im Leben auch die zentralen Werte zum Ausdruck kommen. Wenn die Werte nicht wichtig wären, hätten Sie kaum Anlass für solch einen massiven Wandel, wie er an den zentralen Wendepunkten stattfindet.

Wenn Sie jetzt diese Werte betrachten, haben Sie dann das Gefühl, dass damit die wichtigsten Werte in Ihrem Leben beschrieben sind? Oder denken Sie, dass noch was fehlt?«

»Ja, Leidenschaft fehlt noch. Entweder gehe ich mit Leidenschaft in etwas auf oder es erscheint mir wertlos und ich lasse es fallen. Ohne Leidenschaft wäre das Leben fad. Ist das ein eigenständiger Wert oder gibt Leidenschaft den anderen Werten eine stärkere Bedeutung?«

»Das können Sie durchaus als eigenständigen Wert ansehen. Andere Menschen sehen auch das Gegenteil, nämlich die kühle, ›rationale‹ Überlegung als einen eigenständigen Wert. Gut, also Leidenschaft. An welcher Position sollen wir das einfügen?«

»Ist die Position denn wichtig?«

»Klar. Wenn die Werte miteinander in Konflikt geraten, zeigt die Position an, welcher voraussichtlich gewinnt. Die Reihenfolge können Sie aber nur vernünftig bestimmen, wenn Sie so vorgehen, wie wir es gemacht haben: Sie haben ja nun zu jedem Wert eine Geschichte mit Bildern im Kopf. Dann können Sie abwägen. Beim üblichen Vorgehen hätten Sie nur eine sortierte Liste mit abstrakten Begriffen vor sich. Da nicht explizit klar ist, was Sie unter diesen abstrakten Begriffen verstehen, können Sie auch die Sortierung in aller Regel vergessen.«

»Also mit den Bildern im Kopf ist es jedenfalls einfach: Leidenschaft hat klar die vierte Position.«

Herr Radies fuhr fort: »Ich glaube, dass noch etwas fehlt.« Und er sah mich lange und scharf an.

Da war er wieder, dieser Anflug von Panik. Aber ich konnte das Gefühl wieder nicht fassen. So bestand meine Reaktion in einer leicht verwirrten Mischung aus Nicken und Kopfschütteln.

Er nickte. »Gut, da kommen wir erst mal nicht weiter. Glauben Sie denn, dass dieses Etwas, das jetzt noch fehlt, etwas an Ihrer Entscheidung zwischen Selbstständigem und Unternehmer ändern würde?«

Als ich in mich hineinhorchte, regte sich nichts. Ich schüttelte den Kopf.

»Dann sind wir mit Ihren Werten erst mal fertig.«

Träume und Ziele

Herr Radies wandte sich nun dem letzten Bereich zu: »Kommen wir also zu Ihren Träumen und Ihren Zielen.«

»Sie meinen Größe der Firma, Auto, Haus, Boot und Aussehen der Pferdepflegerin?«, grinste ich.

»Schön, dass Sie die Besitztümer nicht so ganz ernst nehmen«, nickte Herr Radies. »Sehen Sie, die wenigsten Menschen haben überhaupt klar definierte und schriftlich niedergelegte Ziele. Und die meisten derjenigen, die das haben, fokussieren sich nicht regelmäßig auf ihre Ziele, indem sie sie lesen und visualisieren. Von den wenigen, die das dann noch tun, haben die meisten Menschen Ziele, die mit dem Haben oder dem Besitzen zu tun haben. Also in der Tat Firmengröße, Pferd, Motorboot usw.«

»Sie meinen, man sollte sich auch noch ideelle Ziele setzen?«

»Ja und nein. Nein, weil uns die Trennung zwischen Ideellem und Materiellem nicht weiterführt. Darauf werden wir später noch öfter zurückkommen. Ja, weil die Frage doch ist, warum wir uns überhaupt

Ziele setzen, warum wir überhaupt etwas träumen. Die Antwort ist immer dieselbe: Wir wollen uns erfolgreicher fühlen, wir wollen glücklicher sein, wir wollen einen Sinn und eine Bedeutung im Leben verspüren. Und dann haben wir eine Idee davon, was uns dieses bessere Gefühl verschaffen könnte. Und das ist dann der Traum oder das Ziel. Ein Traum ist also eine Zielvorstellung, bei der unsere Werte verwirklicht sind. Ihre Werte geben Ihrem Ziel Bedeutung.

Nun gibt es Menschen, die haben eine toll funktionierende Firma und empfinden ihr Leben als sinnlos, es gibt andere, die haben eine tolle Yacht und empfinden sich nicht als erfolgreich, und wieder andere haben einen Traumpartner und fühlen sich unglücklich. Vermutlich waren diese Menschen für einige Zeit glücklich oder empfanden ihr Leben als sinnvoll. Aber das ›Haben‹ trägt nicht auf Dauer. Es gibt mindestens drei andere Dimensionen, die ebenfalls hinzukommen müssen: das Tun, das Sein und das Geben.«

Ich dachte einen Moment nach. »Okay, das klingt natürlich konkreter als meine ideellen Ziele von eben. Das mit dem Tun verstehe ich auch. Beim Klettern fühlte ich mich zum Beispiel glücklich – völlig gleichgültig, wie mein Kontostand aussah. Das mit dem Sein kann ich auch noch nachvollziehen. Wenn ich selbst liebevoller bin, dann wird meine Partnerschaft vermutlich glücklicher sein. Und liebevoller sein ist mehr, als nur andere Dinge zu tun – es braucht eine andere Einstellung. Aber das mit dem Geben begreife ich nicht. Hat das etwas mit Ihrem USA-Hintergrund und der dortigen Stiftungsmanie zu tun? Ist das nicht einfach ein Sonderfall vom ›Tun‹?«

»Das Tun und das Sein haben Sie ganz gut beschrieben. Das Geben hat hingegen etwas damit zu tun, wo Sie sich zugehörig fühlen. Es ist die Grundlage für ein sinnvolles Leben. Der Psychologe Viktor Frankl hat einmal in Bezug auf Sinn und Sinngefühl gesagt, ›dass es nie und nimmer darauf ankommt, was wir vom Leben erwarten, sondern einzig darauf, was das Leben von uns erwartet‹. Solange Sie nichts Übergeordnetes, das, was Viktor Frankl ›das Leben‹ nennt, für sich annehmen, werden Sie Ihr Leben niemals als sinnvoll empfinden können.

Dabei ist es im ersten Schritt ziemlich egal, ob das Übergeordnete jetzt eine Familie, ein Land, die Menschheit, Gott oder der Kosmos ist.

Das Geben ist etwas anderes als das Tun, weil Sie sich zugehörig fühlen müssen. Das Geben ist etwas anderes als das Tun, weil es dem, dem Sie sich zugehörig fühlen, nutzen muss.«

Ich wand mich innerlich: »Das ist mir viel zu spirituell! Wenn ich mir einen großen Künstler wie zum Beispiel Michelangelo anschaue, dann hat ihm doch vermutlich alleine die Tätigkeit der Bildhauerei Erfüllung gegeben. Wieso muss das noch eine Bedeutung haben, dass auch die Nachwelt das Kunstwerk erleben kann?«

»Der Grat ist schmal, das gebe ich zu. Die Tätigkeit allein verschafft Glück und ein *Glücksgefühl*. Je mehr man in einem Bereich die Meisterschaft erlangt, desto eher. Aber auch wenn ich noch so toll klettern kann und dabei noch so glücklich bin, ein *Sinngefühl* stellt sich erst ein, wenn Sie damit anderen etwas geben. Zum Beispiel die Botschaft: Jeder kann seine Grenzen überwinden. Letztlich benötigen Sie Ziele und Träume aus allen vier Bereichen: Haben, Tun, Sein und Geben.«

Ganz einleuchtend, fand ich nun. Mal sehen, wohin mich das noch führen würde.

»Viele Menschen, die Ziele haben, haben nur Ziele für einen einzigen Lebensbereich. Zum Beispiel fünf Millionen Euro in zehn Jahren. Oder sechs Wochen Urlaub im nächsten Jahr. Das Ergebnis ist oft, dass sie das Ziel auch erreichen, aber leider alles andere hintenüberkippt. Was hilft es Ihnen, wenn Sie in zehn Jahren fünf Millionen Euro haben, aber leider Ihre Partnerschaft kaputt ist? Natürlich ist das besser als eine kaputte Partnerschaft ohne fünf Millionen Euro. Noch besser wäre es freilich, wenn Sie darauf achten, dass tendenziell alle wichtigen Lebensbereiche berücksichtigt werden.

Es gibt viele verschiedene Möglichkeiten, die Lebensbereiche einzuteilen. Sie finden zum Beispiel bei Peter May oder Lothar Seiwert vier, bei Anthony Robbins oder Bodo Schäfer fünf, bei Cay von Fournier oder Jack Black acht Bereiche. Einige versuchen, diese Lebensbereiche theoretisch zu untermauern. Das führt aber zu nichts. Letztlich ist es eine rein praktische Frage: Bei vier Lebensbereichen geht Ihre spätere Planung schneller, bei acht ist Ihre spätere Planung differenzierter.

Nach meinen Erfahrungen haben sich bei Unternehmern folgende sieben Lebensbereiche bewährt.« Er schrieb ans Flipchart:

- **Persönlichkeit & Lernen**
- **Freude & Emotionen**
- **Partnerschaft & Familie**
- **Freunde & Netzwerk**
- **Körper & Gesundheit**
- **Finanzen & Materielles**
- **Unternehmen & Unternehmer sein**

»Wir nutzen diese Bereiche jetzt für Ihre langfristigen Träume und Ziele. Um alles zu berücksichtigen, beziehen Sie bei den nachfolgenden Übungen einfach alle sieben Bereiche mit ein. Einverstanden?«

»Ja«, nickte ich. »Eine Frage habe ich noch. Warum sprechen Sie immer von ›Träumen und Zielen‹? Sind das nicht zwei Paar Schuhe? Vermischen Sie da nicht was?«

»Ja, da haben Sie vielleicht recht, Herr Willmann. Leider gibt es keinen passenden Begriff für das, was ich meine. Unter ›Träumen‹ versteht man normalerweise ein Zukunftsbild, emotional sehr mitreißend, aber in nicht definierter Ferne in der Zukunft. Träume haben den Beigeschmack, selten realistisch zu sein.

Ziele hingegen orientieren sich meist am SMART-Akronym:

- **S**pezifisch
- **M**essbar
- **A**ttraktiv
- **R**ealistisch
- **T**erminiert

Das ist für kurzfristige Ziele mit einem Zeithorizont von bis zu einem Jahr meist in Ordnung. Wenn man dieses Konzept jedoch auf langfristige Ziele überträgt, dann ist es eher etwas für Buchhalter, die auch mal ein Abenteuer erleben möchten.

›Attraktiv‹ ist viel zu wenig. Es muss emotional mitreißend sein. Es muss ein Traum sein. Sie können nicht mehr weiterleben, wenn Sie ihn nicht verwirklichen. Attraktiv ist auch meine Nachbarin. Aber offensichtlich nicht so attraktiv, dass ich sie jemals angesprochen hätte. Vergessen Sie also langfristige Ziele, die nur attraktiv sind.

Aber noch entscheidender ist die Frage, ob ein Ziel realistisch ist. Die größten Entwicklungen der Menschheit waren alles andere als realistisch. Es war nicht realistisch, zu fliegen. Als John F. Kennedy ankündigte, bis zum Ende der Sechzigerjahre zum Mond zu fliegen, war das alles andere als realistisch. Dass Wilma Rudolph bei den Olympischen Spielen 1960 drei Goldmedaillen in Sprintdisziplinen gewinnen würde, hätte wenige Jahre zuvor ebenfalls als unrealistisch gegolten: Sie hatte nämlich Kinderlähmung und konnte bis zum Alter von zwölf Jahren nicht einmal allein gehen. Nebenbei eines von unzähligen Beispielen dafür, dass man auch in Bereichen, in denen man klare Schwächen hat, mit der entsprechenden Energie Spitzenleistungen vollbringen kann. Ein langfristiges Ziel *muss* unrealistisch und riesig sein. Aus mehreren Gründen. **Erstens** verlieren Sie kleine Ziele aus dem Blick, sobald ein mittleres Problem auftaucht. Dann sehen Sie nur noch das Problem, weil dieses größer ist als das Ziel.

Zweitens beurteilen wir meist ausgehend von unseren jetzigen Fähigkeiten, ob etwas realistisch ist. Wir wollen aber etwas verändern. Wir wollen uns verändern. Dazu brauchen Sie ein Ziel, das Sie mit Ihren jetzigen Fähigkeiten eben gerade nicht erreichen können. Wenn Sie es erreichen könnten, wozu sollten Sie sich dann die Mühe machen, etwas zu verändern?

> **Ein langfristiges Ziel ist mit den jetzigen Fähigkeiten eben gerade nicht zu erreichen; es geht darum, etwas zu verändern.**

Drittens ist es psychologisch geradezu notwendig, dass Sie ein Ziel haben, an das Sie selbst kaum glauben können. Ihr Gehirn versucht diesen offensichtlichen Widerspruch zwischen Realität und Ziel irgendwie zu verringern – es fühlt sich einfach nicht wohl dabei. Natürlich müssen Sie dafür sorgen, dass Ihr Gehirn nicht einfach das Ziel im Lauf der Zeit verkleinert. Deshalb müssen Sie Ihre Ziele aufschreiben und jeden Tag mehrmals anschauen. Irgendwann beginnen Sie, an Ihr eigenes riesiges Ziel zu glauben. Dann bleibt Ihrem Gehirn nur der Weg, die Realität zu verändern, um den Widerspruch aufzulösen.

Der spanische Schriftsteller Miguel de Unamuno sagt dazu: ›Nur mit dem Unmöglichen als Ziel kommt man zum Möglichen.‹ Im Leben eines jeden Menschen gibt es Dinge, die früher völlig unrealistisch zu sein schienen. Konnten Sie sich, als Sie gerade Ihr Physikstudium abbrachen, vorstellen, einmal eine eigene Firma mit fünfzehn Mitarbeitern zu haben?«

»Natürlich nicht! Es war halt nicht realistisch.«

Herr Radies nickte: »Und trotzdem hatten Sie sie einige Jahre später.«

Mit wachsendem Erstaunen hatte ich zugehört: »Herr Radies, Sie sprechen mir aus dem Herzen! Das, was Sie gerade beschreiben, ist ja in vielen Punkten das, was ich unter dem Überwinden von Grenzen verstehe. Das Unmögliche möglich zu machen!«

Wolfgang Radies lächelte. »Das habe ich schon vermutet, dass wir hier auf einer gemeinsamen Wellenlänge liegen. Wenn ich von Träumen und Zielen spreche, meine ich also in Wirklichkeit ein Mittelding: spezifisch, messbar, mitreißend, unrealistisch, terminiert.«

»Könnten Sie das dann nicht auch Vision nennen?«, fragte ich.

»Nein, auf gar keinen Fall! Im Augenblick geht es uns noch um die Vielfalt. Wir wollen, dass Ihre Entscheidung möglichst alle Ihre Ziele umfasst. Hingegen haben Sie nur eine einzige Vision! Wer zwei Visionen hat, hat gar keine. Die Vision ist das Energiezentrum, um das sich alles dreht. Und wir sind noch lange nicht so weit, dass Sie eine tragfähige Vision erarbeiten könnten.«

Etwas genervt entgegnete ich: »Gut, aber wir sind dann wenigstens so weit, dass ich meine Träume und Ziele aufschreiben kann?«

Herr Radies lachte. »Ja. Am besten machen Sie eine Mindmap, die sich an den sieben Lebensbereichen orientiert. Dort können Sie dann ziemlich frei assoziieren. Je nachdem, ob es sich um Haben, Tun, Sein oder Geben handelt, verwenden Sie am besten eine andere Farbe. Versuchen Sie, in allen sieben Lebensbereichen Ziele und Träume für alle vier Farben zu finden – wobei das nicht immer geht: ›Haben‹ im Bereich Persönlichkeit & Lernen ist zum Beispiel ziemlich schwierig.

Achten Sie nach Möglichkeit auf eine Zeitperspektive von sieben Jahren an aufwärts und versuchen Sie, möglichst viele Träume und Ziele zu finden.«

»Warum möglichst viele?«

»Den meisten Menschen fällt nach vierzig bis siebzig Zielen nichts mehr ein. Dann ist Nachdenken angesagt und auf einmal schweifen sie ab zu Träumen, die sie als Kind hatten und die schon längst verschüttet schienen. Oder sie beginnen, aus ihren Tagträumen die wichtigen Botschaften herauszudestillieren. So kommen oft die wirklich interessanten Träume erst nach den ersten vierzig bis siebzig Punkten. Und das Spannende daran ist: Diese Träume und Ziele sind in den meisten Fällen von vornherein bildhaft. Das wird uns später noch sehr helfen.«

Ich nickte. »Eine Stunde sollte reichen, oder?«

Herr Radies nickte und ich begann mit meiner Arbeit.

Während ich arbeitete, warf er immer wieder einen Blick auf meine Mindmap, stellte zwischendurch Fragen, die mich auf neue Pfade brachten, und nach einer knappen Stunde hatte ich tatsächlich etwa hundert Ziele und Träume aufgemalt.

»Wie geht's jetzt weiter?«, erkundigte ich mich.

»Hundert Ziele und Träume sind natürlich viel zu viel. Zumal dann, wenn sie die Grundlage für Ihre Entscheidung nachher sein sollen. Wir werden deshalb gemeinsam die wichtigsten herausfinden. Dazu machen wir zwei Durchgänge. Im **ersten Durchgang** nehmen Sie einen schwarzen Stift und machen an die fünfundzwanzig Ziele, die Ihnen wirklich wichtig sind, einen Punkt. Am besten jetzt gleich.«

Ich ging meine Mindmap noch einmal durch. Die Aufgabe erwies sich als ziemlich einfach. Einige der Ziele hatten nur eine geringe Bedeutung für mich. So war ich nach wenigen Minuten fertig.

Herr Radies fuhr fort: »Gut, nun zum **zweiten Durchgang**. Die Werte und Grundmotive, die wir vorher erarbeitet haben, sind nicht nur entscheidend für den Weg, den wir einschlagen, sondern sie geben auch den Zielen ihre Bedeutung.

Ziele, die nicht mit Ihren wichtigsten Werten übereinstimmen, sollten Sie grundsätzlich nochmals überdenken. Meist handelt es sich um irgendwelche übernommenen Ziele von Personen, die Ihnen irgendwann einmal wichtig waren. Misten Sie solche Ziele aus. Sie lenken nur ab.

In unserem zweiten Durchgang markieren Sie alle die Träume und Ziele, die Ihre wichtigsten Werte beinhalten, mit einem braunen Stift.«

Ich begann wieder zu arbeiten. Beim Durchgehen entdeckte ich einige Ziele, die ich wirklich von meinem Bruder oder einer ehemaligen Freundin mitschleppte, die mir aber überhaupt nichts mehr sagten. Ich strich sie sofort durch. Dann gab es aber auch Ziele, die mir wichtig waren, in denen aber meine Werte dennoch nicht enthalten waren. Diese ließ ich stehen. Die anderen markierte ich braun.

Herr Radies sah mir über die Schulter, als ich fertig war. Er nickte: »Gut. Es sind zwölf Ziele und Träume übrig geblieben, die Ihnen wichtig sind und in denen auch Ihre Werte enthalten sind. Bitte schreiben Sie diese zwölf Ziele und Träume auch ans Flipchart, direkt neben Ihre Werte. Lassen Sie rechts daneben noch ein bisschen Platz.«

Ziel

- Guter Unternehmer sein (2009)
- Das beste Web-Software-Unternehmen Deutschlands haben (2012)
- 150 Mitarbeiter, die für einander einstehen
- Einer der Top-Software-Experten in Deutschland sein
- Umrundung des Annapurna
- Klettern können im 7. und 8. Grad
- Partnerin mit ähnlichen Werten
- Kleine Villa im Grünen (2011)
- Behindertensport unterstützen
- Alte Energie wiedergewinnen
- Ausgeglichener sein
- 300 000 Euro Jahresgehalt (2012)

Während ich schrieb, sprach Herr Radies weiter. »Das, was wir jetzt erarbeitet haben, ist Rohmaterial. Damit können Sie noch nicht an die Verwirklichung gehen. Bei manchen Ihrer Ziele fehlt das Datum. Manche Ziele wie zum Beispiel ›Behindertensport unterstützen‹ sind noch viel zu unpräzise.«

»Aber das ist mir wichtig«, unterbrach ich. »Ich finde es bewundernswert, wenn Menschen, denen alle zugestehen würden, sich zurückzulehnen und sich helfen zu lassen, trotzdem aktiv werden und versuchen, ihre eigenen Grenzen zu überwinden. Das will ich unterstützen!«

Herr Radies lächelte: »Das finde ich auch bewundernswert! Es fehlt nur noch eine Konkretisierung, was Sie damit genau meinen. Wollen Sie Botschafter für den Behindertensport werden? Oder wollen Sie ihn finanziell unterstützen?«

Ich nickte: »Ja, da muss ich sicher noch einiges ergänzen.«

Herr Radies fuhr fort: »Außerdem sind manche Ziele noch vergleichsweise klein und kurzfristig. Den Annapurna können Sie bereits dieses oder nächstes Jahr umrunden und ein Jahresgehalt von 300 000 Euro ist für einen wirklich guten Unternehmer auch nicht gerade berauschend. Auch da wird sich sicher noch etwas ändern.

Dann scheinen sich manche Ziele zu widersprechen. Zum Beispiel ›guter Unternehmer sein‹ und ›einer der Top-Software-Experten in Deutschland sein‹. Beides zur selben Zeit wird kaum gehen.

Für die Haben-Ziele fehlt darüber hinaus das Zielbild, was Sie dafür *tun* wollen. Deswegen werden Sie nie beim Haben-Ziel ankommen.

In den nächsten Wochen werden Sie deshalb parallel zu unseren Fortschritten immer auch Ihr persönliches Zielbild überarbeiten. Auch wenn dies in Seminaren und Büchern oft so gelehrt wird: Es ist ein Märchen, dass Sie in einer Stunde Ihre Lebensziele festlegen können. Bis Sie ein einigermaßen stabiles Zielbild haben, bei dem Sie das Gefühl haben: Ja, das ist genau das, was ich in meinem Leben haben, sein, tun oder geben will, vergeht mindestens ein halbes Jahr. Und es ist fortwährende, intensive Arbeit.

Das effektivste Vorgehen ist, wenn Sie Ihre Mindmap an einer Stelle aufhängen, an der Sie täglich zwei- oder dreimal vorbeikommen. Legen Sie verschiedenfarbige Stifte darunter und ergänzen Sie sie, wenn Ihnen etwas fehlt, ändern Sie sie, wenn Sie das Gefühl haben, dass etwas noch nicht ganz passt, und streichen Sie sofort, wenn Sie denken, dass Ihnen das Ziel nicht wichtig ist.

Was wir aber bereits jetzt haben, ist eine Richtung. Sie wissen ungefähr, was Sie sich im Leben wünschen. Und das ist genug für unsere nächste und letzte Aufgabe heute: Ihre Entscheidung. Wollen Sie Selbstständiger bleiben oder Unternehmer werden?«

2.4 Entscheidung und Commitment

Selbstständiger oder Unternehmer – das war die zentrale Frage. Zu Herrn Radies gewandt, antwortete ich: »Natürlich Unternehmer werden.«

Wolfgang Radies lachte kopfschüttelnd: »Ich habe mir nicht den ganzen Tag Mühe mit Ihnen gegeben, um mir jetzt diesen Schnellschuss anzuhören.

Lehnen Sie sich bitte einfach zurück, schließen Sie die Augen und lassen Sie sich nochmals alles, was wir heute Nachmittag besprochen haben, durch den Kopf gehen.«

Ich war etwas verwirrt. Herr Radies wollte doch diese Entscheidung! Und sie schien mir auch naheliegend. Dennoch schloss ich die Augen. Als ich unsere Gespräche des Nachmittags rekapitulierte, sah ich auf einmal, dass meine Stärken eher in die Richtung des Selbstständigen gingen. Und einige Ziele ebenfalls. Ich wurde zunehmend verwirrter. Schließlich begann ich sogar zu zweifeln, ob ich überhaupt in der Lage wäre, die Herausforderungen des Unternehmerseins anzunehmen. Ich öffnete schließlich meine Augen, um diesen Zustand zu beenden.

Resignierend schüttelte ich den Kopf: »Ich kann mich jetzt nicht entscheiden.«

»Viel besser! Jetzt haben Sie einen Bezug zu sich! Jetzt haben Sie die Grundlage für die Entscheidung: Wollen Sie überhaupt Unternehmer werden? Wollen Sie die Aufgaben des Unternehmers gegen Ihre Fachkraftaufgaben eintauschen? Wollen Sie die zweite Wachstumshürde, also den Übergang vom Selbstständigen zum Unternehmer, nehmen? Wollen Sie einen neuen Beruf ergreifen?«

»Und was wäre, wenn ich mich für den Weg des Selbstständigen entscheiden würde?«, erkundigte ich mich.

»Das wäre dann das Modell, das vielfach bei Ärzten oder Anwälten oder zum Beispiel auch bei hochrangigen Vortragsrednern praktiziert wird. Sie konzentrieren sich völlig auf Ihre Fachaufgaben und auf eine kluge Positionierung. Dann organisieren Sie Ihre Firma so, dass Ihnen alle Nicht-Expertenaufgaben vom Hals gehalten werden. Natürlich ist dabei das Wachstum – abgesehen von einem Konglomerat parallel agierender Partner – auf maximal fünf bis sieben Personen begrenzt.

Ein alternatives Modell wäre noch das des Expertennetzwerks, in dem sich jeder auf sein Spezialgebiet konzentriert und alle gemeinsam je nach Aufgabe in unterschiedlichen Konstellationen zusammenwirken.«

Bei der letzteren Vorstellung schüttelte es mich: »Für singuläre, nicht wiederholbare Projekte vor allem im Kreativbereich ist das ja ein produktiver Ansatz. Aber wenn ich mir vorstelle, die Diskussionen, die wir zum Beispiel in meiner Firma zur Qualitätssicherung geführt haben, jedes Mal wiederholen zu müssen, wird mir schlecht. Und die Zusammenarbeit mit Freiberuflern ging auch fast jedes Mal daneben.

Also bleibt nach meinem Gefühl nur die Wahl zwischen dem Unternehmerdasein und dem Selbstständigenmodell. Die Entscheidung erscheint mir nicht einfach. Meine Stärken liegen mit Sicherheit eher im Bereich der Fachkraft. Andererseits zieht mich etwas in die Richtung des Unternehmers. Das sieht mir wirklich wie eine schwerwiegende und grundlegende Berufsentscheidung aus.«

»Stimmt, es handelt sich um einen Berufswechsel«, bestätigte Herr Radies. »Und stimmt, es ist eine schwere Entscheidung. Aus drei Gründen. Erstens gibt es für beide Alternativen gute Argumente. Deswegen konnte ich Ihre Schnellschussentscheidung eben nicht akzeptieren. Zweitens werden Sie niemals, egal wie gut Sie sich auch immer vorbereiten, vollständige Informationen und Entscheidungskriterien haben. Und drittens können Sie die einmal getroffene Entscheidung nur mit großer Mühe wieder abändern, da Sie mit der Entscheidung beginnen, Strukturen und Erwartungen außerhalb Ihrer selbst zu schaffen, die Ihre Entscheidung zementieren.

Solche Entscheidungen haben Sie aber vermutlich schon einige Male gefällt und für Unternehmer gehört dies fast zum Tagesgeschäft.«

»Ja, natürlich habe ich schon solche Entscheidungen gefällt, allerdings hat es mich oft Tage und Wochen und manchmal viele schlaflose

Nächte gekostet, bis ich mich entschieden habe. Und hinterher habe ich Wochen und Monate darüber nachgedacht, ob die Entscheidung richtig war. Und meine Entscheidungen auch öfter revidiert.

Aber ich schätze mal, diese Zeit wollen Sie mir nicht lassen. Sie haben ja mehrmals darauf hingewiesen, dass Sie die Entscheidung heute erwarten.

Ich möchte ehrlich zu Ihnen sein, Herr Radies. Ich sehe mich nicht in der Lage, heute eine solche Entscheidung zu treffen.«

»Sie sehen das ganz richtig: Ich erwarte Ihre Entscheidung heute!«, erwiderte Herr Radies. »Ihre Entscheidung wird nämlich nicht besser, wenn Sie sie morgen oder in einem Monat fällen. Doch zum Glück gibt es jahrhundertealte, erprobte Verfahren, die einem helfen, auch in solchen offenen Situationen Entscheidungen zu fällen. Interessiert?«

»Klar! Was für Verfahren sind das?«

»Zum Beispiel gab es bei den Jesuiten ein fundiertes Entscheidungsverfahren. Das war notwendig, weil der Jesuitenorden im 16. und 17. Jahrhundert an fast allen Höfen der Welt vertreten war und dort schnelle Entscheidungen treffen musste. Der Jesuit Adam Schall zum Beispiel wurde im 17. Jahrhundert am chinesischen Kaiserhof hochrangiger Mandarin und Hofastronom. Stellen Sie sich vor, er hätte bei sämtlichen wichtigen Entscheidungen immer drei bis vier Jahre gewartet, bis seine Frage in Rom angekommen wäre, sich dort jemand entschieden hätte und dann die Antwort zurückgesandt worden wäre. Die Jesuiten brauchten ein Verfahren, das es erlaubte, dezentral fundierte Entscheidungen zu treffen, die im Einklang mit der Ordensphilosophie standen.

Neben den Jesuiten gab es natürlich auch noch andere Organisationen, die ebenfalls Entscheidungsverfahren nutzten. Wir machen heute eine verweltlichte, beschleunigte und abgespeckte Variante davon. Einverstanden?«

Ich war neugierig geworden und so nickte ich. Wenn das funktionierte, wäre das unter Umständen ja auch eine Methode, die ich meinen Mitarbeitern beibringen könnte: dezentral und in Übereinstimmung mit der Unternehmensphilosophie! Das klang sehr interessant! Ich nickte nochmals.

Herr Radies erklärte: »Sie kennen natürlich einfache Entscheidungstabellen, in der Sie auf der einen Seite alle Argumente eintragen, die für die erste Möglichkeit sprechen, auf der anderen Seite alle Argumente, die für die zweite Möglichkeit sprechen. Dann können Sie die Argumente noch durch die Vergabe von Punkten gewichten, schließlich addieren Sie die Punkte und sehen in den meisten Fällen in der einen Spalte eine höhere Zahl als in der anderen. Dieses eher rationalistisch geprägte Modell können Sie vergessen, da Sie mit jedem neuen Tag neue Informationen gewinnen und die Tabelle verlängern könnten. Zudem könnten Sie mit jedem neuen Tag die Gewichte zwischen den einzelnen Argumenten verschieben. Das ändert sich nebenbei auch nicht, wenn Sie solche Tabellen gemeinsam mit anderen im Team erstellen würden. Deswegen sind Teamentscheidungen auch nicht per se besser.

Anders ausgedrückt: Sie räumen mit diesen Entscheidungstabellen Ihre inneren Zweifel nicht beiseite. Und wenn diese nicht beiseitegeräumt sind, gewinnen Sie nicht die Energie und Konzentration zur Umsetzung. Das Geheimnis ist: Es gibt im Vorfeld keine richtige Entscheidung. Die Qualität der Entscheidung ergibt sich erst im Nachhinein durch die Konsequenz der Umsetzung.

Die Konsequenz der Umsetzung hängt wesentlich von Ihrer Überzeugung ab. Eine gute Entscheidung ist also in solchen zukunftsoffenen Situationen nicht gut, weil sie ›richtig‹ oder ›sachlich fundiert begründet‹ ist, sondern weil Sie davon überzeugt sind. Die bestimmende

> **Es gibt in zukunftsoffenen Situationen keine richtige oder falsche Entscheidung. Die Qualität der Entscheidung ergibt sich erst im Nachhinein durch die Konsequenz der Umsetzung. Die bestimmende Komponente, die letztlich darüber entscheidet, ob die Entscheidung zum Erfolg führt, ist somit die Frage, wie sicher Sie sich dabei *fühlen*.**

Komponente, die letztlich darüber entscheidet, ob die Entscheidung zum Erfolg führt, ist somit die Frage, wie sicher Sie sich dabei *fühlen*. Ein gutes Entscheidungsverfahren muss also Ihr Gefühl der Sicherheit und Überzeugung zum Schwerpunkt haben, nicht die analytische Korrektheit. Typischerweise ist das Ziel bei dem, was man traditionell unter ›rationalen Entscheidungen‹ versteht, die Emotionen aus dem Entscheidungsprozess herauszuhalten.* Bei Entscheidungen, die in einem zukunftsoffenen System stattfinden, muss es gerade das Ziel sein, die Emotionen zu integrieren und zur Grundlage zu machen.«

»Sind nicht alle Entscheidungen zukunftsoffen?«, fragte ich dazwischen.

»Mehr oder weniger«, antwortete Wolfgang Radies. »Wenn Sie zum Beispiel hundert Euro auf ein Tagesgeldkonto mit drei Prozent Zinsen anlegen, dann haben Sie nach einem Jahr ziemlich sicher hundertdrei Euro. Natürlich kann zwischenzeitlich das Bankensystem zusammenbrechen oder eine Inflation kommen. Insofern ist auch das zukunftsoffen. Aber die Wahrscheinlichkeit eines Crashs ist eher begrenzt und lässt sich sogar noch mit historischen Daten einigermaßen einschätzen. Bei Ihrer Berufsentscheidung ist alles offen und Sie haben keine historischen Daten, um die Richtigkeit Ihrer Entscheidung einschätzen zu können. Diese Entscheidung ist also viel offener.

Ich möchte Ihnen deshalb einen eher intuitiv-emotional-meditativen Ansatz zur Entscheidungsfindung vorstellen. Sie bereiten Ihre Entscheidung auf dieselbe Art und Weise vor wie eine klassische ›rationale‹ Entscheidung. Ihr erster Schritt besteht also darin, aufzulisten, was für und was gegen die beiden Möglichkeiten spricht. Nehmen Sie sich nicht mehr als fünf Minuten Zeit, da Ihre Liste sowieso nie vollständig sein kann.«

Ich entwarf folgende Übersicht:

---

* Nebenbei ist dies nach den neueren neurowissenschaftlichen Erkenntnissen sowieso eine Illusion. Es gibt keine Entscheidung, die nicht emotional ist.

	Selbstständiger Software-Experte	**Unternehmer**
Pro	• Bin darin gut • Alles wird wieder übersichtlich und handhabbar • Kenne mich aus • Erfolg ist berechenbar • Habe wieder Zeit zum Klettern und Laufen • In einem kleinen Team ist es einfacher und natürlicher, dass alle füreinander einstehen	• Neue Herausforderung • Überwindung einer Grenze (zweite Wachstumshürde) • Kann meine Fähigkeit zur Überwindung von Grenzen nur weitergeben, wenn ich auch selbst Grenzen überwinde
Kontra	• Erscheint mir als Stagnation • Müsste die Firma gesundschrumpfen und einige Mitarbeiter entlassen	• Bin nicht gut darin, Menschen zuzuhören und diese zu führen • Habe von vielen Aufgaben noch nicht den leisesten Schimmer • Benötige am Anfang sicher mehr Zeit, da ich noch mehr lernen muss und mehr Fehler mache • Weiß nicht, ob es sich als das herausstellt, was ich mir wünsche • Lege mich auf einen längeren Zeitraum fest und binde mich stärker

Wolfgang Radies überflog die Auflistung und nickte: »Gut, ich denke, das reicht fürs Erste. Die Übersicht hat sowieso nur den Zweck der nochmaligen Einstimmung. Nun nähern wir uns der Entscheidung in mehreren Schritten von verschiedenen Seiten.

Insgesamt werden Sie vier Meditationsrunden durchführen. Ich habe Ihnen diese Matte mitgebracht. Legen Sie sich nachher mit dem Rücken flach auf die Matte, atmen Sie sechs Sekunden aus, dann vier

Sekunden ein, dann halten Sie vier Sekunden die Luft an. Anschließend beginnen Sie von vorn. Konzentrieren Sie sich dabei nur auf Ihren Atem. Wenn ablenkende Gedanken, Gefühle oder Bilder auftauchen, stellen Sie diese einfach fest, benennen Sie sie, kleben Sie sozusagen ein gedankliches Etikett dran und konzentrieren Sie sich wieder auf Ihren Atem.

Stellen Sie sich nach einigen Minuten bildlich vor, Ihr bester Freund käme zu Ihnen. Sie sitzen zum Beispiel in einem Gasthaus am Fuß der Alpen mit dem herrlichen Panorama im Hintergrund. Er stünde vor Ihnen mit demselben Entscheidungsproblem, vor dem Sie jetzt stehen. Was würden Sie ihn fragen? Was würden Sie ihm raten? Treffen Sie noch keine Entscheidung! Versuchen Sie, beide Alternativen zu würdigen. Beobachten Sie dabei genau, was Sie fühlen. Beobachten Sie Ihren Körper. Gibt es irgendwo Spannungen, ein unangenehmes Gefühl? Hinterfragen Sie, wenn Sie Unsicherheit oder das Gegenteil, zu große Sicherheit und Vehemenz, verspüren. Wenn Sie Ängste verspüren, dann beobachten und würdigen Sie diese und kehren Sie zu Ihrer bildlichen Vorstellung zurück.

Nach etwa fünfzehn Minuten beenden Sie die Übung, indem Sie sich wieder auf Ihren Atem konzentrieren, dann ganz langsam die Augen öffnen und aufstehen. Schreiben Sie Ihre Empfindungen möglichst detailgetreu in Ihrem neuen Tagebuch auf. Das ist wichtig für spätere Situationen, wenn Sie an Ihrer Entscheidung zu zweifeln beginnen.

Beginnen Sie alle folgenden Runden jeweils mit der Meditationsübung, indem Sie sich auf Ihren Atem konzentrieren. Und beenden Sie sie, indem Sie Ihre Empfindungen im Tagebuch notieren.

In einer zweiten Runde beginnen Sie mit Ihren wichtigsten Träumen und Zielen. Malen Sie sich ein Bild davon aus. Legen Sie dann vor diese Bilder nacheinander die beiden Entscheidungsmöglichkeiten. Versuchen Sie dabei wieder, jede Vorentscheidung zu vermeiden und beide Alternativen wertzuschätzen. Vermutlich wird ein verstärkter Zustand der Verwirrung bei Ihnen einsetzen. Sie würden sich zwar gern entscheiden, können es aber nicht, weil so viel für beide Optionen spricht. Das ist gut so!

In einer dritten Runde beginnen Sie mit Ihren Werten. Versuchen Sie sich ein Vorbild vorzustellen, das diese Werte lebt oder verwirklicht hat. Malen Sie sich aus, wie diese Person die beiden Alternativen wertschätzen würde. Beobachten Sie dabei auch wieder genau, was Sie dabei fühlen. Hinterfragen Sie, wenn Sie Unsicherheit oder das Gegenteil, zu große Sicherheit und Vehemenz, verspüren.

In einer vierten und letzten Runde gehen wir ans Eingemachte. Stellen Sie sich Ihre Todesstunde bildlich vor. Sie nehmen von Ihren Lieben und Ihrem Leben Abschied und fragen sich, welche Entscheidung Sie dann wünschten getroffen zu haben. Spüren Sie wieder in sich hinein. *Treffen Sie nun Ihre Entscheidung.* Halten Sie dieses Bild in allen Einzelheiten fest. Wie ist das Licht? Wie ist die Stimmung? Wie fühlen Sie sich? Was sagen Sie?

Diese Entscheidung, die Sie nun getroffen haben, ist bindend für Sie. Zumindest so lange, bis Sie wirklich alles in Ihrer Kraft Stehende unternommen haben, um dafür zu sorgen, dass es die richtige Entscheidung war.

Falls Sie das Verfahren irgendwann nicht für persönliche, sondern für Unternehmensentscheidungen verwenden möchten, ersetzen Sie in der dritten Runde Ihr persönliches Vorbild durch ein Unternehmen, das für Sie ein Vorbild ist und Ihre Werte verwirklicht. Und ersetzen Sie in der vierten Runde das Szenario der Todesstunde durch die Szene, in der Sie Ihr Unternehmen an Ihren Nachfolger übergeben.

Sie kommen klar?«

»Nein, eigentlich noch nicht. Das mit der Zukunftsoffenheit und dem Gefühl der Sicherheit verstehe ich. Aber es überzeugt mich nicht, dass ich nur fünf Minuten an den Gründen arbeiten sollte und mir nun zwei Stunden Zeit nehmen soll, um mich damit zu beschäftigen, mir etwas vorzustellen oder darauf zu achten, wie sich mein Körper anfühlt. Das erscheint mir offen gestanden ziemlich esoterisch und irrational.«

Wolfgang Radies schüttelte langsam den Kopf: »Nichts weniger als das. Für dieses intuitive Verfahren gibt es noch einen weiteren Grund: Unser Unterbewusstsein nimmt viel früher wahr, was richtig für uns ist, als unser Bewusstsein. Der Neurologe Antonio Damasio hat dazu folgendes Experiment gemacht: Auf einem Tisch lagen vier Kartenstapel. Wenn man eine Karte aus den Stapeln A und B zog, konnte man hundert Dollar gewinnen, aus den Stapeln C und D konnte man nur fünfzig Dollar gewinnen. Allerdings gab es auch Karten, für die man eine Strafe zahlen musste. Diese war bei den Stapeln A und B ziemlich hoch. Das Spiel war so konstruiert, dass man langfristig mit den Stapeln C und D besser fuhr. Die Versuchspersonen wussten dies natürlich vorher nicht.

Damasio maß bei den Versuchspersonen den Hautwiderstand mit einem Lügendetektor. Schon nach etwa zehn Karten zeigte er einen Ausschlag, wenn die Probanden zum Stapel A oder B griffen. Auf Befragen, ob die Versuchspersonen das Spiel schon durchschaut hatten, wussten diese jedoch von nichts. Erst ab der fünfzigsten Karte zog das Bewusstsein langsam nach: Die Spieler beschrieben die Stapel A und B als irgendwie riskant. Ab etwa achtzig Karten konnten die meisten erklären, wie das Spiel funktioniert.

Wenn Sie sich also nicht auf die Karten konzentrieren oder versuchen, die Regeln des Spiels zu erraten, sondern ein gutes Gefühl für sich und Ihren Körper entwickeln, dann spüren Sie diese Veränderung. Auch wenn Sie diese nicht benennen können. Und zwar fünf- bis achtmal früher als Ihr Verstand und Ihre ›Ratio‹. Das ist sozusagen der wissenschaftliche Hintergrund, den die modernen neurologischen Forschungen für die Intuition oder das Bauchgefühl liefern. Wobei der Verursacher des Gefühls entgegen den esoterischen Vorstellungen natürlich nicht im Bauch sitzt, sondern ebenfalls im Gehirn. Da es dort jedoch noch nicht bewusst ist, können Sie es nur indirekt über den Bauch oder die Haut wahrnehmen.«

Das Ganze erschien mir immer noch äußerst fragwürdig. Und so wandte ich ein: »Wie kommt es dann, dass die Entscheidungsverfahren in Großkonzernen so langwierig und so komplex sind? Machen die etwas falsch?«

»Ja. Machen sie!«, entgegnete Herr Radies knapp. »Es sind nämlich keine Unternehmer, die sich entscheiden, sondern angestellte Manager. Und angestellte Manager müssen sich rechtfertigen. Das ist nebenbei ein ganz wesentlicher Grund, warum angestellte Manager bei den derzeitigen Strukturen nicht dieselben Ergebnisse erzielen und nicht erzielen können wie Unternehmer. Weil sie sich rechtfertigen müssen, benötigen sie eine bewusste, ›rationale‹ Entscheidung. Um zu dieser zu gelangen, benötigen sie fünf- bis achtmal länger als ein Mensch, der sich auf seine Intuition verlässt. In einer Zeit, in der die Geschwindigkeit der Entscheidungen immer wichtiger wird, ist das ein ganz gravierender Unterschied.

Zudem wird die Entscheidung durch die längere Zeitdauer ja auch nicht richtiger. Auch der Psychologieprofessor Gerd Gigerenzer hat in langjährigen Forschungen nachgewiesen, dass intuitive Bauchentscheidungen in der Regel richtiger sind als rationale Entscheidungen.

Die Richtigkeit einer Entscheidung in zukunftsoffenen Situationen ergibt sich ja gerade durch das Gefühl der Sicherheit, durch die eigene Überzeugung.

Landläufig werden solche Entscheidungen oft ›mutig‹ genannt. In Wahrheit handelt es sich um nichts weiter als um das Vertrauen in die Tätigkeit der neunundneunzig Prozent unseres Gehirns, die uns normalerweise nicht bewusst werden. Den ›Mut‹ muss man sich erst einbilden, wenn man sich in Strukturen bewegt, die eine Rechtfertigung erzwingen können, oder wenn man der irrigen Meinung anhängt, dass ›rationale‹ Entscheidungen irgendwie fundierter seien. Da man dann neunundneunzig Prozent seines Gehirns ausblendet, also sich künstlich eine riesige Lücke erschafft, benötigt man dann eben auch den Mut zur Lücke.

Das Geheimnis liegt also nicht im Mut, sondern in der Erkenntnis der Beschränktheit von ›rationalen‹ Entscheidungen. Nun, sind Sie bereit?«

Ich hatte zwar noch tausend Fragen und Einwände, aber zugleich war ich auch neugierig auf dieses Vorgehen. In zwei Stunden wüsste ich mehr und so nickte ich.

Herr Radies begann, mich mit seiner ruhigen Stimme an die Meditation heranzuführen. Meine Atmung wurde ruhig, und ich begann mich den Bildern zu überlassen, die entstanden.

In der ersten Runde, in der ich meinem Freund raten sollte, schien mir die Tätigkeit als selbstständiger Software-Entwickler irgendwie einfacher und verantwortungsbewusster. Er könnte sich voll auf das konzentrieren, was er wirklich gut kann: Programmieren. Ich begann mich dabei ruhig und entspannt zu fühlen. Aber je intensiver ich mir das Bild vorstellte, desto mehr spürte ich eine Einengung und unangenehme Bewegungsunfähigkeit.

Zuerst dachte ich einfach, meine Arme und Beine seien eingeschlafen. Aber dann spürte ich, dass dieses Gefühl verschwand, wenn ich meinem Freund riet, Unternehmer zu werden. Zugleich verschwand jedoch auch das Gefühl der Ruhe.

In der zweiten Runde schien sich nichts Wesentliches zu ändern. Offen gestanden, hatte ich alleine schon Schwierigkeiten dabei, mir meine Ziele bildlich vorzustellen. Mir wurde schlagartig bewusst, was Herr Radies damit meinte, als er meine Ziele als zu unpräzise bezeichnete.

Der Umschwung kam dann in der dritten Runde. Ich wählte aufgrund meines Werts des Grenzenüberwindens Kolumbus als Vorbild, und es gelang mir nicht einmal mit großer Mühe, mir vorzustellen, wie er den selbstständigen Software-Experten dem Unternehmer vorziehen würde. Das Risiko, am Ende der Welt einfach herunterzufallen, gehört dazu.

Und als ich mir dann in der vierten Runde meine Todesstunde vorstellte, überfiel mich bei der Vorstellung, selbstständiger Software-Experte statt Unternehmer geworden zu sein, eine große Traurigkeit und meine Augen wurden feucht. Es war irgendwie, als wenn ich auch jetzt schon sterben könnte.

Nachdem ich die vierte Runde beendet und meine Bilder, Gedanken und Gefühle im Tagebuch notiert hatte, fühlte ich mich völlig ruhig und mit mir eins. Ich blickte auf und sah Herrn Radies lange in die Augen. »Das ist wirklich verblüffend. Ich habe noch nie eine so eindeutige Sicherheit bei einer Entscheidung gefühlt.«

Herr Radies beobachtete mich aufmerksam.

Dann fuhr ich fort: »Ja, ich will wirklich Unternehmer werden!«

Mit wenigen Worten fasste ich für ihn zusammen, was ich in den vergangenen zwei Stunden erlebt und gespürt hatte. Und dabei war mir völlig bewusst, dass ich eine zentrale Entscheidung meines Lebens getroffen hatte. Ich hatte den ersten Schritt gemacht und war unterwegs.

»Ja, das klingt nach einer guten Entscheidung. Willkommen im Kreis der Unternehmer!«, gratulierte mir Wolfgang Radies. »Jetzt bleibt Ihnen für heute Abend nur noch eine Aufgabe. Es ist vielleicht die wichtigste Aufgabe überhaupt, die ich Ihnen jemals stellen werde.« Herr Radies feixte: »Und sie wird Ihnen nicht gefallen. Sind Sie bereit?«

In meinem Überschwang antwortete ich: »Selbstverständlich!«

»Gut. Wir haben viel über die Aufgabe des Unternehmers gesprochen. Sie haben sich entschieden, Unternehmer werden zu wollen. Was jetzt noch fehlt, ist die absolute Verpflichtung. Ich nehme an, Ihnen ist die Gefahr bewusst, dass sich andere Dinge in den Vordergrund drängen. Und irgendwann Ihre Entscheidung verdrängen.

Das machen diese anderen Dinge nicht, weil sie böse und gemein sind, sondern weil sie unglaublich dringend erscheinen. Dringend ist all das, was zwei Beine unten dran hat und zur Tür hereinkommt. Ein Kunde, ein Mitarbeiter, ein Bankbeamter, der Steuerberater oder sonst jemand. Die Aufgabe des Unternehmers ist hingegen wichtig. Aber nicht dringend. Ihr Nachfolger ist ja noch nicht da. Es drängelt niemand.

Vor Jahren schrieb der Erfolgsautor Bodo Schäfer einmal, dass die wirklich erfolgreichen Menschen die Kunst beherrschen, *die wichtigen Dinge so dringend wie möglich zu machen.* Wenn ich ehrlich bin, habe ich das lange nicht verstanden. Aber wenn man genau weiß, was wichtig ist, und wenn man genau weiß, dass die dringenden Dinge meist zwei Beine haben, dann wird auch diese Kunst konkret. Wenn Sie wissen, was Ihre Aufgabe als Unternehmer ist, dann brauchen Sie nur noch jemanden, der drängelt.

Sie wissen, dass Ihre Aufgabe darin besteht, Ihrem Nachfolger einen Nutzen zu bieten. *Also installieren Sie einen Stellvertreter Ihres Nachfolgers.* Einen unbestechlichen Dritten, dem Sie eine Stunde im Monat zeigen, was Sie gemacht haben, damit er später als Nachfolger den geplanten Nutzen bekommen wird.«

Ich unterbrach: »So gesehen erscheint mir das als gute Idee. Auch wenn es eine Einschränkung meiner Freiheit bedeuten würde. Aber ist das nicht so etwas Ähnliches wie ein Aufsichtsrat oder Beirat?«

»Nein, ganz im Gegenteil!«, erwiderte Herr Radies vehement. »Ein Aufsichtsrat oder Beirat besteht zum größten Teil aus Aktionären und Beschäftigten. Da diese Gruppen das Unternehmen, wie wir besprochen haben, aus einer sehr eingeschränkten und verfälschten Perspektive betrachten, würden Sie mit der Einrichtung eines Aufsichtsrats oder Beirats diese falsche Perspektive institutionalisieren. Es geht eben nicht um die egozentrische Orientierung auf den Unternehmenswert oder die Arbeitsplätze, sondern um die nach außen gerichtete Fokussierung auf den Nutzen für den Nachfolger. Sie brauchen nicht die Verkäuferperspektive aus dem Unternehmen heraus, sondern die Kundenperspektive.«

So hatte ich es noch nie gesehen, aber es klang für mich äußerst konsequent. Ich nickte: »Gut, ich suche also einen unbestechlichen Stellvertreter meines Nachfolgers. – Aber inwiefern sollte mir diese Aufgabe nicht gefallen?«

Herr Radies lachte: »Der Stellvertreter ist nur ein Pappkamerad, solange er keine Macht hat. Wie würden Sie auf die Wünsche Ihrer Kunden reagieren, wenn Sie deren Geld nicht benötigen würden? Oder auf die Wünsche des Finanzbeamten, wenn er keine Sanktionsgewalt hätte?«

Nach einer kurzen Pause gab er die Antwort selbst: »So gut wie gar nicht. Wenn Sie es wirklich ernst damit meinen, die Aufgaben des Unternehmers wahrzunehmen, dann geben Sie dem Statthalter Ihres Nachfolgers *bereits jetzt* die Macht des Kunden. Und das bedeutet, dass er Sie danach bezahlen wird, ob Sie ihm ein nützliches Unternehmen aufbauen oder nicht. Ihr Gehalt oder ein wesentlicher Teil Ihres Gehalts wird also von Ihrem Stellvertreter des Nachfolgers bestimmt. Regeln Sie das mit einem Vertrag und vereinbaren Sie eine hohe Vertragsstrafe von mindestens einem Jahresgehalt, falls Sie dem Vertrag zuwiderhandeln sollten.

Nun, ist es Ihnen wirklich ernst damit, die Aufgaben des Unternehmers wahrzunehmen?«

Mit einem Mal hatte ich einen Kloß im Hals und war bleich geworden. Bislang hatten wir nur geredet, aber jetzt wurde es auf einmal ernst. »Diese Konsequenz und Härte erscheint mir unnötig«, versuchte ich mich zu verteidigen.

»Halten Sie es für möglich, dass Sie in bestimmten Phasen wieder in Ihre alte Fachkraftrolle zurückfallen? Und dann die Aufgaben des Unternehmers vernachlässigen?«

»Ja, manchmal könnte das schon passieren. Es gibt eben …«

»Dann *ist* eine solche Konsequenz und Härte nötig«, unterbrach mich Herr Radies scharf. »Wissen Sie, es ist schon so schwer genug, ein Unternehmen aufzubauen. Da können Sie sich nicht auch noch von irgendwelchem Schwachsinn abhalten lassen, der dauernd dazwischenkommt.«

Ich versuchte es noch einmal: »Aber da käme ich mir in meiner Freiheit eingeschränkt vor!«

Herr Radies nickte: »Dieser Einwand ist ernst zu nehmen. Freiheit ist für Unternehmer eines der höchsten Güter. Aber wissen Sie, Herr Willmann, Freiheit ist nicht einfach tun und lassen können, was Ihnen in den Sinn kommt. Freiheit ist die *Möglichkeit* und die *Fähigkeit*, das umzusetzen, was Sie sich vorgenommen haben. Wie können Sie sagen, Sie wären frei, wenn Sie sich durch irgendwelche Ablenkungen oder Eingebungen von Ihrem Ziel abbringen lassen würden?

Also: Ist es Ihnen nun ernst damit, die Aufgaben des Unternehmers wahrzunehmen? Verpflichten Sie sich? Es ist Ihre Entscheidung!«

> **Freiheit ist die *Möglichkeit* und die *Fähigkeit*, das umzusetzen, was Sie sich vorgenommen haben.**

Mir wurde richtig übel. Ich begann diesen Herrn Radies innerlich zu verwünschen. Ich starrte ihn wütend an und wollte laut ›Nein‹ schreien. Und ich ärgerte mich, so unter Druck gesetzt zu werden. Aber eine leise Stimme in mir fragte: ›Willst du die Aufgaben des Unternehmers wahrnehmen? Ja oder nein?‹ Und je stärker ich diese Stimme wegschieben wollte, desto lauter wurde sie. Wieder und wieder fragte diese Stimme. Und dann wurde die Stimme ohne mein Zutun übermütig und fragte laut:»Wenn ich die Unternehmeraufgaben besser wahrnehme als geplant, bekomme ich dann einen Bonus?« Im selben Moment wünschte ich, ich hätte nie gefragt.

Herr Radies lachte laut auf:»Das können Sie mit dem Stellvertreter Ihres Nachfolgers sicherlich vereinbaren. Wissen Sie schon, wie er heißt?«

»Vielleicht einer meiner Freunde oder Bekannten?«, schlug ich vor.

Wolfgang Radies winkte ab:»Können Sie vergessen. Freunde und Bekannte wollen ein gutes Verhältnis zu Ihnen. Die Person, die diese Rolle wahrnimmt, will ein nützliches Unternehmen von Ihnen. Sie muss deshalb bereit sein, dieses gute Verhältnis aufs Spiel zu setzen.«

»Dann vielleicht Sie, Herr Radies?«

Herr Radies wiegte bedächtig den Kopf:»Das wäre möglich. Ich nehme diese Rolle auch tatsächlich für einige Unternehmer wahr. Ich möchte jedoch, dass Ihnen klar ist, dass dies unser Coaching verändern würde. Wenn jemand anderes die Stellvertreterrolle übernimmt, dann kann ich völlig auf Ihrer Seite stehen. Wenn ich diese Rolle übernehme, dann stehe ich zu einhundert Prozent auf der Seite Ihres Nachfolgers. Das ist zwar langfristig in Ihrem Interesse und sicherlich effektiver, aber es kann auch deutlich härter sein und gibt mir in meiner Coachrolle ein viel stärkeres Gewicht. Letztlich müssen Sie entscheiden, wie es Ihnen lieber ist.«

Ich dachte einen Moment nach: »Der Vorteil, wenn Sie das machen würden, wäre sicher auch, dass ich nicht zwei Personen auf dem Laufenden halten muss. Ich glaube auch, dass das effektiver wäre. Andererseits haben Sie natürlich recht: Wenn Sie nicht nur Coach, sondern auch der Nachfolger wären und über mein Gehalt entscheiden würden, dann könnte ich viele Ihrer Vorschläge nicht mehr als Anregungen verstehen. Es könnte zum Zwang werden. Ich weiß zwar nicht, ob es das würde, aber zurzeit ist mir dann eine zweite Person doch lieber. Wir können ja später gegebenenfalls wechseln.«

Herr Radies nickte: »Wenn Ihnen niemand einfällt, kann ich einen Unternehmer aus meinem Netzwerk vorschlagen. Es sollte jedenfalls jemand sein, der Ihnen von seiner Persönlichkeit gewachsen ist und der das Konzept der Rollen von Fachkraft, Manager und Unternehmer kennt und versteht.«

Ich nickte: »Gut, schlagen Sie jemanden vor!«

Herr Radies dachte einen Moment nach und schrieb mir dann eine Nummer auf einen Zettel. »Er heißt Felix Bertram, ist selbst Unternehmer und hat sich vor etwa einem Jahr auf dieselbe Verpflichtung eingelassen wie Sie jetzt.«

Dann grinste er. Mittlerweile kannte ich ihn gut genug, um zu wissen, dass er nun wieder etwas Überraschendes vorhatte. Und wirklich schob er mir – ohne mich aus den Augen zu lassen – langsam sein Handy über den Tisch.

Ich hätte es mir denken können. Der Mann liebte Nägel mit Köpfen. Ich versuchte mein Unwohlsein niederzukämpfen. Wo war ich hier nur gelandet? Heute Morgen wollte ich diesen Herrn Radies überhaupt nicht sehen und nichts von ihm wissen. Heute Mittag hatte er es geschafft, meine Vorstellungen vom Unternehmersein um hundertachtzig Grad zu drehen. Und jetzt war ich davor, einen Vertrag mit einem Unbekannten zu schließen, der über die Höhe meines Gehalts bestimmen sollte. Das war völlig aberwitzig! So startete ich einen letzten Versuch: »Was soll ich denn mit diesem Herrn Bertram vereinbaren?«

»Da noch unklar ist, was Sie eigentlich für Ihren Nachfolger aufbauen wollen, also wie Ihr Unternehmen irgendwann aussehen soll, können Sie noch keine konkreten Ergebnisziele vereinbaren. Aber wir werden uns morgen mit Ihren zukünftigen Aufgaben beschäftigen. Das, was Sie morgen für sich als Tätigkeit festlegen, bildet die Grundlage für die Kontrolle durch Felix Bertram.«

»Ich habe also selbst Einfluss auf das, was Herr Bertram kontrolliert?«, fragte ich hoffnungsvoll.

»Natürlich«, bestätigte Herr Radies. »Es ist ja Ihr Unternehmen!«

Nachdem wir eine halbe Minute geschwiegen hatten, griff ich zu meinem eigenen Handy und wählte die Nummer. Das Gespräch mit Herrn Bertram war kurz und sachlich. Wir vereinbarten, dass ich ihm morgen Abend meine Aufgabenplanung und eine unterschriebene Verpflichtungserklärung schicken würde. Die Hälfte meines Gehalts blieb fix, die andere Hälfte wurde durch Herrn Bertram in Abhängigkeit davon bestimmt, ob ich diese Aufgaben wahrnahm oder nicht.

Als ich auflegte, spürte ich, dass meine Entscheidung nun wirklich unumkehrbar war. Ich hatte die Pforte durchschritten und war auf dem Weg.

Herr Radies sah mich lange an. Schließlich sagte er anerkennend: »Sie haben heute einige sehr wichtige Entscheidungen getroffen. Ich bin stolz auf Sie! Ich denke, jetzt ist es Zeit, Abend essen zu gehen.«

Wir verließen beide den Raum. Ich aß nur wenig an dem Abend und ging dann rasch auf mein Zimmer. Voller Aufbruchsfreude und zugleich unruhig angesichts der Frage, worauf ich mich da nur eingelassen hatte, schlief ich ein.

Jetzt rückblickend muss ich sagen, dass ich ohne Herrn Bertram sogar mehrfach vom Weg abgekommen wäre. Vor allem im April und Mai, als sich nichts zu bewegen schien. Natürlich war es auch bitter, dass ich im März ein reduziertes Gehalt bekam. Aber es war lehrreich.

Sehr lehrreich sogar. Ich glaube heute, dass dies wirklich die härteste, freilich auch die effektivste Einzelmaßnahme war, die Herr Radies mir nahegebracht hatte. Übertroffen wurde dies nur noch durch mein Abenteuer im Juni, als ich das Blatt wendete.

Zur Umsetzung der Methodik auf ihre individuelle Situation erhalten Leser dieses Buches unter www.unternehmercoach.com/tools kostenlos eine umfangreiche Tool-Sammlung zum Download.

3. Erste Schritte
(Sonntag, 5. März)

Als ich die Tür zum Besprechungsraum öffnete, war Herr Radies schon da. Wie am Tag zuvor stand er am Fenster und sah in die Ferne. Er strahlte eine ungeheure Ruhe aus. Kaum zu glauben, dass der Kontakt mit diesem Mann seit gestern eine solche Änderung in mir bewirkt hatte. Es war, als ob die Welt völlig anders wäre. Dabei betrachtete ich sie nur auf eine andere Art und Weise.

Langsam drehte sich Herr Radies zu mir um und musterte mich. Dann nickte er: »Sie scheinen bereit zu sein, Ihre neue Aufgabe als Unternehmer anzunehmen.«

»Ja«, bestätigte ich. »Ich habe allerdings noch viele Fragen.« Ich hatte mir während des Frühstücks nochmals den gestrigen Tag vor Augen geführt. »Wir haben gestern zwar herausgefunden, was mein Engpass ist – nämlich meine Glaubenssätze zum Umgang mit Zeit. Letztlich mein falsches Rollenverständnis.

Und ich habe mich gestern entschieden, den Berufswechsel zum Unternehmer anzunehmen. Ich habe mich sogar verpflichtet, die Höhe meiner Bezahlung durch Herrn Bertram, den Stellvertreter meines Nachfolgers, bestimmen zu lassen. Mir wird nach wie vor übel bei dem Gedanken.

Aber ich habe auch eine Einschränkung gemacht. Ich sagte, dass ich nicht alles, was ich jetzt mache, liegen lassen kann. Dies wischten Sie mit dem Hinweis auf die gute Fee vom Tisch. Soweit ich sehen kann, ist die gute Fee noch nicht gekommen. Und ich müsste immer noch all meine bisherigen Aufgaben selbst erledigen. Meine Mitarbeiter sind völlig überlastet, sodass ich diesen nicht noch mehr aufbürden kann, und Geld für neue Mitarbeiter habe ich auch nicht.

Mich würde jetzt brennend interessieren, wo Ihre gute Fee denn nun bleibt. Anders ausgedrückt: Wie soll ich Ihr Konzept umsetzen? Oder noch konkreter: Wie soll ich nächste Woche vorgehen?«

Herr Radies lachte: »Mit dem Denken in Engpässen sind Sie wirklich schon weitergekommen, Herr Willmann.« Grinsend fügte er hinzu: »Und das mit dem Denken in Lösungen bekommen wir auch noch hin. Wechseln Sie einfach Ihre Rolle. Stellen Sie sich vor, ein guter Freund wäre in Ihrer Situation und Sie ständen als gute Fee verkleidet in seinem Büro. Ihr Freund würde Sie nicht gehen lassen, bevor Sie ihm nicht geholfen hätten. Was würden Sie tun?«

Etwas ärgerlich erwiderte ich: »Herr Radies, ich verstehe wirklich nicht, was diese Spielchen sollen! Ich habe ein ernsthaftes Problem und Sie machen sich lustig über mich und stecken mich in Feenkostüme!«

»Ganz und gar nicht!«, erwiderte Wolfgang Radies grinsend. »Sehen Sie, Herr Willmann: Meist sieht man den Wald vor lauter Bäumen nicht, wenn man über seine eigenen Probleme nachdenkt. Wenn Sie hingegen andere Leute beobachten, dann fragen Sie sich immer, warum die ihre Probleme nicht einfach lösen. Man wundert sich immer, wie schwer es sich andere machen, obwohl die Lösung doch auf der Hand zu liegen scheint. Doch in Wahrheit stellt man sich bei seinen eigenen Problemen genauso blöd an.

Deswegen wechseln Sie einfach die Rolle und geben in Ihrer Vorstellung Ihrem Freund das Problem. Und Sie verwandeln sich in eine gute Fee. Ihr Freund würde sich nämlich von einer guten Fee nie mit einem Achselzucken abspeisen lassen. Das ist ein möglicher bildhafter Weg, um zu lernen, in Lösungen zu denken. Und unser Gehirn liebt bildhafte Wege.

Also, was würden Sie als gute Fee Ihrem Freund raten?«

Ich hatte keine Ahnung. So zuckte ich mit den Schultern.

»Nein, nein, ganz falsch!«, sagte Herr Radies kopfschüttelnd. »Feen zucken nicht mit den Schultern. Niemals! Gute Feen haben Flügel. Und sie haben Feenstaub zum Zaubern. Bilder befördern eine bestimmte Denkhaltung. Schließen Sie Ihre Augen und stellen sich vor, dass Sie Flügel hätten und dass ich Ihr guter Freund wäre.

Also, was würden Sie als gute Fee Ihrem Freund raten?«

Da Herr Radies sowieso nicht lockerlassen würde, schloss ich resigniert die Augen und versuchte, mich auf das Bild einzulassen. Ich hatte also Flügel und konnte sogar im Raum herumfliegen. Dabei kam ich mir ziemlich blöd vor. Aber schließlich wollte ich dennoch wissen, was dabei herauskäme. Und so ließ ich mich auf das Bild ein.

Nach einigen Minuten erschien es plötzlich ganz einfach. Ich öffnete meine Augen und sagte: »Also, ich würde an Ihrer Stelle zuerst alle bisherigen Aufgaben überprüfen. Einen Teil davon kann man sicher komplett streichen und einen Teil an die Mitarbeiter delegieren. Dazu müsste man schauen, ob nicht einige bisherige Aufgaben der Mitarbeiter gestrichen oder zumindest verschoben werden könnten. Dann müssten die Mitarbeiter nicht mehr arbeiten als bisher. Und Sie könnten Ihre unternehmerischen Aufgaben wahrnehmen. Und danach würde ich einen Plan machen, der Ihre ganzen zukünftigen Aufgaben enthält.«

Herr Radies klatschte fröhlich in die Hände: »Liebe gute Fee, Sie haben uns den Morgen gerettet. Genau das werden wir jetzt tun! Zuerst kümmern wir uns um den Freiraum, damit Sie in Zukunft die wichtigen Aufgaben ausführen können, dann um einen langfristigen Plan. Das ist unser Programm für heute Vormittag.« Grinsend und mit einem leichten Hüftschwung fügte er hinzu: »Schön, wenn Sie mal Ihre eigene gute Fee sein können, stimmt's?«

»Das kann doch nicht so einfach sein?«, erwiderte ich verblüfft.

»Nein, natürlich nicht ganz so einfach. Aber ich wollte, dass Sie eine Methode kennenlernen, in Lösungen zu denken. Und dass Sie die Fahrtroute selbst festlegen. Das werden Sie in Zukunft noch öfter machen.«

3.1 Rückgabe der Fachaufgaben

Nach einer kurzen Pause fuhr Herr Radies fort: »Kümmern wir uns also um den Freiraum. In Wirklichkeit sind es drei Teilaufgaben. Erstens: Ihre Mitarbeiter müssen die Fachkraft- und Management-Aufgaben übernehmen können. Zweitens: Sie müssen diese Aufgaben loswerden. Drittens: Sie müssen dafür sorgen, dass diese Aufgaben bei Ihren Mitarbeitern bleiben.«

Raum schaffen

»Beginnen wir mit der ersten Aufgabe. Was haben wir gestern gemacht, nachdem wir bei Ihnen eine Unmenge an Tätigkeiten ermittelt hatten?«

»Wir haben die Aufgaben kategorisiert in Fachkraft-, Management- und Unternehmeraufgaben«, erwiderte ich.

»Genau! Und dann haben wir festgestellt, dass Sie bestimmte Aufgaben nicht mehr erledigen sollten. Und etwas Ähnliches machen nächste Woche Ihre Mitarbeiter. In jedem Unternehmen sammelt sich Müll an. Es gibt ›Kunden‹, die nur Arbeit und Verluste bringen. Es gibt Aufgaben, die man eben so macht, weil man sie schon immer so erledigt hat, die aber den Kunden nichts bringen. Es gibt Papiere oder Dateien, die irgendwo abgelegt werden. Aber niemand wird sie jemals lesen. Stattdessen verzögern sie das Finden von wirklich wichtigen Dokumenten. Es gibt Abläufe, die sich historisch so herausgebildet haben. Zum Beispiel, weil Mitarbeiter mit ganz bestimmten Stärken und Schwächen an diesen Punkten zusammengearbeitet haben. Und die Abläufe entwickelten sich naturwüchsig in einer Form, dass es bei diesen Mitarbeitern effektiv war. Irgendwann saßen da aber ganz andere Mitarbeiter und nutzten die alten Abläufe, die weder unter einem objektiven Gesichtspunkt sinnvoll waren noch subjektiv zu ihren Stärken passten.

Dann gibt es viele Kleinigkeiten: beispielsweise unklare Verantwortlichkeiten, die dafür sorgen, dass ein Mitarbeiter sich andauernd mit vier oder fünf Personen bespricht, die letztlich auch nicht dafür verantwortlich sind, auf diese Weise allerdings von der Arbeit abgehalten werden. Kommunikation ist wichtig – freilich nur, wenn man auch über wichtige Dinge kommuniziert. Je mehr Kommunikation jedoch für die Standardabläufe erforderlich ist, desto schlechter ist das Unternehmen organisiert. Unter diesem Gesichtspunkt kann auch Kommunikation Müll sein.

Ich denke, Ihnen fällt noch eine ganze Menge weiterer Müll ein?«

»Ja«, entgegnete ich, »E-Mails mit CC an zehn Mitarbeiter. Alle lesen sie, die Inhalte sind aber bestenfalls für zwei Mitarbeiter interessant. Permanenter E-Mail-Eingang im Zwei-Minuten-Abfrage-Takt. Dann, ehrlich gesagt, auch zwei Mitarbeiter, die ich nur mitschleppe, weil ich mich bislang nicht dazu durchringen konnte, sie zu kündigen.«

Herr Radies unterbrach: »Manche Mitarbeiter sind wirklich überflüssig. Und wir sollten uns so früh und schnell wie irgend möglich von ihnen trennen. Das ist besser für diese Mitarbeiter, weil sie so die Chance bekommen, eine Aufgabe zu finden, die eher zu ihren Stärken und Werten passt. Das ist besser für das Unternehmen, weil es so seine Aufgabe effektiver erfüllen kann. Und das ist besser für die Gesellschaft, weil das Unternehmen für die Erfüllung seines Zwecks nicht so viele Arbeitskräfte bindet, die für die Lösung anderer Aufgaben dringend nötig wären.

Im konkreten Fall rate ich von Kündigungen noch ab, da Sie zurzeit kein brennendes Kostenproblem haben. Sie wissen jetzt noch nicht, in welche Richtung Ihr Unternehmen gehen wird, weil wir noch keine Strategie haben. Sie wissen also nicht, ob Sie dann die jetzt brachliegenden Kompetenzen genau dieser zwei Mitarbeiter brauchen könnten.

Da Sie jedoch in einem überschaubaren Zeitraum auch Ihre Strategie in den Griff bekommen werden, würde ich mich an Ihrer Stelle jetzt nicht mit der Unruhe, die durch Kündigungen entsteht, belasten. Zumal Sie dann noch mehr aufräumen müssten. Die Aufgaben dieser zwei Mitarbeiter müsste dann ja auch noch jemand übernehmen.«

Ich nickte. »Gut, aber wir können dennoch an vielen Stellen aufräumen. Zum Beispiel auch bei den endlosen Meetings, an denen alle Mitarbeiter teilnehmen, obwohl die Thematik nur zwei oder drei Mitarbeiter betrifft.

Warum eigentlich sollen das die Mitarbeiter nächste Woche machen? Letztlich wäre dies doch, wenn ich Sie richtig verstanden habe, die Aufgabe eines Managers? Er müsste das doch in den Griff bekommen!«

»Zum Teil haben Sie recht. Nur haben Sie erstens noch keinen Manager. Und zweitens hat das Modell Fachkraft / Manager / Unternehmer auch seine Grenzen. Dieses Modell ist das mit Abstand beste Modell, wenn es um *Ihre* Aufgaben als Unternehmer geht.

Aber mal ehrlich: Wollen Sie nur Mitarbeiter, die als Fachkräfte im Busch herumhacken und nicht sehen, wo der Nachbar hackt? Oder Manager, die nur Tabellen verwalten, Skizzen von Bewegungsabläufen erstellen oder Menschen anleiten?«

Ich schüttelte den Kopf.

Herr Radies fuhr fort: »Und ich glaube, dass die wirklich interessanten Fachkräfte und Manager auch gar keine Lust auf diesen eingeengten Blickwinkel hätten. Sie wollen nämlich auch die anderen Blickwinkel einnehmen, weil sie dann ihre eigentliche Arbeit besser ausführen können.

Nutzen Sie das aus! Ich schlage Ihnen deshalb vor, dass Sie nächste Woche mit Ihren Mitarbeitern ein Meeting machen. Nehmen Sie sich einen halben Tag. Sammeln Sie auf diesem Meeting sämtlichen Müll, den Sie aussortieren können. Fragen Sie Ihre Mitarbeiter, was sie stört, was sie als überflüssig empfinden, was ihrer Meinung nach ineffektiv ist. Sie werden sich wundern, wie viele Vorschläge Sie bekommen!«

Ich versuchte, mir das vorzustellen. Ja, es würde mit Sicherheit eine Menge Vorschläge kommen. Aber es würde auch Auseinandersetzungen geben: »Also ich glaube, dass sich dann unsere Projektleiterin und die Programmierer ziemlich in die Haare bekämen. Sabine versucht dauernd Strukturen zu schaffen, indem sie zum Beispiel Berichte verlangt. Und die Programmierer versuchen dauernd, sich darum herumzumogeln. Sie halten die Berichte nicht für produktive Arbeit.«

Herr Radies grinste: »Das typische Manager-Fachkraft-Problem also. Das werden Sie bei diesem ersten Meeting nicht lösen. Besser ist, Sie umgehen diese Probleme einfach.

Ich würde an Ihrer Stelle nachfolgenden Ablauf für das Meeting wählen und diesen Ablauf Ihren Mitarbeitern vorher bekannt machen.

Schritt 1: Führen Sie in die Problematik ein. Erklären Sie, dass Sie aus Gesundheitsgründen etwas weniger arbeiten wollen und sich stärker auf die wichtigen Dinge konzentrieren möchten. Damit dies geht, müssten Sie einen Teil Ihrer Aufgaben abgeben. An Ihre Mitarbeiter. Lange Gesichter. Einwände: Das geht doch nicht, sie hätten selbst schon zu viel zu tun.

Dann lösen Sie die Einwände auf, indem Sie ausführen, dass Sie daran auch schon gedacht hätten. Und dass jeder bislang auch Arbeiten machen würde, die überflüssig, ineffektiv oder stupide sind. Nennen Sie ein paar Beispiele. Erstes Verständnis und die Hoffnung in den Gesichtern, ungeliebte Aufgaben loszuwerden. Hoffnung ist immer ein guter Motivator. Damit können Sie zu Schritt 2 überleiten.

Schritt 2: Machen Sie ein Brainstorming! Sammeln Sie an einer Pinnwand mit Zetteln alle Ideen, die Ihre Mitarbeiter haben. Alles darf gesagt werden. Niemand greift einen anderen an. Ihr Job ist es, dies sicherzustellen.

Schritt 3: Sortieren Sie! Gehen Sie der Reihe nach jeden einzelnen Vorschlag durch. Fragen Sie, ob jemand mit einem Vorschlag nicht einverstanden ist. Zum Beispiel wird sich Sabine dagegen wehren, die Berichte abzuschaffen. Diese kontroversen Vorschläge sortieren Sie sofort aus und kümmern sich bei einem späteren Meeting darum. Es geht bei diesem ersten Meeting ausschließlich um Sofortmaßnahmen.

Ihr Job in dieser Phase ist es, die Position des Kunden einzunehmen. Wehren Sie sich also, wenn Sie glauben, dass sich die Kunden wehren würden.«

»Sollte ich nicht die Position meines Nachfolgers einnehmen?«, fragte ich dazwischen.

»Nein! Das können Sie ja noch gar nicht. Sie haben weder Unternehmensvision noch Strategie noch einen Wunschnachfolger. Wie wollen Sie da wissen, was Ihr Nachfolger wollen könnte? Nehmen Sie nur die Position Ihrer aktuellen Kunden ein. Das reicht vorerst. Wenn Sie so ein Meeting später regelmäßig wiederholen und Strategie, Vision und Nachfolger kennen, dann können Sie dessen Position einnehmen und einen anderen Mitarbeiter zum Advokaten des Kunden bestimmen. Sie sollten ein solches Meeting übrigens mindestens einmal pro Jahr machen. Am besten, wenn es mal etwas ruhiger ist. Je nach Branche ist entweder vor den Sommerferien oder Anfang Januar ein guter Termin.

Aber fahren wir fort. Wir sind noch beim Sortieren. Sie haben nun die Vorschläge, die von allen begrüßt oder zumindest von niemandem abgelehnt werden. Diesen ordnen Sie jetzt drei Zahlen zu. Erstens: Wie lange dauert es, bis diese Maßnahme wirksam wird, also eine Zeitersparnis bringt? Zweitens: Welcher Aufwand, also Kosten und in Kosten umgerechnete Arbeitszeit, ist damit verbunden? Drittens: Welcher Nutzen ist damit verbunden? Das sollten Sie in Stunden pro Woche oder pro Monat messen, da es Ihnen ja auf die Zeiteinsparung ankommt.

Filtern Sie dann die Vorschläge heraus, die sich Ihr Unternehmen nicht leisten kann, weil die Kosten zu hoch sind. Außerdem die, die Ihnen aktuell nichts bringen, weil sie erst weit in der Zukunft wirksam würden. Und schließlich die, die praktisch keinen Nutzen bringen.

Sortieren Sie die verbleibenden Vorschläge dann zuerst nach der Dauer, bis die Maßnahme zu wirken beginnt, als zweites nach dem Nutzen und als drittes nach den Kosten.

Lassen Sie diese Reihenfolge anschließend nochmals von Ihren Mitarbeitern überprüfen und fragen Sie, ob diese das genauso sehen. Notfalls sortieren Sie nochmals etwas um.«

»Und dann arbeiten wir einfach von oben nach unten die Liste ab?«

»Ein ›Wir‹ kann nicht arbeiten. Individuen arbeiten! Also **Schritt 4:** Fragen Sie nach einem Verantwortlichen oder benennen Sie diesen. Falls Sie schon jemanden für die Position des Managers im Kopf haben oder wir nachher jemanden finden, dann diese Person. Ansonsten jemanden, der Listen mag und mental in der Lage ist, Ergebnisse einzufordern. Das ist Ihr Aufräum-Manager.

Diese Person bekommt jetzt die Aufgabe, eine Liste zu erstellen.«

Ich überlegte. »Wir könnten die Liste auch schon einen Schritt vorher machen. Alle Vorschläge, die nicht abgelehnt werden, gibt diese Person in Excel ein. Und wir projizieren das mit unserem Beamer. Dann können wir auch einfacher die Zahlen eintragen und sortieren.«

Herr Radies nickte: »Klingt gut. Wichtig ist, dass Ihr Aufräum-Manager die Liste selbst schreibt. Es muss ›seine‹ Liste sein.

Schritt 5: Verteilen Sie die Aufgaben. Suchen Sie dazu Freiwillige.«

Herr Radies grinste: »Am freiwilligsten sollten sich diejenigen melden, die den jeweiligen Vorschlag gemacht haben. Das sollten Sie auch bei späteren Verbesserungsvorschlägen so halten. Die Mitarbeiter, die etwas vorschlagen, dürfen auch selbst verbessern. Das hat den Vorteil, dass die Mitarbeiter direkt erfahren, was mit ihren Vorschlägen passiert. Und den Vorteil, dass nur die Dinge vorgeschlagen werden, die in einem vernünftigen Nutzen-Aufwand-Verhältnis stehen.

Komplettieren Sie dann die Liste mit Namen und Datum bei jeder Aufgabe.

Schritt 6: Geben Sie dann Ihrem Aufräum-Manager vor allen Mitarbeitern die Aufgabe und die Verantwortung, für die Abarbeitung der Liste zu sorgen. Da es um den Engpass Ihres Unternehmens und um Sofortmaßnahmen geht, wird Ihr Aufräum-Manager Ihnen *täglich* die aktualisierte Liste mit dem Erledigungsgrad vorlegen. Aber er ist selbst dafür verantwortlich, dass dieser Erledigungsgrad im Plan ist. Und danken Sie Ihrem Aufräum-Manager vor allen Mitarbeitern dafür, dass er diese Aufgabe angenommen hat. Geben Sie ihm Vorschusslorbeeren und Ihr Vertrauen. Vor allen Mitarbeitern!«

Das entsprach nun ganz und gar nicht meinem bisherigen Vorgehen. Es war für mich selbstverständlich, dass Mitarbeiter ihre Aufgaben erledigen sollten. Und gar zu loben, bevor ich ein Ergebnis gesehen hatte, gefiel mir überhaupt nicht. Nachher wollten die Mitarbeiter nur mehr Gehalt. Ich teilte Herrn Radies meine Bedenken mit.

»Über den Umgang mit Mitarbeitern sprechen wir bei einem späteren Meeting. Im konkreten Fall sind drei Aspekte zu beachten: Erstens müssen Sie Ihrem Aufräum-Manager vor allen anderen die Macht und die Verantwortung geben. Sonst wird er einfach missachtet, wenn er die Liste überprüfen und die Erfüllung der Aufgaben einfordern will.

Machen Sie zweitens deutlich: Für Initiative und Übernahme von Verantwortung gibt es Anerkennung. Das ist für alle Mitarbeiter attraktiv. Mehr Geld wollen Mitarbeiter zumeist nur, wenn sie die Anerkennung *nicht* bekommen: und zwar als Schmerzensgeld.

Drittens erhalten Sie immer das, worauf Sie Ihre Aufmerksamkeit richten. Loben Sie also vorher für gute Ergebnisse. Wenn jemand schon gelobt wurde für etwas, was er noch gar nicht erbracht hat, dann wird er Himmel und Hölle in Bewegung setzen, um diesem Lob und der Anerkennung gerecht zu werden.

Ach ja, und eines noch: Sie müssen sich in Ihrem Planungssystem, zu dem wir nachher kommen, eintragen, dass Sie diese Person jeden Tag kontrollieren. Wenn Sie dies nicht tun, bekommen es die anderen Mitarbeiter mit und die Bedeutung sinkt. Die Ziele würden nicht umgesetzt.«

Das überzeugte mich fürs Erste. So nahm ich mir vor, das Meeting genau in dieser Form durchzuführen. Aber als grundsätzliche Führungsphilosophie war es mir noch zu fremd. Immerhin hatte ich so endlich den Eindruck, dass meine Mitarbeiter tatsächlich etwas mehr freie Zeit bekommen könnten. Und dass ich in diesen Freiraum meine Fachaufgaben hineindelegieren könnte.

Delegation oder Übergabe?

Ich schaute Herr Radies an: »Ja, das mit dem Meeting klingt wirklich einfach. Und ich glaube auch, dass ich danach meine bisherigen Fachkraft- und Management-Aufgaben an meine Mitarbeiter delegieren könnte.«

»Nein, Sie könnten das nicht ›einfach‹. Das ist alles andere als einfach! Sie haben mindestens zwei oder drei Kräfte, die dem entgegenarbeiten. Dazu kommen wir nachher.

Noch entscheidender ist jedoch Ihr Grundverständnis von dem, was Sie da eigentlich tun. Was bedeutet für Sie ›delegieren‹?«

Etwas verwirrt antwortete ich: »Was soll ›delegieren‹ schon bedeuten? Ich gebe jemand anderem meine Aufgabe, er erledigt sie und liefert mir die Ergebnisse.«

»Genau! Sie geben jemand anderem *Ihre* Aufgabe und *Sie* bekommen die Ergebnisse. Sie sind bei der Delegation eigentlich selbst für die Aufgaben verantwortlich. Der Punkt ist, dass Sie Ihre jetzigen Fachkraft- und Manager-Aufgaben gar nicht delegieren können, weil es gar nicht Ihre Aufgaben *sind*. Und Sie selbst sind auch nicht der Empfänger der Ergebnisse. Das sind nämlich Ihre Kunden. Sie können diese Aufgaben also nicht delegieren, sondern nur übergeben oder zurückgeben.«

»Sagen Sie, Herr Radies, sind das nicht Haarspaltereien, ob ich es nun ›delegieren‹ oder ›übergeben‹ nenne?«

»Keinesfalls!«, beharrte Herr Radies. »Haben Sie schon mal eine Ihrer Aufgaben an einen Mitarbeiter delegiert und es hat nicht funktioniert?«

»Klar, schon oft«, nickte ich etwas frustriert.

»Und jetzt sagen Sie mir bitte ganz ehrlich, was war dann Ihr erster spontaner Gedanke?«

Ohne zu überlegen, antwortete ich: »Das ist einfach. Ich dachte: ›Alles muss man selbst machen!‹«

»Und dann haben Sie es selbst gemacht, richtig?«

Ich nickte.

»Bitte malen Sie sich nun folgendes Bild aus. Sie waren einmal ein bekannter Fußballer. Jetzt sind Sie Trainer. Die Aufgabe Ihrer Spieler ist es, Tore zu schießen. Ihre Aufgabe als Trainer ist es, eine Strategie zu entwickeln und ein System zu schaffen, das Ihre Spieler dazu befähigt. Wenn nun ein Spieler keine Tore schießt, erinnern Sie sich vielleicht sogar an Ihre großen Tage als Fußballer. Aber Sie würden niemals selbst auf den Platz gehen. Zum Glück gibt es beim Fußball sogar Schiedsrichter, die das verhindern. Das sollte es in Unternehmen auch geben! Der Punkt ist: Der Trainer hat die Aufgabe, Tore zu schießen, nicht ›delegiert‹; vielmehr ist es die Aufgabe des Stürmers, Tore zu schießen.

Wenn Ihr erster Gedanke war, dass man alles selbst machen müsse, dann glauben Sie im Innersten, dass es Ihre eigene Aufgabe sei und der Mitarbeiter Ihnen nur ›helfen‹ würde. Und dieser Glaube wird durch den Begriff, den Sie benutzen, zementiert. Sie können also Software-Entwicklungsaufgaben oder Vertriebsaufgaben überhaupt nicht delegieren. Es sind nicht Ihre Aufgaben. Sie haben die Fachkraft- und Management-Aufgaben zu Beginn Ihres Unternehmens nur zeitlich befristet übernommen, weil niemand anderes da war.«

> **Als Unternehmer haben Sie die Fachkraft- und Management-Aufgaben bei der Gründung Ihres Unternehmens nur zeitlich befristet übernommen, da niemand sonst zur Verfügung stand.**

Als ich begann, mich auf diese Perspektive einzulassen, wurde mir wieder ein Stückchen klarer, dass ich bislang die falschen Aufgaben ausgeführt hatte. Nachdenklich nickte ich: »Gut, ich übergebe also meine bisherigen Fachkraft- und Managementaufgaben. Am klügsten ist es vermutlich, wenn wir die Liste mit den Tätigkeiten von gestern heranziehen und alle Nicht-Unternehmer-Aufgaben auf die anderen Mitarbeiter verteilen.«

»Ja, der Ansatz ist gut!«, lobte mich Herr Radies. »Wir sollten uns für den Anfang jedoch auf zwei bis drei Mitarbeiter konzentrieren. Diese Mitarbeiter müssen ja erst noch in die Lage versetzt werden, die bisher von Ihnen erledigten Aufgaben auszuführen. Alles andere würde entweder Sie als Unternehmer überfordern oder es würde zu einem ›Management by Abdankung‹ führen, bei dem Ihre Mitarbeiter alleingelassen werden. Sie können sich jetzt kaum auf mehr als zwei oder drei Mitarbeiter gleichzeitig konzentrieren.

Bitte zeichnen Sie mir doch kurz ein Organigramm Ihres Unternehmens auf, damit ich einen Eindruck bekomme.«

Ich entwarf rasch eine Skizze:

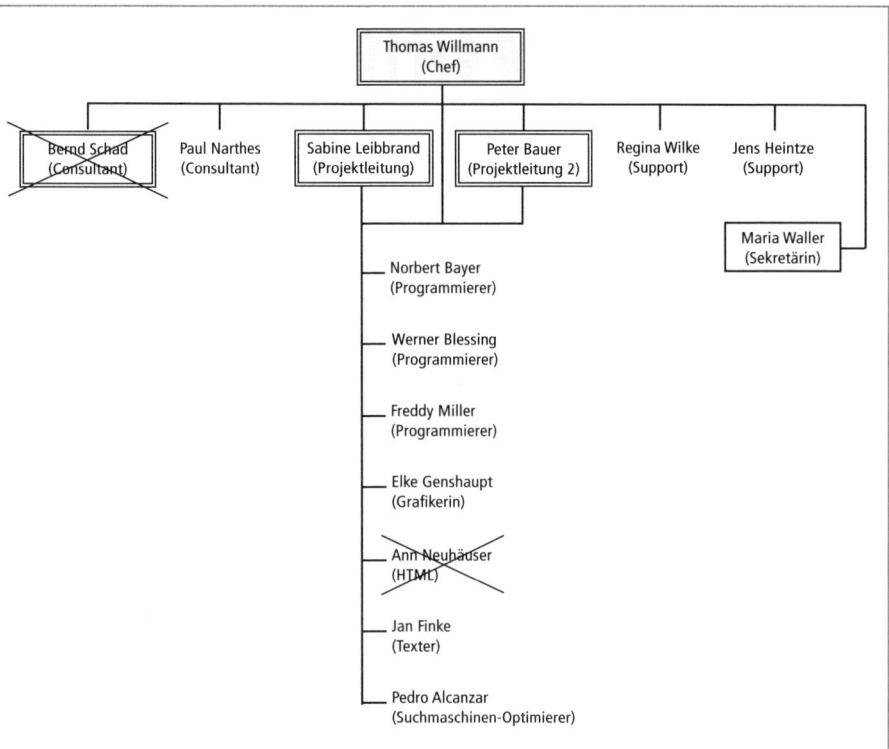

Als die Skizze fertig war, erkundigte sich Herr Radies etwas irritiert, wieso die Programmierer drei Vorgesetzte hätten. Ich erklärte, dass sie eigentlich nur einen Vorgesetzten hätten, nämlich mich. Und die beiden Projektleiter würden einzelne Projekte managen, seien aber nicht die Vorgesetzten.

»Das wird kaum so bleiben können«, schüttelte Herr Radies seinen Kopf. »Aber wir sind erst mal beim Aufräumen.«

So nahm ich die gestrige Auflistung meiner Aufgaben zur Hand. »Wenn ich nur drei Aufgaben abgeben könnte, dann wären es die Akquise, die Software-Entwicklung und die vielen kleinteiligen Aufgaben. Für die ersten beiden kann ich klar Mitarbeiter benennen. Die Akquise müsste unser Consultant Paul Narthes, die Software-Entwicklung könnte unser bester Entwickler, Norbert Bayer, übernehmen. Bei den kleinteiligen Aufgaben muss ich passen. Ich habe keine Ahnung, wie ich diese loswerden könnte.«

»Kleinteilige Aufgaben können Sie bündeln lassen. Der erste Ansatzpunkt wäre also Maria. Der zweite Ansatzpunkt ist die Frage, wodurch diese kleinteiligen Aufgaben überhaupt entstehen. In aller Regel sind es unklare Abläufe. Diesen Morast können Sie später mit Ihrem Manager trockenlegen. Aber das ist eine längerfristige Aufgabe.

Sie haben nun also drei Personen: Paul, Norbert und Maria. Wer könnte die neuen Aufgaben am schnellsten übernehmen?«

Ich dachte kurz nach: »Am ehesten Norbert. Zum einen ist das Qualifikationsgefälle zwischen ihm und mir viel geringer als bei den anderen beiden, zum anderen kann er seine bisherigen Aufgaben – sofern sie nicht beim Aufräum-Meeting sowieso gestrichen werden – am ehesten auf andere Entwickler verschieben.«

»Gut, dann beginnen Sie am Dienstag unmittelbar nach dem Aufräum-Meeting mit Norbert. Sie brauchen schnelle Resultate. Was sind das genau für Aufgaben, die Sie an Norbert übergeben können?«

Ich zuckte mit meinen Schultern: »Genau kann ich das gar nicht benennen. Ich war doch vier Wochen nicht mehr in meiner Firma. Ich weiß nicht, was liegen geblieben ist. Normalerweise sind das eben komplexere Software-Entwicklungsaufgaben. Ich müsste mir zuerst eine Übersicht verschaffen.«

Herr Radies widersprach: »Nein, nicht Sie, sondern Norbert muss sich eine Übersicht verschaffen! Den Montag hatten wir bislang frei gehalten. Den brauchen Sie, um sich überhaupt eine Orientierung zu verschaffen. Ihr Schreibtisch und Ihr E-Mail-Fach werden mit Aufgaben zugemüllt sein. Alles, was mit Software-Entwicklung zu tun hat, drücken Sie am Montag Norbert in die Hand. Er soll diese Aufgaben bis zu Ihrem Treffen am Dienstag anschauen und sortieren.

Wichtig sind neben den üblichen Fragen nach Priorität, Deadlines, Dauer usw. vor allem folgende Fragen: Ist Norbert kompetent genug, die Aufgabe auszuführen? Falls nein, was müsste gegeben sein, damit er die Aufgabe ausführen kann? Wer ist der Kunde dieser Aufgabe? Wie kann eine möglichst unmittelbare Verantwortlichkeit für und Kontrolle durch diesen Kunden geschaffen werden?«

»Die letzten zwei Fragen verstehe ich nicht«, unterbrach ich.

»Es geht hier um den praktischen Unterschied zwischen Delegation und Übergabe der Aufgabe«, erklärte Herr Radies. »Der Kunde einer Software-Entwicklungs-Aufgabe wird in aller Regel ein externer Kunde sein. Jedenfalls nicht Sie als Person und nicht Sie in Ihrer Rolle als Unternehmer. In vielen Unternehmen herrscht jedoch die Delegationskrankheit. Und dann bekommen Sie die erledigte Aufgabe wieder auf den Tisch. Meist ist sie nur halb erledigt, weil der Mitarbeiter ja weiß, dass Sie die Aufgabe sowieso noch kontrollieren.«

»Ja, aber ich muss die Sachen doch kontrollieren, damit der Kunde ein gutes Ergebnis bekommt!«

»Nein«, erwiderte Herr Radies entschieden. »Sie müssen dafür sorgen, dass Ihr Mitarbeiter dem Kunden ein gutes Ergebnis präsentiert. Das ist etwas völlig anderes! Es ist die Aufgabe des Mitarbeiters, und er ist selbst dafür verantwortlich, seinem Kunden ein gutes Ergebnis zu präsentieren. Wenn Sie sich dazwischenschalten – oder jemand anderes –, dann nehmen Sie diesem Mitarbeiter die Chance, unmittelbare Verantwortung zu übernehmen.

Es gibt eine ziemlich einfache Richtlinie für jedes Unternehmen mit bis zu fünfundzwanzig oder dreißig Mitarbeitern: ›Jeder Mitarbeiter,

> **Jeder Mitarbeiter, der nicht direkt mit externen Kunden zu tun hat, ist ein überflüssiger Mitarbeiter.**

der nicht direkt mit externen Kunden zu tun hat, ist ein überflüssiger Mitarbeiter.‹ Wenn Sie eine Ausnahme von dieser Regel machen, sollten Sie wirklich verdammt gute Gründe haben!«

»Das klingt zwar toll, aber das geht bei uns nicht! Wir müssen die Qualität sichern! Und das ist bei Software-Entwicklung eine ziemlich komplexe Aufgabe.«

»Ja, ist mir bekannt«, entgegnete Herr Radies trocken. »Unzählige Techniker haben ganze Regale von Büchern über Qualitätskontrolle, Kennzahlen und Software-Entwicklungsverfahren geschrieben. Davon können Sie – oder besser Ihr Manager – sich sicher inspirieren lassen. Aber letztlich dürfte das meiste für ein Unternehmen Ihrer Größenordnung viel zu komplex und nicht umsetzbar sein.

Wenn man die Qualitätsfrage auf den Kern reduziert, gibt es in jeder Branche immer nur eine einzige Kennzahl, die von Bedeutung ist: die Zufriedenheit des Kunden. Und Sie müssen dafür sorgen, dass der Mitarbeiter all seine Handlungen an dieser Kennzahl ausrichtet. Das kann er nur, wenn Sie diese Zahl irgendwie erfassen, wenn Sie diesen Mitarbeiter möglichst unmittelbar die Zufriedenheit Ihres Kunden erfahren lassen und wenn es klare, am besten finanzielle, Konsequenzen hat, wenn die Zufriedenheit nicht erreicht wird. Falls Sie übererfüllt wird, sollten Sie das natürlich auch belohnen!

Mit anderen Worten: Sorgen Sie dafür, dass Sie und Ihr späterer Manager aus dem Weg sind!«

»Aber dann nehme ich doch meine Rolle als Vorgesetzter nicht mehr wahr?«

»Mit den Kategorien des Vorgesetzten oder der Führungskraft kommen wir keinen Schritt weiter. Vermeiden Sie diese Begriffe in Zukunft! Sie haben entweder die Rolle des Managers oder die des Unternehmers oder die der Fachkraft.«

Das verstand ich nicht: »Ich weiß nicht, ob uns das zu weit vom

Thema der Übergabe an Norbert wegführt, aber ich verstehe nicht, warum ich nicht von Vorgesetzten oder von Führungskräften sprechen soll.«

»Das führt in der Tat ein Stückchen von unserem Thema weg. Es ist dennoch wichtig! Ein großer Teil der Managementliteratur beschäftigt sich mit der Führungs- oder Leadershipdiskussion.

In der Grundidee handelt es sich dabei um Kampfbegriffe – und diese sind selten nützlich. ›Leadership‹ wird dem ›Management‹ entgegengesetzt. Dabei wird Management im Wesentlichen als die Führung von Dingen und Prozessen diffamiert, wohingegen Leadership das bessere Konzept wäre, weil es sich an Menschen orientiert. Letztlich wollen die Leadership-Verfechter ein anderes Management. Und sicher haben sie auch insofern recht, als in den letzten Jahrzehnten Management zu sachorientiert war.

Aber mit Ausnahme der letzten Jahrzehnte war jede Führung schon immer Führung von Personen *und* Organisation von Dingen. Hannibal wäre nicht über die Alpen gekommen, wenn er Fehler in der Logistik oder Verpflegung gemacht hätte. Und er wäre auch nicht über die Alpen gekommen, wenn er nicht die Herzen seiner Soldaten gewonnen hätte. Mit anderen Worten: Die Entgegensetzung der letzten Jahre ist albern, und es ist völlig sinnlos, sich damit überhaupt auseinanderzusetzen.

Viel gefährlicher und problematischer ist eine Verwechslung, die vor allem durch die Leadershipdiskussion aufkommt. Man gewinnt nämlich den Verdacht, die Führenden sind mit den Geführten allein. Dieser Eindruck verstärkt sich noch, wenn in der Diskussion auf politische Denker wie Machiavelli oder Konfuzius zurückgegriffen wird, die über den Aufbau des Staates philosophiert haben. In einigen Fällen werden auch Militärtheoretiker wie Sun Tsu oder Clausewitz herangezogen.

Nun kann man von all diesen Theoretikern sicher viel lernen, aber es gibt einen wesentlichen und alles entscheidenden Unterschied zur Unternehmensführung: Die Staaten vergangener Zeiten waren relativ abgeschlossene Gebilde. Der Zweck der moralisch legitimierten Führung bestand darin, nach innen Ruhe und Wohlstand und nach außen Absicherung zu bieten. *Es gibt in diesen Konzepten überhaupt keinen Kunden.* Es sei denn, man würde den militärischen Gegner bei Militärtheoretikern als Kunden begreifen, aber das halte ich für nicht sehr fruchtbar. Der Zweck und damit die Legitimation der Führung ist bei diesen Theoretikern der Nutzen für die Geführten.

Die beiden Parteien sind mit sich alleine.«

»Schon, aber ist das wirklich so relevant?«, fragte ich. Ich wusste mal wieder nicht, worauf Herr Radies hinauswollte.

»Nun, Herr Willmann«, feixte Herr Radies, »macht es einen wesentlichen Unterschied, ob Sie mit sich beim Sex allein sind oder nicht?«

Natürlich machte es einen Unterschied. Und natürlich würde es mit diesem Bild im Kopf einen Unterschied machen, ob sich Führung und Geführte miteinander beschäftigen oder ob es da einen externen Kunden gab. Bloß welchen? Und so sah ich Herrn Radies fragend an.

»Nun, letztlich ist es so: Das Bedürfnis des Kunden gibt die Richtung vor. Natürlich können Sie auswählen, auf wessen Bedürfnisse Sie eingehen. Aber wenn Sie ausgewählt haben, dann führt ganz wesentlich der Kunde. Nicht die Mitarbeiter, nicht die Führung. Die Führung ist auch nicht der Dienstleister der Mitarbeiter oder umgekehrt, sondern beide sind der Dienstleister für den Kunden. Natürlich in unterschiedlichen Rollen. Die komplette Führungsdiskussion ist, solange der Kunde als Führender fehlt und sie sich ausschließlich mit den Leadern und den Geführten beschäftigt, nichts anderes als leere Selbstbefriedigung.«

> **Die komplette Führungsdiskussion ist, solange der Kunde als Führender fehlt und sie sich ausschließlich mit den Leadern und den Geführten beschäftigt, nichts anderes als leere Selbstbefriedigung.**

Nachvollziehen konnte ich das, wenngleich mir der Ansatz etwas radikal erschien. Aber ich war eher praktisch orientiert und so fragte ich: »Schön, und was ergibt sich daraus?«

»Nun, ich möchte Ihnen zwei Modelle aufmalen.«

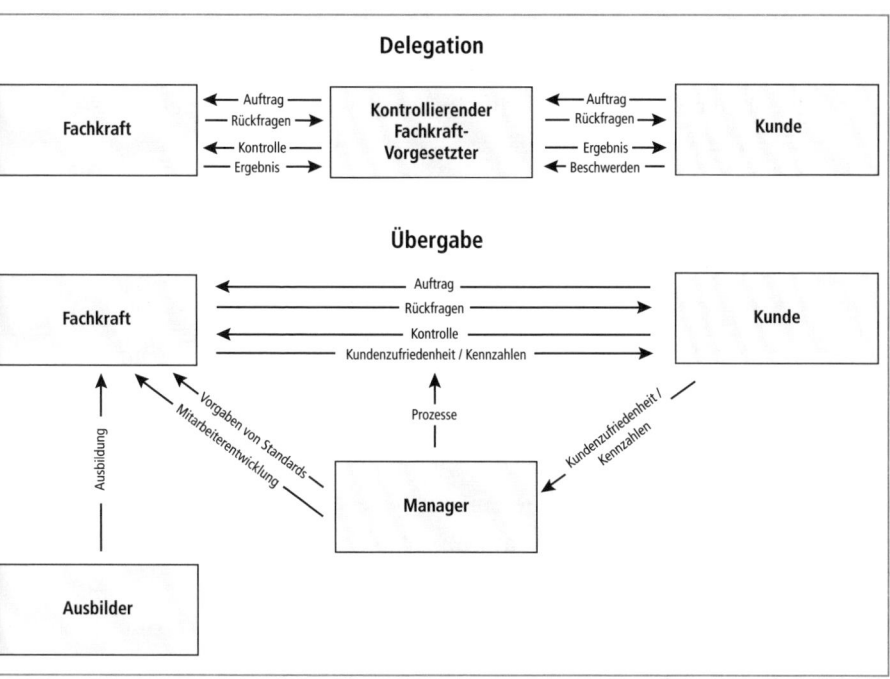

Nachdem Herr Radies die Skizze aufgezeichnet hatte, fuhr er fort: »Zuerst zeigen diese beiden Grafiken den Unterschied zwischen Delegation und Übergabe. Bei der Übergabe geht der Manager aus dem Weg. Er ist nicht länger die bessere Fachkraft. Sie erreichen Folgendes:

- Die Fachkraft wird unmittelbar in die Verantwortung genommen. Im Extremfall, indem Sie die Fachkraft nach Kundenzufriedenheit bezahlen.
- Sie eliminieren eine der wichtigsten Ursachen für schlechte Qualität und überflüssige Doppelarbeiten: die Verluste beim Stille-Post-Prinzip im Delegationsmodell.

- Sie schaffen sich die Konflikte vom Hals, die daraus entstehen, dass die Fachkraft glaubt, die Anforderungen wären Ihre Anforderungen und nicht die des Kunden. Im Delegationsmodell mutieren fruchtbare Auseinandersetzungen mit dem Kunden nämlich schnell zu Führungskonflikten.
- Ebenso schaffen Sie sich die Konflikte vom Hals, die daraus entstehen, dass die Fachkraft glaubt, Sie würden ihr Gehalt bezahlen und nicht der Kunde.
- Sie bekommen ein systematisches Feedback vom Kunden.
- Sie haben mit diesem Feedback eine Regelungsgröße, die eine permanente Optimierung erlaubt.
- Sie verabschieden sich von dem Konzept des Management-Supermans, der nicht nur der beste Manager, sondern auch die beste Fachkraft ist. Und wenn der Manager nicht die beste Fachkraft sein muss, dann kann die fachliche Ausbildung jemand Besseres übernehmen.
- Sie haben eine enorme Entlastung des Managers, sodass er sich auf seine eigentlichen Aufgaben konzentrieren kann.

Dann zeigt diese Grafik noch Folgendes: Wenn man den rechten Teil der Grafik, nämlich den Kunden, verdeckt«, Herr Radies stellte sich vor die rechte Seite des Flipcharts, »dann ist die Grafik überhaupt nicht mehr zu verstehen. Auch den riesigen Unterschied zwischen Delegation und Übergabe erkennen Sie nicht, da nur noch Beziehungen zwischen dem Führenden und dem Mitarbeiter übrig bleiben. Sie könnten zwar die obere Skizze als das klassische Management diffamieren und die untere Skizze als die anzustrebende Führung loben, aber letztlich wären beide Bilder sinnlos. Genauso wie diese unsägliche Führungs- sowie Management-versus-Leadership-Diskussion, die den Kunden als die Hauptperson vergisst.«

Als ich die Grafik betrachtete, dämmerte mir langsam, was Herr Radies meinte. »Sie meinen, ich kontrolliere überhaupt nicht mehr direkt, wie Norbert meine Software-Entwicklungsaufgaben ausführt, sondern ich gebe Standards vor, sorge für eine entsprechende Qualifikation und frage dann den Kunden, ob er mit dem Ergebnis zufrieden ist.«

Herr Radies nickte: »Genau, und Sie vereinbaren vorher die Kennzahlen, nach denen Sie das Ergebnis bewerten wollen.«

Ich nickte: »Ja, bei unseren individuellen Aufträgen könnten wir schon in die Verträge aufnehmen, dass uns jeder Kunde eine Note gibt. Und bei einer Note von 1 oder 2 bekommt Norbert einen Bonus.«

»Klingt nach einer gute Idee, benötigt aber Vorlauf. Sie können das nur bei neuen Aufträgen mit den Kunden vereinbaren. Und Sie müssen auch die anderen Entwickler einbeziehen. Wodurch unterscheiden sich die zufriedenen von den unzufriedenen Kunden nach Abschluss des Auftrags noch?«

Ich dachte nach: »Bei den Problemaufträgen werden wir mit einer großen Anzahl an Änderungsforderungen und Fehlermitteilungen überschüttet. Wir könnten einfach die Anzahl der Änderungsforderungen und Fehlermitteilungen im Verhältnis zur Auftragsgröße messen.«

Herr Radies nickte.

Ich überdachte nochmals das Gehörte und versuchte zusammenzufassen: »Am Montag übergebe ich Norbert alle Software-Entwicklungsaufgaben. Er soll eine Übersicht erstellen. Dabei sollte es einerseits nach Dringlichkeit gehen. Das ist die Kundenperspektive. Andererseits sollte es nach Komplexität gehen, da Norbert der beste Entwickler nach mir ist und die komplexen Aufgaben selbst übernehmen, die anderen abgeben sollte.

Am Dienstag besprechen wir die Aufgaben, die Norbert erledigen sollte. Zuerst erkläre ich ihm, dass er direkt mit den Kunden kommunizieren wird. Und dass seine Arbeit durch das Feedback der Kunden bewertet wird. Dies wird gemessen durch die Anzahl der Änderungsforderungen und Fehlermitteilungen im Verhältnis zur Auftragsgröße.

Dann versuche ich zu beschreiben, was bislang meine Standards waren. Zum Beispiel bei Tests oder bei der Kommentierung der Software.

Und zuletzt frage ich Norbert, ob er in irgendwelchen Bereichen Unterstützung braucht, und wir organisieren diese gemeinsam. Und dann?«

»Dann klären Sie noch, bis wann die Aufgaben erledigt sind, wer auf welche Weise die Kennzahlen erhebt und wann diese vorliegen. Und am besten klären Sie auch, bis wann Norbert Ihnen eine Liste mit maximal drei Verbesserungsvorschlägen vorlegt, damit Ihr Unternehmen in Zukunft noch besser wird.«

Als ich mir das Ganze vergegenwärtigte, bekam ich den Eindruck, dass das bei Norbert ganz gut klappen könnte. Er war ja mein bester Entwickler. Aber bei der Übertragung des Konzepts auf weitere Mitarbeiter bekam ich Bauchschmerzen. Ich traute es ihnen einfach nicht zu. Diese Bedenken schilderte ich Herrn Radies.

Er nickte: »Wir haben Norbert gewählt, weil Sie mit ihm die schnellsten Resultate erzielen können. Zugleich können Sie ohne allzu großes Risiko erste Erfahrungen mit diesem Konzept der Übergabe sammeln. Diese Erfahrungen werden Ihnen später bei den anderen Mitarbeitern, bei denen die Übergabe komplizierter erscheint, zugutekommen.

Eines noch zuletzt: Bei dieser Übergabe handelt es sich eigentlich um eine Management- und keine Unternehmeraufgabe. Diesen kompletten Steuerungsprozess wird also später Ihr Manager übernehmen. Es ist deshalb sinnvoll, sobald Sie einen Manager gefunden haben, diesen einzubinden. Sonst hätten Sie später das Problem, dass Sie nicht mehr aus den Managementaufgaben herauskämen.«

Ich nickte nachdenklich. So weit hätte ich jetzt nicht gedacht. Aber mit ziemlicher Sicherheit wäre es genauso gelaufen: Ich hätte die Managementaufgaben übernommen und es wären immer mehr Aufgaben geworden. Und in ein oder zwei Jahren wäre ich genau an derselben Stelle gelandet wie jetzt. Nur eben mit einem Zuviel an Managementaufgaben statt einem Zuviel an Fachaufgaben. Dann fragte ich: »Und dasselbe mache ich dann auch bei Paul und Maria?«

»Bei Paul ja. Am besten ebenfalls am Dienstagnachmittag. Bei Maria wird es ein bisschen komplizierter. Ich würde das auch gerne auf heute Nachmittag verschieben, wenn wir über Ihr Planungssystem sprechen. Einverstanden?«

Ich stimmte zu.

Rückdelegation vermeiden

Und weiter ging's. Herr Radies zog zunächst mal eine Zwischenbilanz: »Nun haben wir schon eine ganze Menge erreicht. Ihre Mitarbeiter haben freie Zeit gewonnen. Sie haben einen Teil Ihrer bisherigen Aufgaben an ausgewählte Mitarbeiter übergeben. Um für Sie dauerhaft Platz zu schaffen, müssen Sie noch dafür sorgen, dass die Fach- und Managementaufgaben bei den entsprechenden Mitarbeitern bleiben. Die Grundlagen hierfür haben Sie schon. Ihnen ist erstens klar geworden, dass die Fachkraft- und Managementaufgaben nicht Ihre Aufgaben sind. Und Sie kennen das Prinzip der Übergabe der Aufgaben: Sie bewegen sich aus der Beziehung zwischen Fachkraft und Kunde, also von dort, wo die Aufgaben entstehen, heraus.

Leider sind diese Aufgaben ziemlich hartnäckig und kleben besser als jeder Klebstoff. Es gibt nämlich noch einen weiteren Weg, den diese Aufgaben zu Ihnen finden. Beschreiben Sie mir mal, wie Sie außer durch die Kunden zu Ihren Fachkraftaufgaben kommen.«

»Manche habe ich schon immer gemacht. Manche hielt ich einfach für so wichtig, dass ich sie selbst gemacht habe. Bei den anderen war es so, dass ein Mitarbeiter damit beginnt und irgendwann mit einem Problem zu mir kommt. Damit es dann schneller ging, übernahm ich die Aufgabe oft oder versuchte etwas zu klären.«

Herr Radies lehnte sich zurück und lächelte.

Langsam ging mir ein Licht auf: »Sie meinen, dass meine Mitarbeiter mich selbst als die beste Fachkraft ansehen und mir deshalb die Aufgaben bringen?«

»Genau. In den meisten Unternehmen ist es so, dass die Fachkräfte ihre Aufgaben delegieren. Und zwar an den Unternehmer. Und wenn der Unternehmer wie eine Fachkraft unmittelbar versucht, die Probleme zu lösen, dann zieht er die Aufgaben geradezu magisch an. Die Rollen kehren sich um.

Ich möchte Ihnen das wieder in einer Skizze verdeutlichen.«

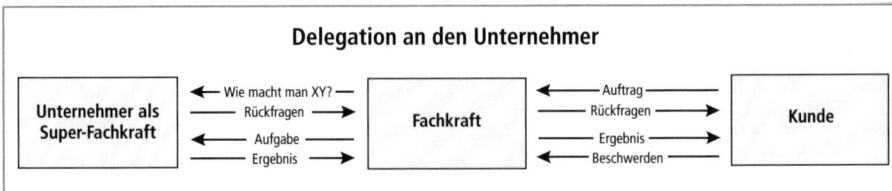

»Selbst wenn Sie sich aus der direkten Beziehung zwischen Fachkraft und Kunde zurückgezogen haben, wird die Fachkraft weiter zu Ihnen kommen und Sie in die unmittelbare Lösung einbinden. Zumindest solange die Fachkraft Sie ebenfalls als Fachkraft ansieht! Und solange Sie sich selbst als Fachkraft sehen und diese Aufgaben sogar noch gerne machen.

Seien Sie bitte ehrlich zu sich: Es ist doch ein super Gefühl, wenn die arme hilflose Fachkraft zu Ihnen kommt und nicht weiß, wie etwas geht? Und Sie dann das Problem im Handumdrehen lösen.«

Ja, das musste ich zugeben. Hier lag eine der wichtigsten Quellen für mein Selbstwertgefühl. Ich war in gewissem Sinne die Feuerwehr, die alles rettete. Und wenn bei mir mal etwas nicht klappte, war es nicht so schlimm, da die anderen das zuvor schon nicht hinbekommen hatten. Mit dieser Konstruktion konnte ich nur gewinnen. Aber der Gewinn beim Selbstwert ging auf Kosten von zusätzlicher Arbeit.

»Aber«, dachte ich nun laut, »was soll ich denn tun, wenn Mitarbeiter mit Problemen zu mir kommen? Ich kann sie doch nicht einfach wegschicken?«

»Für diesen ganzen Problemkomplex hat der amerikanische Autor und Berater William Oncken schon in den Sechzigerjahren eine Reihe von Lösungsansätzen entwickelt. Der wichtigste Vorschlag ist sehr bekannt. Er wird aber nie im gesamten Zusammenhang gesehen, sondern immer nur als eine Managementmethode betrachtet.

Der Vorschlag ist sehr einfach: Wenn Ihre Mitarbeiter mit einem Problem zu Ihnen kommen, antworten Sie mit einer Gegenfrage. Fragen Sie nach Lösungsvorschlägen. Haben Ihre Mitarbeiter keine, dann vereinbaren Sie einen Termin, an dem der Mitarbeiter Ihnen drei Lösungsvorschläge präsentiert.

Wenn Ihre Mitarbeiter Sie um Rat fragen, dann fragen Sie zurück: ›Was würden Sie denn als Nächstes tun?‹ William Oncken beschreibt dies mit dem Bild des Affen. Stellen Sie sich einfach vor, Ihr Mitarbeiter käme mit einem Affen auf dem Rücken zur Tür rein. Wenn Sie die Aufgabe annehmen, dann haben Sie den Affen auf dem Rücken. Und wenn Sie das öfter machen, sieht es in Ihrem Büro aus wie in einem Affenstall.«

Ich schluckte etwas. In der Tat lagen überall in meinem Büro irgendwelche Zettel und Papiere und anderes herum. Das waren offensichtlich alles die Affen meiner Mitarbeiter. Und ich hatte die ganze Zeit gedacht, ich sei eben unordentlich. Jetzt wurde mir klar, dass ich mit dieser falschen Denkweise gar nicht anders konnte, als unordentlich zu sein. Die Unordnung war das Resultat.

»Gut, aber ich habe eine Frage. Oft merke ich es gar nicht, dass ich wieder eine Aufgabe übernommen habe, die ich nicht hätte übernehmen sollen. Der Mitarbeiter ist schon längst wieder zur Tür hinaus. Und wie Sie vorher sagten: Ich mache diese Aufgaben auch gerne. Wie kann ich damit umgehen?«

»Der Psychiater Ronald D. Laing hat darauf verwiesen, dass es zwischen Reiz und Reaktion einen Raum gibt. In diesem Raum hat der Mensch die Freiheit und die Fähigkeit, seine Reaktion zu wählen. Dazu gibt es zwei Dinge zu sagen: Eingeschränkt wird dieser Satz dadurch, dass er nur auf ein paar Prozent unserer Handlungen zutrifft. Die meisten Handlungen laufen unbewusst und automatisch ab. Und das ist auch gut so – Sie hätten innerhalb eines Tages mit Ihrem Auto Dutzende von Unfällen gebaut, wenn Sie alle Handlungen bewusst ausführen wollten. Dem steht andererseits entgegen, und das ist das Wesentliche: Sie haben die Wahl, welche Handlungen Sie bewusst ausführen wollen, und Sie haben die Möglichkeit, diesen Raum zu verbreitern.

Auf Ihre Frage übertragen, bedeutet dies: Wie schaffen Sie sich den Raum, den Automatismus aufzubrechen und diese Aufgaben nicht automatisch anzunehmen?

Die Antwort: Schaffen Sie sich einen neuen Automatismus! Gewöhnen Sie sich an, jede noch so kleine Aufgabe sofort in Ihr Planungssystem einzutragen. Und zwar sofort dann, wenn die Aufgabe zu Ihnen kommt.«

»Das sollte nicht allzu schwer sein. Ich schreibe auch jetzt schon To-do-Listen, in die ich alle Aufgaben eintrage. Aber ich sehe nicht, wie mir das bei meinem Problem helfen könnte.«

»Nun, das ist ganz einfach: In Ihrem neuen System, das Sie heute Mittag kennenlernen, gibt es neben den Aufgaben eine Spalte für die Kürzel F, M und U: Fachkraft, Manager und Unternehmer. Wenn Sie sowieso die Gewohnheit haben, Ihre Aufgaben sofort aufzuschreiben, dann ist das hervorragend. Gewöhnen Sie sich einfach zusätzlich an, sofort immer ein F, ein M oder ein U daneben zu schreiben. Das ist ganz einfach, wenn Sie meine Vordrucke nutzen: Dann sehen Sie nämlich sofort die Lücke, in die Sie ein F, M oder U schreiben sollen.

Und wenn nun ein Mitarbeiter vor Ihnen steht und Sie gerade im Begriff sind, eine F-Aufgabe in Ihr Planungssystem einzutragen, dann ist irgendetwas falsch gelaufen. Sobald Ihnen dies bewusst wird – und eine solche Gewohnheit hilft Ihnen dabei, sich dies immer im richtigen Moment bewusst zu machen –, haben Sie bereits gewonnen. Die daraus resultierende Handlung, also die Rückgabe des Affen an den Mitarbeiter, ist nur noch eine logische Folge.

Selbst wenn es Ihnen erst bewusst würde, wenn Sie gerade mit der Fachkraftaufgabe beginnen, ist das nicht wirklich tragisch. Sie können den Affen ja jederzeit zurückgeben. Allerdings gilt schon: Je früher, desto besser!«

»Ist das wirklich so simpel?«, fragte ich ungläubig.

Herr Radies nickte lächelnd. »Im Wesentlichen ja. Es gibt noch ein paar Tricks für Fortgeschrittene. Aber die brauchen Sie jetzt noch nicht. Und es würde mehr verwirren als nützen.«

Mit einem Mal bemerkte ich, wie viel wir an diesem Morgen schon wieder besprochen hatten. Auch wenn ich manches Mal den roten Faden zu verlieren glaubte, ergab doch alles im Nachhinein Sinn. Ich sah nun einen klaren, begehbaren Weg, die Fachaufgaben loszuwerden. Und ich hatte eine neue Bedrohung erkannt: Ich brauchte einen Manager, um nicht in ein oder zwei Jahren wieder am selben Punkt zu stehen.

»Ich würde gerne eine kleine Pause machen und danach klären, wie ich das Problem mit dem Manager angehen kann. In Ordnung?«

Herr Radies schüttelte seinen Kopf. »Das Problem mit dem Manager und Geschäftsführer ist noch kein akuter Engpass. Sie müssen zwar irgendwann einen finden, aber im Augenblick gibt es noch Wichtigeres.

Natürlich können wir auch heute Abend, wenn noch etwas Zeit bleibt, kurz auf diese Thematik eingehen. Sie lässt sich nämlich nicht mit einem Schnellschuss lösen.« Dann lächelte er und verschwand mit den Worten: »Und jetzt machen wir erst einmal fünfzehn Minuten Pause.«

3.2 Unternehmersystem

Eine Viertelstunde später kam Herr Radies zurück: »Gut, Herr Willmann, fassen Sie am besten nochmals zusammen, wo wir jetzt stehen und was unsere nächste Aufgabe sein wird.«

Ich blätterte in meinen Unterlagen, um mir einen Überblick zu verschaffen. »Wir haben gestern mit der Unterscheidung zwischen Fachkraft, Manager und Unternehmer begonnen. Dann habe ich mich entschieden, mich vom Selbstständigen zum Unternehmer zu verändern.

Dazu ist es erforderlich, dass ich die Aufgaben des Unternehmers ausführe. Die vierte Aufgabe des Unternehmers ist die Müllentsorgung. Das haben wir gerade gemacht.« Ich zog die Mindmap mit den Aufgaben des Unternehmers (vgl. S. 58) heraus und ergänzte die Punkte: »Rückgabe der Affen, Meetings zur Müllbeseitigung, Übergabe statt Delegation«.

Ich dachte nach: »Wir haben auch schon damit angefangen, einige meiner Aufgaben für die nächste Woche zu planen. Das sollten wir jetzt für die nächsten zwei Wochen fortsetzen, damit ich eine effektive Arbeitsgrundlage für unser nächstes Treffen habe.«

Herr Radies nickte. »Sie brauchen einen kurzfristigen Plan, richtig. Dieser soll aber etwas mit Ihren langfristigen Zielen zu tun haben. Sonst hätten wir uns die Arbeit gestern sparen können. Wir beginnen deshalb mit der langfristigen Planung. Da Sie das eine Zeit lang, sagen wir die nächsten zwanzig bis vierzig Jahre, beschäftigen wird, sollten Sie das systematisch machen. Ich werde also ein bisschen weiter ausholen, als jetzt unmittelbar für Ihren Engpass nötig wäre. Wir schaffen hier langfristige Grundlagen. In Ordnung?«

Das kannte ich ja schon vom vorigen Tag. Zuerst führte mich Herr Radies gedanklich auf eine völlig andere Ebene. Und dann lag auf einmal eine Lösung in einer Klarheit vor mir, die ich vorher nie für möglich gehalten hätte. Nun war ich neugierig auf das Folgende und nickte.

Unternehmersystem versus Zeitmanagement

»Gut, unser Ziel ist also, dass Sie erstens die Grundzüge eines Systems kennenlernen, das Ihnen den Rahmen für Ihre weitere Planung, Entwicklung und Umsetzung bietet. Ich nenne es das Unternehmersystem. Zweitens müssen wir Ihren Engpass lösen. Deshalb sollten wir uns über die wichtigsten konkreten Planungsschritte Gedanken machen.«

Nach einer kurzen Pause fuhr er fort: »Haben Sie sich schon mal mit Zeitplanungssystemen beschäftigt?«

»Ja, wenn Sie solche Dinge wie die Unterscheidung zwischen ›dringend‹ und ›wichtig‹ meinen, dann habe ich das probiert. Aber es hat nicht funktioniert.«

»Warum nicht?«, fragte Herr Radies.

Ich dachte einen Moment nach, dann schüttelte ich den Kopf: »Weiß ich nicht genau. Es gab viele Gründe. Ich hatte den Eindruck, dass alles, was ich machte, wichtig und notwendig war. Dann kamen immer, wenn ich einen Plan erstellt hatte, Ablenkungen dazwischen. Ich fühlte mich oft an das Bonmot von John Lennon erinnert: ›Leben ist das, was geschieht, während du andere Pläne machst.‹ Außerdem erschienen diese Zeitplanungssysteme zu mühsam, und in den wenigen Fällen, in denen ich es versucht habe, schlief meine Arbeit damit immer nach zwei bis vier Wochen wieder ein.«

»Ja, das sind gewichtige Gründe.«

Etwas skeptisch fragte ich: »Wollen Sie mir jetzt ein anderes Zeitmanagementsystem beibringen? Nach dem Motto: ›Wenn du es eilig hast, gehe langsam‹ oder so?«

Herr Radies' Gesicht färbte sich etwas dunkler. Unvermittelt brach es aus ihm heraus: »Das ist wirklich das dümmste Konzept, von dem ich jemals gehört habe.« Dann fasste er sich wieder: »Zugegeben, es handelt sich um brillantes Marketing: Unser Gehirn mag keine Widersprüche. Und an solchen Paradoxien frisst es sich so lange fest, bis es irgendeine Interpretation gefunden hat, die sinnvoll zu sein scheint.«

Nachdenklich ergänzte er: »Vielleicht ist die Aussage sogar zu etwas nützlich, indem sie die Menschen zum Nachdenken bringt. Trotzdem ist sie falsch. Die Aufforderung geht davon aus, dass die Menschen zu schnell gehen. Aber die meisten Menschen gehen gar nicht. Sondern sie zappeln mehr oder weniger an dem Platz, an dem sie stehen. Und jammern. Und wenn sie doch gehen, dann selten dahin, wo sie hinwollen. Letztlich handelt es sich bei dieser Aufforderung um ein falsch verstandenes buddhistisches Konzept. Ich wünschte, die Anhänger dürften oder besser müssten nur einen Tag lang gemeinsam mit den Shaolin-Mönchen trainieren.

Ein Bild: Zwei Menschen sollen einen Marathon laufen. Bedingung ist, dass sie gleichzeitig ins Ziel kommen. Nach sechs Stunden kommen sie beide unzufrieden, genervt und fluchend an. Der eine, weil er Marathonläufer ist und die Strecke locker in drei Stunden hätte bewältigen können. Der andere, weil er lieber in seinem Garten gearbeitet oder sich mit Freunden getroffen hätte. Der zweite Läufer wollte nämlich gar keinen Marathon laufen, und wenn es gar nicht anders gegangen wäre, hätte er sich gerne zwölf Stunden Zeit gelassen. Der Erste tut, was er tun möchte. Um glücklich zu sein, sollte er die Geschwindigkeit *erhöhen*. Der Zweite sollte *etwas anderes* tun.

Die richtige Aussage kann nur lauten: ›Wenn du es eilig hast, dann *laufe!* Ausrufezeichen. In die *richtige Richtung.*‹ Das ist nebenbei auch nicht neu und findet sich bereits bei dem antiken, römischen Autor Seneca.«

> **Wenn du es eilig hast, dann laufe! Ausrufezeichen. In die richtige Richtung.**

Inzwischen wieder völlig ruhig und gefasst, fuhr er fort: »Nein, es handelt sich bei dem, was ich Ihnen beibringen möchte, nicht um ein Zeitplanungssystem. Auch wenn einiges auf den Mechanismen von Zeitplanungssystemen basiert. Solche Systeme haben viele Vorteile. Es sind theoretisch durchaus hübsche Konzepte. Aber bei den weitaus meisten Unternehmern, die ich getroffen habe, funktionieren sie praktisch nicht. Sie haben nämlich auch viele Nachteile.

Der **erste Nachteil** ist: Ihre Intention ist es ja gar nicht, Ihre Zeit zu planen. Auch nicht, Ihre Prioritäten zu setzen. Ihre Intention ist es, erstens Ihre Ziele zu *erreichen*, zweitens sich dabei so *weiterzuentwickeln*, dass Sie Ihre zukünftigen Ziele erreichen können, und drittens auf dem Weg Glück, Sinn, Erfüllung und Erfolg zu empfinden. Also brauchen Sie überhaupt kein Zeitplanungssystem, sondern eine Art

Zielerreichungs-, Persönlichkeitsentwicklungs- sowie Glücks-, Sinn-, Erfüllungs- und Erfolgssystem. Das ist etwas völlig anderes.«
»Wieso ist das etwas völlig anderes? In beiden Fällen wird doch geplant. Sind das nicht wieder irgendwelche Spitzfindigkeiten?«
Herr Radies schüttelte seinen Kopf: »Ein Zeitplanungssystem hilft Ihnen, Ihre Zeit zu planen. Aber selbst wenn Sie Ihre Zeit planen und alle Aufgaben ausführen, ist nicht garantiert, dass Sie Ihre Ziele erreichen.

Deshalb gibt es basierend auf den Arbeiten des amerikanischen Zeitmanagementexperten Stephen Covey modernere Zeitplanungssysteme, die immerhin ein Zielsetzungssystem integrieren. Wenn es dann anders kommt, dann liegt es nach diesen Konzepten entweder an Umständen, die Sie gar nicht beeinflussen können, oder an persönlichen Defiziten wie etwa Disziplinlosigkeit. Jedenfalls nicht am System, weil Ihre Ziele gesetzt sind und Ihre Zeit geplant ist. Das System hat also seine Aufgabe erfüllt, selbst dann, wenn Sie Ihren Zielen keinen Schritt näher gekommen sind. Das ist, wie wenn Sie einen funktionierenden Automotor haben, aber Getriebe, Fahrgestell und Räder fehlen. Das Kriterium für ein funktionierendes Auto ist eben, dass es fährt, nicht, dass der Motor funktioniert.«

Ich nickte.

Herr Radies fuhr fort: »Der **zweite Nachteil** von Zeitplanungssystemen. Viele Konzepte von Zeitplanungssystemen, wie zum Beispiel die Trennung zwischen ›dringend‹ und ›wichtig‹ in der Eisenhower-Methode, sind sehr fruchtbar. Aber sie haben einen sehr großen Allgemeinheits- oder Abstraktionsgrad. Das lässt sich für Unternehmer sehr viel differenzierter und zielgerichteter machen. Deswegen nenne ich das System, das ich Ihnen zeigen werde, kurz Unternehmersystem.

Der **dritte Nachteil** von Zeitplanungssystemen ist, dass es sich weitestgehend um vordefinierte Systeme handelt, an die Sie sich anpassen müssen. Das kostet Energie. Oft zu viel. Was Sie benötigen, ist ein System, das sich Ihnen anpasst. Ein System, das sozusagen von allein immer wieder in Ihr Blickfeld gerät und Sie unterstützt.

Der **vierte Nachteil** von Zeitplanungssystemen liegt darin, dass diese in aller Regel etwas sind, was Sie mit sich allein machen. Diese Systeme orientieren sich am Weltbild von John Wayne: ich und mein Revolver – ähm, Plan! Sobald einer Ihrer Mitarbeiter, der Ihren Plan nicht kennt, zur Tür hereinkommt, wird Ihr Plan hinfällig. Oder Sie finden sich hinter Ihren Verteidigungslinien wieder. Oder Sie erschießen Ihren Mitarbeiter. Wie auch immer.

Ein effektives System hingegen schafft sich Unterstützung durch Ihr persönliches Umfeld. Wie bringen Sie andere dazu, Sie so zu unterstützen, dass Sie Ihren Plan erfüllen?

Dieser vierte Punkt verweist auch auf die Bedeutung von sozialer Kontrolle. Als Fachkraft haben Sie einen Kunden. Dieser setzt Sie unter Druck, wenn Sie seine Wünsche nicht erfüllen. Oder er geht zu jemand anderem. Ihre Arbeit richtet sich deshalb zum großen Teil automatisch darauf aus. Sozialer Druck macht die Dinge dringend. Deswegen haben Sie sich gestern verpflichtet, Herrn Bertram als Stellvertreter Ihres Nachfolgers anzuerkennen. Herr Bertram ist einer der wichtigsten Teile Ihres Unternehmersystems.

Sie können natürlich noch weitere Personen installieren, die diese Kontrolle ausüben. Das kann ein Beirat sein, das kann Ihre Lebenspartnerin sein. Aber auch ein starker Wettbewerber oder Ihre Sekretärin.«

Ich überdachte das Gehörte. »Ihre Kritikpunkte an den Zeitplanungssystemen verstehe ich. Ich habe das ja alles an mir selbst erlebt. Es brachte mich meinen Zielen kein Stück näher. Aber ich frage mich, wohin das eigentlich führen soll. Ich habe zwar gestern einige Lebensziele definiert, aber ich kenne bislang weder Vision noch Strategie meines Unternehmens. Ich weiß auch noch nicht, in welche Richtung ich mich selbst entwickeln müsste. Also kann ich doch noch gar nicht genau planen?«

»Da haben Sie in gewisser Weise recht«, räumte Wolfgang Radies ein. »Das ist eine Schwierigkeit, die Ihnen immer wieder begegnen wird. Sie beginnen an Ihren Werten und Zielen und kennen weder

Strategie noch Vision des Unternehmens. Sie beginnen mit der Planung und wissen noch nicht genau, was Sie eigentlich planen. Wenn Sie aber nicht mit der Planung beginnen, kommen Sie auch nicht weiter. Sie beginnen mit der Umsetzung, wissen aber noch nicht ins letzte Detail, welches Ergebnis Sie erzielen wollen. Wenn Sie aber nicht beginnen, werden Sie diese Details nie kennenlernen.

Die einzelnen Komponenten bedingen sich oft wechselseitig. Und sie verändern sich. Was wir heute schaffen, ist die Basis Ihres Unternehmersystems. Dabei sind noch viele Lücken vorhanden und es werden sich noch viele Dinge ändern. Wir können jedoch kaum anders vorgehen.

Würden wir zuerst Ihre Vision bis ins letzte Detail ausarbeiten, würde schließlich kein Unternehmen mehr existieren, das die Vision umsetzen könnte. Würden wir hingegen nur an den alltäglichen Aufgaben ansetzen, dann würden Sie sich so ziellos bewegen wie eine Stubenfliege am Fenster. Es bleibt Ihnen nichts anderes übrig, als an verschiedenen Stellen zugleich zu arbeiten. Ein lineares Vorgehen nur von oben nach unten, von unten nach oben oder von A nach B funktioniert nicht.

Das kann nach meiner festen Überzeugung auch gar nicht funktionieren. Sie sind ein lebendes System. Ihr Unternehmen ist ein lebendes System. Lebende Systeme entwickeln sich niemals ausschließlich von oben nach unten oder von A nach B. Deshalb misstraue ich auch allen Managementmethoden oder Planungssystemen mit einer vordefinierten Reihenfolge der Schritte. ›In sieben einfachen Schritten zum Erfolg.‹ Sehen Sie sich die Praxis all dieser Systeme an: Manchmal funktionieren sie. Meist funktionieren sie nicht. Nicht, weil die Schritte falsch wären, sondern weil sie nicht passen.

Sie werden mit den Lücken leben müssen. Einen Teil der Lücken werden wir in den nächsten Wochen schließen. Dafür entstehen neue Lücken. Allerdings Lücken auf höherem Niveau. Es wird keinen Endpunkt geben. Niemals! Alles andere ist Fiktion.«

»Herr Radies, das klingt alles ziemlich philosophisch. Ich kann doch nur an etwas arbeiten, indem ich eins nach dem anderen mache. Mehrere Dinge zugleich gehen doch nicht.«

»Da haben Sie natürlich recht. Es geht mir jedoch darum, dass Sie nicht nach einer fest vordefinierten Reihenfolge vorgehen können, da Ihnen immer irgendwo ein Stückchen fehlen wird. Am weitaus sinnvollsten ist es, wenn Sie sich an den sich bietenden Möglichkeiten orientieren, also mit der Energie fließen und dabei die entstehenden Engpässe beseitigen.

Und Ihr Engpass besteht im Augenblick noch nicht in Ihrer Unternehmensvision oder Ihrer Strategie, sondern darin, sich kontinuierlich freie Zeit zu schaffen, in der Sie dann die Aufgaben des Unternehmers wahrnehmen können.«

Ich nickte. Um ein etwas konkreteres Bild zu bekommen, erkundigte ich mich: »Gut, wie sieht denn nun dieses Unternehmersystem aus?«

»Ich habe Ihnen die Vorlagen dazu mitgebracht. Sie erhalten sie später auch in Dateiform* und können sie dann im Lauf der Jahre selbst an Ihre Bedürfnisse anpassen.

Betrachten wir die einzelnen Komponenten. Der erste Teil bestimmt die Richtung. Es geht um Ziele und Ergebnisse. Es geht um fortwährende Orientierung. Im zweiten Teil geht es um Maßnahmen und Pläne. Es geht um Ihre konkreten Aufgaben. Im dritten Teil geht es um die Frage, wie Sie mit Ideen und Chancen umgehen. Ihr Leben und Ihr Unternehmen sind dynamisch. Das muss sich in dem System widerspiegeln. Ansonsten wird Ihr System schneller durch die Entwicklungen der Realität zerstört, als Sie schauen können. Im vierten Teil geht es um die Frage, wie Sie dieses System an Ihre Gewohnheiten anpassen können. Und im fünften Teil geht es darum, wie Sie Ihr Umfeld zu einer unterstützenden Kraft machen.

Die ersten beiden Teile finden Sie in reduzierter Form auch in Zeit-

---

* Die kompletten Vorlagen können Sie unter www.unternehmercoach.com beziehen.

oder Zielplanungssystemen. Die anderen drei Teile finden Sie dort nicht. Ich skizziere Ihnen die Komponenten hier in einer Mindmap.

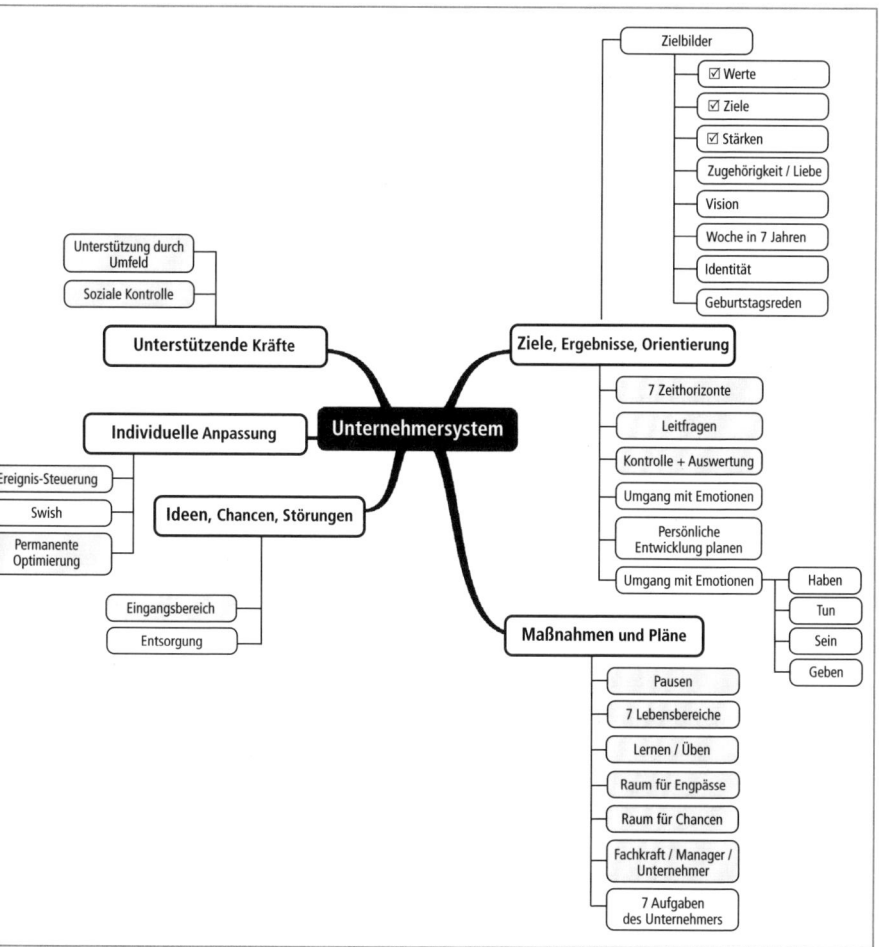

An den Teilen mit einem Häkchen haben wir bereits gearbeitet. Die grau hinterlegten Aspekte besprechen wir heute, die anderen erst später. Wenn Sie mit einem Schlag das gesamte System einführen wollten, würden Sie scheitern, da es viel zu viel wäre.«

Offen gestanden war ich ziemlich überrascht über den Umfang des Systems. Und zwar negativ. Frustriert erwiderte ich:»Dann bin ich ja zwei bis drei Stunden pro Woche nur mit dem System beschäftigt. Das sind ja zwei bis drei Stunden, die mir an anderer Stelle fehlen!«

Herr Radies wiegte seinen Kopf. »Bezogen auf die Menge der Einzelaktivitäten haben Sie recht. Ohne Unternehmersystem schaffen Sie da viel mehr. Eine Fliege am Fenster plant nicht und hat deshalb mehr Zeit, um weiterzulaufen. Aber wenn sie planen würde, würde sie weiterkommen. Bezogen auf Ihre Ergebnisse wäre auch ein Aufwand von zwanzig Stunden pro Woche noch gerechtfertigt. In Wirklichkeit sind es nur etwa fünf Stunden pro Woche.« Er grinste: »Also nur etwa doppelt so viel, wie Sie annahmen.«

Natürlich! Mein altes Fachkraftdenken mit extern motivierten Aktivitäten und permanent wechselnden Zielstellungen hatte mich wieder gefangen genommen. Deshalb fragte ich: »Sagen Sie, Herr Radies, kommt eigentlich jemals der Punkt, an dem man ganz automatisch in die unternehmerische Richtung denkt?«

»Ja, selbstverständlich! Sie müssen es nur oft genug machen und üben. Genau dabei hilft Ihnen das Unternehmersystem. Wir steigen am besten gleich bei den grau hinterlegten Punkten ein. Ich denke, wir können im Uhrzeigersinn vorgehen.

Und bedenken Sie, dass Sie nicht sofort das ganze Unternehmersystem nutzen und anwenden müssen. Sie werden es Schritt für Schritt ergänzen. Dann ist es gar nicht mehr so viel, wie es scheint.«

Ziele, Teilziele, Kriterien und Aufgaben

»Ihre langfristigen Ziele, wie zum Beispiel ein Unternehmen mit hundertfünfzig Mitarbeitern aufzubauen, sind wichtig, werden Ihnen aber im Alltag nicht viel helfen«, erklärte Herr Radies. »Ich möchte Ihnen dafür ein Beispiel geben. Der Extremsportler Hubert Schwarz umrundete in den Neunzigerjahren mit dem Fahrrad in achtzig Tagen die Welt. Über 20 000 Kilometer. Wenn er sich im Sandsturm in der ägyptischen Wüste, 15 000 Kilometer noch vor sich, mit dem Zielbild von

Berlin ›motiviert‹ hätte, wäre er sicher sofort vom Fahrrad gestiegen. Das Geheimnis liegt darin, den Fokus verschieben zu können. Endziel, Zielpunkte auf den einzelnen Kontinenten, Tagesziele, einzelne Kilometer, einzelne Umdrehung der Pedale. Je nach aktueller Problemlage und Motivation können Sie dann den weiten oder engen Blick einnehmen, um sich zu motivieren.

Dafür müssen Sie Ihre Ziele herunterbrechen. Je nach Schwierigkeit der Aufgabe benötigen Sie dabei verschiedene Zwischenstufen. Dies wird im Konzept der Zeithorizonte umgesetzt. Ein solches Konzept finden Sie bei vielen Autoren im Bereich des Zeitmanagements. Neben Ihrer langfristigen Vision und Ihren Zielen haben Sie einen zweiten Planungshorizont bei sieben Jahren, einen dritten Horizont bei einem Jahr, einen vierten Horizont beim Quartal, einen fünften beim Monat, einen sechsten bei der Woche und einen siebten beim Tag.

In diesen Zeithorizonten finden sich dann kleinere Teilziele, um Ihre großen Ziele zu erreichen.

Die Konzepte der Zeithorizonte unterscheiden sich manchmal geringfügig. In einigen Fällen ist ein zusätzlicher Horizont von einundzwanzig Jahren eingefügt. Das kann fruchtbar sein, da so verschiedene Lebensphasen wie Jugend oder Alter erfasst werden können. Nach meinen Erfahrungen lohnt sich der Aufwand jedoch eher selten. In den meisten Fällen fehlt hingegen der Quartalshorizont. Das halte ich für problematisch, da der Abstand zwischen einem Jahr und einem Monat für eine effektive Kontrolle und ein effektives Gegensteuern einfach zu groß ist.

Schließlich wird der Sieben-Jahres-Rhythmus zumeist rollierend betrachtet: Bei der Planung 2008 würde der Sieben-Jahres-Rhythmus im Jahr 2015 enden, bei der Planung 2009 wäre das Ende 2016. Dabei laufen Sie Gefahr, dass Ihre Sieben-Jahres-Ziele zu laschen Wanderzielen verkommen. Sie kommen ihnen keinen Schritt näher. Der Sieben-Jahres-Rhythmus muss also mit einem fixen Endtermin arbeiten und sich entsprechend verkürzen. Größere Ziele sammeln Sie dann im nächsten Sieben-Jahres-Rhythmus.

Was machen Sie nun bei den einzelnen Horizonten? Drei Dinge: Erstens, Sie brechen Ihre langfristigen Ziele herunter und zerlegen diese in handhabbare Einheiten. Zweitens erfassen, messen und kontrollieren Sie Ihre Ergebnisse. Und drittens orientieren Sie sich.«

»Sie meinen auch beim täglichen Zeithorizont? Täglich neu orientieren? Das ist doch uferlos!«

»Nicht unbedingt neu orientieren«, erwiderte Herr Radies. »Nur orientieren. Fragen Sie sich, ob Sie auf dem richtigen Weg sind. Ich habe gestern schon einmal die Jesuiten erwähnt. Bei den Jesuiten war ein Innehalten und die Frage, ob sie noch auf dem richtigen Weg sind, sogar zweimal täglich Pflicht. Wir machen das jetzt für einen Ihrer Träume. Sie haben gestern in Ihrer Traum-Mindmap notiert, dass Sie ein guter Unternehmer werden wollen. Das ist auch Ihr aktueller Engpass. Deswegen beginnen wir bei diesem Ziel. Sie können diesen Prozess ohne mich für Ihre anderen Träume wiederholen. Ich stelle Ihnen nun eine Reihe von Fragen, die sehr ins Detail gehen. In Ordnung?«

»Muss das denn unbedingt sein?«, fragte ich wenig überzeugt.

»Erinnern Sie sich an Ihre zweite Meditation gestern, als Sie Schwierigkeiten hatten, sich Ihre Ziele bildlich vorzustellen? Solange Sie kein klares Bild Ihrer Ziele entwerfen können, werden Sie diese Ziele nicht erreichen. Obwohl die Detailorientierung den wenigsten Unternehmern liegt, führt leider kein Weg dran vorbei.«

Ich stimmte resigniert zu.

Herr Radies fuhr fort: »Erste Frage: Woran erkennen Sie, dass Sie dieses Ziel erreicht haben?«

Die Frage machte mich einigermaßen perplex. Woran erkannte man einen guten Unternehmer? Ich zuckte mit den Schultern.

Wolfgang Radies schwieg ebenfalls.

Schließlich versuchte ich es: »Daran, dass jemand zu mindestens achtzig Prozent die Aufgaben des Unternehmers ausführt. Oder daran, dass jemand ein großes Unternehmen hat. Oder daran, dass er sich bei dem, was er als Unternehmer tut, wohlfühlt wie ein Fisch im Wasser.«

»Klingt als erster Ansatz ganz gut. Sie setzen sowohl beim Haben als auch beim Tun, Sein und Geben an. Ist mir aber noch zu unpräzise. Wann genau haben Sie denn ein großes Unternehmen?«

Ich dachte nach. Dabei fiel mein Blick wieder auf meine Mindmap und deshalb nannte ich die Zahl: »Wenn ich hundertfünfzig Mitarbeiter habe.«

»Wenn Sie weniger als hundertfünfzig Mitarbeiter hätten, dann wären Sie also kein guter Unternehmer?«

»Doch, natürlich wäre ich dann auch ein guter Unternehmer. Oder könnte es zumindest sein. Aber ist das denn so wichtig?«

»Ja, ist es! Wenn Sie keine Kriterien für Ihr Ziel haben, können Sie nicht planen. Wenn Sie zum Beispiel im Sport keine Vorstellung davon haben, welche Sportart Sie gerade betreiben und wie weit Sie rennen müssen, dann werden Sie kaum sehr gut werden.«

Ich schielte wieder auf meine Mindmap mit meinen hundert Zielen und versuchte es ein zweites Mal: »Wenn die Umsatzrendite bei zwanzig Prozent liegt.«

Herr Radies winkte ab: »Ist zwar ein sehr verbreiteter Ansatz, führt aber in die falsche Richtung. Der Zweck des Unternehmens ist es nicht, Gewinn zu erzielen. Das ist die Folge. Wenn Sie sich dann bei Ihren persönlichen Erfolgskriterien wieder auf den Gewinn konzentrieren, ist das ein Rückschritt.«

Die Größe erschien mir plötzlich nicht mehr so entscheidend zu sein. Vielleicht war es eher das, was ich tue. »Hm, also ich bin ein guter Unternehmer, wenn ich zu achtzig Prozent der Zeit die Tätigkeiten des Unternehmers ausführe.«

»Das lässt sich messen und ist ein klares Kriterium«, stimmte Herr Radies mir zu. »Ich nehme aber nicht an, dass Sie sich dann als Unternehmer fühlen. Das könnten Sie nämlich schon ab morgen früh haben. Sie schreiben einfach in Ihren Plan, dass Sie sich ab morgen nur noch mit Werten, Strategien, Persönlichkeitsentwicklung und ähnlichen Dingen beschäftigen. Dann wären Sie folglich ein guter Unternehmer.«

Das Spielchen nervte mich langsam. Ich fühlte mich wie auf Treibsand. »Können Sie die Frage nicht einfach selbst beantworten?«

»Kann ich nicht. Ich habe keine Ahnung, wann Sie sich als guter Unternehmer fühlen. Das wissen nur Sie allein. Und solange Sie es nicht wissen, werden Sie sich nie als einen guten Unternehmer wahrnehmen. Zumindest nicht stabil, belastbar und dauerhaft. Aber ich gebe Ihnen einen Tipp: Denken Sie mal an die zentrale Aufgabe des Unternehmers und an Ihre Werte.«

Mir fiel es plötzlich wie Schuppen von den Augen: »Ich wäre ein guter Unternehmer, wenn mein Unternehmen ohne mich funktionieren würde und potenzielle Nachfolger Interesse an meinem Unternehmen hätten. Und ich würde mich als guter Unternehmer fühlen, wenn ich dabei Grenzen überwinden würde. Eigene Grenzen, die Grenzen meines Marktes, und wenn ich meinen Kunden dabei helfe, ihre Grenzen zu überwinden. Ist das richtig?«

Endlich lächelte Herr Radies. »Das scheint mir für Sie richtig! Andere Menschen finden andere Kriterien. Aber Ihre Kriterien finde ich interessant. Dennoch sind wir noch nicht fertig: Woran erkennen Sie, dass Ihr Unternehmen ohne Sie funktioniert und potenzielle Nachfolger Interesse daran haben?«

Verwundert schüttelte ich den Kopf: »Das ist doch einfach: zum Beispiel daran, dass ich drei Monate in den Urlaub fahren kann, und wenn ich zurückkomme, funktioniert alles noch so wie zuvor. Und das Interesse des Nachfolgers erkenne ich beispielsweise daran, dass ich ein Kaufangebot auf dem Tisch habe.«

»Gut, das sind messbare Kriterien!«, zeigte sich Herr Radies zufrieden. »Weitere Frage: Woran erkennen Sie, dass Sie eigene Grenzen und Grenzen des Marktes überwunden haben und Ihren Kunden helfen, Grenzen zu überwinden?«

Das war schon schwieriger. »Am einfachsten erscheinen mir die Grenzen des Marktes. Ich erkenne es daran, dass ich ein attraktives Angebot erfolgreich am Markt platziert habe, das es so bisher nicht gab. Bei den Grenzen meiner Kunden würde ich sagen, dass sie durch mich erfolgreicher werden müssten, sagen wir um zwanzig Prozent innerhalb eines Jahres. Und bei mir selbst?« Ich machte eine Pause. Und mit einem Mal hatte ich es: »Ich würde mich als guter Unternehmer fühlen, wenn ich quasi automatisch, intuitiv so denken, fühlen und handeln würde wie ein Unternehmer.«

Als ich mir dieses Gespräch ein halbes Jahr später auf dem Balkon meines Hotels am Hochkönig vergegenwärtigte, kam mir siedend heiß die Erkenntnis, dass ich damals die Grundlage für die Entscheidung, die ich jetzt treffen musste, gelegt hatte. Herr Radies, dieser alte Fuchs! Er wusste genau, dass diese Bilder Wirklichkeit würden. Vor knapp zwei Monaten schon hatte ich alle drei beschriebenen Grenzen überwunden: meine eigenen, die meiner Kunden und die des Marktes. Mein Unternehmen funktionierte bereits jetzt weitgehend ohne mich.

Und nun lag ein Kaufangebot von einem Investor, einem Nachfolger, auf dem Tisch. Erstaunlich! Was wir als Ziel mit einer Sieben-Jahres-Frist geplant hatten, war schon nach einem knappen halben Jahr Wirklichkeit geworden. Ich erinnere mich noch genau, wie Herr Radies schelmisch lächelte und ans Flipchart ging:

Thomas Willmann – Kriterien für das Ziel »guter Unternehmer sein«

- Unternehmen funktioniert ohne TW. Kriterium: 3 Monate Urlaub.
- Nachfolger hat Interesse. Kriterium: Kaufangebot.
- Grenzen des Marktes. Neues erfolgreiches Angebot. Kriterium?
- Grenzen der Kunden überwinden. Kriterium: Kunden in 1 Jahr 20 Prozent erfolgreicher (= 20 Prozent mehr Umsatz?).
- Eigene Grenzen überwinden. Kriterium: 80 Prozent der Zeit die Aufgaben eines Unternehmers ausführen und automatisch, intuitiv wie ein Unternehmer denken, fühlen und handeln.

Herr Radies dreht sich zu mir um:»Mir fehlt hier noch ein Kriterium beim Markt. Sie könnten natürlich Umsatzzahlen als Kriterium nehmen. Um höheren Umsatz zu machen, muss Ihr neues Angebot ja erfolgreich sein. Allerdings richtet ein solches Ziel wieder Ihren Fokus weg vom Markt und von den Kunden, hin auf den Eigennutz. Deshalb würde ich das nicht akzeptieren. Was fällt Ihnen noch ein?«

Ich überlegte.»Bislang war unser Angebot meist von Kaltakquise, sehr langen Verkaufsphasen und intensiven Preisverhandlungen geprägt. Daraus kann ich schließen, dass unser Angebot nicht attraktiv war. Wenn ich die Grenzen des Marktes überwinden könnte, kämen die Kunden von allein. Und zwar mindestens doppelt so viele wie jetzt. Sie würden nach einer Nacht beauftragen und sie würden nicht über den Preis verhandeln.«

Als ich mir dies nochmals durch den Kopf gehen ließ, schien es mir im ersten Moment unmöglich. Als Herr Radies jedoch unbeirrt die Kriterien ans Flipchart schrieb, erkannte ich es als das, was es war: eine spannende Grenze, die es zu überwinden galt. Ich war wie elektrisiert.

Wenn Herr Radies mir damals aber gesagt hätte, dass in einem knappen halben Jahr weit über hundert Mal so viele Kunden von allein kommen, sich sofort am selben Tag entscheiden und nicht einmal auf die Idee kommen würden, über den Preis zu verhandeln, wäre es mir wie ein Märchen erschienen. Ich hätte ihm nicht geglaubt.

Herr Radies wandte sich zu mir:»Sie haben gestern als Traum festgehalten, Sie wollten ein guter Unternehmer werden. Nun haben Sie für sich Kriterien festgelegt, die beschreiben, wann Sie ein guter Unternehmer sind. Wenn Sie sich diese fünf Punkte anschauen, Ihre Augen schließen und sich dann ausmalen, alle diese Punkte wären erfüllt, würden Sie sich dann als guter Unternehmer fühlen? Nehmen Sie sich einige Minuten Zeit.«

Ich ging auf die Terrasse und ließ meinen Blick schweifen. Dabei dachte ich über die fünf Punkte nach. Ein gewisses Unbehagen beschlich mich. Es erschien alles sehr spannend. Aber auch irgendwie vorherbestimmt. Zuerst konnte ich es nicht fassen. Doch dann war das Bild auf einmal kristallklar. Wenn ich nur einmal die Grenzen überwinden würde, dann würde ich danach beginnen, von meiner Vergangenheit zu leben. Danach würde Stillstand herrschen.

Als ich wieder in den Raum trat, fröstelte ich leicht und sagte: »Es fehlt noch ein sechster Punkt: All die genannten Grenzen möchte ich mindestens einmal in jedem Jahr überwinden.«

Herr Radies notierte den Punkt lächelnd. »Gut, nun haben wir ziemlich klare Ziele. Jetzt müssen wir nur noch Schritte festlegen und den verschiedenen Zeitdimensionen zuordnen.«

Zuvor hatte ich noch eine Frage: »Sie sagten, dass dies *meine* Kriterien wären. Kann man denn auch mit anderen Kriterien arbeiten?«

»Natürlich! Es gibt Unternehmer, deren wichtigster Wert es ist, stabile und enge Beziehungen zu Menschen aufzubauen. Für die wäre ein Kriterium dafür, sich als guter Unternehmer zu fühlen, zum Beispiel die Quote begeisterter Stammkunden. Wieder andere bezeichnen es als ihren höchsten Wert, einzigartige, herausragende Leistungen zu erbringen. Für sie wäre zum Beispiel ein Kriterium, ob sie Marktführer sind.

Oder nehmen Sie das Interesse des Nachfolgers. Bei Ihnen ist das Kriterium ein Kaufangebot. Bei Familienunternehmen kann das Kriterium sein, dass Sohn oder Tochter mit Begeisterung in der Freizeit im Unternehmen mitarbeiten und alles kennenlernen will. Wenn es nur eine Sorte von Kriterien gäbe, dann wären alle Unternehmen gleich. Langweilig! – Wenn wir nun die sechs Kriterien nehmen, wie würden Sie diese zeitlich aufteilen wollen?«

»Das dürfte recht einfach sein: Die Grenzen will ich jährlich einmal überwinden, also sollte dieser Punkt in die Jahresziele. Das Kaufangebot kann auch in sieben Jahren auf dem Tisch liegen. Dass mein Unternehmen drei Monate ohne mich funktioniert, würde ich zwar gern innerhalb eines Jahres erreichen, aber das erscheint mir unrealistisch. Also zwei Jahre. Wo trage ich das ein, wenn ich nur einen Ein-Jahres- und einen Sieben-Jahres-Horizont habe?«

»Das kommt in den Sieben-Jahres-Horizont. Und Sie schreiben ein Datum dahinter.

Gehen wir weiter: Können Sie die einzelnen Ziele in Teilschritte zerlegen? Beginnen wir zum Beispiel mit dem neuen Angebot am Markt.«

Ich dachte nach. Dann schüttelte ich den Kopf. »Offen gestanden habe ich keine Ahnung, ob und wenn ja, wie sich ein solch neues Angebot systematisch und geplant entwickeln lässt.«

Herr Radies klatschte fröhlich in die Hände. »Prima! Sie haben nun schon Ihr erstes Teilziel.«

Ich verstand nur Bahnhof.

Er grinste: »Wenn Sie keine Ahnung haben, ob und wie das geht, dann finden Sie es heraus. Lesen Sie Bücher. Oder finden Sie jemanden, der Sie dabei unterstützt und Ihnen das beibringt. Welche der beiden Möglichkeiten nehmen Sie in Angriff und bis wann?«

Ich war jedes Mal von Neuem verblüfft. Immer, wenn ich das Gefühl hatte, vor einer Wand zu stehen, wechselte Herr Radies offenbar mühelos die Perspektive und sah darin die Aufgabe oder Chance. Ganz nach dem Motto: »Wand? Was Besseres hätte Ihnen gar nicht passieren können. Endlich ein Anlass, klettern zu lernen!« Eigentlich wäre es eher mein Job als Kletterer gewesen, so zu denken. Ich war wohl noch immer nicht so fit wie vor meinem Zusammenbruch.

»Ich schätze mal, dass es mit den Büchern sehr viel aufwendiger ist, und so viel Zeit habe ich nicht. Also brauche ich einen Experten. Sie zum Beispiel?«

»Gute Entscheidung«, grinste Herr Radies. »Eine Alternative wäre noch ein auf Strategie oder Positionierung von Kleinunternehmen spezialisierter Berater. Wenn Ihr Engpass vor allem in diesen Bereichen liegen würde, wäre das sicher die bessere Wahl. Da es aber nur ein Teilproblem von vielen anderen Problemen ist, würden Sie sich zusätzliche Kommunikationsprobleme zwischen den Beratern einhandeln.

Bis wann wollen Sie ein neues Angebot entwickelt haben?«

Ich dachte nach: »In einem Monat?«

Herr Radies schüttelte den Kopf: »Könnte funktionieren, wenn wir durch Zufall auf eine geniale Idee kommen. Da Sie aber noch eine Menge anderer Aufgaben vor sich haben, würde ich realistisch eher ein Vierteljahr annehmen.«

»Also nehmen wir es in die Zielliste für das zweite Quartal auf?«

»In Ordnung. Sie können es nun noch weiter herunterbrechen und als Ziel für diesen Monat festhalten, dass Sie die Grundzüge der Strategieentwicklung kennenlernen möchten. Da Sie das über mich machen möchten, benötigen Sie etwa einen Tag dafür. Dieser Tag könnte in zwei Wochen stattfinden.

Im Prinzip ist es ganz einfach. Sie können das für jedes einzelne Ihrer Ziele wiederholen. Im ersten Schritt definieren Sie für jedes Ihrer Ziele klare, messbare Kriterien. Dann klare Zeiträume. Dann versuchen Sie, das Ziel in Teilziele zu gliedern. Gegebenenfalls müssen Sie auch dort wieder klare Kriterien benennen. Dies machen Sie so lange, bis Sie auf die Ebene der konkreten Aktionen kommen.

Meist reicht es, wenn Sie die Aktionen nur wenige Schritte vorausplanen. Es kommen so oder so neue Umstände hinzu. Das Minimum ist jedoch, dass Sie für jedes Ziel genau einen nächsten konkreten Schritt angeben. Wenn Ziele nicht erreicht werden, liegt es oft daran, dass vergessen wurde, den nächsten Schritt zu benennen. Dann können Sie nämlich nicht loslaufen. Und wenn Sie diesen einen Schritt gemacht haben, dann müssen Sie zwingend den nächsten konkreten Schritt definieren.«

> **Wenn Ziele nicht erreicht werden, liegt es oft daran, dass vergessen wurde, den nächsten Schritt zu benennen. Dann können Sie nämlich nicht loslaufen.**

»Aber was ist, wenn ich bei diesem Vorgehen in kleinen Schritten sehr komplexe Schwierigkeiten am Ende übersehe?«

»Tun Sie. Stimmt. Sie übersehen auch große Chancen am Ende. Die Maßnahme heißt einfach: Augen offen halten und flexibel reagieren.

Das wird einem klassischen Controller kaum gefallen, aber den können Sie sich zum Glück finanziell sowieso noch nicht leisten.

Das Ganze ist ein bisschen wie beim Schachspielen. Erfahrene Schachspieler haben eine vage Idee, wo in der gegnerischen Stellung der Schwachpunkt sein könnte. Sie wissen jedoch noch nicht genau, wie sie die Stellung knacken. Dann finden sie ausgehend vom Ziel die ersten konkreten Schritte. Die können sie ein paar Züge weit systematisch durchdenken, allerdings selten bis zum Knacken der Stellung. Es würde viel zu komplex werden. Sie machen dann einen Zug, ihr Gegner macht einen Zug, und sie versuchen, ihre vage Idee zu konkretisieren. Wenn Sie schon bei einem so überschaubaren Spiel wie Schach kaum etwas bis zum Ende denken können, können Sie es in der Wirklichkeit erst recht nicht. Also sollten Sie auch nicht Ihre Zeit damit verschwenden.

Ich möchte, dass Sie das jetzt für Ihr Ziel, ein guter Unternehmer zu werden, und die dazugehörigen Kriterien einmal durcharbeiten. Ich gebe Ihnen dazu ein tabellarisches Formblatt. Ich selbst arbeite übrigens lieber mit Mindmaps, aber nicht jeder hat ein Mindmap-Programm zur Verfügung.

Wichtig an den Formblättern ist, dass Sie einen Verweis auf das Ziel und die Kriterien eintragen. Ändert sich das Ziel oder ein Kriterium, können Sie so die Teilziele und Aufgaben sofort entsprechend umformulieren.

Nummerieren Sie dann auch die Teilziele durch, sodass Sie in den konkreten Schritten darauf verweisen können. Das ist auch deshalb wichtig, weil sich manchmal Ziele, Teilziele oder Aufgaben verselbstständigen. So sehen Sie immer den Zusammenhang.

Wenn Sie die Teilziele ausgearbeitet haben, dann erfassen Sie den notwendigen ersten Schritt in einer Erste-Schritte-Liste. Falls der genaue Termin klar ist und es sich um einen Engpass handelt, können Sie diese Aufgabe auch gleich in Ihren Kalender eintragen. Ansonsten bewahren Sie diese Liste getrennt auf. Sie dient Ihnen später noch als Filter. Führen Sie außerdem noch eine Liste mit den periodischen

Aufgaben. Beide benötigen Sie, um dann die konkrete Planung für die einzelnen Horizonte zu erstellen.

Sie kommen klar?«

»Gibt's dafür denn keine Software?«, fragte ich leicht genervt. Mir ging diese ganze kleinteilige Planerei auf den Wecker.

»Leider nein. Es gibt Software für Mindmapping. Es gibt Software für Aufgaben- und Terminverwaltung. Es gibt Projekt-Software und Controlling-Software. Aber eine integrierte Software, die Ihnen alle Funktionen bereitstellt, die Sie für ein Zielerreichungs-Tool wie das Unternehmersystem benötigen, gibt es leider nicht.

Aber ich habe den Verdacht, dass Sie eher mit der Detailorientierung Schwierigkeiten haben, stimmt's?«

In der Tat, das war wohl so.

»Nun, als Sie schreiben gelernt haben, haben Sie sich auch bei jedem Buchstaben überlegt, wo nun die Striche und Kurven und Punkte hinmüssen. Sie mussten ins Detail gehen und jedes Detail üben. Auch wenn sich ein E und ein F nur durch einen winzigen Strich unterscheiden, macht es doch einen wesentlichen Unterschied, ob Sie den einen oder anderen Buchstaben nehmen. Heutzutage haben Sie diese Details verinnerlicht und verschwenden keinen Gedanken mehr daran. Genauso ist's beim Unternehmersystem.«

Das war nachvollziehbar: »Ja, in Ordnung!«

Ich begann zu arbeiten, und nach einer knappen halben Stunde hatte ich Teilziele entwickelt, um jedes meiner sechs Kriterien für mein Ziel, ein guter Unternehmer zu sein, zu erfüllen. Für alle diese Teilziele hatte ich erste Schritte in einer separaten Liste festgehalten.

Woche 06.03.–12.03.2006

Ziel	Krit.	TZ-Nr.	Teilziel/Kriterium	Prio/Engpass	Erreicht	Erster Schritt
U1*	5	1	Ineffektive Tätigkeiten meiner Mitarbeiter sind eliminiert (10 Prozent aller Tätigkeiten)	✓	10.03.	✓

März 2006

Ziel	Krit.	TZ-Nr.	Teilziel/Kriterium	Prio/Engpass	Erreicht	Erster Schritt
U1	5	3	Unternehmersystem ist komplett nutzbar	✓	31.03.	✓
U1	5	5	Telefonat Bertram		31.03.	✓
U1	5	6	2 Tage Workshop mit Radies	✓	17.03./24.03.	✓

April 2006

Ziel	Krit.	TZ-Nr.	Teilziel/Kriterium	Prio/Engpass	Erreicht	Erster Schritt
U1	5	4	Arbeit mit Unternehmersystem wird Gewohnheit (Kriterium: 6 Wo. tägl. Nutzung)	✓	17.04.	✓

Q2/2006

Ziel	Krit.	TZ-Nr.	Teilziel/Kriterium	Prio/Engpass	Erreicht	Erster Schritt
U1	2	1	Klarer Nutzen für Kunden erarbeitet		Q2	✓
U1	2	3	Klarer Nutzen für Nachfolger definiert		Q2	✓

* Das »U« steht für den Lebensbereich »Unternehmen und Unternehmer sein«, die »1« für das erste Ziel in diesem Bereich.

Jahr 2006

Ziel	Krit.	TZ-Nr.	Teilziel/Kriterium	Prio/Engpass	Erreicht	Erster Schritt
U1	1	2	Prozessabläufe installiert		Q4	✓
U1	1	3	Fachkräfte motiviert und qualifiziert		Q3	✓
U1	2	2	Exzellente Marktposition		Q4	✓
U1	5	2	Müllbeseitigung (10 Prozent aller Tätigkeiten reduzieren)		Q3	✓

7 Jahre: 31.12.2012

Ziel	Krit.	TZ-Nr.	Teilziel/Kriterium	Prio/Engpass	Erreicht	Erster Schritt
U1	1	1	Management installiert, Manager eingestellt		Q1/07	✓
U1	1	4	Klare Zielvorgaben für Fachkräfte und Manager		Q1/07	✓
U1	1	5	Abgesicherte Finanzierung		Q2/07	☞
U1	1	6	Risikomanagement installiert		Q3/07	✓
U1	5	2	Müllbeseitigung (10 Prozent aller Tätigkeiten reduzieren)		Q3 jährlich	✓

Liste regelmäßiger Aufgaben:

U1.5.5. Telefonat Bertram (jeweils am Monatsletzten)

U1.5.2. Aufräum-Meeting (jährlich im Sommer)

U1.5.7. Jahresplanung (jährlich im November)

U1.2.1. Neues Produkt entwickeln (jährlich)

Liste erster Schritte:

U1.1.1. Anforderungen an Manager aufschreiben (Q2/06)

U1.1.2. Übersicht über die Abläufe erstellen (Q2/06)

U1.1.3. Saubere Übergabe an Norbert und Paul (nächste Woche, ab 07.03.)

U1.1.4. Mit Herrn Radies Unternehmensvision erarbeiten (März 06)

U1.1.6. Liste aller Risiken erstellen (Q3/06)

U1.2.1/2/3. U1.3; U1.4.   Strategietag mit Herrn Radies (17.03.06)

U1.5.1. Aufräum-Meeting (07.03.)

U1.5.2. Aufräum-Meeting (Q3/jährlich)

U1.5.3. Alle persönlichen Ziele herunterbrechen und eintragen (ab 08.03.)

U1.5.4. Aufgaben für nächste Woche eintragen (heute)

U1.5.4. Mit Herrn Bertram telefonieren (31.03.)

Als ich fertig war, überflog Herr Radies meine Aufzeichnungen und nickte. »Das gefällt mir fürs Erste ziemlich gut. Ich habe noch drei

Anmerkungen. Die **erste** betrifft die Eintragung des Telefonats mit Herrn Bertram. Sie müssen Ziele oder Teilziele einerseits und Aufgaben andererseits klar unterscheiden. *Das Ziel oder Teilziel beschreibt ein Ergebnis. Aufgaben beschreiben hingegen eine Aktivität.* Das Telefonat mit Herr Bertram ist eine Aktivität und hat deshalb nichts bei den Teilzielen verloren. In diesem Fall wäre das Teilziel, Ihr Unternehmen so weiterzuentwickeln, dass Herr Bertram als Nachfolger Ihnen Ihr volles Gehalt bezahlt. Der erste Schritt hierzu ist, dass Sie den Plan für diesen Monat, sobald er fertig ist, an Herrn Bertram mailen oder faxen. Der letzte Schritt wäre dann das Telefonat mit ihm.

Meine **zweite Anmerkung** betrifft die Kriterien für Ihre Teilziele. Wenn Sie als Teilziel aufschreiben, dass Sie eine exzellente Marktposition erreichen möchten, dann können Sie das nicht messen. Sie werden nie wissen, ob und wann Sie Ihr Ziel erreicht haben. Sie wissen auch nicht, wie weit Sie noch von Ihrem Ziel entfernt sind. Das ist extrem demotivierend. Versuchen Sie deshalb, die Kriterien so konkret wie möglich festzulegen.

Und meine **dritte Anmerkung** betrifft das Fragezeichen beim Teilziel »Abgesicherte Finanzierung«. Zum einen könnten Sie vermutlich das Fragezeichen entfernen und einen ersten Schritt definieren, sobald Ihnen die Kriterien klar sind, was Sie eigentlich mit ›abgesicherter Finanzierung‹ meinen. Zum anderen ist es klug, dort ein Fragezeichen zu vermerken, wenn Ihnen kein erster Schritt einfällt. Es zeigt Ihnen, dass Sie dieses Ziel nie erreichen werden, weil Sie gar nicht wissen, was Sie dafür tun müssten.«

»Moment, ich arbeite Ihre Anmerkungen gleich ein«, unterbrach ich. Nach etwa fünf Minuten blickte ich wieder auf und nickte Herrn Radies zu. Es war anstrengend gewesen, da mir diese Detailorientierung überhaupt nicht lag. Aber es war produktiv, weil sich vieles nicht mehr so schwammig anfühlte: »Ja, jetzt habe ich das Gefühl, ziemlich genau zu wissen, was ich als Nächstes tun muss, um dieses erste Ziel, ein guter Unternehmer zu werden, zu erreichen.«

Kennzahlen

Herr Radies nickte. »Gut! Das war die Standard-Planungsübung. Nichts Umwerfendes. Jetzt wird es interessanter. Wir gehen nun in den Bereich der Kontrolle und Auswertung. Haben Sie schon einmal Tischtennis gespielt?«

»Ja, klar.«

»Wie unterschieden sich Spiele, bei denen Sie die Punkte gezählt haben, von denen, bei denen nicht gezählt wurde?«

Ohne nachzudenken antwortete ich: »Wenn gezählt wurde, haben beide Spieler wesentlich mehr Leistung gebracht. Das Spiel wurde besser.«

»Und aus ebendiesem Grund müssen Sie alles messen und zählen, was in Bezug auf Ihre Träume wichtig ist. Sie müssen es möglichst zeitnah machen, sonst funktioniert es nicht. Genau wie beim Tischtennisspiel. Wenn da jemand am nächsten Tag zu Ihnen kommt und Ihnen mitteilt, dass Sie 21:17 verloren haben, dann haben Sie leider die Chance, noch mal alle Kräfte zu mobilisieren, verpasst.«

Ich dachte nach. »Ja, das Prinzip verstehe ich schon. Aber finden Sie das nicht etwas abstrus, alle eigenen Aktivitäten zu messen und zu zählen?«

»Ungewöhnlich schon. Aber Sie werden noch viele ungewöhnliche Dinge machen müssen, um Ihre Ziele zu erreichen. Abraham Lincoln hat einmal gesagt: ›Wenn du denkst, wie du immer gedacht hast, und handelst, wie du immer gehandelt hast, wirst du erreichen, was du immer erreicht hast.‹ Man könnte ergänzen: ›Wenn du dasselbe denkst und tust, was andere, die nichts erreicht haben, denken und tun, wirst du dasselbe erreichen.‹

Jenes Verfahren wurde schon von vielen erfolgreichen Menschen angewendet. Das erste Mal meines Wissens von Benjamin Franklin vor über 250 Jahren. Er setzte sich dreizehn Verhaltensziele und konzentrierte sich jede Woche auf eines dieser Ziele. Am Ende der Woche bewertete er, ob er sich entsprechend verhalten hatte.«

»Okay, beim Tischtennis ist diese Messung auch ziemlich simpel. Wenn der Ball raus ist, gibt's einen Punkt. Das kann ich einfach zählen. Bei so etwas wie einer persönlichen Planung oder auch schon bei Verhaltenszielen wie bei Franklin erscheint mir das ungleich schwieriger. Ich könnte auch viel zu viele unterschiedliche Dinge messen und würde den Überblick verlieren.«

»Am Anfang beginnen Sie mit genau einem Wert, den Sie messen«, erklärte Herr Radies. »Und zwar mit dem Wert, der Ihren Engpass beschreibt. Bei späteren weiteren Engpässen oder Ihren allerwichtigsten Zielen kommen andere Werte hinzu. Mehr als zehn Werte auf jedem Zeithorizont sollten es nicht werden. Sind es mehr, dann streichen Sie! Beim Tageszeithorizont maximal fünf Werte. Und der aktuelle Engpasswert sollte immer besonders hervorgehoben sein.«

Ich dachte einen Moment nach: »Mein Engpass ist mein Umgang mit der Zeit. Konkreter das Verhältnis zwischen Fachkraft- und Unternehmeraufgaben. Wenn ich nun jeden Tag festhalten würde, wie viele Stunden ich in welchem Bereich gearbeitet habe, dann habe ich doch ein ziemlich gutes und zeitnahes Indiz dafür, ob ich auf dem richtigen Weg bin.«

»Gut, gefällt mir!«, stimmte Herr Radies zu. »Zu den Kennzahlen noch einige wichtige Hinweise:

Erstens müssen diese Kennzahlen überhaupt messbar sein. Hubert Rampersad, der für Personal Balanced Scorecards plädiert, also für ein persönliches Kennzahlensystem, schlägt so abstruse Kennzahlen wie ›Qualität des Lachens‹ oder ›Prozentsatz verfügbarer Strategiefähigkeiten‹ vor. Mal abgesehen davon, dass niemand versteht, was damit gemeint ist, lässt es sich auch rein praktisch nicht messen. Es lässt sich noch nicht einmal schätzen. Also können Sie auch nichts damit anfangen.

Zweitens müssen diese Kennzahlen tatsächlich das messen, was Sie erreichen wollen. Sonst ergibt sich keine richtige Motivation daraus. Angenommen, Sie wollen Fitnesstraining machen, um Ihr Durchhaltevermögen zu stärken. Die meisten suchen sich nun irgendwelche

Übungen und zählen die Durchgänge oder die Minuten oder Ähnliches. Das ist zwar hübsch, aber letztlich Augenwischerei. Der Zweck des Ganzen ist doch in diesem Beispiel, dass Sie Ihr Durchhaltevermögen stärken wollen! Die Anzahl der Wiederholungen hat damit nur indirekt zu tun. Stattdessen zählen Sie also besser, wie oft Sie während der Übungen an Punkte gekommen sind, wo es nur noch mit Durchhalteparolen wie ›Jetzt noch eine Minute‹ oder ›Jetzt noch ein Durchgang‹ weiterging.

Drittens sollten Sie darauf achten, dass die Kennzahlen nicht irgendwelche unerwünschten Seiteneffekte haben. Zum Beispiel wäre, wenn Sie ein gutes Netzwerk aufbauen wollen, die reine Zahl von Netzwerkkontakten kaum förderlich. Im Gegenteil: Die Fixierung auf die Anzahl würde auf Kosten der Qualität und Zielgerichtetheit der Kontakte gehen. Damit würde die Orientierung auf die Anzahl gerade dafür sorgen, dass Sie Ihr Ziel eines guten Netzwerks nicht erreichen.

Viertens sollten Sie die Kennzahlen zu jeder Minute im Blick haben. Im Sport gibt es eine große Anzeigetafel, auf dem der aktuelle Spielstand jederzeit mit einem zeitlichen Versatz von höchstens einigen Sekunden zu sehen ist. Ein Tischtennisspiel, bei dem der Schiedsrichter auf einem kleinen Notizblock Strichlisten führt, aber sonst niemandem etwas vom aktuellen Stand mitteilt, wäre nicht so prickelnd. Also erfassen Sie die Kennzahlen auf einem großen DIN-A0- oder DIN-A1-Blatt direkt in Ihrem Sichtfeld. Der erste Schritt bei der Auswertung eines jeden Zeithorizonts ist immer die Erfassung der Kennzahlen auf Ihrer Anzeigetafel.

Dasselbe sollten Sie übrigens später bei Ihren strategisch wichtigen Unternehmenskennzahlen machen. Alle Mitarbeiter müssen diese täglich und zeitnah sehen. Sonst reagiert keiner.

Fünftens sollten Sie die Kennzahlen in irgendeiner Art und Weise zusammenfassen und kumulieren. Sie haben doch bestimmt schon mal Computerspiele gespielt. Mein Sohn macht das dauernd. Am liebsten Rollenspiele oder Strategiesimulationen.«

Ich nickte. Klar, hatte ich auch gespielt.

»Mich hat interessiert, was genau ihn daran so fasziniert. Bei Rollenspielen können Sie einen virtuellen Charakter aufbauen. Der besteht dann aus einigen wenigen Eigenschaftswerten. Diese entwickeln sich im Lauf der Zeit. Dann macht der Charakter Erfahrungen und bekommt dafür Erfahrungspunkte. Und immer, wenn er genug Punkte zusammenhat, dann steigt der Charakter einen Level auf.

Sehen Sie, man kann von diesen Spieleherstellern eine Menge lernen. Die müssen Ihre Kunden dazu bringen, etwas an sich völlig Sinnloses mit großer Begeisterung zu tun. Sonst kauft nämlich niemand solche Spiele. Und folgende Elemente sind durchgängig: Erstens, es handelt sich immer nur um wenige Kennzahlen. Zweitens, die Kennzahlen sind extrem zeitnah und geben sofortiges Feedback. Drittens gibt es über die Erfahrungspunkte eine kontinuierliche Aufwärtsentwicklung, oft selbst dann, wenn etwas nicht klappt. Viertens gibt es diskrete Zwischenziele wie den Level-Aufstieg.

Und genau diese Erkenntnisse lassen sich relativ locker übertragen. Messen Sie so etwas wie eigene Erfahrungspunkte. Und sorgen Sie für einen Level-Aufstieg durch klar definierte Zwischenziele. Mein Sohn findet deshalb übrigens mittlerweile, dass das wirkliche Leben das spannendste Spiel von allen ist.«

»Sie lassen doch nicht etwa Ihren Sohn Kennzahlen aufschreiben?«, fragte ich verblüfft.

»Natürlich«, lachte Herr Radies. »Er zählt natürlich andere Dinge als Sie oder ich. Bei ihm sind es die fruchtbaren Gespräche oder seine Siege im Tennis. Warum sollte ich ihm etwas vorenthalten, was viele erfolgreiche Menschen seit Benjamin Franklin so gemacht haben?«

»Ja, aber man kann doch nicht alles in Zahlen messen«, wandte ich ein.

Leitfragen

Herr Radies nickte. »Das stimmt natürlich. Aber wenn Sie gemessen haben, was Sie messen können, wissen Sie besser, wo Sie stehen. In aller Regel werden Sie dies bewerten und daraus lernen wollen. Und die Dinge, die Sie nicht messen können, ermitteln Sie am besten mit Leitfragen. Und damit verlassen wir die Welt der Erbsenzähler wieder.«

»Gott sei Dank«, atmete ich auf. »Diese vielen Details gingen mir schon etwas auf die Nerven.«

Herr Radies lachte: »Habe ich vermutet. Aber leider kommen Sie nicht drum herum.

Nun also zu den Leitfragen. Leitfragen sind die nächste Komponente im Unternehmersystem.

Der Autor Bodo Schäfer sagt: ›Die Qualität der Fragen, die Sie sich stellen, bestimmt die Qualität Ihres Lebens.‹ Mit den Leitfragen stellen Sie Fragen, die das Potenzial haben, Sie auf neue, effektivere Wege zu bringen. Manche Fragen wirken in der einen Situation, andere in einer anderen. Manche Fragen helfen den einen Menschen, manche anderen Menschen. Die Fragen sollten also periodisch überprüft und ausgetauscht werden.

Leitfragen haben übrigens auch in einem anderen Kontext eine Bedeutung. Im klassischen Zeitmanagement kommt es oft vor, dass dort Aufgaben festgehalten worden sind, die der Betreffende dann doch nicht erledigt. Das dümmste und folglich häufigste Vorgehen ist es, diese Aufgaben einfach auf den nächsten Tag, die nächste Woche oder das nächste Jahr zu übertragen. Etwas klüger wäre es, beim Übertragen nach der Priorität zu fragen. Und die Aufgabe gegebenenfalls zu streichen.

Wesentlich klüger ist es jedoch, sich solchen Aufgaben mit Leitfragen zu den Glaubenssätzen zu nähern. Und zwar zu Glaubenssätzen in Bezug auf das Ergebnis, in Bezug auf die Tätigkeit und in Bezug auf die eigene Identität. Hier spielen also wieder die Elemente Haben, Tun und Sein eine Rolle. Wo es um die Aufgaben geht, sind die Glaubenssätze zum Tun natürlich die wichtigsten. Wie man mit diesen Glaubenssätzen umgeht, wird uns an einem anderen Termin (vgl. Kapitel 5.2) noch beschäftigen.

Durch Leitfragen schaffen Sie es, Ihr System übersichtlich zu halten. Wenn Sie das nicht schaffen, funktioniert Ihr ganzes System nicht mehr. Es müllt einfach zu.

Für gute Leitfragen gibt es im Unternehmersystem viele Vorschläge. Sie picken sich für den Anfang einfach die Fragen heraus, die Sie für fruchtbar halten. Später, mit zunehmender Erfahrung, lernen Sie, welche Fragen bei Ihnen am meisten bringen. Vielleicht ergeben sich für Sie aus den Biografien von großen Persönlichkeiten auch weitere Leitfragen. Ich würde Ihnen zunächst aus dem Katalog folgende Leitfragen vorschlagen, die Sie sich auf Tages-, Wochen- und Quartalsbasis* stellen und schriftlich beantworten sollten.

Leitfragen auf Tagesbasis (max. 5 Leitfragen)

- Habe ich die Unternehmeraufgaben, die ich angehen wollte, erfüllt? Falls ja: Hatte ich Spaß dabei? Was könnte ich gegebenenfalls (an meinen Glaubenssätzen) ändern, um noch mehr Spaß zu haben? Falls nein: Was war die Ursache? Welche Glaubenssätze haben mich dazu gebracht, die anderen Aufgaben als wichtiger oder angenehmer zu bewerten? Was kann ich optimieren?
- Wofür bin ich besonders dankbar?
- Was waren meine fünf größten Erfolge in Bezug auf meine fünf wichtigsten Ziele? Durch welche meiner Stärken habe ich diese erreicht?
- Wo lief diese Woche etwas besser als erwartet? Wie kann ich mir dies noch öfter organisieren? Ergeben sich daraus neue Chancen?
- Inwiefern bin ich meinem wichtigsten Ziel näher gekommen? Was hätte ich noch besser machen können, um dies zu beschleunigen?

---

* Die kompletten Leitfragen auf Tages-, Wochen-, Monats-, Quartals-, Jahres- und Sieben-Jahres-Basis können Sie unter www.unternehmercoach.com bestellen.

Leitfragen auf Wochenbasis (Auszug)

- Habe ich meinen aktuellen Engpass gelöst? Falls ja: Wie lautet der neue Engpass und wie sollten meine neuen Leitfragen auf Tagesbasis lauten? Falls nein: Wo liegt der beste Ansatzpunkt in meinem Kontrollbereich? Welche Glaubenssätze könnten zu einer Lösung führen?
- Gibt es einen einfacheren und direkteren Weg, um meine Primärziele zu erreichen?
- Was ist diese Woche schlechter gelaufen als geplant? Was ist gut daran? Welche Möglichkeiten gibt es?
- Wenn ich meine Träume bereits verwirklicht hätte, was würde ich dann anders machen? Inwiefern würde ich mich dann jetzt anders verhalten? Was davon kann ich jetzt schon tun?
- Was sollte ich nicht mehr tun?
- Wann war ich diese Woche richtig glücklich? Wie kann ich dies öfter sein?
- Wo habe ich diese Woche Grenzen überschritten? Welche Grenzen warten auf die Überwindung?
- Wie kann ich den Nutzen und Wert für meine Zielgruppen erhöhen?
- Welche unterstützenden Kräfte gibt es? Was kann ich für diese Menschen tun?

Leitfragen auf Quartalsbasis (Auszug)

- Kann ich auf Basis meiner Ideenliste etwas an meinen Jahreszielen ändern, um meine langfristige Vision leichter und effektiver zu verwirklichen?
- Welche Aufgaben für meine nächste Jahresplanung kann ich jetzt schon erledigen?
- Was will ich im nächsten Quartal lernen? Welche neuen Gewohnheiten würden mir helfen? Was geht mit einem Trainer/Coach/Mentor besser? Wer wird dies sein?
- Welche Aktivitäten waren mit Blick auf meine Jahresziele wirklich effektiv? Würde mehr davon meine Effektivität steigern?
- Welche Fragen kann ich aus meinen Leitfragen streichen? Welche kann ich auf der Grundlage meiner Ideenliste ergänzen?

- Mit welchen Bildern kann ich meine Ziele noch stärker visualisieren?
- Welche Teilziele will ich im nächsten Quartal erreichen?

Als ich diese Fragen betrachtete, wurde mir sehr deutlich, dass einige von ihnen, wenn ich sie mir regelmäßig stellen und jedes Mal neu und ehrlich schriftlich beantworten würde, das Potenzial hätten, mich langfristig neu zu orientieren. Bei einigen Fragen hatte ich auch das Gefühl, dass jeweils sehr weitgehende Konzepte dahinter standen.

Heute, ein halbes Jahr später, kann ich sagen, dass mir die regelmäßige Beantwortung dieser Fragen in Fleisch und Blut übergegangen ist. Und dies war sicher eine der wichtigsten neuen Gewohnheiten, die mich zu dem Punkt geführt haben, an dem ich jetzt stehe.

Damals hatte ich natürlich erst einmal Einwände – wie gegen so vieles, was Herr Radies mir vorschlug. Sicher wäre es schneller gegangen, wenn ich einfach alles sofort akzeptiert hätte. Aber jetzt in der Rückschau sehe ich, dass das lebensfremd ist. So funktioniert Lernen und Entwicklung einfach nicht. Meine Einwände waren gut. Denn in meinen Einwänden wurden meine alten, für mich zu ändernden Denkweisen sichtbar.

Damals wurde mir, als ich diese Fragen sah, klar, dass es sehr viel Zeit kosten würde, damit zu arbeiten. So machte ich Herrn Radies also darauf aufmerksam.

Dieser entgegnete nur: »Wie viel Zeit, schätzen Sie, werden Sie für diese Fragen im Monat benötigen?«

Ich überschlug: »Zwanzig Minuten pro Tag, je eine Stunde für die Wochenfragen und eine Stunde für die Monatsfragen. Also bei zwanzig Arbeitstagen im Monat zusammen rund zwölf Stunden.«

»Und jetzt nehmen Sie nur eine einzige Frage. Zum Beispiel: ›Was sollte ich nicht mehr tun?‹ Welches Sparpotenzial hat diese Frage, wenn Sie sie wirklich ernsthaft beantworten und dann konsequent danach handeln?«

Als ich mir nochmals meine gestrige Liste mit meinen Tätigkeiten vergegenwärtigte, musste ich zugeben: »Vermutlich mehr als diese zwölf Stunden.«

»Oder nehmen Sie eine andere Frage. Zum Beispiel die wöchentliche Frage nach dem Engpass. Wenn Sie mit dieser Frage die Wahrscheinlichkeit erhöhen könnten, dass Sie wesentlich häufiger an Ihrem Engpass statt an irgendwelchen Symptomen arbeiten, welches Sparpotenzial hätte das?«

Das überzeugte mich: »Wenn mich diese Frage wesentlich früher auf meinen gestern erkannten Engpass gelenkt hätte, dann hätte ich nicht Stunden, sondern viele Monate gespart. Das ist genial, Herr Radies!«

Herr Radies lächelte. »Noch drei Hinweise, damit Sie besser damit arbeiten können. **Erstens:** Tragen Sie in Ihren Kalender bereits jetzt alle Zeiten für die Beschäftigung mit Kennzahlen und Leitfragen ein. Wählen Sie immer einen festen Termin. Und das ist der allerwichtigste Termin, den Sie mit sich selbst haben. Es gibt nichts, was zu einer Verschiebung dieses Termins führen darf – auch keine Bombe vor Ihrer Haustür.

Zweitens: Arbeiten Sie etwas zeitversetzt. Wenn Sie am Ende des Jahres die Leitfragen für Tag, Woche, Monat, Quartal und Jahr gleichzeitig ausfüllen müssten, hätten Sie ein Problem. Lassen Sie das Quartal also zum Beispiel eine Woche vor dem Kalenderquartal enden.

Drittens: Den größten Aufwand verursachen die Tagesfragen. Nutzen Sie diese nur selektiv als Leitfragen. Und versuchen Sie einfach, wenn Sie sowieso in Ihrem Tagebuch schreiben, diese mit einzubeziehen. Aber schreiben Sie in jedem Fall täglich. Und wenn es nur ein einziger Satz ist. Es ist wichtig, dass Sie diese Gewohnheit herausbilden.

So, damit hätten wir den ersten Teil des Unternehmersystems: Ziele, Ergebnisse und Orientierung. Haben Sie noch Fragen dazu?«

Ich schüttelte den Kopf.

Dringendes und Wichtiges

»Im zweiten Teil knüpfen wir ebenfalls stark an Zeitplanungssysteme an, modifizieren das aber so, dass es wesentlich spezifischer auf die Bedürfnisse eines Unternehmers ausgerichtet ist. Wichtig ist ein Grundprinzip, das Sie bereits kennen, wenn Ihnen das Konzept von Dringendem und Wichtigem, also die Eisenhower-Methode, bekannt ist. Noch mal kurz zur Auffrischung eine Skizze.

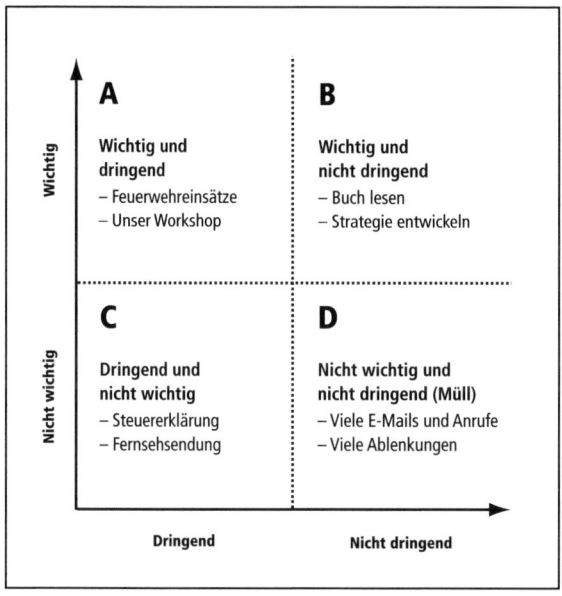

In Kurzform: Dringend ist all das, was durch äußere Anforderungen oder durch kurzfristige Bedürfnisse ausgelöst wird. Wichtig ist all das, was Sie Ihrem langfristigen Ziel näher bringt.«

»Ja, oder wie Sie gestern so schön sagten: Dringend ist all das, was zwei Beine unten dran hat und zur Tür hereinkommt«, grinste ich.

»Genau«, bestätigte Herr Radies. »Und in welchem Bereich sollten Sie sich hauptsächlich aufhalten?«

»Natürlich in A. Das sind die wichtigsten und dringendsten Aufgaben.«

Herr Radies schüttelte den Kopf. »Wenn alles optimal auf Ihre Vision hin ausgerichtet wäre, dann gäbe es fast kein A. Die Dinge würden nämlich funktionieren und wichtige Dinge würden nur ganz selten dringend werden. Der zentrale Bereich, in dem Sie sich aufhalten sollten, ist B. Und zwar mindestens sechs Stunden pro Tag. Nur in B wird die Basis für jede langfristige Entwicklung gelegt.

Das Problem ist: Die dringenden Dinge sind zumeist lauter und nehmen mehr Platz in unserem Sichtfeld ein. Das menschliche Gehirn wird deshalb automatisch zu A und C hingezogen. Der Ratschlag, sich vorwiegend in B aufzuhalten, ist deshalb lebensfremd und funktioniert nicht. Die Lösung: Sie müssen die B-Aufgaben nach A verschieben. Sie müssen die wichtigen Dinge aufblasen und dringend machen. Alle weiteren Maßnahmen dienen im Prinzip genau diesem Zweck: Wie machen Sie aus B-Aufgaben künstlich A-Aufgaben?

Das Erste, das Sie machen können, um den wichtigen Dingen ihren Stellenwert zu geben, ist, diese möglichst langfristig zu planen. Deswegen haben Sie die Bearbeitung der Leitfragen auch schon für das ganze Jahr festgelegt. Planen Sie die wichtigen Dinge in jedem Fall mindestens auf Wochensicht, besser noch länger voraus.

Das Zweite, das Sie machen können, ist, den wichtigen Dingen zwei Füße zu verpassen. Wie gestern in Form von Herrn Bertram. Wir kommen nach dem Mittagessen noch genauer darauf zurück.

Das Dritte, das Sie machen können, ist, die inhaltliche Frage zu beantworten, bei der die meisten Zeitplanungssysteme schweigen: Was ist eigentlich wichtig? Und warum? Wir sind gestern mit der eingeschränkten Sicht auf die unternehmerischen Aufgaben vorgegangen und haben sieben Aufgaben definiert. Jetzt betrachten wir Ihr Leben auf etwas breiterer Ebene. Denn alle Lebensbereiche hängen miteinander zusammen. Sie können nicht erwarten, ein hervorragendes Unternehmen aufzubauen, wenn Sie Ihren Computer dauernd von unten betrachten, weil Sie vom Stuhl gefallen sind.

Was ist für Unternehmer wichtig?

Das **Allerwichtigste** sind Ihre Pausen. Planen Sie diese auch für ein Jahr voraus. Und füllen Sie sie möglichst hochwertig mit Meditation, Spaziergängen oder was Ihnen sonst Entspannung bietet und Energie gibt.«

»Pausen?«, wunderte ich mich. »Haben Sie sich nicht erst vorhin gegen das Langsamgehen ausgesprochen?«

»Ja, Pausen«, lachte Herr Radies. »Der sehr bekannte amerikanische Sportpsychologe Jim Loehr hat in den Achtzigerjahren untersucht, was den Unterschied zwischen Weltklasse-Tennisspielern und den Zweitbesten ausmacht. Er beobachtete die Spieltechnik, das Trainingsverhalten, die Ernährungsgewohnheiten, einfach alles. Und er konnte keinen wirklichen Unterschied zwischen den Besten und den Zweitbesten erkennen. Erst nach vielen, vielen Analysen von Videoaufzeichnungen fiel ihm der entscheidende Punkt auf: Die Besten nutzten die Pausen, auch wenn es nur zwanzig Sekunden waren, besser für ihre Erholung. Er maß die Herzfrequenz während der Spiele und seine Beobachtungen wurden bestätigt. Die Herzfrequenz der Besten sank in den Pausen deutlich weiter ab. Die Besten hatten deshalb nach hinten hinaus einfach mehr Energie, Ruhe und Reserven.

An diesem Punkt machte er weiter. Und er stellte fest, dass die Muskeln nicht in der Belastungsphase, sondern in der Erholungsphase wachsen. Natürlich nur, wenn es vorher eine Belastung gab. Und genau dasselbe passiert auch bei mentalen Entwicklungen. Ihr eigentliches Wachstum findet in den Pausen statt. Also planen Sie diese. Planen Sie freie Minuten, freie Stunden, freie Tage und freie Wochen. Und zwar bereits am Jahresanfang. Oder heute Abend im Flugzeug, wenn Sie nach Hause fliegen.

Und deshalb spreche ich mich gleichzeitig für das schnelle Gehen als Belastung und die Pausen als Erholungsphase aus. Das Problem liegt nicht in der Geschwindigkeit, sondern in der Gleichförmigkeit, die keine Entwicklung zulässt und letztlich immer zu Stress und Überlastung führt. Das ist übrigens unabhängig vom Ausgangsniveau. Sie müssen sich also gezielt starken Belastungen und intensiven Pausen aussetzen.

Vor dem Hintergrund Ihres körperlichen Zusammenbruchs, der ja das Ergebnis einer permanenten Überlastung war, würde ich als **Zweitwichtigstes** nach den Pausen Ihre Tätigkeiten aus allen sieben Lebensbereichen – oder genauer: aus den sechs nichtunternehmerischen Tätigkeitsbereichen – eintragen. Planen Sie jeden Tag auch mindestens eine Stunde Fitnesstraining ein. Und zwar nach den Pausen mit der zweithöchsten Priorität. Die Planung der anderen Lebensbereiche als zweite Priorität gilt aber nur für Sie. Die Mehrzahl der Menschen, die von Geburt an zuerst ihren Urlaub, ihren Feierabend und ihr Fernsehprogramm planen, sollte eher umgekehrt vorgehen ... Freilich handelt es sich bei ihnen selten um Unternehmer.

Das **Drittwichtigste** nach Pausen und der Berücksichtigung der sechs Lebensbereiche ist Ihre persönliche Entwicklung. Spitzensportler verbringen etwa neunzig Prozent ihrer Zeit im Training und nur zehn Prozent im Wettkampf. Deswegen sind sie so exzellent. Ein Fußballspieler, der jeden Tag vier Wettkampfspiele austragen müsste, würde nicht einmal das Ende des Tages erleben. Bei normalen Unternehmern und Selbstständigen ist das Verhältnis bestenfalls umgekehrt: neunzig Prozent Wettkampf und zehn Prozent Training und Lernen. Dieses Verhältnis müssen Sie zwingend verschieben. Sie haben sonst keinerlei Chance, langfristig ein exzellenter Unternehmer zu werden.«

»Was verstehen Sie eigentlich unter ›Training‹?«, fragte ich dazwischen.

»Zuerst einmal Lesen und den Besuch von Seminaren. Allerdings werden nur die Zeiten gezählt, die Sie Ihrem langfristigen Ziel näher bringen oder die Ihren aktuellen Engpass lösen. Zeitung lesen oder Nachrichten schauen zählt also in der Regel nicht. Dann sämtliche Zeiten, die Sie mit einem Trainer oder Coach verbringen.

Später kommt noch mehr dazu, aber für Ihre jetzige Situation ist das ausreichend. Okay?«

Ich nickte seufzend. Eigentlich hatte ich ja gehofft, meine Aufgaben loszuwerden. Doch so, wie ich das jetzt sah, bekam ich einfach andere Aufgaben. »Geht das nicht auch etwas einfacher und reduzierter«, fragte ich ohne allzu viel Überzeugung.

Herr Radies schüttelte den Kopf: »Wenn Sie wirklich ein exzellenter Unternehmer werden wollen, nein! Bitte machen Sie sich auch bewusst, dass Sie letztlich viel weniger Aufgaben haben als zuvor. Es sind andere Aufgaben. Die Neuartigkeit zwingt Sie, ins Detail zu gehen. Später geschieht dies automatisch.«

Ich nickte.

»Gut, wir waren beim Verhältnis von Training zu Wettkampf. Um das zeitliche Verhältnis zwischen Training und Wettkampf zu verschieben, gibt es drei Methoden. Die **erste Methode** ist, Sie blocken ebenfalls lange im Vorfeld die Zeit für Ihr Training. Optimal wäre zwischen einem Drittel und der Hälfte Ihrer Arbeitszeit. Das werden Sie aktuell noch nicht schaffen. Beginnen Sie am besten täglich mit eineinhalb Stunden Lernen und fünf Seminaren pro Jahr. Sie sollten auch dafür die Zeiten bereits jetzt festlegen. Oder spätestens heute Abend bei Ihrem Rückflug.

Die **zweite Methode** besteht darin, dass Sie Ihren Fokus verschieben. Der größte Teil Ihrer Aktivitäten bringt sowieso keine oder keine nennenswerten unmittelbaren Ergebnisse. Wenn die Aktivitäten trotzdem wichtig oder notwendig sind, betrachten Sie sie unter dem Lernaspekt. Was können Sie daraus lernen? Wie können Sie dabei besser werden? Wenn Sie zum Beispiel ein Mitarbeitergespräch führen, dann fixieren Sie sich weniger auf ein bestimmtes Ergebnis – meist ist dies langfristig sowieso nicht wirklich entscheidend. Konzentrieren Sie sich stattdessen auf Ihre Lernerfahrungen. Bereiten Sie sich vor. Was wollen Sie? Kritisieren, loben oder motivieren? Schreiben Sie vorher auf, was Sie im Gespräch üben wollen, und kontrollieren Sie es nachher. Dadurch entwickeln Sie sich nicht nur wesentlich schneller, sondern Sie nehmen auch einen großen Teil an unnötiger Anspannung aus Ihrem Alltag. Lernen ist einfach spielerischer als ein Wettkampf.

Die **dritte Methode** ist, dass Sie Wettkämpfe vorher festlegen. Ein Olympionike weiß ziemlich genau, wann die nächste Olympiade ist. Und an welchen Tagen seine Wettkämpfe stattfinden. Alle anderen Aktivitäten sind genau auf diese Tophighlights ausgerichtet.

Diese Tage kennen Sie als Unternehmer nicht immer. Aber einen großen Teil können Sie dennoch vorher planen. Sie können vorher festlegen, wann eine Verhandlung mit einer Bank stattfindet. Sie können festlegen, wann Sie auf einer Messe einen Vortrag halten, um Ihr Unternehmen und Ihre Leistung zu präsentieren. Sie können Pressetermine vorher festlegen und auch der Zeitraum für die Jahresplanung in Ihrem Unternehmen lässt sich vorher festlegen. Die Frage, die dazu in den Jahresleitfragen steht, heißt: ›Welche fünf Einzelereignisse in diesem Jahr sind die wichtigsten auf dem Weg zu meiner Vision?‹

Und wenn Sie diese Ereignisse bestimmt haben, dann gruppieren Sie andere Ereignisse im Vorfeld so, dass sie Ihnen das optimale Training geben, um die wichtigsten Tätigkeiten mit besonderer Bravour zu bestehen.«

Während Herr Radies diese Methoden erläuterte, dachte ich über den Arbeitsaufwand nach, der damit verbunden wäre. Aber je länger ich darüber nachdachte, desto klarer wurde mir, dass der Arbeitsaufwand überhaupt nicht so groß war. Ich müsste mich lediglich hinsetzen und mir Klarheit verschaffen. Und die Ergebnisse notieren. Der Gewinn hingegen könnte gewaltig sein. Ich erinnerte mich an einige wirklich wichtige Termine, die ich versiebt hatte, weil ich völlig überarbeitet war. Mit der Methode von Herrn Radies hätte ich diese Termine deutlich erfolgreicher bewältigen können.

Wolfgang Radies hatte mich beobachtet und fuhr nun fort: »Wir haben bislang neben Ihrer täglichen Arbeit mit dem Unternehmersystem drei wichtige Zeitblöcke benannt: die Pausen, die sechs nichtunternehmerischen Lebensbereiche und Ihre persönliche Weiterentwicklung. Nun kommen zwei weitere Zeitblöcke hinzu. Das eine ist der Raum für Engpässe, das andere der Raum für Chancen. Blocken Sie für den Anfang pro Tag jeweils eine Stunde.«

»Wieso sagen Sie nicht einfach, dass ich Zeit für unvorhergesehene Störungen blockieren soll? Das wäre doch einfacher und entspricht auch eher den normalen Zeitmanagement-Konzepten.«

Herrn Radies quollen fast die Augen über: »Weil die Planung von Pufferzeiten für unvorhergesehene Störungen ein Konzept für Verlierer ist! Nach Cyril Northcote Parkinson dehnt sich die Arbeit so weit aus, dass die verfügbare Zeit verbraucht wird. Inklusive der Pufferzeiten, versteht sich. Wenn Sie Puffer schaffen, beweisen Sie sich damit selbst, dass Sie Puffer brauchen. Ohne Puffer geht's aber auch.«

»Aber es gibt doch unvorhergesehene Störungen! Oder wollen Sie das etwa bestreiten?«, wandte ich ein.

»Natürlich gibt es die! Wenn Sie allerdings nur einigermaßen vernünftig geplant haben, dann gibt es im Mittel genauso viele positive wie negative Abweichungen. Sie gleichen sich aus! Warum in aller Regel beim Zeit- und auch beim Projektmanagement fälschlicherweise die positiven Abweichungen überhaupt nicht gesehen und stattdessen nur die negativen Abweichungen betrachtet und gesucht werden, wird uns später noch einmal beschäftigen. Der entscheidende Punkt hier ist: Die Abweichungen gleichen sich aus!«

So hatte ich es noch nie gesehen. So ganz überzeugt war ich auch noch nicht. Immerhin nahm ich mir damals vor, überhaupt auf positive Abweichungen zu achten. Bis zu diesem Zeitpunkt war ich überhaupt nicht auf die Idee gekommen, dass es positive Abweichungen geben könnte. Und ich nahm mir vor, meine Pufferzeiten nach und nach zu reduzieren. Rückblickend kann ich sagen, dass ich diese Pufferzeiten in demselben Maße, wie ich positive Abweichungen erkannte und nutzte, nicht mehr benötigte.

»Also, Raum für Engpässe«, fuhr Herr Radies fort. »Sie haben in Ihren Leitfragen der Woche die Frage nach dem Engpass. An der Beseitigung dieses Engpasses müssen Sie gezielt arbeiten. In den nächsten Wochen ist dies Ihr Umgang mit Ihrer Zeit. Nehmen Sie sich also pro Tag eine zusätzliche Stunde, um Ihren Umgang mit der Zeit und Ihre zugehörigen Glaubenssätze in Ordnung zu bringen.«

»Und wenn ich meinen Engpass einmal nicht kenne oder gar keinen habe?«

Herr Radies verdrehte die Augen: »Ich kann Sie beruhigen: Es gibt fast immer einen Engpass. Und wenn Sie diesen nicht kennen, nutzen Sie Ihre Zeit eben für eine Engpassanalyse und finden ihn. Und wenn Sie wirklich keinen Engpass haben, dann schauen Sie zwei bis vier Wochen weiter und bereiten Sie sich auf den Engpass vor, der dann auftreten dürfte.« Er feixte: »Und wenn Ihnen dann immer noch nichts einfällt, machen Sie drei Monate Urlaub und fühlen sich ein bisschen mehr als Unternehmer, weil Sie Ihr erstes Kriterium erfüllt haben.«

Nach einer kurzen Pause fuhr Herr Radies fort: »Raum für Chancen. Während Sie etwas tun, entwickeln sich immer unvorhergesehene Dinge. Manche positiv, manche negativ. Die positiven Abweichungen benötigen Aufmerksamkeit. Sie brauchen manchmal einfach Zeit, um Chancen, die am Wegesrand liegen, zu pflücken. Oder um positive Abweichungen zu systematisieren. Wenn Sie diese Zeit dann nicht hätten, wäre das ziemlich schade.«

»Und wenn ich keine zusätzlichen Chancen oder positiven Abweichungen sehe?«

»Dann nutzen Sie diese Stunde dazu, sie zu finden. Sehen Sie, Herr Willmann, wir alle sind darauf konditioniert, nur die negativen Abweichungen zu sehen. Wo klappt etwas nicht? Wo brennt es? Wo muss ich eingreifen? Das ist Fachkraftdenken! Vergessen Sie das! Wir müssen gezielt nach Chancen und positiven Abweichungen suchen, um überhaupt erst mal unseren Blick zu schärfen. Laufen Sie notfalls eine Stunde durch Ihre Firma, um zu schauen, wo etwas besonders gut läuft. Erwischen Sie einen Ihrer Mitarbeiter bei einem Erfolg!«

»Ja, aber es gibt doch auch negative Abweichungen. Die kann ich doch nicht einfach ignorieren«, wandte ich nochmals ein.

»Zum Teil schon, aber das besprechen wir später. Jetzt ist nur interessant, dass Sie dafür keine Zeit einplanen müssen, weil diese Abweichungen von alleine kommen. Und sich, wie wir gerade schon besprochen hatten, in der Regel ausgleichen.

Sie müssen jedoch ganz gezielt Platz für die Beschäftigung mit den positiven Abweichungen frei halten. Ganz einfach deshalb, weil wir immer das bekommen, worauf wir unsere Aufmerksamkeit richten. Das hat nichts Mystisches an sich, sondern ist eine einfache psychologische Gesetzmäßigkeit: Das, wonach sich die meisten Menschen am allermeisten sehnen, ist Aufmerksamkeit. Weil sie davon zu wenig bekommen.

Dafür tun die meisten Menschen alles. Schauen Sie sich nur an, welchen Mist viele Jugendliche machen, nur um Aufmerksamkeit zu bekommen. Wenn Sie dann noch den Fehler machen, negative Abweichungen mit Aufmerksamkeit zu belohnen, erhalten Sie noch mehr Mist. Belohnen Sie positive Abweichungen mit Aufmerksamkeit. Bei Ihren Mitarbeitern und vor allem auch bei sich selbst. Und dafür halten Sie sich jeden Tag eine Stunde frei!«

Ich war immer noch nicht überzeugt und wollte nochmals einen Einwand vorbringen, aber Herr Radies schnitt mir das Wort ab: »Ich möchte Ihnen noch ein anschauliches Beispiel geben. Ein asiatischer Kampfsportler ist meist westlichen Kampfsportlern überlegen. Wissen Sie, warum das so ist?«

Er beantwortete die Frage gleich selbst: »Ganz einfach, weil er die Kraft des Gegners, die gegnerische Bewegung für seine Zwecke nutzt. Er kämpft nicht mit roher Gewalt gegen die Aktionen seines Gegners. Und genauso ist es auch mit der Zeit für Chancen. Statt Ihre ganze Energie in einem Endloskampf gegen das zu verbrauchen, was sowieso eintritt: negative Abweichungen, nutzen Sie lieber die vorhandene Energie der positiven Abweichungen für Ihre Zwecke. Selbst bei negativen Abweichungen sollten Sie sich vor allem folgende Frage stellen: ›Wie kann ich es erreichen, dass das Problem nicht gegen, sondern für mich arbeitet?‹ Probieren Sie es bitte einfach aus. Und wir diskutieren gerne in zwei Monaten, wenn Sie es probiert haben, nochmals darüber. In Ordnung?«

Da mir der Vergleich mit dem Kampfsport durchaus einleuchtete, beschloss ich, es zu versuchen. Ich nickte.

»Gut, nun haben Sie etwa Ihren halben Tag mit regelmäßigen wichtigen Aufgaben gefüllt. Zuerst ein bis zwei Stunden Pause. Eine halbe Stunde Planung und Auswertung, eineinhalb Stunden für Ihre Weiterbildung, jeweils eine Stunde für Engpässe und Chancen. Später, wenn sich diese Gewohnheiten bei Ihnen eingeschliffen haben, können Sie natürlich variieren.«

Filter und Kriterien für die wichtigen Dinge

»Jetzt zu der Frage, was Sie mit der anderen Hälfte Ihres Tages anfangen. Sie brauchen Filter und Kriterien, um herauszufinden, was wirklich wichtig ist. Ich möchte Ihnen nun das Geheimnis verraten, warum Zeitmanagement bei den meisten Unternehmern nicht funktioniert. Sie haben nämlich keine klaren Kriterien. Erinnern Sie sich an unser gestriges Gespräch über den Unterschied zwischen Fachkraft, Manager und Unternehmer?«

Ich nickte: »Nur zu gut.«

»Für eine Fachkraft sind andere Dinge wichtig als für einen Manager oder Unternehmer. Wir hatten das Dschungelbild. Für eine Fachkraft ist die Beschaffenheit des Buschs unmittelbar vor ihr wichtig, für einen Manager die Methodik, wie man verschiedenen Buschtypen optimal beikommen kann, und für einen Unternehmer die Übersicht über den ganzen Wald. Andere Interessen, andere Bedeutungen, andere Prioritäten. Wenn Sie diese Unterscheidung nicht in jedem Moment vor Augen haben, dann verwischen Ihre Prioritäten. Es erscheint alles irgendwie wichtig, je nachdem, welche Rolle Sie gerade einnehmen. Und wenn alles wichtig erscheint, dann funktioniert eine Planung nach dem Kriterium der Wichtigkeit nicht mehr.

> **Wenn alles wichtig erscheint, dann funktioniert eine Planung nach dem Kriterium der Wichtigkeit nicht mehr.**

Das heißt, dass Sie bei jeder Tätigkeit, die Sie planen, sich genau vorher Gedanken machen müssen, ob dies eine Fachkraft-, Manager- oder Unternehmeraufgabe ist. Und entsprechend markieren Sie sie mit einem F, einem M oder einem U. Dafür gibt es im Kalender des Unternehmersystems eine eigene Spalte.«

»Ich sollte doch nur noch Unternehmeraufgaben ausführen?«, fragte ich verwundert.

»Das ist das Ideal. Ich kenne freilich kaum keinen Unternehmer, der das schafft. Dieser Mechanismus verdeutlicht Ihnen aber glasklar, ob Sie auf dem richtigen Weg sind oder wieder von Fachaufgaben oder vom Management überrollt werden. Sie trainieren vor allem auch Ihren Blick: Welche Aufgabe gehört zu welcher Rolle? Sie schaffen es damit wesentlich leichter, Prioritäten zu setzen.«

Nun wurde mir manches klarer: »Sie meinen also, dass es nur eine graduelle Änderung ist. Und dass ich nach und nach mehr Unternehmeraufgaben übernehmen soll. Bislang bin ich immer davon ausgegangen, dass ich einen harten Schnitt machen sollte.«

Wolfgang Radies wiegte seinen Kopf hin und her. »Ja und nein. Sie brauchen einen harten Schnitt im Kopf. Indem Sie ab jetzt beginnen, alle Tätigkeiten in diese drei Rollen einzuteilen. Und Sie sollten sich bei jeder F- oder M-Aufgabe fragen, wie Sie diese loswerden können. Es sind nämlich nicht Ihre Aufgaben. Einige Aufgaben werden Sie leicht los. Auch hier können Sie einen harten Schnitt machen. Bei manchen geht es graduell. Wenn Sie zum Beispiel beginnen, Fachaufgaben an eine andere Person zu übertragen und diese andere Person noch etwas lernen muss. Bei wieder anderen Aufgaben geht es scheinbar noch gar nicht. In Ihrem Fall, weil Sie noch keinen Manager haben. In dem Fall tragen Sie zu einer M-Aufgabe sofort eine U-Aufgabe ein, nämlich einen Manager zu finden.

Wenn Sie nun die Zuordnung zu F, M und U vorgenommen haben, können Sie Ihre Aufgaben planen. Tragen Sie die wichtigsten U-Aufgaben zuerst ein, dann die anderen Aufgaben.

Später dann, wenn der größte Teil Ihrer Aufgaben aus U-Aufgaben besteht, sollten Sie diese den sieben Aufgabenbereichen des Unternehmers zuordnen, um auch hier wieder Ihren Blick zu schärfen. Zu Beginn wäre dies noch ablenkend und zu komplex.

Nun haben wir den rein planerischen Bereich im Wesentlichen geschafft. Insofern könnten Sie jetzt beginnen zu arbeiten. Ich glaube aber, dass Sie damit nicht sehr viel weiterkommen als morgen bis in Ihr Büro.«

Als ich mir ausmalte, welcher Berg an E-Mails und Notizzetteln dort auf mich warten würde, nickte ich resigniert. »Was kann ich da tun?«

Getrennter Eingangsbereich

»Nun, das ist insgesamt ein etwas größerer Block, den wir uns nachher nach einer Pause ausführlicher anschauen werden. Ich möchte vor der Pause noch auf ein paar grundlegende Prinzipien aufmerksam machen. Das Wichtigste ist, dass Sie einen von Ihrem Planungssystem getrennten Eingangsbereich haben. Bei den meisten Menschen ist es so: Sie haben eine Idee, sehen eine Chance oder werden gestört. Und dann geben sie diesem Einfluss unmittelbar nach. Verzetteln sich in Ideen oder Chancen oder arbeiten Störungen ab.

Ich habe heute Morgen schon auf die bei Stephen Covey erwähnte Erkenntnis hingewiesen: Zwischen Reiz und Reaktion ist eine Lücke. Sie können selbst bestimmen, wie Sie auf einen Reiz reagieren. In fünfundneunzig Prozent der Fälle machen Sie das aber nicht, weil Sie in fünfundneunzig Prozent der Fälle unbewusst handeln. Ihre einzige Chance besteht darin, diese Lücke künstlich zu vergrößern.

Dazu brauchen Sie einen getrennten Eingangsbereich für alle Anforderungen, Ideen oder Ähnliches. Ungefiltert darf nichts außer sterbenden Eltern, Bombenattentate vor Ihrer Haustür oder Vergleichbares in Ihre Zeitplanung eindringen. Blocken Sie dann spätestens jeden Abend, wenn Sie nach Hause gehen, ein paar Minuten, um diesen

Eingangsbereich komplett zu leeren. Wenn er sich in eine Müllhalde verwandelt, funktioniert das ganze System nicht.

Stellen Sie sich der Reihe nach die folgenden drei Fragen, die an ein Konzept von David Allen angelehnt sind:

- ›Muss ich etwas unternehmen?‹ Falls nein, Mülleimer oder Ablage.
- ›Handelt es sich um eine U-Aufgabe?‹ Falls nein, dann weiter zur verantwortlichen Fachkraft oder zum verantwortlichen Manager.
- ›Was ist der nächste Schritt?‹ Falls Sie für ihn weniger als zwei Minuten benötigen, erledigen Sie das sofort. Ansonsten machen Sie einen Eintrag im Unternehmersystem oder in Ihrer Liste der nächsten Schritte.

Über einen solchen Mechanismus haben Sie eine ziemlich gute Chance, dafür zu sorgen, dass Sie nicht einfach von irgendwelchen Aufgaben hinterrücks überfallen werden, die Ihnen Ihr System zerlegen.

Und am nächsten Morgen, wenn Sie zur Arbeit kommen, haben Sie erst mal einen leeren Tisch. Nichts lenkt Sie ab. Lässt sich das bei Ihnen umsetzen?«

Ich nickte.

Individuelle Anpassung des Systems

Herr Radies fuhr fort: »Nun zum nächsten Punkt. Das System muss individuell an Sie angepasst werden, sonst klappt es nicht wirklich. ›Anpassung‹ meint hier zweierlei.

Zum einen geht es um eine permanente Anpassung und Verbesserung des Systems. Einmal im Monat oder zumindest einmal pro Quartal sollten Sie sich die Frage stellen, was Sie an Ihrem Unternehmersystem verbessern können, um Ihre Ziele besser zu erreichen. Die

Betonung liegt hier wirklich auf dem Erreichen der Ziele. Sonst sind Sie wieder beim Zeitmanagement. Sie wollen nicht Ihre Planung perfektionieren, sondern Ihre Zielerreichung! Das ganze System ist ja nicht Selbstzweck, sondern Ihr Diener. Sobald Sie das Gefühl hätten, dass Ihr System ineffektiv wird, würden Sie aufhören, damit zu arbeiten. Nutzen Sie einfach eine Leitfrage in dem entsprechenden Zeithorizont.

Zum anderen geht es um die Anpassung des Unternehmersystems an Ihre Gewohnheiten, Stärken und Fähigkeiten. Was machen Sie, wenn Sie bei sich zu Hause unbedingt daran denken wollen, etwas zur Post mitzunehmen?«

Spontan antwortete ich: »Ich lege den Brief an der Tür ab. Dann stolpere ich am nächsten Tag drüber.«

»Sehen Sie, Sie würden keinen Eintrag in Ihrem Terminkalender machen, weil Sie dann erst dort nachschauen müssten. Das Nachschauen könnten Sie allerdings vergessen und dann würde Ihnen ein Eintrag im Terminkalender auch nichts nützen. Diesen Mechanismus können Sie übernehmen. Dazu müssen Sie Ihre Gewohnheiten überdenken und können dann Anknüpfungspunkte setzen.

Ein Beispiel: Angenommen Sie trinken jeden Morgen im Büro als Erstes eine Tasse Kaffee. Und Sie möchten jeden Morgen als Erstes in Ihr Unternehmersystem schauen. Dann legen Sie Zucker und Kaffeemilch in die Schublade mit Ihrem Unternehmersystem. Am besten unter Ihr System. So nehmen Sie dieses automatisch in die Hand, wenn Sie ein Stück Zucker suchen.

Oder Sie haben die Angewohnheit, immer wenn ein Mitarbeiter kommt und etwas fragt, unmittelbar mitzugehen. Dazu würden Sie sich von Ihrem Computer abmelden. In diesem Fall sehen Sie einen kurzen Moment den Desktop-Hintergrund. Und dort schreiben Sie die Frage hin: ›Ist dies eine U-Aufgabe?‹ Wenn Sie darüber nachdenken, können Sie Ihren Mitarbeiter vielleicht wieder allein gehen lassen.«

»Sie meinen also, das Ziel ist, sich überall bei bestehenden Gewohnheiten oder Abläufen Erinnerungspunkte zu schaffen, die mich auf die neuen Gewohnheiten hinweisen. Das klingt ziemlich simpel und praktisch.

Ich könnte, wenn ich morgens komme, meinen Autoschlüssel ganz unten in meinen Eingangskorb legen. So ist es zumindest ziemlich wahrscheinlich, dass ich abends, wenn ich gehen will, alles einmal in die Hand nehme. Und sei es nur, um an den Schlüssel zu kommen. Und wenn ich das Zeug dann schon mal in der Hand habe, dann kann ich's auch gleich noch sortieren.«

»Gute Idee!«, bestätigte Wolfgang Radies. »Überlegen Sie sich einfach überall, wo Sie neue Gewohnheiten etablieren wollen, wie Sie diese in bestehende Abläufe einklinken können. Es geht also nicht darum, komplett neue Gewohnheiten zu schaffen. Das ist meist ziemlich schwer. Sondern es geht darum, wieder wie im asiatischen Kampfsport die Energie vorhandener Gewohnheiten für sich zu nutzen und in die richtige Richtung umzulenken. Und ich sehe schon, Ihnen dürfte dazu eine Menge einfallen.«

Dann fuhr er grinsend fort: »Und jetzt sollten wir vielleicht der Gewohnheit des Mittagessens nachgeben. Danach kümmern wir uns um den letzten wichtigen Bereich des Unternehmersystems.«

Ich nickte erleichtert: »Ja, Mittagessen ist eine sehr gute Idee. Ich brauche nach dieser Informationsmenge wirklich eine Pause.«

3.3 Soziale Einbindung

In der Pause ließ ich mir nochmals den Vormittag durch meinen Kopf gehen. Wir hatten viel besprochen. Und ich war etwas verwirrt und ziemlich erschlagen. Zur Klärung erstellte ich mir wieder eine Skizze. Dabei wurde mir deutlich, dass sich mein Engpass von gestern auf heute verschoben hatte. Ging es gestern noch um meine Glaubenssätze, so war heute der Engpass ganz praktisch die Frage, wie ich vorgehen kann.

Nach wenigen Minuten hatte ich folgende Grafik erstellt:

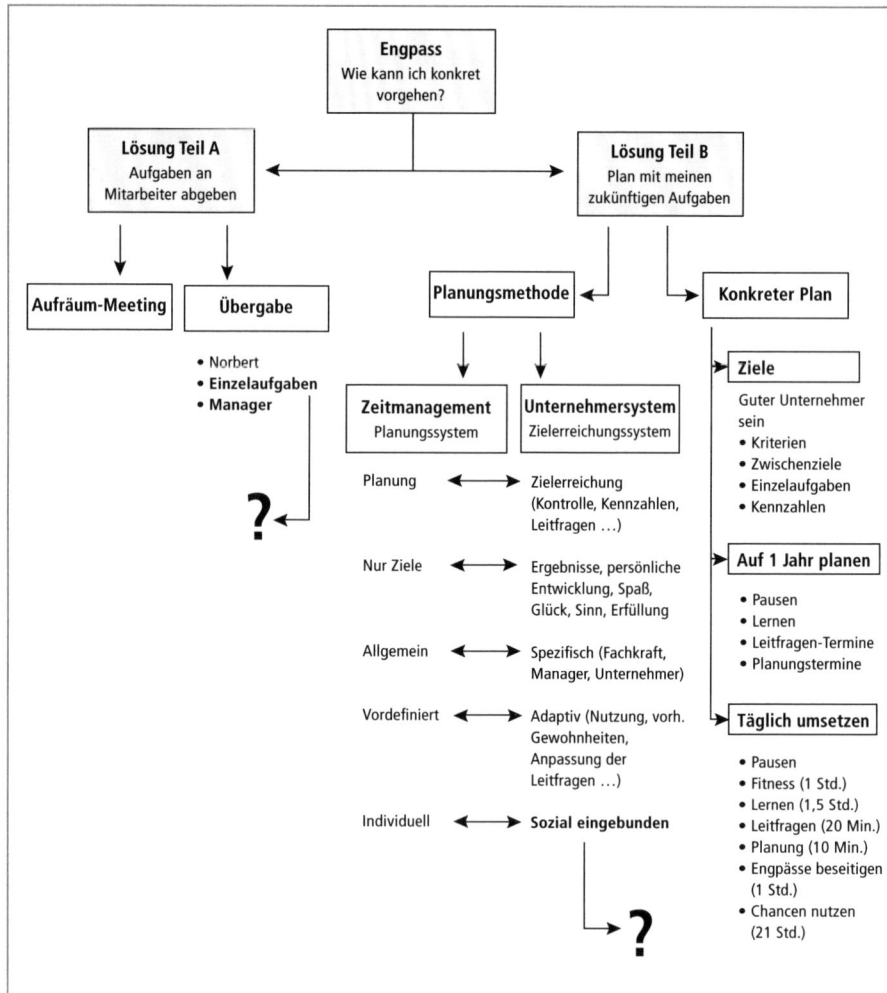

Mit dieser Übersicht wurde mir der Zusammenhang viel bewusster. Durch das Unternehmersystem hatte ich eine Methode, mit der ich meine zukünftigen Ziele erreichen könnte. Und zugleich hatten wir einen guten Teil meiner konkreten Planung erledigt.

Zwischendurch ertappte ich mich bei der spontanen Frage: ›Wann soll ich denn meine Arbeit machen, wenn schon der halbe Tag voll ist?‹ Aber bereits zwei Sekunden später sah ich in meinem Geist das Gesicht von Herrn Radies vor mir: ›Das *ist* Ihre Arbeit!‹ Mein Fachkraftdenken verführte mich immer wieder dazu, diese Arbeit zu entwerten. Aber zumindest begann ich nun, es selbst zu merken. Das erschien mir als großer Fortschritt.

Außerdem wurde mir mithilfe der Grafik klar, welche Bereiche wir noch besprechen müssten.

Allerdings hatte ich das Gefühl, noch etwas Wichtiges vergessen zu haben. Es hatte nicht unmittelbar etwas mit meinem Engpass zu tun, sondern war allgemeiner Natur.

Plötzlich wurde mir klar, um was es ging. Herr Radies ließ immer wieder ganz allgemeine Leitsätze, Prinzipien einfließen. Diese schienen mir wichtig zu sein, und so beschloss ich, sie mitzuschreiben. Als ich mir den bisherigen Vormittag vergegenwärtigte, erinnerte ich mich insbesondere an zwei Leitsätze:

Unternehmerisches Handeln ist wie asiatischer Kampfsport.
Es geht nicht um Kampf, sondern um die Lenkung vorhandener Energie.

*Energie wird durch Aufmerksamkeit auf das Erwünschte gelenkt.**

In diesem Moment kam Herr Radies wieder in unseren Besprechungsraum. Ich zeigte ihm meine Skizze.

Er sah für einen Moment darauf, nickte dann und sagte: »Hervorragend, Herr Willmann. Das ist wirklich exzellent zusammengefasst. Auch die drei noch offenen Punkte haben Sie gut erfasst. Haben Sie denn zu den bereits besprochenen Themen noch Fragen?«

---

* Eine umfassende Liste mit Leitsätzen finden Sie auf www.unternehmercoach.com.

»Ja, eine noch. Das System erscheint mir sehr starr und unflexibel. Wenn ich zum Beispiel jeden Tag eine Stunde an meinen Engpässen arbeite, kann ich mir meine Zeit nicht mehr so frei einteilen.«

»In gewisser Weise stimmt das. Sie wollen neue Gewohnheiten herausbilden und neue Fähigkeiten erwerben. Das geht nur, wenn Sie sie üben und regelmäßig ausführen. Das ist ähnlich wie beim Gitarrespielen. Zuerst lernen Sie die Griffe und wiederholen diese ständig. Dann lernen Sie Musikstücke und wiederholen diese ständig. Dadurch lernen Sie effektiv und gewinnen Sicherheit. Und erst sehr viel später beginnen Sie mit Ihrem Können zu improvisieren und frei zu spielen. Ähnlich ist es auch beim Unternehmersystem. Gerade dadurch, dass es so enge Vorgaben macht, lernen Sie die Aufgaben des Unternehmers auszuführen und weichen ihnen nicht aus. Zu Beginn erfordert es Übung und Disziplin. Dafür bietet Ihnen das System effektives Lernen und Sicherheit. In einigen Jahren werden Sie freier im Umgang damit. Ist Ihre Frage beantwortet?«

Ja, der Vergleich leuchtete mir ein.

Herr Radies fuhr fort: »Gut, dann gehen wir zum letzten Punkt des Unternehmersystems über. Wie ist das Unternehmersystem ins soziale Umfeld eingebunden?

Wenn Sie mal ganz ehrlich sind, erkennen Sie, dass dieses Konzept so noch nicht funktioniert. Sie haben klare Ziele, wissen, was wichtig ist. Sie messen die Ergebnisse und nutzen das System zur permanenten Verbesserung und Weiterentwicklung. Sie haben auch mit der Trennung des Eingangsbereichs von Ihrer eigentlichen Planung ein machtvolles Instrument geschaffen, das Sie sowohl vor externen Einflüssen als auch vor Ihren eigenen ablenkenden Ideen schützt. Aber wenn Ihre Umwelt nicht mitmacht, dann führen Sie trotzdem einen permanenten Kampf. Entweder Sie verbrauchen viel zu viel Energie, um Ihr System zu schützen, oder Sie verlieren.«

Ich dachte nach: »Das bedeutet, dass wir vor folgender Frage stehen: Warum sollten mich andere Menschen *nicht* in meinem System stören? Was für eine Motivation sollten sie haben?«

»Ja, diese Frage gefällt mir«, antwortete Herr Radies. »Aber in gewisser Weise ist sie noch defensiv und passiv. Es geht nicht nur darum, wie Sie dafür sorgen können, dass Ihr soziales Umfeld Sie nicht von Ihrem System abhält. Gehen Sie noch einen Schritt weiter und stellen Sie folgende zusätzliche Frage: Was können Sie tun, damit Ihr Umfeld Sie aktiv dazu bringt, dass Sie sich nach Ihrem System verhalten?

Wir haben es vorhin ja schon formuliert: Dass Sie nach Ihrem System arbeiten, ist ›wichtig‹. Die Ablenkungen sind ›dringend‹. Und der Unterschied zwischen ›wichtig‹ und ›dringend‹ ist, dass das Dringende zwei Beine hat, zur Tür hereinkommt und etwas von Ihnen will. Sie erinnern sich: Ich habe gesagt, dass es angesichts der vielen dringenden Dinge schlicht lebensfremd ist, zu erwarten, dass man sich vorrangig im Bereich B aufhält.

Die Kunst, das Wichtige nun dringend zu machen, besteht schlicht darin, jemanden zu finden, der mit dem Wichtigen zur Tür hereinkommt. So wie Sie gestern Abend einen Stellvertreter Ihres Nachfolgers installiert haben, können Sie dies mit allen anderen wichtigen Dingen auch tun.

Sie müssen es sogar tun, weil dies der einzige Weg ist, dauerhaft ein System zu installieren, das Sie in Ihrer Entwicklung und beim Erreichen Ihrer Ziele unterstützt.«

Ja, wenn es mir gelingen könnte, mein Umfeld dazu zu bewegen, aktiv einzufordern, dass ich mein System umsetze, dann müsste ich nicht mehr kämpfen. Die Energie könnte frei fließen. Ich würde mich im Fluss mit anderen gemeinsam bewegen. Fast zu schön, um wahr zu sein. Nun war ich so neugierig geworden, dass ich Herrn Radies bat, fortzufahren.

»Wir haben jetzt also zwei wichtige Fragen: Wie sorgen Sie dafür, dass die unwichtigen Dinge nicht in Ihrer Tür stehen? Und wie sorgen Sie dafür, dass es die wichtigen Dinge tun?«

Unwichtiges fernhalten

»Beginnen wir mit der ersten Frage: ›Wie sorgen Sie dafür, dass die unwichtigen Dinge nicht mehr in Ihrer Tür stehen?‹ Zwei Ansätze hierfür haben Sie schon kennengelernt. Zum einen den getrennten Eingangsbereich. Dort findet sich viel Unwichtiges. Durch die Trennung schaffen Sie sich die Lücke zwischen Reiz und Reaktion, um das Unwichtige zurückzuweisen oder zurückzugeben. Auch die Geschichte mit den Affen weist in dieselbe Richtung. Beide Ansätze haben einen entscheidenden Nachteil: Das Unwichtige erfordert Ihre Aufmerksamkeit wenigstens insoweit, als Sie erst mal feststellen müssen, dass es unwichtig ist.

Besser wäre es, wenn diese unwichtigen Dinge überhaupt nicht mehr in Ihr Blickfeld gerieten. Dafür gibt es ebenfalls zwei Ansätze. Beginnen wir mit dem ersten.

Die unwichtigen und dringenden Dinge kommen also auf zwei Beinen zu Ihrer Tür herein. Welche anderen Menschen meinen Sie eigentlich damit?«

Nach einer kurzen Pause antwortete Herr Radies selbst: »In diesem Zusammenhang doch nur die Menschen, die Ihr System gefährden könnten. Und das sind all die, die einen unmittelbaren Zugang zu Ihnen haben.«

»Sie meinen, ich sollte einfach meine Tür zumachen und es dürfen nur noch zwei oder drei Mitarbeiter zu mir? Das wird bei einem offenen Umgang, wie wir ihn in meinem Unternehmen haben, nicht gehen.«

»Ein effektives Zeitmanagement ist immer auch Zugangsmanagement! Ihre Tür sollten Sie zu bestimmten Zeiten schließen. Am besten wäre, wenn Sie dies regelmäßig machen und vorher ankündigen, zum Beispiel: Jeden Tag von acht bis zehn Uhr ist die Tür für alle geschlossen. Zu anderen Zeiten, zum Beispiel von zehn bis zwölf Uhr, darf nur Ihre Sekretärin zu Ihnen. Das ist aber nur eine Teillösung. Und in der Tat sollten Sie den Zugang zu Ihnen nicht auf einige wenige Mitarbeiter begrenzen. Sie würden sich sonst nämlich auch von Informationen abschneiden.

Festzuhalten ist: Es handelt sich im Wesentlichen um Ihre Mitarbeiter. Diese können Ihr System am unmittelbarsten stören.«

»Ja, und meine Kunden!«, ergänzte ich.

Herr Radies lächelte. »Die Kunden lassen wir weg. Die Kommunikation und der Umgang mit Kunden ist in erster Linie Aufgabe der Fachkräfte und des Managements. Sie haben mit Ihren Kunden später nur dann zu tun, wenn der Kontakt für die Erfüllung Ihrer Unternehmeraufgaben wichtig ist. Dann geht die Initiative allerdings von Ihnen aus.«

»Aber zumindest in Krisensituationen muss ich doch direkt mit meinen Kunden kommunizieren!«, wandte ich ein.

»Wollen Sie in Zukunft noch Krisensituationen mit Ihren Kunden haben? Falls nein, lernen Sie diese zu vermeiden, und dann gehen von dieser Seite auch in Zukunft keine Störungen mehr aus. Es bleiben Ihre Mitarbeiter als wesentliche Störungsursache. Und nun die Frage: Warum sollten sich Ihre Mitarbeiter nach Ihrem System richten?«

Nach einer kurzen Pause fuhr Herr Radies fort: »Weil Sie ein gemeinsames Ziel haben! Und weil es den Interessen Ihrer Mitarbeiter dient.

Warum konkret sollten also Ihre Mitarbeiter ein Interesse daran haben, dass Sie Ihre Aufgaben als Unternehmer ausführen?«

Ich schaute Herrn Radies fragend an, doch er schwieg. Etwas irritiert begann ich nachzudenken. Und ich kam sehr schnell wieder zu dem Punkt, den wir gestern Morgen schon in der Engpassanalyse gefunden hatten: Ich wusste eigentlich gar nicht genau, was meine Mitarbeiter wollten.

Schließlich sagte ich resigniert: »Ich müsste raten.«

»Gut, dann raten Sie jetzt. Und finden Sie im Laufe der nächsten Wochen heraus, was das Interesse Ihrer Mitarbeiter ist. Sprechen Sie mit ihnen. Ohne die Unterstützung Ihrer Mitarbeiter an diesem Punkt werden Sie niemals vorwärtskommen! Also raten Sie!«

Ich überlegte. »Wenn ich mich an meinem Unternehmersystem orientieren würde, dann sollte mein Unternehmen irgendwann erfolgreicher werden. Und das kommt auch meinen Mitarbeitern zugute. Ihr Arbeitsplatz wird sicherer, sie bekommen mehr Gehalt und irgendwann gibt es auch Aufstiegschancen.«

»Ein möglicher Ansatzpunkt«, bestätigte Wolfgang Radies. »Es dient ihren längerfristigen individuellen Zielen. Was fällt Ihnen noch ein?«

Ich grübelte, aber mein Kopf schien wie leer gefegt. Schließlich schüttelte ich meinen Kopf: »Es fällt mir nichts weiter ein.«

Herr Radies dachte einen Moment nach. »Wie würden Ihre Mitarbeiter gerne arbeiten?«

»Möglichst selbstständig und eigenverantwortlich. Permanente Ablenkungen finden sie ganz schrecklich – also sie würden gern mit klar definierten Aufgaben arbeiten. Meinen Sie das?«

»Denken Sie, wenn Sie ganz ehrlich sind, dass Ihre Mitarbeiter immer genau wissen, was sie tun sollen?«, fragte Herr Radies zurück.

Nachdenklich schüttelte ich schließlich meinen Kopf. Manchmal waren Aufgaben wirklich unklar. Manchmal war unklar, wer eigentlich verantwortlich ist. Manches war schlecht geplant. Ich hatte bislang oft nicht die Zeit dazu gefunden.

Herr Radies fuhr fort: »Angenommen, Sie schaffen es zu vermitteln, dass durch Ihre Arbeit mit dem Unternehmersystem mehr Klarheit entsteht. Und dadurch eine wichtige Ursache der unbefriedigenden Arbeitssituation Ihrer Mitarbeiter beseitigt würde. Wäre dies im Interesse Ihrer Mitarbeiter?«

»Ja. Sie meinen also, dass ein zweites Interesse meiner Mitarbeiter sein könnte, nicht nur ihre individuellen längerfristigen Ziele zu verwirklichen, sondern auch ziemlich unmittelbar zu einer anderen Form des Arbeitens, des Tuns zu gelangen?«

»Genau. Fällt Ihnen noch ein weiterer Grund ein, warum Ihre Mitarbeiter ein Interesse daran haben könnten, dass Sie Ihre Unternehmeraufgaben wahrnehmen?«

Ich grübelte erneut nach, fand jedoch keine Antwort.

»Herr Willmann, stellen Sie sich mal eine Fußballmannschaft vor. Welches Interesse sollten die Spieler daran haben, dass sich der Trainer auch mal für einige Zeit zurückziehen und die Mannschaftsaufstellung und Strategie ausarbeiten kann?«

Nun, die Frage war wirklich ziemlich simpel: »Die wollen natürlich gemeinsam gewinnen!«

»Genau! Sie haben ein gemeinsames Ziel, das sie dann am besten erreichen, wenn jeder seine Aufgabe optimal wahrnimmt. Und Ihre Aufgabe als Unternehmer ist es nicht, Tore zu schießen! Ihre erste Aufgabe als Unternehmer ist es, Werte und eine Vision als gemeinsames Ziel zu definieren.«

»Ja, aber das wissen doch meine Mitarbeiter gar nicht! Wenn ich nicht mitarbeite, dann denken sie, ich wäre faul und würde ihre Leistung ausnutzen.«

Etwas unwirsch erwiderte Herr Radies: »Herr Willmann, Ihnen sollte man eine rot leuchtende ›Ja-aber‹-Blinklampe auf dem Kopf installieren. Wenn Ihre Mitarbeiter die unterschiedlichen Aufgaben von Fachkräften, Managern und Unternehmern nicht kennen, was könnte man da wohl tun?«

»Sie meinen, ich sollte meinen Mitarbeitern dieses Konzept von Unternehmer, Manager und Fachkraft erklären? Ist das denn nötig?«

»Natürlich ist das nötig!«, eiferte sich Herr Radies. »Wie können Sie nur einen Moment erwarten, dass Ihre Mitarbeiter Sie Ihre Aufgaben als Unternehmer wahrnehmen lassen, wenn Ihre Mitarbeiter überhaupt nicht wissen, was Ihr Ziel ist, was Ihre Aufgaben sind und was Sie tun wollen?«

»Ja, aber ...«

Herr Radies verdrehte die Augen und schüttelte resigniert seinen Kopf.

»... wenn ich meinen Mitarbeitern erzähle, dass sie in Zukunft nur noch Holz hacken sollen, während ich es mir auf dem Baum gemütlich mache, dann sind sie sicher nicht sehr glücklich!«, brach es aus mir heraus.

»Das ist richtig. Diesen Punkt hatten wir ja heute Morgen schon. Jedes Bild hat seine Grenzen. Das Dschungelbild taugt, um Ihre Situation zu beschreiben. Es mag vielleicht auch für stupide Fließbandjobs das gesamte Unternehmen beschreiben. Bei Ihnen hingegen arbeiten hoch qualifizierte Mitarbeiter. Diese als Holzhacker zu verheizen wäre dumm und sie mit einer Holzfällergeschichte zu ködern wenig effektiv. Sie müssen die Geschichte Ihren Mitarbeitern anders erzählen.

Sehen Sie, bislang saß in Ihrem Unternehmen niemand auf dem Baum. Sie haben alle Holz gehackt. Eigentlich hatte keiner einen Plan, wo die Schneise, die Sie geschlagen haben, hinführen würde. Das Ziel ist letztendlich, dass alle eine möglichst gute Übersicht haben und Ihre Fachaufgaben zu einem großen Teil auch selbst managen.

Um da hinzukommen, ist es am wichtigsten, dass zuerst Sie Ihre Unternehmeraufgaben wahrnehmen. Und nebenher können Sie Ihre Mitarbeiter bei einigen der Übersichtsaufgaben einbeziehen. Das können Sie mit einem Workshop initiieren, bei dem Sie deutlich machen, dass Sie etwas an Ihrem Unternehmen ändern werden.«

Ich versuchte mir alles nochmals zu vergegenwärtigen. »Ich werde also nächste Woche bei einem Meeting, zum Beispiel bei dem Aufräum-Meeting am Dienstag, meinen Mitarbeitern mitteilen, dass ich etwas an meiner Firma ändern möchte. Und dass ich Zeit brauche, um dies zu erarbeiten.

Dann erkläre ich das Konzept Fachkraft / Manager / Unternehmer. Das Ganze versuche ich zu verkaufen, indem ich erstens auf die vermuteten individuellen Ziele meiner Mitarbeiter, zweitens auf eine veränderte Art zu arbeiten und drittens auf gemeinsame Ziele verweise?«

»Ich an Ihrer Stelle würde diesen Teil noch vor dem Aufräum-Meeting machen. Es geht dabei ja um ein vorgelagertes Thema. Am besten gleich morgen früh. Sie waren jetzt vier Wochen nicht in Ihrer Firma. Ihre Mitarbeiter haben Ihren Zusammenbruch erlebt. Da werden sie wissen wollen, wie es weitergeht. Dass es nicht so bleiben kann wie bisher, sollte jedem klar sein.

Wenn Sie sofort am Montagmorgen mit Ihrer Initiative ein Zeichen setzen, machen Sie deutlich, dass Sie gewillt sind, das Ruder in die Hand zu nehmen. Und Sie beenden die unproduktive Gerüchteküche, die in den letzten vier Wochen gebrodelt haben dürfte.

Sie werden bei diesem Treffen morgen früh vermutlich nur begrenzt auf Begeisterung stoßen. Vielleicht werden Ihnen einige Mitarbeiter auch nicht vertrauen – ich weiß nicht, wie Ihr Vertrauensverhältnis bislang war. Sie verkünden morgen früh den Beginn einer anderen Arbeitsweise in Ihrem Unternehmen. Einer Arbeitsweise, die es Ihnen ermöglicht, Ihre Aufgaben als Unternehmer besser wahrzunehmen, und einer Arbeitsweise, die es Ihren Mitarbeitern ermöglicht, ihre Aufgaben als Fachkräfte besser wahrzunehmen. Um dies durchzusetzen, müssen Sie jeden Einzelnen gewinnen!

Morgen früh reicht es jedoch, wenn Ihre neuen Ansätze verstanden und toleriert werden. Ihre Mitarbeiter müssen nicht sofort begeistert sein. Kommen Sie dann jedes Mal, wenn einer Ihrer Mitarbeiter mit unwichtigen Dingen zu Ihnen kommt, auf das Modell Fachkraft / Manager / Unternehmer zurück. Helfen Sie dem Mitarbeiter einerseits, zu einer Lösung zu kommen, indem Sie zum Beispiel die richtigen Fragen stellen oder ihn an den richtigen Ansprechpartner verweisen. Erklären Sie andererseits, warum das Anliegen des Mitarbeiters zwar für das Unternehmen wichtig, für Sie in Ihrer Unternehmerrolle aber nicht wichtig ist. So werden Ihre Mitarbeiter nach und nach lernen, ihre Aufgaben selbst zu übernehmen und nur noch mit wirklich wichtigen Dingen zu Ihnen zu kommen.«

»Das wird vermutlich eine starke Umgewöhnung für meine Mitarbeiter sein«, sinnierte ich. »Aber letztlich wird es kaum anders gehen, wenn ich Zeit für meine Unternehmertätigkeiten haben will. Ich befürchte allerdings, dass das auf Unmut stoßen wird.«

Herr Radies nickte: »Sie müssen sehr genau trennen. Für alles, was die Entwicklung des Unternehmens betrifft, haben Sie natürlich ein offenes Ohr. Denn dann geht es ja um Ihre Aufgaben als Unternehmer. Und für alles, was die Entwicklung dieses Mitarbeiters betrifft, haben

Sie ebenfalls ein offenes Ohr. Das hat schließlich ebenfalls mit Ihren Aufgaben als Unternehmer zu tun. Wenn jedoch ein Mitarbeiter zu Ihnen kommt und fragt, wie er mit der Beschwerde des Kunden XY verfahren soll, dann muss er lernen, dass er damit entweder allein oder gemeinsam mit dem Manager oder mit dem Verursacher der Beschwerde zu einer Lösung kommen muss. Und Sie müssen dafür sorgen, dass Ihre Mitarbeiter diesen Unterschied begreifen. Okay?«

Ich nickte. Es würde sicher ein paar Monate dauern, bis das meinen Mitarbeitern in Fleisch und Blut übergegangen wäre. Aber es erschien mir wichtig.

Herr Radies fuhr fort: »Wir waren bei den defensiven Ansätzen. Nun kommen wir zum zweiten Ansatz, um dafür zu sorgen, dass unwichtige Dinge überhaupt nicht mehr in Ihr Blickfeld geraten. Sie brauchen einen Türhüter. Fällt Ihnen da jemand ein?«

»Meine Sekretärin Maria könnte das machen. Ach nein, das geht nicht.«

»Und warum nicht?«, fragte Herr Radies irritiert.

»Maria wird die Firma verlassen«, erwiderte ich knapp.

»Hat sie Ihnen eine Kündigung geschickt? Das hätten Sie mir sagen sollen. Das verschärft Ihren Engpass ja nochmals!«

»Nein, sie hat keine Kündigung geschickt«, klärte ich Herrn Radies auf. »Sie erhält morgen die Kündigung!«

»Und wieso?«, erkundigte sich Herr Radies entgeistert.

»Ich habe Ihnen doch gestern erzählt, dass Maria mich aus der Leitung geworfen hat, meinen E-Mail-Account sperren ließ und verhindert hat, dass ich arbeiten konnte. Das lasse ich mir von meinen Mitarbeitern nicht gefallen! Wenn das Schule macht, dann machen irgendwann alle Mitarbeiter, was sie wollen.«

Herr Radies schaute mich ungläubig an: »Und das ist der Grund?«

Ich nickte.

Er schüttelte vehement seinen Kopf: »Sie sind komplett irre! Nach Ihren bisherigen Schilderungen halte ich Maria für eine Mitarbeiterin, die sich einen klaren Blick bewahrt hat und entsprechend handelt.

Ich weiß nicht, ob Maria so gehandelt hat, weil ihr Ihre Gesundheit wichtiger erschien als Ihre Anwesenheit oder weil sie sich sagte, dass ohne Ihre Gesundheit kein gesundes Unternehmen existieren könne. Der Grund ist auch ziemlich egal. Weil sie in jedem Fall recht hatte. Und sie hat entsprechend gehandelt, obwohl ihr klar gewesen sein muss, dass sie ihren Arbeitsplatz gefährdet.

Sie hat Ihr Wohl oder das Wohl Ihrer Firma über ihr eigenes persönliches Wohlergehen gestellt. Sie hat Mut bewiesen. So eine Mitarbeiterin können Sie nicht entlassen!« Herr Radies beruhigte sich wieder etwas: »Ich würde sogar vorschlagen, dass Sie Maria vor allen anderen Mitarbeitern danken, dass sie diesen Mut bewiesen und im Interesse der Firma das Richtige gemacht hat.«

»Maria danken?«, japste ich.

»Ja, danken! Sie brauchen mehr Mitarbeiter, die diesen Mut haben.«

Ziemlich verärgert erwiderte ich: »Wie kommen Sie auf die Idee, mir zu sagen, wen ich entlassen oder belohnen soll? Das ist immer noch meine Firma!«

Ruhig entgegnete Herr Radies: »Sie haben mich engagiert, um einen anderen Weg mit Ihrem Unternehmen einzuschlagen. Der erste Schritt ist, Ihre Engpässe zu lösen. Wenn Sie sich aufgrund Ihres verletzten Stolzes selbst neue Engpässe schaffen, benötigen Sie mich nicht. Mit anderen Worten: Wenn Sie Maria kündigen, ist meine Arbeit zu Ende.«

Nach einer quälend langen Pause, in der wir uns schweigend ansahen, schlug ich vor: »Lassen Sie uns fünf Minuten Pause machen und dann weiterreden. In Ordnung?«

Herr Radies nickte. Ich ging auf die Terrasse, um wieder einen klaren Kopf zu bekommen. Rückblickend betrachtet weiß ich, in dieser Situation hätte nicht viel gefehlt und ich hätte alles abgebrochen. Mein Stolz und mein Ego hatten die ganzen eineinhalb Tage schon einige Dämpfer abbekommen. Und nun war es mir bei dieser vergleichsweise nebensächlichen Geschichte einfach zu viel.

Andererseits hatte ich das Gefühl, dass ich noch einiges von Herrn Radies lernen könnte, ja sogar lernen müsste. Und so beschloss ich, meinen Stolz erst mal zu vergessen. Heute hätte ich diesen falschen Stolz überhaupt nicht mehr. Er war angesichts jener Ereignisse vor zwei Monaten unwichtig geworden. Als ich mir das jetzt vor Augen führte, war ich ein weiteres Mal erstaunt, wie sehr sich mein Leben im letzten halben Jahr verändert hatte.

Als ich wieder unseren Besprechungsraum betrat, nickte ich Herrn Radies zu: »Gut, Maria bleibt. Aber ich werde sie nicht öffentlich für ihre Handlungen loben.«

»Das ist Ihre Entscheidung«, entgegnete Herr Radies. »Sie sollten sich jedoch Gedanken darüber machen, Maria wenigstens unter vier Augen zu loben. Und wenn es nur taktisch wäre, weil Sie Marias Unterstützung in den nächsten Wochen brauchen.«

Noch immer etwas genervt, erwiderte ich: »Ich werde darüber nachdenken. Wie geht es jetzt weiter?«

Herr Radies zuckte mit den Schultern und begann: »Maria handelt offensichtlich sowieso schon in Ihrem Interesse und dem Ihrer Firma. Es sollte relativ einfach sein, ihr zu erklären, dass Sie nach einem neuen System arbeiten möchten, das Sie entlastet, um gesundheitlich wieder richtig auf die Beine zu kommen.«

Wieder etwas versöhnt, stimmte ich zu: »Ja, das sollte einfach sein.«

»Gut, dann erklären Sie Ihr die Grundzüge des Systems. Und geben Sie ihr die Aufgabe, Ihren Eingangskorb zu überwachen und vorzufiltern. Also sämtliche E-Mails und Telefonanrufe.«

»Ja, aber das kann Maria doch nicht entscheiden!«, wandte ich ein.

»Warum nicht?«

»Weil sie meine Entscheidungskriterien nicht kennt und nicht die Übersicht über die Firma hat wie ich.«

Wolfgang Radies grinste: »Und wo ist das Problem? Teilen Sie Maria einfach Ihre Entscheidungskriterien mit und geben Sie ihr die Übersicht. Lassen Sie Maria eine Woche lang so filtern, wie sie es für richtig hält. Lassen Sie von ihr ›Ja‹-, ›Nein‹- und ›Weiß-nicht‹-Häufchen erstellen. Jeden Tag schauen Sie sich dann gemeinsam die ›Ja‹-, ›Nein‹- und ›Weiß-nicht‹-Häufchen an. Und Sie erklären ihr an den Stellen, an denen Sie anders entschieden hätten, warum Sie anders entschieden hätten. Nach einer Woche sollte sie bei normaler Intelligenz so weit sein, dass Sie abends mit ihr nur noch die ›Ja‹- und die ›Weiß-nicht‹- Häufchen anschauen müssen. Noch zwei Wochen später sollte das ›Weiß-nicht‹-Häufchen weitestgehend verschwunden sein. Beim Telefon verfahren Sie auf die gleiche Weise: Maria sagt Ihnen den Namen und bewertet die Anrufe mit ›Ja‹, ›Nein‹ und ›Weiß nicht‹.«

»Und wer soll sich dann um die ›Nein‹- und die ›Weiß-nicht‹- Häufchen kümmern?«

»Nun, das ist die neue Verantwortung von Maria. Im Wesentlichen wird es sich dabei um C- und D-, manchmal um die A-Aufgaben von anderen handeln. Sie wird herausfinden, wer dafür zuständig ist und was in den Papierkorb kommt. Halten Sie das für realistisch?«

Ich nickte. Allerdings fühlte ich mich sehr unwohl bei der Vorstellung, nicht mehr alles mitzubekommen. Das erklärte ich auch Herrn Radies.

Er nickte: »Herr Willmann, was auch immer Sie tun, Sie bekommen bei fünfzehn Mitarbeitern schon jetzt nicht alles mit. Alles andere ist eine Illusion. Es wäre auch kontraproduktiv, wenn Sie alles mitbekämen. Weil Sie dadurch abgelenkt würden. Das ist wie mit dem lebenden Eins-zu-eins-Modell von Berlin: Damit können Sie sich nicht orientieren.

Was Sie jedoch machen müssen, ist, ein Berichtssystem zu installieren. Über ein solches System wird festgeschrieben, wann Ihr Manager welche Informationen in welcher Form erhält. Und wann Ihr Manager Sie über welche Angelegenheiten unterrichtet. Damit haben Sie eine gewisse Sicherheit, alles Wichtige mitzubekommen.«

Ich war mir da nicht so sicher: »Ich würde mir trotzdem vom Informationsfluss abgeschnitten vorkommen.«

»Natürlich müssen Sie vorläufig auch weiterhin zu bestimmten Zeiten – aber eben nicht den ganzen Tag – für alle ansprechbar sein. Entscheidend ist, dass diejenigen, die zu Ihnen kommen, erfahren, was mit ihrem Anliegen geschieht, nachdem Sie es aus Ihrem Eingangskorb herausgenommen haben. Und erklären Sie, wenn Sie diese Aufgabe jemand anderem geben, warum Sie dies tun. Nach einiger Zeit wird die Menge dessen, was über Ihren Tisch geht, abnehmen.

Daneben dürfen Sie diesen Informationsfluss, der ungefragt zu Ihnen kommt, nicht mit dem Informationsfluss verwechseln, den Sie für Ihre Arbeit als Unternehmer benötigen. Letzteren müssen Sie aktiv gestalten. Sie müssen diese Informationen über sämtliche Hierarchieebenen hinweg – von denen Sie zum Glück noch wenige haben – einholen. Nun, zufrieden?«

Ich nickte. Es schien mir ein längerer Prozess zu werden, in den ich korrigierend eingreifen könnte, wenn mir etwas zu weit ging oder etwas aus dem Ruder zu laufen drohte.

»Ach, noch eins zu Maria«, grinste Herr Radies, »wenn Sie morgen in Ihre Firma kommen, werden wohl einige E-Mails und ein paar Briefe auf Sie warten. Wie wäre es, wenn Sie Maria daran schon mal üben ließen? Sie schaffen sich sofort Freiraum.«

Als Herr Radies dies sagte, bekam ich das erste Mal das Gefühl, dass diese Aufräumarbeiten und dieses neue System wirklich funktionieren und etwas nutzen könnten. Ich hatte die ganzen letzten Tage schon mit einigem Entsetzen an den riesigen Berg gedacht, der darauf wartete, abgearbeitet zu werden.

Dem Wichtigen Beine geben

»Haben Sie zu diesem ganzen Bereich der defensiven Aktionen, also der Einbindung Ihres Umfeldes mit dem Ziel, die für Ihre Rolle unwichtigen Aufgaben zu reduzieren, noch Fragen?«

Ich schüttelte den Kopf.

»Gut, dann kommen wir zum interessanteren Teil: Wie geben Sie den wirklich wichtigen Dingen Beine? Für die Entwicklung Ihres Unternehmens haben Sie mit Herrn Bertram eine Vereinbarung getroffen. Das können Sie mit allen anderen Zielen ebenfalls machen. Damit Sie dies systematisch machen, stellen Sie sich ganz einfach bei jedem Ihrer Ziele die Frage, wem dieses Ziel außer Ihnen nutzen könnte. Wenn Sie etwas Wichtiges vorhaben, dann bietet es immer einen Nutzen für irgendjemanden. Spannen Sie diesen Jemand ein. Ist er noch nicht da, wählen Sie einen Stellvertreter.«

»Ja, aber was ist mit Dingen, die für mich selbst sind? Zum Beispiel meine Gesundheit oder das Klettern?«

»Natürlich machen Sie das vorrangig für Ihr eigenes Wohlergehen. Viele Dinge für das eigene Wohlergehen machen Sie übrigens auch von allein. Da benötigen Sie keine zusätzliche Methode. Bei den anderen Dingen sollten Sie sich die Frage stellen, wer zusätzlich etwas von Ihrem Wohlergehen hat. Ihre Freunde zum Beispiel. Irgendwann eine Partnerin. Ihre Mitarbeiter. Wählen Sie eine dieser Personen aus und bitten Sie diese Person, die entsprechenden Handlungen oder Ergebnisse regelmäßig einzufordern oder anzuregen.

Und wenn Ihnen wirklich niemand einfällt, dem dieses Ziel nutzen könnte, dann sollten Sie sich ernsthaft die Frage stellen, ob es überhaupt wichtig ist.«

»Und wenn ich es auf die Spitze treiben will, dann kann ich mit anderen analog zu dem Vertrag mit Herrn Bertram eine Art Gesundheitsvertrag oder Sparvertrag schließen. Dabei käme ich mir allerdings sehr schnell eingeengt vor.«

»Da haben Sie recht«, pflichtete Wolfgang Radies mir bei. »Das Mittel mit den Verträgen sollten Sie eher sparsam einsetzen. Wenn Sie zwanzig Verträge abschließen, dann sind Sie entweder in einem Korsett gefangen oder Sie entwerten die Bedeutung des einzelnen Vertrags. Ich würde dieses Mittel auf drei bis fünf Verträge begrenzen.

Sie müssen auch experimentieren, ob bei Ihnen Belohnungs- oder Strafverträge besser wirken. Und was die optimale Zeitspanne ist. Aber entscheidender ist, dass diese dritte Person ein wirkliches Interesse hat und nicht einfach auf dem Vertrag hockt. Sie sollte aktiv auf Sie einwirken. Es ist ja gerade die Aufgabe dieser Person, die wichtigen Dinge dringlich zu machen. Diese dritte Person sollte also dann belohnt werden, wenn Sie den Vertrag einhalten.

Um das zu konkretisieren, gebe ich Ihnen mal wieder eine kleine Aufgabe: Sie haben gestern Ihre Ziele definiert. Dabei blieb eine Spalte leer. Tragen Sie nun dort bei den drei bis fünf wichtigsten Zielen die Personen ein, die einen Nutzen von diesem Ziel hätten. Sozusagen die Kunden dieses Ziels.

Ziel	Kunde
Guter Unternehmer sein	Herr Bertram
Kleine Villa im Grünen	(Partnerin)
Alte Energie wiedergewinnen	Mitarbeiter (Maria)
Umrundung des Annapurna	Kletterfreund

Nach wenigen Minuten war ich fertig: »Das war wirklich ziemlich einfach!«

»Gut«, freute sich Herr Radies. »In den nächsten Wochen werden Sie sich nach und nach mit diesen Personen treffen und mit ihnen über Ihre entsprechenden Ziele sprechen. Wenn Ihre Vermutung stimmt, dass das Ziel einen Nutzen für diese Person bietet, dann sollte sie sehr aufgeschlossen sein. Bitten Sie dann um Unterstützung.« Nach einer kurzen Pause fuhr er fort: »Sollte die Person ablehnen und Ihnen fällt sonst niemand ein, dann können Sie immer noch Ihren Coach bitten.«

»Diese Vorgehensweise finde ich wirklich sehr überzeugend. Gibt es da noch weitere Methoden?«

»Ja, viele sogar. Umgeben Sie sich mit erfolgreichen Menschen. Die erwarten aus Prinzip das Beste von Ihnen. Umgeben Sie sich mit den richtigen Mitarbeitern. Die wollen das Beste für Ihr Unternehmen. Bilden Sie einen Braintrust, also eine Art formalisiertes Coaching auf Gegenseitigkeit mit Menschen auf gleicher Augenhöhe. Kündigen Sie große Ziele in einer Weise öffentlich an, dass es peinlich wäre, sie nicht zu erreichen. Aber mit all diesen Methoden sollten Sie sich nicht gleich beschäftigen. Sie würden sich nur verzetteln.

Beginnen Sie mit dem Stellvertreter Ihres Nachfolgers. Nehmen Sie nach und nach die Kunden Ihrer anderen Ziele dazu. Und machen Sie langsam, wenn es zu viel zu werden droht. Aber verzichten Sie keinesfalls auf dieses Instrument. Es ist das effektivste Mittel, das Sie haben, um Ihre Ziele zu erreichen.

Wir sind damit mit den für Sie derzeit wichtigen Komponenten des Unternehmersystems fertig. Die anderen Komponenten lernen Sie in den nächsten Wochen kennen. Machen wir eine kurze Pause?«

»Ja, zehn Minuten Pause können nicht schaden.«

3.4 Manager und Unternehmer

In der Pause hatte ich auf der Terrasse etwas frische Luft geschnappt. Dabei hatte ich über alle besprochenen Punkte nachgedacht. Und mit einem Mal war mir klar geworden, dass wir in den vergangenen knapp zwei Tagen meine wesentlichen Probleme erkannt und dafür Lösungswege gefunden hatten.

Die Ursache für meinen Zusammenbruch lag in meinem falschen Umgang mit meiner Zeit begründet. Um zu einem richtigen Umgang zu kommen, war es erforderlich, dass ich den Zweck eines Unternehmens und die Rolle des Unternehmers verstand. Dann müsste ich mich verpflichten, die Aufgaben des Unternehmers zu erfüllen. Das hatte ich gegenüber Felix Bertram getan.

Um die Unternehmeraufgaben auszuführen, brauchte ich freien Raum. Diesen würde ich nächste Woche durch das Aufräum-Meeting und die Übergabe der Fachkraftaufgaben an meine Mitarbeiter schaffen. Schließlich brauchte ich ein System, das mich darin unterstützte, die Aufgaben des Unternehmers zu erledigen, zu lernen, wie ein Unternehmer zu denken, zu fühlen und zu handeln, sowie meine Ziele zu erreichen: das Unternehmersystem.

Meine Aufgaben in den nächsten beiden Wochen waren klar: Ich müsste dies alles einfach umsetzen. Ich blätterte zurück zu unserer allerersten Engpassanalyse. Der nächste Engpass wäre dann, die Strategie zu erarbeiten und danach die Zufriedenheit meiner Mitarbeiter. Ich hatte den Eindruck, dass ich alles nur noch abarbeiten müsste. Gleichzeitig hatte ich das unbehagliche Gefühl, noch etwas vergessen zu haben.

In dem Moment, als Herr Radies wieder in unseren Besprechungsraum trat, fiel mir ein: »Wir haben die ganze Zeit von drei Rollen gesprochen: der Fachkraft, dem Unternehmer und dem Manager. Ich habe noch keinen Manager.«

»Stimmt«, nickte Herr Radies. »Der fehlende Manager bildet im Augenblick aber auch nicht Ihren Engpass. Sie kämen noch einige Zeit ohne zurecht. Da es andererseits jedoch eine Thematik ist, die sich nicht mit einem Schnellschuss lösen lässt, sollten wir uns ruhig ein bisschen damit beschäftigen. Sie können nämlich nicht den erstbesten Manager, den Sie finden, einstellen. Wenn wir dieses Thema besprochen haben, dann schließen wir den Tag ab, indem wir alle geplanten Aufgaben in Ihren Terminplan übertragen.

Zuerst der Manager. Haben Sie dazu direkte Fragen?«

»Ja, mehrere. Die erste Frage ist, ob ich die Managerrolle nicht selbst übernehmen könnte. Dann hätte ich nämlich zwei Probleme gelöst: zum einen die Bezahlung, zum anderen, dass ich einer solchen Person ein immenses Vertrauen entgegenbringen müsste.«

»Sie denken immer noch wie eine Fachkraft, Herr Willmann«, schüttelte Herr Radies etwas resigniert den Kopf. »Ein Problem taucht auf. Und schwups haben Sie einen neuen Job am Hals, weil Sie glauben, Sie könnten das Problem mit Ihrem persönlichen Arbeitseinsatz lösen. Können Sie aber nur begrenzt und für kurze Zeit. Weil Sie sonst wieder im Krankenhaus landen.

Aber ich habe einen Verdacht: Ihnen ist der Unterschied zwischen einem Manager und einem Unternehmer noch nicht ganz klar, stimmt's?«

Nach kurzem Nachdenken antwortete ich: »Ja, da haben Sie wohl ins Schwarze getroffen. Beide arbeiten ja *am* und nicht *im* Unternehmen. Kann ich die beiden Rollen denn überhaupt trennen? Ist denn der Unterschied zwischen einem Unternehmer und einem Manager überhaupt so groß? Und wenn ich mir die meisten Unternehmen betrachte, dann ist der Gründer zugleich Unternehmer und Geschäftsführer, also Manager. Wieso sollte es anders besser sein?«

»Diese Unterscheidung ist auf den ersten Blick wirklich nicht einfach«, bestätigte Wolfgang Radies. »Beide arbeiten *am* Unternehmen, beide leiten irgendwie. Auch die Literatur zum Thema Unternehmensführung hilft uns nicht weiter. Dort wird nahezu ausschließlich nur von Führungskräften geredet. Die Trennung zwischen einem Unternehmer und einem Manager existiert dort praktisch nicht.

Der Hintergrund ist klar: Fast die gesamte Managementliteratur beschäftigt sich mit dem Management von großen, zumeist börsennotierten Unternehmen. Und dort gibt es keinen Unternehmer mehr. Manager, die nie zum Unternehmer ausgebildet wurden, sollen auf einmal die Unternehmerrolle mit übernehmen. Und dadurch kommt es zur Gleichsetzung in der Literatur. Der Punkt ist: Großunternehmen, also alle Unternehmen mit mehr als 250 Mitarbeitern, machen zusammen gerade einmal 0,3 Prozent aller Unternehmen aus. Und davon sind noch viele Mittelständler, die einen Unternehmer an der Spitze haben. Die Literatur kümmert sich also fast ausschließlich um etwa ein Tausendstel aller Unternehmen, die etwa ein Viertel bis ein Drittel der Wirtschaftskraft auf sich vereinen.

In der Literatur gibt es, wie wir vorhin besprochen haben, lediglich die Trennung zwischen Manager und Leader. Der Erste würde sich auf Dinge konzentrieren, der Zweite auf Menschen. Das ist etwas anderes als unsere Trennung zwischen Manager und Unternehmer, denn natürlich müssen sich sowohl Manager als auch Unternehmer auf Dinge *und* auf Menschen konzentrieren. Die Tatsache, dass sie *andere Ziele* und *andere Aufgaben* haben, wird dort nicht angesprochen.

Diese Trennung ist im ersten Moment in der Tat so schwierig zu erfassen, dass selbst Michael E. Gerber, der den Fokus auf diese kleineren Unternehmen gerichtet hat, bei der weiteren Ausarbeitung der Unternehmeraufgaben hinter seine eigenen Erkenntnisse zurückfällt. Dort wirft er Manager und Unternehmer nämlich wieder in einen Topf.

Aber es gibt zum Glück nicht nur die Managementliteratur. Es gibt auch Biografien von Unternehmern. Und dort ist dieser Unterschied fast immer ein Thema. Unternehmer wie der Vobis-Gründer Theo Lieven oder der Swatch-Erfinder Nicolas G. Hayek weisen immer wieder darauf hin. Was also sind die wichtigsten Unterschiede?«

Herr Radies ging ans Flipchart und zeichnete eine Tabelle mit zwei Spalten. »Die Unterscheidung zwischen Manager und Unternehmer geht ursprünglich auf den Nationalökonomen Joseph Schumpeter zurück und wurde in wissenschaftlichen Untersuchungen bestätigt.

Manager	Unternehmer
Ist den aktuellen Kunden verantwortlich	Ist den zukünftigen Kunden und dem Nachfolger verantwortlich
Mitarbeiter organisieren und motivieren	Wahrnehmung unbefriedigter Kundenbedürfnisse
Taktik	Strategie
Optimale Nutzung der vorhandenen Ressourcen	Neue Chancen
Aufgaben koordinieren und Organisation aufrechterhalten	Festlegung der Rahmenbedingungen

Optimiert System in kleinen Schritten	Revolutioniert System
Menschen führen und kontrollieren	Festlegung der Führungsprinzipien und Werte, Menschen entwickeln
Verkauf der Produkte organisieren	Übergabe an Nachfolger organisieren

Beide arbeiten zwar *am* Unternehmen, aber mit einem unterschiedlichen Fokus. Der Unternehmer benötigt die weite Sicht, der Manager schaut auf die Details im Tagesgeschäft. Der Unternehmer bestimmt die Strategie, der Manager die Taktik. Der Unternehmer bestimmt die große Entwicklung, der Manager den Betrieb des Unternehmens. Beide Aufgabenbereiche sind notwendig. Und für beide Anforderungen benötigen Sie Personen mit völlig unterschiedlichen Mentalitäten und Fähigkeiten. Große Visionäre sind zum Beispiel selten detailversessen. Gute Taktiker sind selten zugleich auch gute Strategen.

Deshalb sind Unternehmer und Manager (gleich Geschäftsführer) idealtypisch zwei verschiedene Personen. Wenn Sie sich an die Grafik (vgl. S. 45) mit den zwei Dimensionen erinnern, dann arbeitet der Manager in der horizontalen Linie, der Unternehmer in der vertikalen Linie.

Es gab und gibt nur ganz wenige Ausnahmeunternehmer, die zugleich auch Managementfunktionen hervorragend erfüllt haben. Genauso wie es, wenn man sich die DAX- und MDAX-Unternehmen anschaut, nur sehr wenige Ausnahmemanager zu geben scheint, die hervorragend Unternehmerfunktionen übernehmen können. Mir fallen auf Anhieb eigentlich nur zwei angestellte Vorstandsvorsitzende ein, die auch herausragende Unternehmerqualitäten haben.«

»Sagen Sie, Herr Radies, haben Sie eigentlich etwas gegen Manager?«

»Nein«, schüttelte Wolfgang Radies den Kopf. »Ich glaube zum Beispiel sehr wohl, dass viele dieser Vorstandsvorsitzenden exzellente Manager sind. Und ohne exzellente Manager könnten Sie ein Unternehmen nicht führen. Ich habe zum Beispiel auch einen exzellenten Arzt. Aber ich käme nie auf die Idee, ihn bei einem Rechtsstreit um Rat zu fragen. Ich habe also etwas gegen Manager, die so tun, als wären sie Unternehmer, und etwas gegen Unternehmer, die so tun, als wären sie Manager.

Es gibt verschiedene Untersuchungen über Unternehmensgründer. In einer dieser Untersuchungen wurde der Gründungserfolg in Abhängigkeit davon, ob die Gründer vorher Managementerfahrung hatten oder nicht, untersucht. Wenn Manager und Unternehmer dasselbe wären oder große Ähnlichkeiten aufweisen würden, dann sollten die Gründer mit Managementerfahrung aufgrund ihrer Erfahrung im Durchschnitt erfolgreicher sein als die Gründer ohne Managementerfahrung. Sind sie aber nach den Untersuchungen von Josef Brüderl oder A. C. Cooper nicht! Sie scheitern genauso oft! Ihre Managementerfahrung nutzt ihnen also für ihre Unternehmertätigkeit überhaupt nichts.

Hinzu kommt noch, dass man Manager und Unternehmer auf ganz unterschiedliche Weise wird. Die beiden haben eine völlig verschiedene Sozialisation. Um Manager zu werden, müssen Sie sich hocharbeiten. Zum Beispiel durch gute Leistungen oder hervorragende Kontakte in einem Unternehmen. Irgendwann entscheidet der Vorgesetzte, dass man einer bestimmten Person auch eine Managerposition anbieten könnte.

Auch eine Ausbildung an der Uni oder ein MBA-Abschluss ist hilfreich. Irgendwann befindet der Professor, dass Sie eine gute Note verdient haben, und eine Personalabteilung entscheidet später, dass Sie Ihnen auch eine Stelle als Manager anbieten könne. Sie können es zwar anvisieren, Manager zu werden, und auch eine Menge dafür tun, aber die tatsächliche Ernennung hängt von anderen ab. Und das, was Sie managen, gehört nicht Ihnen.

Der Unternehmer hingegen beschließt, dass er jetzt Unternehmer wird. Dieser Beschluss hängt von nichts und niemandem außer dem Unternehmer selbst ab. Sie brauchen keine universitäre Qualifikation, Sie müssen niemanden in einer Hierarchie von sich überzeugen. Um hingegen Unternehmer zu *bleiben*, müssen Sie eine sehr große Leistung erbringen. Aber auch hier sind die Leistungsempfänger nicht in der Hierarchie über Ihnen. Weil es nämlich in Ihrer gesamten Laufbahn niemanden in der Hierarchie über Ihnen gibt und geben wird. Deshalb kann ein Unternehmer zum Beispiel auch keine ›Karriere‹ machen: Er steht immer an der Spitze der Hierarchie und kann überhaupt nicht aufsteigen. Außerdem gehört das Unternehmen ihm – zumindest in wesentlichen Teilen. Allein diese unterschiedlichen formalen Bedingungen haben weitreichende psychologische Voraussetzungen. Und sie haben Folgen. Die Zusammenhänge sind nicht deterministisch und zwingend, aber wahrscheinlich und naheliegend. Ich möchte Ihnen dafür einige Beispiele nennen:

Erstens: Wenn ein Unternehmer gehäuft Fehler macht, wird er in der Regel mitsamt seinem Unternehmen untergehen. Die Privatinsolvenz ist bei vielen Unternehmern oft die Folge. Wenn ein Manager hingegen gehäuft Fehler macht, wird er zumeist mit einer mehr oder weniger großen Abfindung entlassen und findet sich oft kurz darauf erneut in einer Managerposition wieder. Glauben Sie, dass diese unterschiedlichen Folgen auch zu einem unterschiedlichen Herangehen an die Leitung eines Unternehmens führen könnten?

Zweitens: Wenn ein Manager unsicher ist und eine Entscheidung vermeiden möchte, kann er diese in aller Regel nach oben delegieren oder sich in einem Komitee von Managerkollegen rückversichern. Ein Unternehmer ist letztinstanzlich verantwortlich. Was meinen Sie: Führen diese Unterschiede in der Verantwortlichkeit zu einem unterschiedlichen Herangehen an die Leitung eines Unternehmens?

Drittens: Wenn ein Manager mehrere Fehler macht und seine Vorgesetzten aufpassen, verliert er seinen Job. Ein Unternehmer kann – solange Bank und Kunden mitspielen – ziemlich viele Fehler machen.

Er ist unkündbar. Könnte dies zu Unterschieden in der Risikofreude führen?

Viertens: Wenn ein Manager unglücklich mit seiner Tätigkeit oder seinem Gehalt ist, dann sucht er sich einen neuen Job. Ein Unternehmer kann, da mindestens fünfundneunzig Prozent aller Unternehmen niemals einen Käufer finden würden, in aller Regel sein Unternehmen nicht verlassen. Er ist mit dem Unternehmen verheiratet. Und zwar fast ohne Scheidungsmöglichkeit. Wie wirkt sich das Ihrer Meinung nach auf die Einstellung gegenüber dem Unternehmen aus?

Fünftens: Ein Manager ist angestellt und kündbar. Sobald größere Probleme auftauchen, steht sein Job zur Disposition. Er muss sich absichern. Diese Absicherung kann durch eine Unzahl von Memos, durch Intrigen, Stillstand, Seilschaften, Abtauchen oder sonstige Strategien angestrebt werden. Egal welche Strategie gewählt wird, produktiv im Sinne des Unternehmens ist keine. Ein Unternehmer hingegen muss seine Position nicht absichern und käme deswegen noch nicht einmal auf die Idee zu solchen Strategiespielchen.

Sechstens: Ein Manager verdient in der Regel deutlich mehr als ein normaler Angestellter. Unternehmer verdienen im Durchschnitt (!) in den ersten zehn Jahren fünfunddreißig Prozent weniger als Festangestellte mit vergleichbarer Tätigkeit. Glauben Sie, dass dies zu einem anderen Verständnis von Arbeit führt? Und glauben Sie, dass dies ein Indiz dafür ist, dass ganz andere Dinge als die persönliche finanzielle Entlohnung eine Bedeutung haben? Nur wenige (schlechte) Unternehmer kämen auf die Idee, zeitgleich Mitarbeiter zu entlassen und das eigene Gehalt zu erhöhen, wie es bei managergeführten Unternehmen oft der Fall ist.

Siebtens: Ein Unternehmer hat sein Unternehmen zumeist gegründet. Er hat es durch viele Höhen und Tiefen geführt. Und ist selbst durch dieselben Höhen und Tiefen gegangen. Ein Manager wurde zu einem späteren Zeitpunkt angestellt, kennt viele Dinge nur vom Hörensagen. Was bedeutet das jeweils für die emotionale Verbundenheit?«

Mir schwirrte der Kopf. Ich hatte das Gefühl, dass er mit diesen Unterschieden ewig fortfahren würde. Und so versuchte ich Herrn Radies zu bremsen: »Ja, ich hab's verstanden: Manager und Unternehmer sind verschieden. Sie haben unterschiedliche Funktionen und Aufgaben, eine andere psychische Grundstruktur, andere Motive, einen anderen Karriereweg und eine andere Einstellung. Und was folgt daraus?«

»Jeder Mensch hat eine gewisse charakterliche Prädisposition, die dafür sorgt, dass er eher zum Manager oder eher zum Unternehmer taugt.* Diese lässt sich natürlich im Laufe der Jahre gezielt verändern und entwickeln. Aber kaum zur selben Zeit in zwei unterschiedliche, zum Teil sogar gegensätzliche Richtungen. Da Sie sich entschieden haben, ein guter Unternehmer zu werden, sollten Sie es sich nicht antun, zugleich auch ein exzellenter Manager werden zu wollen.«

»So, wie Sie das schildern, ist es sicher naheliegend, wenn jemand anderes die Managerrolle übernimmt. Das heißt, ich suche mir jetzt einen Geschäftsführer?«

Herr Radies lachte: »Nicht so schnell! Sie sagten vorhin, dass Sie mehrere Fragen hätten. Die Frage, ob Sie die Managerrolle selbst übernehmen sollten, haben wir nun besprochen und entschieden verneint. Welche weiteren Fragen hatten Sie?«

»Die Frage hängt mit dem Suchen zusammen: Wie finde ich denn einen guten und bezahlbaren Geschäftsführer?«

Herr Radies dachte einen Moment nach, ehe er erwiderte: »Ich möchte Ihnen eine Frage stellen. Sie haben ja schon einige Mitarbeiter, zum Beispiel auch Ihre Projektleiterin, eingestellt. Wie sind Sie dabei vorgegangen?«

---

* In Kapitel 4.1 finden Sie auf Seite 273 die sogenannte Limbic Map® von Hans-Georg Häusel. Diese kann als Instrument verwendet werden, um Menschen grob bestimmten Typen zuzuordnen. Ein Manager befindet sich auf dieser Limbic Map® vor allem rechts bis rechts oben. Ein Unternehmer vor allem oben von der linken Seite bis zur rechten Seite. Somit gibt es nur rechts oben einen relativ kleinen Bereich mit einer Überschneidung der Typen.

»Ich habe bei meinen Mitarbeitern und in meinem Bekanntenkreis herumgefragt, ob sie jemand kennen. Falls da keine Resonanz kam, habe ich Anzeigen geschaltet. Dann kamen die Interessenten zum Bewerbungsgespräch und ich habe einen der Bewerber ausgewählt. Machen das nicht alle so?«

»Und nach welchen Kriterien haben Sie ausgewählt?«

»Nach der fachlichen Eignung. Und natürlich nach Sympathie.«

»Waren Sie mit Ihren Entscheidungen immer glücklich?«

Ich schüttelte den Kopf. »Nein, wirklich zufrieden mit meiner Entscheidung war ich in höchstens einem Viertel aller Fälle. Fachlich waren zwar fast alle okay, aber die Motivation und Einstellung stimmte oft gar nicht. Und gerade bei Software-Entwicklern sind die Unterschiede zwischen denjenigen, die mit voller Begeisterung bei der Sache sind, und Programmierern, die eben programmieren, gigantisch. Ich schätze, dass sich die Resultate im Verhältnis von eins zu zehn bis eins zu hundert unterscheiden.«

»Sie haben das Problem gut erkannt. Obwohl Sie noch zu optimistisch sind. Die Entscheidungen auf rein fachlicher Basis sind, wie ich Ihnen nachher noch erklären werde, nur in etwa einem Achtel aller Fälle richtig. Eine falsche Entscheidung können Sie sich bei der Geschäftsführerposition natürlich nicht erlauben. Nebenbei unterscheiden sich die Ergebnisse beim Geschäftsführer noch stärker: Es geht nicht um den Faktor eins zu zehn oder eins zu hundert, sondern um Erfolg oder Misserfolg.

Das Geheimnis liegt in den Werten, der Einstellung und der Motivation. Es gibt im Englischen folgende Aussage: ›Hire for attitude, train for skills.‹ Sie trifft den Nagel auf den Kopf. Es gibt im Prinzip zwei Typen von möglichen Arbeitskräften, mit denen Sie konfrontiert sind: Die einen suchen einen Arbeitsplatz, die anderen suchen eine Aufgabe. Diejenigen, die einen Arbeitsplatz suchen, haben ihr Ziel erreicht, wenn sie ihn gefunden haben. Wer am Ziel ist, dessen Aktivität lässt nach. Diejenigen, die eine Aufgabe suchen, haben hingegen mit der Anstellung ihr Ziel konkretisiert und die Aktivität beginnt.

Es ist eine grundlegende Frage der Einstellung. Dazu sagt der Psychologe Viktor Frankl: ›Die letzte aller menschlichen Freiheiten ist die, seine Einstellung in jeder gegebenen Situation selbst wählen zu können.‹ Bei Viktor Frankl handelt es sich nicht um einen Psychologen, der im Warmen neben seiner Couch alt und grau geworden ist und sich in der Sicherheit alles Mögliche zusammenreimen konnte. Nein, Viktor Frankl formulierte diese Erkenntnis im Konzentrationslager, während fast seine gesamte Familie ermordet und er selbst gefoltert wurde. Dadurch gewinnt seine Aussage erst ihre wirkliche Tiefe: Sie können in *jeder* Situation Ihre Einstellung selbst wählen.

> **Es gibt zwei Typen von Arbeitskräften: Die einen suchen einen Arbeitsplatz, die anderen suchen eine Aufgabe.**

Das hat eine wichtige Folge für Sie als Unternehmer. Egal was Sie machen, egal ob Sie jemanden mit harten Mitteln antreiben oder ob Sie jemanden mit Geld und Ehrungen überhäufen: Er kann und wird seine Einstellung in jeder beliebigen Situation selbst wählen. Das heißt, Sie haben keinen direkten und unmittelbaren Einfluss auf die Einstellung und damit die Motivation des Mitarbeiters. Es ist ein gefährlicher Irrglaube in modernen Führungstheorien, dass die Führungskraft für die Motivation der Mitarbeiter verantwortlich sei. Auf direkte und unmittelbare Weise haben Sie keinerlei Einfluss auf die Motivation! Höchstens auf die Demotivation, aber das interessiert uns im Zusammenhang mit der Personalauswahl nicht. Und wenn Sie keinen Einfluss darauf haben, dann ist die logische Konsequenz natürlich die, dass Sie diejenigen aussuchen müssen, die bereits nachgewiesen haben, dass sie über genau die Einstellung verfügen, die Sie suchen. Sie können sich nicht auf die Lotterie verlassen, dass der entsprechende Mitarbeiter im Laufe der Zeit seine Einstellung vielleicht ändert.

Hingegen können Sie sich gewöhnlich darauf verlassen, dass Mitarbeiter mit der richtigen Einstellung Mängel in den Fachkenntnissen irgendwann ausgleichen werden.

Im Falle eines Managers für kleine und mittlere Unternehmen haben Sie sowieso ein Problem mit den Fachkenntnissen: Managerausbildungen, wie die zum MBA, sind fast ausschließlich auf Großunternehmen zugeschnitten. Manches ist zwar ähnlich, aber es gibt auch viele Unterschiede. Die meisten MBA-Absolventen sind für Ihre Anforderungen falsch qualifiziert. Manager hingegen, die über die Praxis kommen, also in kleinen oder mittleren Unternehmen irgendwann zum Manager befördert wurden, bringen viele wichtige Erfahrungen mit, hängen jedoch meist noch im Fachkraft-Manager-Problem fest. Sie wurden nämlich irgendwann zum Manager befördert, weil sie eine exzellente Fachkraft waren. Völliger Irrsinn! Die meisten Managerkandidaten müssen Sie also sowieso fachlich qualifizieren oder qualifizieren lassen.«

Ich nickte: »Das klingt plausibel für mich. Jetzt habe ich zwei Fragen: Erstens, wie viele gibt es von denen, die wirklich eine Aufgabe und nicht nur eine Arbeit suchen, überhaupt, und zweitens, wie finde ich diese?«

»Beginnen wir mit der ersten Frage: Wie viele sind es, die eine Aufgabe suchen? Die Antwort: Weniger als sechzehn Prozent. Wie ich zu dieser Zahl komme? Nun, es gibt eine regelmäßige Untersuchung des Gallup-Instituts unter Angestellten, die der Frage nachgeht, wie viele davon motiviert sind, wie viele Dienst nach Vorschrift machen und wie viele innerlich gekündigt haben. Die Gruppe der motivierten Mitarbeiter schwankt je nach Untersuchungsjahr zwischen zwölf und sechzehn Prozent. Und die Gruppe der Nicht-Angestellten dürfte kaum motivierter sein als die Gruppe der Angestellten. Deshalb: Es sind weniger als sechzehn Prozent, die eine Aufgabe suchen.

Das bedeutet, dass überhaupt nur jeder achte Bewerber für Sie infrage kommt. Und das ist dann auch noch nicht unbedingt der Richtige. Er muss mindestens noch einen starken Bezug zu Ihrem zentralen Unternehmenswert haben. Und er sollte zumindest ein paar Managementkenntnisse mitbringen. Also kommen von dem Achtel auch nur zwanzig Prozent infrage.«

»Dann müsste ich mir ja über hundert Kandidaten anschauen, um wenigstens drei Bewerber zu haben, die überhaupt infrage kämen!«, entfuhr es mir entgeistert. »Die Zeit habe ich überhaupt nicht. Dann bin ich ja nur noch mit Einstellungsgesprächen beschäftigt!«

»Die Zeit müssen Sie sich nehmen!«, entgegnete Herr Radies. »Typischerweise ist gerade in kleinen Unternehmen nach dem zweiten oder dritten Vorstellungsgespräch bereits Schluss. Damit spielen Sie Lotterie! Es ist eine ganz einfache Rechnung, warum Sie sich diese Zeit nehmen müssen: Bereits ein falsch angestellter Mitarbeiter kostet leicht mehrere Zehntausend Euro, denken Sie an die Gehälter, die Fehler, die Ablenkung der übrigen Mitarbeiter während der Einarbeitung, an die Zeitverzögerung beim Unternehmensaufbau, an Abfindungen und an die Suche von Ersatz. Und er kostet sicher mehr Zeit, als Sie brauchen würden, um sich ein paar zusätzliche Bewerber anzuschauen. Die Einstellung eines ungeeigneten Geschäftsführers kostet Sie unter Umständen Ihr ganzes Unternehmen.

Aber ich möchte Ihnen noch eine Frage stellen: Als Software-Firma setzen Sie doch bestimmt eine ganze Menge Technik ein, um Ihre Software zu produzieren.«

»Ja, zum Beispiel Software-Entwicklungssysteme oder Versions-Management-Software.«

»Gut, und wie viel kostete zum Beispiel Ihre Versions-Management-Software?«

»Gar nichts. Das ist Open Source, wird also kostenlos im Internet angeboten.«

»Und wie lange hat es gedauert, bis Sie diese Software ausgewählt hatten?«

Jetzt verstand ich auf einmal, worauf Herr Radies hinauswollte. Ich nickte nachdenklich: »Ja, Sie haben recht. Wir haben etwa drei Monate lang verschiedene Produkte verglichen und getestet. Dabei waren fünf Entwickler beteiligt. Alles in allem ein Arbeitsaufwand von locker fünfzig bis achtzig Stunden.«

»Eben«, sagte Herr Radies. »Und diesen Arbeitsaufwand betreiben

Sie bereits bei der Technologieauswahl, wenn Sie null Kostenrisiko haben. Einen neuen Mitarbeiter mit einem enormen Kostenrisiko stellen Sie aber bereits nach zwei oder drei Gesprächen ein. Das scheint mir ein ziemlich krasses Missverhältnis zu sein. Finden Sie nicht auch?«

Das musste ich zugeben. Ich war zuvor noch nie auf die Idee gekommen, den jeweiligen Arbeitsaufwand und die Risiken für die beiden unterschiedlichen Auswahlprozesse zu vergleichen.

Herr Radies fuhr fort: »Oft hat dies eine ziemlich einfache Ursache: Die meisten Kleinunternehmer suchen erst dann Mitarbeiter, wenn es gar nicht mehr anders geht. Sie setzen sich also selbst unter Druck, schnell einen Mitarbeiter einstellen zu müssen. In dieser Situation kann man unmöglich zwanzig, dreißig oder mehr Bewerber anschauen. Die Suche nach Mitarbeitern mit der richtigen Einstellung ist somit eine *permanente Aufgabe* des Unternehmers. Jim Collins schreibt in seinem Buch *Der Weg zu den Besten* sogar, dass die besten Führungspersönlichkeiten die wirklich guten Mitarbeiter einstellen, *bevor* sie sie brauchen – wirklich gute Mitarbeiter finden immer einen Weg, sich bezahlt zu machen. Sie nehmen sich also fest in Ihrer Terminplanung vor, jede Woche ein bis zwei Einstellungsgespräche für einen Geschäftsführer zu führen. Überlegen Sie, wo sich Menschen mit den Werten und der Einstellung, die Sie suchen, häufen. Suchen Sie vor allem dort. Um zu diesen Kandidaten zu kommen, nutzen Sie alle Kanäle, die Sie haben: Mitarbeiter, Netzwerk, Bekannte. Machen Sie sich zu jedem, wirklich jedem Menschen, den Sie treffen, Notizen, ob er als Geschäftsführer infrage käme. Auch wenn es der Einkäufer eines Ihrer Kunden wäre. Dann sollten Sie in sechs bis zwölf Monaten einen geeigneten Kandidaten gefunden haben. So viel Zeit haben Sie noch, ohne dass es ein wirklicher Engpass für Sie wird. Ganz einfach.«

Etwas frustriert entgegnete ich: »Ich hatte schon gehofft, dass ich weniger Arbeit haben werde, wenn ich nur noch die Aufgaben des Unternehmers ausführe. Nun wird mir immer klarer, dass es vor allem andere Arbeit ist.« Ich fuhr fort: »Nun gut, und nach welchen Kriterien und Auswahlverfahren kann ich nun vorgehen?«

»Hier können Sie nur mit einem mehrstufigen, schriftlich fixierten Auswahlverfahren arbeiten, das Tests*, Probearbeit, Einstellungsgespräche und Beurteilungen durch Ihre Mitarbeiter umfasst. Nur so können Sie alle Aspekte beleuchten. Worauf müssen Sie im Einstellungsgespräch achten? **Erstens** auf die Empfehlung des vielfach ausgezeichneten Erfolgsunternehmers Klaus Kobjoll. Dieser konzentriert sich im persönlichen Gespräch vor allem darauf, ob die Augen leuchten, wenn der potenzielle Mitarbeiter über die zukünftige Aufgabe spricht, oder ob sie es nicht tun. Das ist ein K.-o.-Kriterium. **Zweitens** müssen die persönlichen Kernwerte des Kandidaten mit denen Ihres Unternehmens übereinstimmen. Um diese Unternehmenswerte kümmern wir uns bei unserem nächsten Treffen. Jetzt nur so viel: Lassen Sie sich von dem Kandidaten auch Geschichten aus seinem Leben erzählen. So, wie Sie mir gestern von sich erzählt haben, als wir Ihre Werte ermitteln wollten. Damit reduzieren Sie das Risiko drastisch, dass Ihnen Werte präsentiert werden, von denen der Bewerber denkt, sie würden Ihnen gefallen. Und suchen Sie in diesen Geschichten immer nach Anzeichen für Eigeninitiative.

Drittens müssen Sie bei einem Geschäftsführer auf einige Kernwerte achten, die nichts mit Ihren Unternehmenswerten zu tun haben. Er sollte zu Werten wie Detailorientierung, Disziplin, Menschenorientierung, Durchsetzung, Effizienz und Verantwortung einen starken Bezug haben. Auch das finden Sie über Geschichten heraus. Fragen Sie nach den entscheidenden Wendepunkten im Leben. Und warum sich der Bewerber an diesen Wendepunkten so und nicht anders entschieden hat. Das gibt einen guten Einblick in die Motive. Glauben Sie, dass Sie auf diese Weise einen Geschäftsführer finden könnten?«

»Ja, mit Sicherheit werde ich damit zu erheblich besseren Ergebnissen kommen als bei der bisherigen Auswahl von Mitarbeitern. Aber mir ist trotzdem noch nicht ganz wohl dabei. Ich kann ja nie hundert-

---

* Z. B. Limbic-Personality (http://www.limbic-personality.com) oder die verbreiteten, aber auch etwas angestaubten DISG- oder HDI-Tests.

prozentig sicher sein, dass ich den Richtigen gewählt habe und ihm vertrauen kann.«

»Stimmt, hundertprozentige Sicherheit haben Sie nie! Sie können das Risiko aber erheblich einschränken, wenn Sie drei Hinweise beachten: Erstens, wenn Sie die geringsten Zweifel oder Unsicherheiten in Bezug auf die Person haben, dann nehmen Sie den Kandidaten nicht. Die Position des Geschäftsführers ist zu wichtig, um Kompromisse machen zu können. Zweitens sollten Sie den Geschäftsführer kontrollieren. Etablieren Sie drittens ein Führungssystem, an dem sich der Geschäftsführer und alle weiteren Manager auszurichten haben. Die letzten beiden Themen sind längerfristige Themen, die Sie erst dann konsequent angehen müssen, wenn Sie tatsächlich einen Geschäftsführer einstellen. Bis dahin können Sie einfach immer, wenn Sie etwas Zeit haben, einzelne Managementmodule schriftlich sammeln.

Dokumentieren Sie Ihre zunehmenden Erfahrungen bei der Bewerberauswahl schriftlich. Oder schreiben Sie, wenn Sie sich um Kennzahlen kümmern, ein Dokument, in dem festgehalten wird, welche Kennzahlen wie erfasst werden. Dann haben Sie in einem halben Jahr schon genügend Material für ein Grundgerüst eines Führungssystems. Diese eigenen Materialien verbinden Sie dann mit vorhandenen Managementsystemen* und passen diese so an Ihre Bedürfnisse an.«

---

* Zum Beispiel mit dem System aus »Führen, Leisten, Leben« von Fredmund Malik oder der abgespeckten Version in »Leading Simple« von Boris Grundl und Bodo Schäfer. Beide beziehen sich im Wesentlichen auf Management. Alternativ käme auch das Führungssystem des SchmidtCollegs infrage. Dort werden Manager und Unternehmer aber wieder in den gemeinsamen Topf der Führungskräfte geworfen.

Daneben gibt es noch aus dem Bereich der Qualitätssicherung und ISO-Zertifizierung Vorlagen für Betriebshandbücher, in denen viele Prozesse bereits beschrieben sind. Hier können aber nur unkritische Standardprozesse eins zu eins übernommen werden, da sich letztlich die Unternehmenswerte in jedem einzelnen Prozess widerspiegeln und deshalb die Prozesse bei unterschiedlichen Unternehmenswerten oft unterschiedlich sein müssen.

Ich dachte nach. Wir hatten vieles geklärt. Aber etwas blieb noch offen: »Herr Radies, noch zwei Fragen. Zum einen: Angenommen, ich finde einen Geschäftsführer. Wie soll ich den bezahlen? Sie wissen doch, dass die finanzielle Lage meines Unternehmens zwar nicht katastrophal ist, aber auch nicht so toll, dass ich 80 000 bis 120 000 Euro zusätzlich pro Jahr aufbringen könnte. Zum anderen: Wie gehe ich in der Zwischenzeit, bis ich einen Geschäftsführer gefunden habe, vor?«

»Zuerst zum Gehalt: Es gibt einen weitverbreiteten Irrglauben: dass die Leute, die ein hohes Gehalt fordern, auch die besten Leute wären. Das können Sie vergessen. Leute, die ein hohes Gehalt fordern, haben vor allem ihr eigenes wirtschaftliches Interesse im Auge. Wenn dann irgendwo ein besseres Gehalt bezahlt wird, sind diese Leute auch wieder weg. Das Risiko können Sie nicht tragen. Die besten Leute sind die, die eine sinnvolle Aufgabe suchen. Sie finden die besten Leute also, indem Sie eine sinnvolle Aufgabe bieten, in der sie sich bewähren und weiterentwickeln können. Das ist unser Thema bei unserem nächsten Treffen: Wie finden Sie eine Strategie und damit zusammenhängend eine anziehende, sinnvolle Vision? Das Gehalt ist nichts weiter als ein Hygienefaktor – es sollte eben stimmen. Außerdem müssen Sie den Geschäftsführer nicht zwingend auf dem Arbeitsmarkt suchen. Sie können auch unter Ihren bestehenden Mitarbeitern suchen.

Schließlich müssen Sie, wenn Sie einen neuen Geschäftsführer anstellen, nicht das ganze Jahresgehalt auf einmal zahlen. Wenn er etwas taugt, dann holt er mindestens das Doppelte seines Gehalts durch höhere Umsätze, effektivere Abläufe und Kosteneinsparungen rein.

Praktisch gehen Sie so vor: Sie legen einem zukünftigen Geschäftsführer, nachdem er seine erste Gehaltsforderung genannt hat, Ihre Unternehmenszahlen auf den Tisch. Und dann fragen Sie ihn, wie er sein Gehalt auf Basis Ihrer Geschäftszahlen zu bezahlen gedenkt. Ein Geschäftsführer, der das Wohl der Firma im Auge hat, lässt sich auf diese Perspektive ein und wird ein sehr niedriges Fixgehalt und eine sehr hohe Erfolgskomponente vorschlagen. Er zeigt damit, dass er bereit ist, das Risiko mit Ihnen gemeinsam zu tragen.

Ein Bewerber hingegen, der seinem persönlichen Wohl die oberste Priorität einräumt, wird sich beim Gehalt nicht oder nur wenig bewegen und Ihnen stattdessen eine ganze Reihe undurchdachter Maßnahmen vorschlagen, etwa den Vertrieb zu stärken oder zu rationalisieren. Brechen Sie das Gespräch sofort ab und setzen Sie diese Leute vor die Tür! Es gibt genügend Großunternehmen, die diese Art von Show mögen; sollen diese Leute dort anheuern.«

Im ersten Moment kam es mir sehr ungewöhnlich vor, dem Bewerber die Zahlen auf den Tisch zu legen und ihn nach einer Lösung suchen zu lassen. Aber dann begriff ich, dass ich fast schon wieder meinem Fachkraftdenken zum Opfer gefallen wäre: Ein Problem wie das der Bezahlung taucht auf. Und ich hätte versucht, es mit eigenem Arbeitseinsatz – zumindest an Gedanken – zu lösen. Auf die Art und Weise, wie Herr Radies das vorgeschlagen hatte, war es viel eleganter. Zumal dann der Geschäftsführer selbst den Vorschlag zu seiner Bezahlung gemacht hätte und ein potenzieller zukünftiger Konflikt von vornherein entschärft wäre. »Ja, ich glaube, so kann es funktionieren. Bleibt meine letzte Frage: Wie gehe ich in der Zwischenzeit vor?«

»Das ist recht einfach: Verteilen Sie die Managementaufgaben. Naheliegende Kandidatinnen scheinen mir Ihre Projektleiterin Sabine und Ihre Sekretärin Maria. Setzen Sie sich mit Sabine zusammen, ähnlich wie mit Norbert. Und immer wenn Sie merken, dass Sie eine M-Aufgabe in Ihren Unternehmerplaner schreiben wollen, fragen Sie sich, wer außer Ihnen diese Aufgabe erledigen könnte. Finden Sie Freiwillige! Genauso wie beim Aufräum-Meeting. Halten Sie dann die Aufgabenstellung und die Kontrollmechanismen schriftlich fest. Das brauchen Sie einerseits zur Kontrolle der Managementaufgaben, andererseits für die Erstellung Ihres Managementsystems.

Einige wenige Managementaufgaben werden trotzdem bei Ihnen bleiben, bis Sie einen Geschäftsführer haben. In den sauren Apfel müssen Sie leider beißen. Denken Sie, dass Sie mit diesem Wissen innerhalb eines halben Jahres einen Geschäftsführer finden und bis dahin klarkommen werden?«

Nachdem ich das Gehörte nochmals überdacht hatte, nickte ich. Meine Bedenken waren erheblich geschrumpft. Sicher würde ich mit einem solchen Geschäftsführer die eine oder andere Auseinandersetzung führen, aber das ergab sich einfach aufgrund der unterschiedlichen Aufgaben und Charaktere. Gleichzeitig hatte ich das Gefühl, dass man mit dieser Rollenteilung zu zweit die Aufgaben viel besser bewältigen könnte.

Und ich könnte mich wesentlich besser auf meine entscheidenden Aufgaben als Unternehmer konzentrieren. Fast schon fiel mir ein Stein vom Herzen, dass ich mich perspektivisch nicht mehr mit den ganzen Details des Tagesgeschäfts auseinandersetzen müsste und diese Aufgaben jemandem übergeben könnte, der diese Details liebte.

So nickte ich einfach:»Ich freue mich schon darauf, die Managementaufgaben in die richtigen Hände zu legen. Machen wir noch mal eine kurze Pause und fassen dann bitte die Aufgaben der nächsten zwei Wochen in einem konkreten Plan zusammen? Ich fühle mich nämlich schon wieder ein wenig verwirrt.« Etwas gequält lächelte ich:»Und das war ja nicht der Sinn und Zweck unseres Coachings, richtig?«

Herr Radies nickte lachend:»Ja, Pause. Und dann sortieren wir die Ergebnisse unserer zwei Tage.«

3.5 Arbeitsplan

Als Herr Radies wieder zurückkam, hatte ich bereits alle Aufgaben, die sich aus dem, was wir in den vergangenen zwei Tagen besprochen hatten, ergaben, aufgelistet. Er blickte kurz darauf und nickte dann:»Beginnen wir! Zuerst: Wann sind Sie üblicherweise am produktivsten?«

»Normalerweise morgens von etwa acht bis zehn Uhr.«

»Gut, dann werden Sie in dieser Zeit ausschließlich Unternehmeraufgaben erfüllen. Bislang haben Sie bei Ihrer Zeitbelastung zwangsläufig auch am Wochenende gearbeitet. Das wird gestrichen: Ihre

Tätigkeiten am Wochenende dienen ausschließlich Ihrer eigenen Entwicklung oder Ihrer Erholung. Beginnen wir mit der Reihenfolge der Prioritäten. Zuerst die Pausen. Mindestens alle eineinhalb bis zwei Stunden sollten Sie fünfzehn Minuten Pause machen.«

Ich trug die Pausen ein.

»Selbstständige entwickeln häufig die Angewohnheit, auch die Pausen mit Arbeit oder E-Mails oder Internetrecherche vollzustopfen. Diese Gefahr besteht auch bei ihnen, vor allem, weil Sie es bisher vermutlich gewohnt waren, überhaupt keine Pausen zu machen. Füllen Sie deshalb die Pausen mit einer Tätigkeit: Meditation, Mittagessen außerhalb des Büros, aus dem Fenster schauen, Kaffee in Ihrer Kaffeeküche trinken, ums Haus laufen, gymnastische Übungen machen oder sonst etwas. Und machen Sie sich nochmals klar: Das sind Ihre wichtigsten Termine am Tag, da die Pausen Sie nach vorheriger intensiver Arbeit stärker machen.«

Da mir eine gewisse Regelmäßigkeit wichtig erschien, um diese neuen Gewohnheiten herauszubilden, trug ich bei den gleichen Pausenzeiten die gleichen Tätigkeiten ein.

»Dann kommen als Nächstes die tägliche Planung, die Leitfragen und die Auswertung. Wann beginnen Sie zu arbeiten?«

»Normalerweise zwischen sechs und sieben Uhr.«

»Vermutlich ohne ein richtiges Frühstück«, schüttelte Herr Radies den Kopf. »Frühstücken Sie, nehmen Sie sich Zeit, halb acht reicht auch. Sie wollen ja weniger arbeiten. Nehmen Sie sich dann zu Tagesbeginn eine halbe Stunde Zeit für Ihre Tagesplanung und die Leitfragen. – Wann haben Sie normalerweise den Tag beendet?«

»Zwischen zwanzig und dreiundzwanzig Uhr. Wenn ich in Zukunft meinen Tag um zwanzig Uhr beenden könnte, wäre ich glücklich.«

»Gut, abends um acht beenden Sie den Tag mit Ihrer Auswertung«, hielt Wolfgang Radies fest. Er grinste. »Und davor kümmern Sie sich eineinhalb Stunden um Ihre Fitness. Ihr regulärer Arbeitstag ist also um halb sieben zu Ende. Damit kommen Sie, die Pausen abgerechnet, auf rund fünfzig Stunden in der Woche.«

»Prima«, freute ich mich. »Und was mache ich den Rest der Zeit?«
Herr Radies lachte schallend: »Freunde treffen, schlafen, Fernsehen schauen. Was immer Sie wollen. Nur eines nicht: arbeiten! In einigen Wochen, wenn Sie auch noch den Managementanteil heruntergefahren haben, können Sie sich verstärkt um die Ziele Ihrer anderen Lebensbereiche kümmern.

Gut, jetzt kommen die großen Blöcke. Das sind einmal die drei täglichen Unternehmeraufgaben: Arbeit am Engpass, Chancen suchen und persönliche Weiterentwicklung, dann Ihr Bekanntmachungs-Meeting am Montag und Ihr Aufräum-Workshop am Dienstag.«

Ich trug die persönliche Weiterentwicklung gleich am Vormittag ein. Nach der Frühstückspause die Arbeit an meinem Engpass und die Suche von Chancen abends, weil ich da sowieso immer etwas abschweifte und mir dies als ein guter Zustand zum Suchen erschien. Als ich das Meeting und den Workshop eintragen wollte, musste ich meine Weiterentwicklung an diesen beiden Tagen streichen.

»Sie haben zwar recht, dass Sie Montag und Dienstag dafür keine Zeit mehr haben, aber Streichen kommt bei einem derart wichtigen Thema nicht infrage«, protestierte Herr Radies. »Beginnen Sie einmal damit, dann wird Ihre gezielte Weiterentwicklung immer wieder Streichopfer und findet am Ende gar nicht mehr statt. Legen Sie sich also am Wochenende je zwei Stunden aufs Sofa und lesen Sie!

Die Arbeit am Engpass konkretisieren wir gleich noch: Sie kennen ja Ihren Engpass und wissen, was Sie tun müssen. Die verbleibende Zeit ist im Wesentlichen für genau diese Arbeit am Engpass einerseits und für Feuerwehreinsätze andererseits reserviert. Nach vier Wochen Abwesenheit sind solche Einsätze sicher notwendig.

Tragen Sie als Nächstes die Arbeit an Ihrem Engpass, also die Übergabe Ihrer Aufgaben an Maria, Norbert und Paul sowie die Zusammenarbeit im Management mit Sabine, ein. Damit dies schnell und effektiv geht, sollten Sie sich nach einem Erstgespräch in den nächsten Wochen täglich eine halbe Stunde zusammensetzen. In diesen Gesprächen geht es weniger um die einzelnen Aufgaben. Stattdessen um die

Fragestellungen und Kriterien, mit denen Sie an diese Aufgaben herangehen würden. Lassen Sie Ihre Mitarbeiter diese Fragestellungen und Kriterien schriftlich festhalten. Sie brauchen das später noch.«

Ich trug die Aufgaben ins System ein. Langsam wurde es schon richtig voll. Für Maria und die Feuerwehreinsätze plante ich relativ viel Zeit ein, hoffte aber darauf, dass es ab Mitte der Woche weniger würde. Als ich die Punkte eingetragen hatte, schaute ich in meine Liste. Es blieb zum Schluss nur noch die Aufgabe, das Unternehmersystem zu vervollständigen. Das trug ich für Freitag ein und nahm mir vor, auch am Wochenende etwas daran zu arbeiten.

»Gut, fast fertig. Der Punkt ist, Sie waren vier Wochen nicht da und haben keine Ahnung, was in Ihrer Firma passiert ist und wie die Stimmung ist. Sie sollten sich am Montag Zeit nehmen, durch Ihre Firma zu laufen und mit Ihren Mitarbeitern zu sprechen. Horchen Sie, wie die Stimmung ist und wo der Schuh drückt. Bringen Sie aber auch in Erfahrung, was gut gelaufen ist.«

»Das ist das richtige Stichwort«, fiel ich Herrn Radies in Wort: »Was soll ich denn eigentlich in der Zeit, in der ich Chancen suche, machen?«

»Durchsuchen Sie Ihre E-Mails. Finden Sie dort irgendwo Lob oder Dank Ihrer Kunden? Gibt es Angebote zum Beispiel von Journalisten, etwas über Ihre Firma zu berichten? Das ist Energie, die in Ihre Richtung fließt. Stellen Sie sich ganz einfach die Frage, ob Sie auf einfache Art und Weise mehr davon erhalten oder die vorhandene Energie besser nutzen können. Ob Sie die zugrunde liegenden Ursachen verallgemeinern können. Dann laufen Sie durch Ihre Firma, sprechen mit Ihren Mitarbeitern. Finden Sie heraus, was einfach war, schnell ging oder Spaß gemacht hat. Stellen Sie sich auch hier die Frage, wie Sie das verallgemeinern und nutzbar machen können.

Sprechen Sie mit Sabine über ihre Projektpläne und finden Sie die Stellen, an denen etwas schneller oder besser lief als erwartet. Und dann prüfen Sie wieder, ob es dafür verallgemeinerbare Ursachen gibt, die Sie sich zunutze machen können. In Ordnung?«

»Ja«, bestätigte ich, »das sind erst mal genug Anregungen. Sie hatten auch noch gesagt, dass ich meine Aufgaben nach den Kriterien F, M und U markieren soll. Die Fachkraftaufgaben sind eindeutig: Das sind die Feuerwehreinsätze. Bei einigen meiner restlichen Aufgaben ist auch die U-Markierung eindeutig. Aber was soll ich mit den Übergaben und der Anleitung und Kontrolle von Sabine, Paul, Norbert und Maria machen? Sind das M- oder U-Aufgaben?«

»Bei Sabine ist es klar. Es handelt sich um eine U-Aufgabe, da Sie mit Ihr Managementaufgaben besprechen. Die Kontrolle der Manager ist eine klare U-Aufgabe. Bei Paul und Norbert ist es zwar die Arbeit an Ihrem Engpass, deshalb wäre es eine U-Aufgabe, aber dieser Engpass ist irgendwann beseitigt. Und dann würden diese U-Aufgaben zu M-Aufgaben. Deshalb würde ich dazu tendieren, sie gleich zu Beginn nur als M-Aufgaben zu qualifizieren. Bei Maria liegt beides vor. Insofern Sie sie qualifizieren und Prozesse schaffen, ist es eine Managementaufgabe. Insofern Maria einen wesentlichen Bestandteil in Ihrem Unternehmersystem bildet, handelt es sich um eine Unternehmeraufgabe. In einigen wenigen Fällen ist die Trennung nicht ganz eindeutig. Damit sind wir für die nächste Woche fertig. Wie fühlen Sie sich damit?«

Ich betrachtete nochmals den Plan. Dann antwortete ich: »Außerordentlich gut! An einem Punkt habe ich aber noch Schwierigkeiten: Nach dem Plan würde ich mich ja erst nachmittags ab drei oder halb vier mit meinen E-Mails und Telefonaten beschäftigen. Kann ich das denn den ganzen Tag liegen lassen?«

»Das ist nun wieder der Unterschied zwischen einem Unternehmer und einer Fachkraft«, erwiderte Herr Radies.. »Die Fachkraft reagiert auf Ereignisse und arbeitet diese ab. Der Unternehmer arbeitet an seinen Zielen. Wenn Sie sich gleich morgens mit externen Ereignissen zuschütten, dann können Sie sich ziemlich sicher sein, dass Sie zu den Aufgaben des Unternehmers gar nicht mehr kommen. Am Anfang fühlen Sie sich vermutlich etwas unwohl damit, diese ach so dringenden Aufgaben bis nachmittags liegen zu lassen. Aber sehr schnell werden Sie merken, dass das überhaupt kein Problem ist.«

	Mo., 06. März	Di., 07. März	Mi., 08. März
07:00			
07:30	Tagesplanung und Leitfragen		
08:00	Tür- und Angel-Gespräche	Aufräumworkshop	
08:30			
09:00	Bekanntmachungsmeeting		
09:30			
09:45	**Pause: Meditation**		
10:00	Sortierjob an Maria übergeben	Aufräumworkshop	Tracking
10:30			Tracking Norbert
11:00	Tür- und Angel-Gespräche		
11:30			
12:00	**Mittagspause: außerhalb des Büros essen**		
12:30			
13:00	Besprechung m. Maria		
13:30	Feuerwehr	Übergabe an Norbert	Übergabe an Paul
14:00			
14:30			
14:45	**Pause: Kaffee in Kaffeeküche**		
15:00	Besprechung mit Maria		
15:30	Feuerwehr / noch nicht übergebbare Telefonate und E-Mails		Feuerwehr
16:00			
16:30			
16:45	**Pause: ums Haus laufen / Kleinigkeit zu Abend essen**		
17:00	Chancen suchen		
17:30			
18:00	Eingangsbereich abarbeiten / aufräumen		
18:30	Joggen		Fitnessstudio
19:00			
19:30			
20:00	Auswertung und Kontrolle / Kennzahlen		

Der Wochenplan. Pausen sind dunkelgrau, Unternehmeraufgaben sind hellgrau unterlegt.

Do., 09. März	Fr., 10. März	Sa., 11. März	So., 12. März
	Tagesplanung und Leitfragen		
	Persönliche Weiterentwicklung / Lesen		
Pause: Meditation			
Aufräum-Verantwortlicher			
Tracking Norbert		Unternehmersystem	
Tracking Paul		vervollständigen	
	Tracking Sabine		
Mittagspause: außerhalb des Büros essen			
Management mit Sabine	Unternehmersystem vervollständigen		
Pause: Kaffee in Kaffeeküche			
Besprechung mit Maria			
Feuerwehr / noch nicht übergebbare Telefonate und E-Mails			
Pause			
Chancen suchen			Wochenauswertung
			Wochenplanung
Eingangsbereich abarbeiten / aufräumen			
Joggen	Fitnessstudio	Joggen	Fitnessstudio
	Auswertung und Kontrolle / Kennzahlen		

3.5 ARBEITSPLAN

»Sie können nun die notwendigen Punkte auch gleich für die folgende Woche festhalten. Die dann noch offenen Punkte behalten Sie in Ihrer separaten Eingangsliste und übernehmen Sie bei Ihrer nächsten Wochenplanung am Sonntag.«

Ich füllte den Plan für die folgende Woche aus und erstellte dann noch eine Eingangsliste für die nächsten zwei Wochen.

	Mo., 13. März	Di., 14. März	Mi., 15. März	Do., 16. März	Fr., 17. März
07:00					
07:30	Tagesplanung und Leitfragen				
08:00					
08:30	Lesen				
09:00					
09:30					
09:45	Pause: Meditation				Workshop Radies
10:00	Tracking Aufräum-Verantwortlicher				^
10:30	Tracking Norbert				^
11:00	Tracking Paul				^
11:30	Tracking Sabine				^
12:00	Mittagspause: außerhalb des Büros essen				Mittagspause
12:30	^				^
13:00					
13:30					
14:00					
14:30					
14:45	Pause: Kaffee in Kaffeeküche				Workshop Radies
15:00	Besprechung Maria				^
15:30	Feuerwehr / noch nicht über- gebbare Telefonate und E-Mails		Feuerwehr, Telefonate, E-Mails		^
16:00	^	^	^	^	^
16:30					
16:45	Pause: ums Haus laufen / Kleinigkeit zu Abend essen				

17:00					Workshop
17:30		Chancen suchen			Radies
18:00		Eingangsbereich abarbeiten			
18:30		Joggen		Joggen	
19:00			Fitnessstudio		
19:30					
20:00		Auswertung und Kontrolle / Kennzahlen			

Eingangsliste:

- **Unternehmersystem vervollständigen / Zwischenziele und Kriterien in den Zeithorizonten für meine anderen Ziele definieren**
- **Mit den »Kunden meiner langfristigen Ziele« sprechen**

Periodische Aufgaben:

- **Einmal pro Woche Telefonat mit Herrn Bertram**
- **Ein bis zwei Bewerbungsgespräche für GF pro Woche**

»So, damit haben wir für die nächsten zwei Wochen Klarheit. Ach ja, bitte machen Sie nachher eine Kopie davon, unterschreiben Sie diese und faxen Sie sie an Herrn Bertram. Er braucht ja eine Grundlage, um Ihren variablen Gehaltsbestandteil für März festzulegen.«

Mir wurde immer noch übel, wenn ich daran dachte, dass ich diese Vereinbarung getroffen hatte. Aber andererseits spürte ich, dass Herr Bertram mein einziges wirklich effektives Bollwerk gegen die unendliche E-Mail-Flut, die mich morgen erwarten würde, war.

Und so stimmte ich zu. »Ja, ich faxe es ihm heute noch.

Dann habe ich noch eine Frage zum Schluss: Hätte ich diese ganzen Probleme, in denen ich steckte, eigentlich überhaupt vermeiden können?«

»Ganz vermeiden sicher nicht. In der Zeit unmittelbar nach der Gründung Ihres Unternehmens waren Sie allein. Sie mussten alle drei Rollen wahrnehmen. Und die Fachkraftrolle war die wichtigste von allen, da nur durch diese Umsätze erzielt werden. Wenn Ihnen aber von Anfang an die drei Rollen bewusst gewesen wären und Sie mit dem Unternehmersystem gearbeitet hätten, dann wäre der Übergang zur Unternehmerrolle viel früher und viel fließender vor sich gegangen. Sie wären nicht mit Tempo 400 auf das Ende der Startbahn zugerast, sondern hätten einfach rechtzeitig abgehoben und das Fahrwerk eingefahren.

Zwei zusätzliche Methoden hätten Sie dabei unterstützt: Wenn Sie erstens nur Fachkräfte mit der richtigen Einstellung, die zudem fachlich deutlich besser sind als Sie, einstellen, laufen Sie nicht Gefahr, an den Fachkraftaufgaben kleben zu bleiben. Ganz im Gegenteil, dann wird schon allein Ihr Ego Sie zu den Tätigkeiten treiben, in denen Sie besser sind oder besser sein sollten: zu den Tätigkeiten des Unternehmers.

Zweitens könnten Sie stärker an externe Dienstleister denken. Ich kenne einige ziemlich abgedrehte Selbstständige, die fünf oder zehn Mitarbeiter haben, aber noch immer ihre eigene Buchhaltung machen und ihre eigene Sekretärin spielen, obwohl diese Dienstleistungen für wenig Geld extern zugekauft werden können. Und dann klagen sie, dass sie keine Zeit haben.«

Herr Radies schüttelte seinen Kopf: »Geschieht ihnen angesichts dieser Dummheit auch recht.

Natürlich hätten Sie auch die brachiale Methode wählen können, indem Sie großzügige Darlehen aufgenommen und gleich zu Beginn Fachkräfte und Manager eingestellt hätten. Das empfehle ich allerdings nur, wenn der Unternehmer bereits zu Beginn sehr genau weiß, was er tut, und bereits zu Beginn ein mitreißendes Ziel und eine Gewinnerstrategie ausgearbeitet hat. Beides ist nahezu nie der Fall. Zu viel Geld zu Beginn ist fast immer schädlich und Verschwendung. Habe ich Ihre Frage beantwortet?«

Ich nickte.

Herr Radies stand auf und sah mich lange an. Dann erklärte er: »Herr Willmann, die zwei Tage mit Ihnen haben wirklich großen Spaß gemacht. Wir werden in zwei Wochen weitermachen. Ich habe Ihnen in den letzten beiden Tagen viel Wissen vermittelt; alles Wissen der Welt hilft Ihnen freilich nichts, wenn Sie nicht handeln.

Das scheint zwar in unserem Bildungssystem noch nicht angekommen zu sein, aber einige kluge Leute wie zum Beispiel Aldous Huxley haben schon vor vielen Jahrzehnten festgestellt: ›Das große Ziel der Bildung ist nicht Wissen, sondern Handeln.‹ Handeln können Sie nur, wenn Sie Klarheit über Ihre Aufgaben haben. Denken Sie, dass Sie diese haben?«

»Ja, ich habe das erste Mal seit langer Zeit das Gefühl, eine wirklich klare Richtung vor mir zu haben. Ich bin völlig euphorisch!«, antwortete ich begeistert. »Mir wäre es jedoch sehr lieb, wenn ich Sie bei Bedarf anrufen könnte.«

»In Ordnung, vereinbaren Sie mit meiner Sekretärin kurzfristig einen Telefontermin, wenn Sie noch Unterstützung benötigen.

Und ich kann Ihnen versichern: Ich bin sehr neugierig, was Sie in den nächsten beiden Wochen bewegen werden. Ich wünsche Ihnen von ganzem Herzen Erfolg!«

Abends flog ich zurück nach München. Im Flugzeug aktualisierte ich noch die Mindmap mit den sieben Aufgaben des Unternehmers.

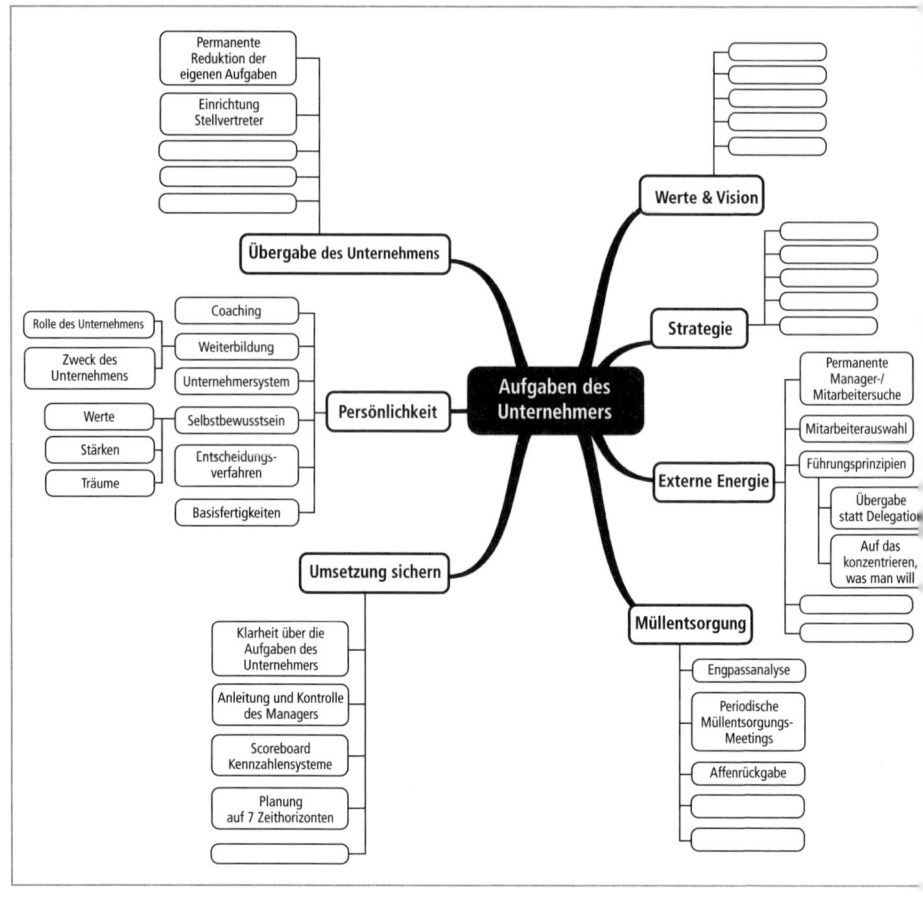

Zur Umsetzung der Methodik auf ihre individuelle Situation erhalten Leser dieses Buches unter www.unternehmercoach.com/tools kostenlos eine umfangreiche Tool-Sammlung zum Download.

4. Werte, Strategie und Vision (Freitag, 17. März)

In den beiden Wochen seit meinem ersten Treffen mit Wolfgang Radies war viel geschehen. Ich kann mich noch gut erinnern, wie erstaunlich ich es fand, dass allein eine andere Sichtweise viele Dinge änderte. Nun freute ich mich schon richtig darauf, Herrn Radies wiederzusehen. Ich brannte darauf, ihm meine Erfolge mitzuteilen.

Als ich um kurz nach neun den Besprechungsraum betrat, war er schon da. Er sah mir einen Moment in die Augen, nickte zufrieden und begrüßte mich: »Man sieht Ihnen bereits an, dass Sie mit den Änderungen in Ihrem Leben und Ihrem Unternehmen begonnen haben. Erzählen Sie!«

Das ließ ich mir nicht zweimal sagen. »Gleich zu Beginn der vorletzten Woche gab es eine kleine Überraschung. Ann war noch immer im Unternehmen. Sie fühlte sich schuldig, weil sie sich als Auslöser für meinen Zusammenbruch betrachtete. Und so hatte sie beschlossen, neben ihrem Training noch halbtags weiterzuarbeiten, damit die Lücke, die durch meine Abwesenheit entstand, nicht noch größer würde. Ich spürte dadurch das erste Mal, dass meine Mitarbeiter auch für mich einstanden.

Getragen von diesem Gefühl, gelang es mir trotz anfänglich großer Zurückhaltung auf der Seite einiger Mitarbeiter, die Meetings zu Beginn der Woche so zu gestalten, dass sich eine Aufbruchstimmung entwickelte.

Das war dann eine hervorragende Ausgangsbasis für meine nachfolgenden Übergaben an Maria, Paul, Norbert und Sabine. Vor allem, als sie bemerkten, dass ihr Verantwortungsbereich und ihre Kompetenz dadurch größer wurden, zeigten sie eine wirklich erstaunliche Initiative. Verstärkt wurde das noch dadurch, dass ich mich jeden Tag eine halbe Stunde mit ihnen beschäftigte. Sie spürten, dass sie mit ihren Aufgaben nicht alleingelassen wurden. Ich musste dabei oft an Ihren Grundsatz denken, dass man das erhält, worauf man seine Aufmerksamkeit richtet. Einmal kamen sogar Freddy und Ann und fragten, ob sie auch noch mehr Verantwortung übernehmen könnten.«

»Ann?«, fragte Herr Radies dazwischen. »Was ist denn nun mit ihrer Kündigung?«

»Da ich sie nun doch noch in der Firma angetroffen hatte, habe ich sie eingeladen, am Dienstag auch am Aufräum-Meeting teilzunehmen. Sie sagte zu und kam im Anschluss an das Meeting zu mir. Sie bat, ihre Kündigung zurückziehen zu dürfen, weil sie das Gefühl hatte, dass ich das Ruder herumreißen könne. Sie hätte nur gern für ihre Fahrradtour unbezahlten Urlaub. Ich war wirklich begeistert über dieses unmittelbare Feedback. So sagte ich sofort zu.«

»Sie müssen ja bei diesem Meeting eine Menge erreicht haben, wenn Sie es geschafft haben, unmittelbar eine solche Energie freizusetzen«, freute sich Herr Radies mit mir.

»Ja, das hätten Sie erleben sollen! Vor allem den Kontrast zwischen Anfang und Ende des Meetings! Das Meeting begann äußerst zurückhaltend. Ich denke, meine Mitarbeiter wollten zuerst einen Beweis dafür sehen, dass ich die Kraft hätte, das Ruder herumzureißen. Aber als sie dann begriffen, dass es darum gehen würde, alles Unnötige und Ungeliebte auszusortieren, und dass dadurch ihre Arbeit spannender würde, kam der Umschwung. Zum Schluss musste ich das Meeting fast gewaltsam beenden. Alle hatten immer noch neue Ideen.

Beim Meeting erzielten wir folgende Ergebnisse: Wir haben nun klare Regeln, wer wann welche CCs bei den E-Mails bekommt. Außer beim Support werden E-Mails nur noch alle zwei Stunden abgerufen. Unsere Ablage, in der wir uns manchmal zu Tode gesucht hatten, weil sie so umfangreich war, haben wir auf etwa zwanzig Prozent ausgedünnt. Für einige Aufgaben, die regelmäßig vier bis sechs Mitarbeiter von der Arbeit abhielten, weil sie unklar beschrieben waren, haben wir nun klare Verantwortlichkeiten. Wir haben einen Teil an internen Informationen und Berichten gestrichen, weil sich herausstellte, dass der Empfänger überhaupt kein Interesse daran hatte und diese sowieso nicht las.

Und noch viele weitere Dinge konnten sofort umgesetzt werden. Wir haben allein durch dieses eine Meeting die Arbeit von zwei bis drei Mitarbeitern eingespart. Das war großartig!

Als Verantwortliche für die Umsetzung der Aufräumaufgaben hat sich Sabine gemeldet. Als sie dann noch hörte, dass ich im Unternehmen mehr Systeme schaffen wolle und ihr zum Teil die Verantwortung dafür übertragen wollte, war sie vollends begeistert. Ich hatte nach dem Gespräch sogar fast den Eindruck, dass sie ohne durchgreifende Änderungen im Unternehmen demnächst auch gekündigt hätte. So hat sie neue Aufgaben bekommen, die ihren Talenten wirklich entsprechen.«

»Das klingt fast zu schön, um wahr zu sein. Gab es auch Dinge, die nicht funktioniert haben?«, erkundigte sich Herr Radies.

»Ja, leider!«, räumte ich ein. »Die beiden Supportmitarbeiter sowie Elke und Pedro hatten das mit meiner neuen Arbeitsweise offenbar nicht verstanden. So kamen diese vier Mitarbeiter immer wieder, um wie bisher ihre Affen auf meinem Tisch abzuladen. Ich habe es leider nicht immer geschafft, ihnen ihre Aufgabe sofort zurückzugeben. Manchmal ging es so schnell, dass ich es gar nicht richtig wahrgenommen habe, dass ich mir gerade einen neuen Affen aufgeladen hatte.

Aber immerhin in etwa der Hälfte der Fälle ging es gut. In der anderen Hälfte der Fälle bewies ich die Konsequenz, die Mitarbeiter ein zweites Mal kommen zu lassen und ihnen dann ihre Aufgabe wieder zurückzugeben. Das sorgte bei ihnen allerdings für einigen Unmut. Insbesondere Pedro, unser Suchmaschinenoptimierer, beklagt sich in den Pausen immer bei den anderen Mitarbeitern: Ich würde nur noch faulenzen und alle anderen müssten nun meine Arbeit machen. Ich bin mir noch nicht klar, wie ich damit umgehen soll.«

Herr Radies unterbrach:»Führen Sie sofort am Montag ein Gespräch mit ihm. Erklären Sie ihm, dass Sie es keinesfalls dulden, wenn er mit seiner negativen Haltung die anderen Mitarbeiter ansteckt. Finden Sie dann heraus, ob er seine Aufgaben nicht erfüllen kann oder ob er sie nicht erfüllen will. Im ersten Fall geben Sie ihm jemanden an die Hand, der ihm die entsprechenden Kenntnisse vermittelt. Im zweiten Fall versuchen Sie herauszufinden, wie er sich motivieren könnte. Wenn es hier etwas gibt, was Sie tun können, dann tun Sie es.

Lassen Sie Pedro aber nicht im Unklaren darüber, dass er für seine Motivation letztlich selbst verantwortlich ist und Sie ihn bei einer Wiederholung abmahnen und danach vor die Tür setzen. Ihre Mitarbeiter haben ein Recht darauf, die Konsequenzen zu kennen.«

Ich schluckte. Das erschien mir als ziemlich harter und direkter Führungsstil. Wenn ich andererseits daran dachte, wie viel Zeit und Energie durch Pedros Klagen vergeudet wurden, sah ich, dass es gar nicht anders ging. Ich konnte mir vor allem in der aktuellen Situation keine negativen und bremsenden Mitarbeiter erlauben.

Herr Radies versuchte zusammenzufassen:»Gut, die Affen haben Sie letztlich trotz Schwierigkeiten erfolgreich zurückgegeben. Das würde ich nicht unbedingt als etwas bezeichnen, was nicht funktioniert hat. Gab es noch etwas anderes?«

»Ja, ich habe es nicht geschafft, mein Unternehmersystem zu vervollständigen.«

Herr Radies blickte fragend und etwas enttäuscht auf.

Ich erklärte:»Das kam so: Einer unserer Bestandskunden, die Kletterschule Oberleitner, hatte von meinem Zusammenbruch erfahren. Herr Oberleitner, mit dem ich mich hervorragend verstehe, wusste auch, dass ich früher geklettert bin. Ich glaube, das war auch der Grund, warum wir damals den Auftrag erhielten, seine Website zu überarbeiten und ein Kursbuchungssystem zu entwickeln.

Jedenfalls dachte er, dass es meiner Gesundheit bestimmt guttun würde, wenn ich mal etwas anderes sehen würde. Deshalb hat er mir einen Gutschein für einen seiner Kletterkurse geschenkt. Nachdem ich zuerst gezögert hatte, habe ich dann doch zugesagt und war dort am letzten Wochenende. Und deshalb bin ich natürlich nicht dazu gekommen, am Wochenende an meinem Unternehmersystem zu arbeiten. Aber es war wirklich großartig, nach dreieinhalb Jahren wieder zu klettern. Auch wenn ich natürlich lange nicht so gut bin wie früher. Früher kletterte ich im sechsten, ganz selten sogar im unteren siebten Grad, jetzt im oberen dritten. Dennoch haben mir diese zwei Tage Kraft und Motivation gegeben, wieder mit regelmäßigem körperlichem Training zu beginnen. Nun fühle ich mich viel energiegeladener als noch vor zwei Wochen.«

Herr Radies freute sich. Dann bemerkte er, dass mir noch etwas auf dem Herzen lag. Und so wartete er einfach schweigend.

Mir war nämlich klar geworden, dass ich überhaupt nicht wegen meines Freundes mit dem Klettern aufgehört hatte. »Vor zwei Wochen, als ich Ihnen vom Klettern erzählte, gab es doch noch etwas, das offenblieb. Und Sie hatten sich gewundert, warum ich nach diesem Erlebnis mit meinem Freund noch einige Wochen weiterkletterte.«

Herr Radies nickte neugierig.

Ich fuhr fort: »Es war einige Wochen nach diesem Erlebnis mit meinem Freund. Ich suchte damals neue Herausforderungen und hatte mit dem Soloklettern begonnen. Ich wollte eine Wand im sechsten Grad allein besteigen. Zuerst war es einfach. Doch etwa auf halber Höhe nahm mein ungutes Gefühl immer stärker zu. Ich wurde fahriger in meinen Bewegungen, rutschte mehrfach ab und holte mir schmerzhafte Schürfwunden. Kurz darauf ging etwa zwanzig Meter links neben mir eine kleine Gerölllawine ab.

Schließlich übermannte mich Panik. Ich hing in der Wand, unzureichend gesichert. Meine Beine bewegten sich wie eine Nähmaschine. Ich sah mich schon abstürzen und zweihundert Meter tiefer im Tal am Boden zerschellen. Ich kam nicht mehr vor und nicht mehr zurück.

Stand auf einem schmalen Tritt. Das Bild von meinem Sturz fraß sich so in mein Gehirn, dass ich es auch heute noch glasklar vor mir sehe. Und meinen Angstschweiß spüre. Ich habe nicht die leiseste Ahnung davon, wie lange ich dort so hing. Stunden später, wie mir schien, bewegte ich einen Finger meiner rechten Hand. Dann einen zweiten. Und begann langsam den Abstieg. Dass ich gescheitert war, war in diesem Moment nicht so wichtig. Aber dass ich in das schwarze Loch meiner eigenen Todesangst geblickt hatte, lähmte und erschreckte mich.«

Nach einer kurzen Pause ergänzte ich: »Bis zum letzten Wochenende war ich deshalb nie mehr klettern. Und dort kam irgendetwas in Bewegung, was ich noch nicht ganz fassen kann. Ich glaube, ich bin auch nur wieder klettern gegangen, weil gerade mein ganzes Leben in Bewegung kommt.«

Herr Radies schwieg einen Moment und murmelte dann: »Angst vor dem Absturz. Todesangst also.« Er zögerte einen Moment: »Es ist gut, dass Sie wieder mit dem Klettern begonnen haben. Da scheint noch etwas unabgeschlossen zu sein. Ich bin mir sicher, dass wir in den nächsten Monaten nochmals an diesen Punkt kommen.«

Nach einigen Sekunden Stille fuhr er fort: »Zurück zum Vervollständigen des Unternehmersystems. Ich finde es hervorragend, dass Sie am Wochenende etwas gemacht haben, um rauszukommen. In Ihrer Situation eine der besten Aktivitäten überhaupt. Aber Sie hätten das Unternehmersystem ja dann in dieser Woche vervollständigen können. Wir hatten doch noch eine Menge Freiraum? Was kam dazwischen?«

»Ja, das ist mein größtes Problem. Als ich im Krankenhaus war, haben wir praktisch keine neuen Aufträge akquiriert. Wir waren zwar bis jetzt einigermaßen ausgelastet, aber ab April sieht es ziemlich übel aus. Aus diesem Grund habe ich vor allem in der letzten Woche verstärkt akquiriert. Gleichzeitig hatte ich permanent ein schlechtes Gewissen, weil dies mein System zwar nicht völlig, aber doch zu einem guten Teil außer Kraft setzte. Und ich kam nicht zum Unternehmersystem.

Um ehrlich zu sein: Maria, aber auch Sabine und Ann haben mich durchaus in der Anwendung des neuen Systems unterstützt. Das war äußerst wichtig. Aber ohne den korrigierenden Einfluss von Herrn Bertram hätte ich das System komplett über Bord geworfen. Dabei wurde mir erstmals richtig klar, wie wichtig es war, mein System sozial einzubinden und mir externe Unterstützer und Kontrollen zu schaffen. Ich verstehe jetzt Ihre Aussage viel besser, dass es amateurhaftes Gestümper sei, wenn man versucht, ohne diese externen Kontrollen zurechtzukommen.

Aber ich weiß angesichts des drohenden Umsatzrückgangs wirklich nicht, wie es weitergehen soll.«

»Wie lange könnten Sie mit reduzierten Umsätzen durchhalten?«

Ich überschlug kurz die Kosten, die verbleibenden Support-Umsätze und den Puffer, bis mein Kontokorrent voll ausgeschöpft wäre: »Vielleicht bis Mai. Eher Anfang als Ende Mai. Dann wären die letzten Reserven aufgebraucht.«

»Eineinhalb Monate«, stellte Herr Radies fest. »Was haben Sie denn gemacht, um neue Aufträge zu akquirieren?«

»Nun, es gab eine ganze Menge an Projektanfragen.«

»Neukunden?«, fragte Herr Radies.

»Ja, fast alles Neukunden. Und da Bernd Schaad nicht mehr da ist und Paul noch nicht gut genug ist, musste ich das übernehmen.«

»Eine Frage, Herr Willmann, wie viel Prozent Ihres Umsatzes haben Sie im letzten Jahr mit Neukunden und wie viel mit Bestandskunden gemacht?«

»Ich vermute, dass rund achtzig Prozent unseres Umsatzes durch Bestandskunden kamen«, schätzte ich.

»Und wie viel Prozent des Vertriebsaufwandes waren für diese achtzig Prozent des Umsatzes erforderlich?«

Ich schlug mir an den Kopf: »Pareto! Das 80:20-Prinzip! Zwanzig Prozent der Arbeit bringen achtzig Prozent der Umsätze. Und achtzig Prozent der Arbeitszeit wird für nur zwanzig Prozent der Ergebnisse verschwendet.« Mir wurde schlagartig klar, dass ich mal wieder meine

Arbeitszeit verschwendet hatte.« Sie meinen, Herr Radies, dass ich bei den bestehenden Kunden neue Aufträge anleiern sollte? Das ginge viel schneller, wäre effektiver und brächte vermutlich mehr Umsatz. Ich habe sogar schon zwei oder drei Ideen, wo ich beginnen könnte.«

Herr Radies lächelte: »Abgesehen davon, dass Sie selbst auf diese Idee kamen, würde ich das auch meinen. Und die frei werdende Zeit können Sie noch stärker für die Qualifikation von Paul nutzen. Dieser kümmert sich um alle Neukunden und um die kleineren Bestandskunden. Um die größeren Bestandskunden kommen Sie, so wie ich das sehe, in den nächsten Wochen nicht herum. Wenn Sie, sagen wir defensiv gerechnet, zwei Drittel des bisherigen Bestandskundenumsatzes halten könnten, wie weit kämen Sie dann?«

Ich überschlug nochmals: »Vielleicht bis Ende Juni.«

»Drei Monate«, murmelte Herr Radies vor sich hin. »Eng, aber wir müssten hinkommen.«

»Vielleicht schaffen wir ja auch noch den ein oder anderen Neukunden«, warf ich hoffnungsvoll ein. »Da sind zwei wirklich namhafte Neukunden, die ich unbedingt haben möchte. Und die kann ich auch nicht an Paul abgeben«, ergänzte ich.

»Stopp!«, unterbrach mich Herr Radies. »Dazu zwei Punkte. Erstens sollten Sie in einer kritischen finanziellen Situation niemals nach dem Prinzip Hoffnung arbeiten. Ich kann Ihnen aus bitterer eigener Erfahrung sagen: Die Hoffnung ist in solchen Situationen nie gerechtfertigt. Niemals! Sie werden hingehalten: Ja, vielleicht, demnächst, eine Rückfrage, noch etwas klären und so weiter. In Wahrheit riecht Ihr Gegenüber genau, dass Sie am Ende sind. Vielleicht ist es ihm gar nicht bewusst, aber unterbewusst nimmt er es zur Kenntnis. Ihre Hoffnung wird also nicht erfüllt werden. Selbst wenn Sie zufällig einen einzelnen Kunden überzeugen, stehen Sie wenige Wochen später wieder am selben Punkt. Egal wie viel Energie Sie zu Beginn hatten: Das macht Sie fertig! Also: Je kritischer Ihre finanzielle Situation wird, desto defensiver müssen Sie rechnen und desto erfolgloser werden Ihre Vertriebsbemühungen.

Zweitens müssen Sie bei diesen beiden Neukunden zwei verschiedene Aspekte unterscheiden: Das eine ist das Umsatzproblem Ihrer Firma. Das müssen Sie lösen. Allerdings ist das bei namhaften Neukunden am schwersten, da andere Anbieter ebenfalls scharf auf diese Kunden sind. Namhafte Neukunden sind für Ihr kurzfristiges Umsatzproblem demzufolge nicht hilfreich. Der andere Aspekt ist die Frage Ihrer Perspektive, Ihrer Referenzen, Ihres persönlichen Status. Das ist wichtig, doch das müssen Sie nicht lösen, solange Sie noch keine klare Strategie mit klaren Zielgruppen haben. Geben Sie deshalb bitte *alle* Neukunden an Paul. Und falls Sie es nicht schaffen sollten, neben Ihren Unternehmeraufgaben bei allen Bestandskunden zu akquirieren, dann ziehen Sie dort auch Paul hinzu und lassen eben ein paar Neukundenanfragen unbearbeitet, okay?«

Natürlich hatte Wolfgang Radies mal wieder den Punkt getroffen. Es hätte meinem Ego geschmeichelt, diese Kunden in meiner Referenzliste zu haben. Effektiv wäre es allerdings nicht gewesen. So nickte ich resigniert.

Herr Radies fuhr fort: »In spätestens zwei Monaten sollten wir jedoch eine neue Strategie für Sie haben. Wenn diese greift, sollten Sie auch die Akquise bei den Bestandskunden abgeben können. Das bedeutet, dass Ihr nächster Engpass nicht, wie es scheinen könnte, in Ihren zurückgehenden Umsätzen liegt, sondern in ihrer fehlenden Strategie. Das Problem mit den Umsätzen wird sich dann regeln. Darum werden wir uns jetzt kümmern. Einverstanden?«

Nein, ich war ganz und gar nicht einverstanden. Vielmehr hatte ich das Gefühl, dass Herr Radies mein Umsatzproblem einfach beiseitewischen wollte. »Eben haben Sie mir doch gesagt, dass ich mich nicht vom Prinzip Hoffnung leiten lassen sollte. Und jetzt schätzen Sie einfach mal so, dass wir in zwei Monaten eine Strategie haben und dann alles gut wird? Verstehen Sie mich nicht? Ich habe wirklich Panik, meine Firma gegen die Wand zu fahren. Das ist für Sie vielleicht nichts Tragisches. Sie haben es ja schon zweimal gemacht. Und wahrscheinlich sind Sie auch so reich, dass es Ihnen nichts ausmachen würde, wenn es noch mal passieren würde. Aber ich wäre pleite. Unternehmerisch und privat. P – L – E – I – T – E! Also würde ich jetzt gern noch mehr über mein Umsatzproblem sprechen!«

Als ich mich wieder ein wenig beruhigt hatte, erklärte Herr Radies: »Es gibt einen wesentlichen Unterschied zwischen Vertrieb und Strategie. Um beim Vertrieb erfolgreich zu sein, brauchen Sie andere, nämlich Kunden. Diese entscheiden autonom. Das bedeutet, dass sie sich auch gegen Sie entscheiden können. Deswegen sollten Sie nicht auf das Prinzip Hoffnung setzen. Die Strategie hingegen haben Sie völlig unter Ihrer Kontrolle. Wenn Sie daran stringent arbeiten, dann haben Sie in zwei Monaten eine Strategie. Das hat nichts mit Hoffnung, sondern mit Erfahrung zu tun. Die Voraussetzung ist natürlich, *dass* Sie daran stringent arbeiten.

Und falls nach vier bis sechs Wochen wider Erwarten absehbar sein sollte, dass die Entwicklung der Strategie länger dauern wird, haben Sie noch die Notbremse der Kostenreduzierung. Wir haben jetzt den 17. März. Sie haben bis Ende April Zeit, bevor Sie Kündigungen aussprechen müssten, um ihre Kosten anzupassen. Dann hätten Sie bereits im Juni niedrigere Kosten und kämen knapp um die Kurve. Natürlich müssten Sie Ende April hart und konsequent handeln. Da solche Kündigungen immer Unruhe bringen und während dieser Unruhe nicht produktiv gearbeitet wird, sollten Sie diese Möglichkeit jetzt nicht ausschöpfen.

Umsätze sind zwar nicht der Zweck der Strategie, aber sie sind ein wichtiges Zwischenresultat. Deshalb reden wir, wenn wir über die Strategie reden, immer auch über Umsätze. Sie haben nun zwei Möglichkeiten: Entweder Sie arbeiten so weiter wie bis vor sechs Wochen und werden auch wieder dasselbe Resultat erhalten: den körperlichen Zusammenbruch. Oder Sie ändern Ihre Einstellung und Ihre Handlungen.

Ich hatte Ihnen vor zwei Wochen das Bild eines Boxers beschrieben. Wenn ein Boxer mit der Angst vor den Schmerzen in den Kampf geht, hat er verloren, bevor er angefangen hat. Er muss sich voll und ganz auf seinen Gegner, schlicht auf den aktuellen Kampf konzentrieren und sich auf das verlassen, was er gelernt und trainiert hat. Genauso ist es beim Unternehmer. Hören Sie also gefälligst auf herumzujammern und konzentrieren Sie sich auf Ihre Unternehmeraufgaben!«

Das saß! Ja, ich sah wohl, dass er recht hatte und es für mich nur diese zwei Alternativen gab. Ich nahm mir damals dennoch vor, dies Herrn Radies zurückzuzahlen. Übrigens hatte ich den Eindruck, als sei es Herrn Radies durchaus bewusst, dass er einen Treffer unterhalb der Gürtellinie gelandet hatte.

Da ich eines definitiv nicht mehr wollte, nämlich so zu arbeiten wie bis vor sechs Wochen, entgegnete ich nach einer langen Pause schließlich gepresst: »Gut, beginnen wir mit der Strategie!«

4.1 Werte

Ökonomischer Wert

Herr Radies ging wie immer in medias res: »Wodurch entsteht Ihrer Meinung nach Umsatz?«

Ich verstand nicht genau, was er wollte. Schließlich probierte ich es mit dem einfachsten Ansatz: »Wenn ich dem Kunden etwas verkaufe, dann gibt er meiner Firma Geld. Und das ist der Umsatz.«

»Ah!«, kommentierte Herr Radies. »Und der Kunde ist ein passiver Idiot, dem Sie etwas andrehen. Und dann rückt er sein Geld raus?« Er schüttelte den Kopf: »Wechseln Sie die Perspektive! Sie sind der Kunde. Diese Perspektive des Kunden sollten Sie als Unternehmer immer einnehmen! Sie stehen in einem Laden und kaufen etwas. Nehmen wir etwas Einfaches. Zum Beispiel ein Brot. Warum tun Sie das? Weil das Brot dort herumliegt oder weil jemand viel Mühe aufgewendet hat, um das Brot zu backen, oder weil die Bäckerin Ihnen das Brot aufschwatzt?«

»Nein, natürlich nicht. Sondern weil ich Hunger habe. Oder zumindest weiß, dass ich irgendwann Hunger bekommen werde.«

»Ah!«, sagte Herr Radies wieder: »Sie haben also ein Bedürfnis und wollen das befriedigen. Das Brot hat also einen gewissen Wert für Sie?«

Ich nickte.

»Und weil es einen Wert für Sie hat, geben Sie der Bäckerin Geld. Und das ist für die Bäckerin Umsatz. Der Umsatz ist die Folge. Niemals das Ziel! Obwohl es leider aus der Innensicht eines Unternehmens so scheint – vor allem dann, wenn sich das Unternehmen oder der Unternehmer selbst zu wichtig nehmen.

Anthony Robbins hat das schön auf den Punkt gebracht: ›Geld ist nur ein Gradmesser des Werts, den Sie dieser Welt hinzufügen.‹ Wie groß der Wert des Brotes für Sie ist, erkennt die Bäckerin an dem Preis, den Sie ihr bezahlen.«

»Diesen Wechsel der Perspektive erkenne ich schon. Aber das ist doch eher eine philosophische Frage. Ich muss Umsatz machen, damit meine Firma überlebt!«, entgegnete ich kopfschüttelnd.

Herr Radies überlegte einen Moment: »Ich gebe Ihnen noch ein anderes Beispiel. Sie sind in einem Raum. Es ist kalt. Das Thermometer zeigt null Grad. Nun können Sie sich völlig auf den Gradmesser, also das Thermometer, konzentrieren. Sie können sich davorsetzen und stundenlang daraufstarren. Sie können auch daran reiben oder das Thermometer unter den Pulli schieben. Das wird vielleicht an der Anzeige etwas ändern, aber nicht an der Raumtemperatur.

Der kluge Mensch schließt das Fenster oder beginnt zu heizen. Das Thermometer ist völlig irrelevant. Sie müssen sich auf die Ursache und nicht auf die Messgröße konzentrieren. Sie müssen sich also auf den Wert für den Kunden und nicht auf Ihren Umsatz konzentrieren!

Es ist eben keine philosophische Frage, sondern eine Frage der Perspektive. Und abhängig von Ihrer Perspektive gelangen Sie zu jeweils anderen Handlungen. Um eine Strategie zu entwickeln, müssen Sie die Ich-Fokussierung verlassen und die Kundenperspektive einnehmen. Das ist auf Dauer schwer durchzuhalten. Deshalb ist das der Punkt, an dem die meisten Strategien, die meisten Unternehmen und die meisten Unternehmer scheitern.«

Jetzt verstand ich. Oder glaubte zu verstehen.»Wenn ich mich auf den Wert des Brotes konzentriere, dann kommt der Umsatz nach Ihrer Vorstellung von allein. Genauso wie das Thermometer von allein eine andere Temperatur anzeigt, wenn ich heize. Richtig?«

»Ja, so stimmt es eher«, bestätigte Herr Radies.»Es fehlt nur noch ein wichtiger, aber alles entscheidender Teil: Was ist eigentlich Wert? Nach Ihrer Aussage steckt der Wert im Brot. Habe ich Sie da richtig verstanden?«

»Klar, wo sonst?«, bestätigte ich.»Wenn er nicht im Brot stecken würde, wäre ich ja ziemlich bescheuert, wenn ich der Bäckerin im Tausch für das Brot Geld geben würde.«

Herr Radies schüttelte grinsend seinen Kopf:»Herr Willmann, leider nicht ganz richtig. Deshalb kommen wir nun wieder zu einem etwas theoretischeren Teil. Ich hoffe, Sie sind bereit?«

Ich verdrehte die Augen, stimmte dann aber zu. Bislang war bei Herrn Radies' Theorien ja immer etwas herausgekommen.

»Die entscheidende Frage, die Sie sich als Unternehmer stellen müssen, ist die Frage, was eigentlich Wert ist«, begann Wolfgang Radies.»Ohne eine klare Vorstellung davon können Sie nicht zielgerichtet handeln. Diese Frage hat viele Theoretiker lange beschäftigt. Gehen wir deshalb ein bisschen in der Geschichte zurück. Vor rund zweihundert Jahren wurde von David Ricardo eine Werttheorie aufgestellt. Danach bestimmt sich der Wert eines Produkts durch die Menge der zur Produktion notwendigen Arbeit. Wenn Sie also einen Nagel herstellen, dann geht in den Wert die Summe aller notwendigen Arbeitszeiten zur Förderung des Eisenerzes, zur Stahlherstellung und zur Herstellung des Nagels ein.

Diese Theorie diente zur Abgrenzung von der Vorgängertheorie, der zufolge der Wert aus dem Land hervorging. Das hat praktische Hintergründe. Die vorherigen agrarischen Gesellschaften verloren durch die

Industrialisierung an Bedeutung. Wurde bislang derjenige reicher, der mehr Land hatte, so war es nun der, der über mehr Arbeitszeit von mehr Arbeitskräften verfügen konnte. Diese Werttheorien reflektieren damit immer auch die ökonomischen Systeme.

Diese Arbeitswerttheorie bildet nebenbei auch die Grundlage der Theorie von Karl Marx. Er stellte sich die Frage, wie ein Unternehmer so reich werden könne, wenn der Wert durch Arbeit entstünde und der Unternehmer nur unwesentlich mehr oder damals sogar oft weniger arbeitete als seine Arbeiter. Er kam – etwas vereinfacht – zu dem Ergebnis, dass dieser sich einfach immer etwas von dem geschaffenen Wert seiner Arbeiter abzweigt. Das ist dann natürlich ungerecht und dagegen müsse man vorgehen: Hier liegt noch heute die Grundlage der Gewerkschaften und Linken.

Aber die Arbeitswerttheorie ist interessanterweise auch die Grundlage der meisten anderen wirtschaftlichen Theorien. Natürlich sagt dies heutzutage kaum mehr jemand offen. Um den Begriff des Wertes drücken sich praktisch alle herum. Vermutlich, weil das Arbeitswertkonzept sehr schnell zu Widersprüchen führt, wenn man etwas tiefer gräbt.

Etwas nebulös sprechen die heutigen Theoretiker vom Wertschöpfungsprozess. Auch wenn Sie nirgends eine vernünftige Definition dieses Wortungetüms finden, legt der Begriff nahe, dass in einem Prozess Wert geschöpft wird, also in einem Ablauf irgendwie Wert entsteht. Der Kontext, in dem der Begriff verwendet wird, legt nahe, dass dabei der Produktionsprozess gemeint ist. Letztlich also wieder die Arbeit.

Diese Arbeitswerttheorie ist – ohne dass Ihnen dies vermutlich bewusst war – auch die Grundlage Ihrer Idee, dass der Wert im Brot stecke. Irgendwie muss der Wert da ja hineingekommen sein.«

Ich unterbrach: »Soweit ich Sie verstanden habe, sagen quer durch die politischen und theoretischen Lager alle, dass der Wert aus Arbeit entstehe. Und so, wie Sie das einleiten, werden Sie mir gleich das Gegenteil erzählen. Wie kommen Sie eigentlich darauf, dass Sie recht haben und alle anderen nicht?«

Herr Radies lächelte: »Gut geraten. Das Konzept, dass Wert aus Arbeit entstünde, ist nämlich in der Tat falsch. Aber Sie sind zu ungeduldig! Ich möchte noch einen wichtigen Punkt ergänzen. Diese Theorie reicht weit über unmittelbare ökonomische Aspekte hinaus. Sie ist zum Beispiel auch die Grundlage der Alltagsvorstellung von Gerechtigkeit. Wenn Person A feststellt, dass Person B bei gleichem Arbeitsaufwand deutlich mehr verdient, dann wird Person A in den meisten Fällen behaupten, dass das ungerecht sei. Eine solche Vorstellung von Gerechtigkeit ist überhaupt nur sinnvoll vor dem Hintergrund der Annahme, dass die Menge der Arbeit den Wert erzeugen würde.

Was ich damit klarmachen will: Ihr Verständnis dessen, was Wert ist, hat weit über die Unternehmensstrategie hinausreichende Auswirkungen. Bis hin zu Politik und Moral und damit persönlichem Verhalten.«

Ich nickte erstaunt. So hatte ich über solche abstrakten Begriffe noch nie nachgedacht. Aber es klang überzeugend. Wenn ich eine andere Vorstellung von Wert hätte, hätte ich eine andere Vorstellung von Gerechtigkeit und würde dann anders handeln.

Herr Radies fuhr fort: »Der entscheidende Punkt ist, wie Sie schon annahmen, dass diese Arbeitswerttheorie falsch ist. Im Alltagsbewusstsein weiß das auch jeder – zumindest solange es sich um Themen jenseits des eigenen Verdienstes dreht. Ich möchte Ihnen ein Beispiel geben.«

Er holte ein Buch aus seiner Tasche und hielt es mir mit der Rückseite hin: »Wie viel wäre Ihnen das Buch wert?«

Da ich nur die Rückseite sah, zuckte ich mit den Schultern und antwortete: »Vielleicht zehn Euro.«

Herr Radies drehte das Buch um und sagte: »Es handelt sich immerhin um ein Buch über Strategie. Und das ist doch gerade Ihr Thema. Also wie viel wäre Ihnen das Buch wert?«

»Dann vielleicht zwanzig oder dreißig Euro«, meinte ich.

Er klappte das Buch auf und zeigte mir die letzte Seite. Dort war ein Gutschein abgebildet. Würde man ihn einlösen, könnte man hundert

Euro Rabatt für ein Seminar des Autors erhalten.«Wenn ich Ihnen nun sagen würde, Herr Willmann, dass dieses Seminar Ihr Unternehmen entscheidend verändern könnte, wie viel wäre Ihnen das Buch dann wert?«

»Eben hundert Euro mehr, also etwa hundertzwanzig bis hundertdreißig Euro.«

»Und nun versichere ich Ihnen, dass die Hälfte der Leser dieses Buchs ihren Umsatz innerhalb eines Jahres verdoppelt hat. Wie viel wäre es Ihnen dann wert?«

»Für so ein tolles Buch würde ich natürlich viele Tausend Euro bezahlen. Man hat die Kosten ja schnell wieder drin.«

Herr Radies lächelte: »Und nun kommt ein anderer Interessent mit einer hundertmal größeren Firma als Ihre und kauft Ihnen das Buch für das Hundertfache vor der Nase weg.« Und mit diesen Worten verschwand das Buch wieder in seiner Tasche.

»Wenn der Wert desselben Buchs einmal zehn Euro, ein anderes Mal hundertzwanzig Euro und ein weiteres Mal viele Tausend Euro ist, dann legt das doch die Vermutung nahe, dass der Wert überhaupt nicht in dem Buch steckt. Und wenn er da nicht drinsteckt, dann kann er auch nicht durch Arbeitsaufwand hineingekommen sein.«

Ich schlug mir an den Kopf: »Na klar! Der Wert hängt vom Bedarf und vom Nutzen für den Kunden ab.«

»Genau!«, freute sich Herr Radies, »Und die Konsequenz daraus, dass der Wert vom Bedarf des Kunden abhängt, ist: Der Wert ist je nach Kunde unterschiedlich. Kunden haben nämlich einen unterschiedlichen Bedarf. Zigaretten sind für Nichtraucher höchstens als Tauschobjekt interessant. Für einen Raucher, der seit Stunden keine Zigarette mehr hatte, sieht der Wert ganz anders aus.

Und es gibt weitere Konsequenzen: Beim selben Kunden kann der Wert zu verschiedenen Zeitpunkten unterschiedlich groß sein – deswegen kassieren zum Beispiel Prostituierte auch immer vorher.

Der Wert existiert also nicht im Produkt oder in der Dienstleistung, sondern der Wert *entsteht* im Austausch und die Höhe wird vom Bedürfnis des Kunden und dem Grad der vom Kunden angenommenen Bedürfnisbefriedigung bestimmt.

Ökonomischer Wert *ist* somit eine Beziehungsgröße, *ist* Kommunikation und wird von den Gesetzen der Soziologie, Psychologie und Neurologie bestimmt.«

> **Ökonomischer Wert *entsteht* im Austausch und wird vom Bedürfnis des Kunden und dem Grad der vom Kunden angenommenen Bedürfnisbefriedigung bestimmt.**

»Und wieso hat man das bei der Entwicklung der Arbeitswerttheorie nicht gesehen?«

»Weil in einer Mangelgesellschaft wie zu Zeiten der Industrialisierung, als die Theorie entstanden ist, das Bedürfnis überhaupt nicht ins Blickfeld gerät: Man hatte an allem Bedarf.«

Plötzlich kam mir eine Idee, um Herrn Radies' Konzept zu entkräften: »Aber in Gold oder in Geld steckt doch der Wert drin. Beides hat doch einen Wert, bevor ich es aus meinem Geldbeutel nehme und jemandem in die Hand drücke.«

»Es hat seinen Wert dadurch, dass Sie annehmen, derjenige, dem Sie es geben, könne damit eine bestimmte Menge seiner Bedürfnisse befriedigen«, entgegnete Herr Radies. »Denken Sie zurück an den Herbst 1923. Geld wurde zu bloßem Papier, auf das jeden Tag eine zusätzliche Null gedruckt wurde. Der Geldempfänger nahm eben nicht an, dass er damit noch seine Bedürfnisse befriedigen könne.

Gleiches galt in gewissem Umfang für Gold, als im Zuge der Entdeckungen nach 1492 das Angebot rapide stieg. Auch da steckt der Wert nicht im Gold selbst.«

Ich hatte immer noch Bedenken: »Aber ich muss doch etwas zum Austausch haben! Und das muss irgendwo herkommen. Also hat der Wert doch mit Arbeit zu tun!«

Herr Radies schüttelte den Kopf. »Es ist zwar richtig, dass Sie etwas haben müssen: ein Produkt, Wissen, zwei Arme, was auch immer. Das ist lediglich eine binäre Voraussetzung: ja oder nein. Wenn Sie nichts haben, kommt kein Austausch zustande, also auch kein Wert. Wenn

Sie etwas haben, kann ein Austausch zustande kommen, also entsteht Wert.

Es spielt aber keine Rolle für die Höhe des Werts, wie Sie zu dem Tauschobjekt gekommen sind. Wenn Sie bei einem Unternehmenskunden durch eine Innovation 100 000 Euro einsparen können, dann ist es für die Höhe des gebotenen Werts völlig gleichgültig, ob diese Innovation durch einen genialen Gedankenblitz in einer halben Sekunde oder durch jahrelange Untersuchungen entstanden ist. Der Wert, der durch den Tausch, in diesem Fall also die Einführung der Innovation, entsteht, ist in beiden Fällen derselbe.«

Ich dachte nach: »Gibt es denn nicht auch einen Kompromissansatz? Nämlich, dass der Preis im Verhältnis zwischen Angebot und Nachfrage entsteht?«

Herr Radies verneinte: »Der Preis ist etwas völlig anderes als der Wert. Ich möchte es Ihnen an einem weiteren Beispiel verdeutlichen, weil dieses Konzept so fundamental ist, dass Sie es verstehen müssen, um strategisch handeln zu können.

Sie sind in der Wüste und haben einen Zehn-Liter-Kanister Wasser dabei. Sie haben etwa zwei Minuten gebraucht, um diesen Wasserkanister zu füllen. Was ist dieser Kanister wert?«

»Sicher nicht nur die paar Cent oder Euro, die sich durch die Arbeitszeit des Abfüllens ergeben. Er ist unbezahlbar!«, antwortete ich.

»Stimmt, die Arbeitszeit spielt überhaupt keine Rolle. Aber der Wasserkanister hat auch keinen ökonomischen Wert. Zwar haben Sie einen hohen Bedarf und vermuten zu Recht, dass dieser Wasserkanister Ihren Bedarf erfüllen würde, doch es ist niemand da, der Ihnen das Wasser abkaufen würde. Und Sie selbst werden sich auch kein Geld für Ihr eigenes Wasser geben. Kein Austausch – kein ökonomischer Wert.

Nun finden Sie einen Verdurstenden. Dieser wird Sie bestimmt nicht fragen, wie lange Sie gebraucht haben, um das Wasser abzufüllen, und Sie dann nach Ihrer Arbeitszeit bezahlen. Stattdessen wird er Ihnen sein ganzes Vermögen geben und das seiner Großmutter mit dazu. Das macht er nicht nur, weil Sie die bessere Verhandlungsposition haben und kein Wettbewerber da ist, sondern weil für den Verdurstenden der Wert des Wassers in diesem Moment unbezahlbar *ist*.

Dieser Wert ändert sich auch dann nicht, wenn nun noch jemand mit Wasser auftaucht und beginnt, Sie zu unterbieten. Das Wasser wäre weiterhin das Wertvollste, was sich der Verdurstende vorstellen könnte. Selbst dann, wenn Sie aufgrund des Wettbewerbs einen niedrigeren Preis verlangen. Sogar dann, wenn Sie es ihm schenken würden und der Preis null wäre. Der Verdurstende wüsste, dass er für immer in Ihrer Schuld stehen würde.

Jetzt möchte ich den Kreis schließen: Wir hatten bei unserem ersten Treffen herausgefunden, dass es der Zweck eines Unternehmens ist, seinen Kunden Nutzen zu bieten. Dabei haben wir die funktionale Perspektive für die Gesellschaft betrachtet. Nun haben wir uns mit der Werttheorie von einer anderen Seite genähert, nämlich von der ökonomischen. Dabei haben wir festgestellt, dass der Wert vom Bedürfnis des Kunden und dem Grad der vom Kunden angenommenen Bedürfnisbefriedigung bestimmt wird. Man könnte insofern auch sagen, dass es die Aufgabe eines Unternehmens ist, Werte für den Kunden zu schaffen. Und diese Werte entstehen am Austauschpunkt und hängen von den Bedürfnissen des Kunden ab. Der Umsatz ist nur ein Indikator. Noch dazu ein schlechter.«

In diesem Moment verstand ich: »Damit erfüllt ein Unternehmen seinen Zweck umso besser, je zielgerichteter es möglichst starke Bedürfnisse seiner Kunden befriedigt – und zwar genau zu dem Zeitpunkt, an dem diese Bedürfnisse subjektiv aus Kundensicht brennend sind.«

Ich versuchte hier weiterzudenken: »Da Sie auf so einer allgemeinen Ebene wie dem Wert ansetzen,

> **Ein Unternehmen erfüllt seinen Zweck umso besser, je zielgerichteter es möglichst starke Bedürfnisse seiner Kunden befriedigt – und zwar genau zu dem Zeitpunkt, an dem diese Bedürfnisse subjektiv aus Kundensicht brennend sind.**

betrifft das, was Sie sagen, noch viel mehr als nur die Produkte des Unternehmens. Genauso ist es ja auch mit dem Wert, den meine Mitarbeiter erbringen. Je genauer sie auf den Bedarf des Unternehmens und seiner Kunden zielen, desto höher wäre der Wert, den sie erbringen. Dann wäre es ja völlig ungerecht, sie nach Kompetenz, Position oder Arbeitszeit zu bezahlen.«

»Stopp, stopp«, lachte Herr Radies. »Ja, Sie haben völlig recht. Die Konsequenzen, die sich daraus ergeben, sind immens. Aber sie würden uns im Augenblick zu Arbeitsfeldern führen, die uns nicht weiterbringen. Wir sind immer noch beim Wert und der Frage der Strategie.«

»Stimmt. Also sollte ich den Wert für meine Kunden erhöhen, indem ich zum Beispiel die Qualität oder den Service verbessere.«

Herr Radies lächelte: »Ja, genau. Allerdings geht es nicht darum, Qualität oder Service irgendwie zu verbessern. In der Strategieentwicklung stoßen Sie immer wieder auf Plattitüden wie ›anders als alle anderen sein‹, ›sich auf den Service konzentrieren‹, weil dieser immer wichtiger werde, usw. Sie können diese Plattitüden nun mit der Werttheorie des Austauschs wesentlich differenzierter sehen und den wahren Kern erkennen.

Nehmen wir den Service. Wenn Sie die Werttheorie nutzen, sehen Sie, dass Service nur dort wichtig ist, wo er die subjektive Wertwahrnehmung des Kunden erhöht und die Beziehung zum Kunden verbessert. Ich möchte Ihnen ein Beispiel geben: Im Bioladen wäre es ein guter Service, an allen Nahrungsmitteln Informationen über die Herkunft, die Transportwege, die Inhaltsstoffe, die Philosophie des Herstellers, Tipps zur schonenden Zubereitung usw. anzubringen. Der subjektiv wahrgenommene Wert würde steigen und die Beziehung würde vertrauensvoller werden. Dieser Service ist wertvoll.

Wenn Sie denselben Service in der Trinkhalle mit Pommes und Bratwurst bieten würden, hätten Sie hingegen eine Lachnummer produziert. Die einzigen Angaben zu den Inhaltsstoffen, die dort interessieren, sind die Volumenprozente.

Andererseits könnte dort ein Service wie: ›Wir bringen Sie in jedem Zustand sicher nach Hause‹ durchaus auf Zustimmung stoßen. Mit diesem Service hätten Sie hingegen im Bioladen nicht wirklich etwas gewonnen.

Und genauso ist es mit allen anderen Plattitüden wie Qualität, Preis, ›anders als alle anderen‹ usw. Wenn Maßnahmen in diesen Bereichen den Wert aus der subjektiven Sicht Ihrer Zielgruppe erhöhen und die Beziehung dadurch verbessert würde, sollten Sie sich darum kümmern, ansonsten verzetteln Sie sich.«

Ich war etwas verwirrt: »Moment, wie meinen Sie das mit dem Preis?«

»Ja, gut aufgepasst«, lächelte Herr Radies. »Sie haben verschiedene Sorten von Kunden. Die einen sind Schnäppchenjäger. Für diese wird das Produkt oder die Dienstleistung wertvoller, wenn der Preis niedriger ist. Die anderen mögen Luxus. Und für diese verliert das Produkt mit niedrigerem Preis an Wert. Ob und wie Sie mit einem geänderten Preis zugleich die Wertwahrnehmung Ihrer Kunden ändern, hängt also von Ihrer Zielgruppe ab. Und das ist einer der Gründe, warum Sie sich für eine Kundengruppe entscheiden müssen. Sonst sitzen Sie immer zwischen den Stühlen und eiern bei Ihren Preisen herum. Es gibt noch mehr Gründe. Zu denen kommen wir später.

Zuerst einige Konsequenzen, die wir bei der Strategieentwicklung berücksichtigen müssen. Wir haben den Preis ja schon erwähnt. Der Wert bestimmt sich durch die Bedürfnisse der Kunden. Der Preis ergibt sich hingegen durch das, was Ihre Wettbewerber Ihnen erlauben. Je mehr Wettbewerber Sie aus Kundensicht haben, desto niedriger wird der Preis sein, den Sie verlangen können, und desto stärker weicht der Preis vom Wert nach unten ab und nähert sich den Kosten des effizientesten Wettbewerbers an. Wenn dies der Fall ist, können Sie Ihre Aufgabe als Unternehmer, nämlich ein Unternehmen mit möglichst hohem Nutzen für den Nachfolger zu schaffen, nicht mehr so gut erfüllen. Das bedeutet zwingend, dass Sie, wenn Sie Ihre Aufgabe als Unternehmer erfüllen möchten, dafür sorgen müssen, dass Sie aus Kundensicht keine relevanten Wettbewerber haben.

Daraus ergibt sich ebenfalls zwingend, dass Sie möglichst viel über Ihren Kunden und dessen Bedürfnisse wissen müssen. Und zwar mehr als Ihre Wettbewerber.«

»Ja, aber die meisten Kunden behalten dieses Wissen doch für sich und wehren sich dagegen, dass die Unternehmen zu viel von ihnen wissen.«

»Eigentlich ist es nicht unbedingt von Nachteil für den Kunden, wenn die Unternehmen ihn genau kennen, da sie mit diesem Wissen seine Bedürfnisse viel besser treffen und ihm mehr Wert bieten können. Wenn Sie die Gewinne, die sich daraus ergeben, einsetzen, um seine Bedürfnisse in Zukunft noch besser zu treffen, dann hat Ihr Kunde sogar einen großen Nutzen davon, dass Sie seine Bedürfnisse kennen. Wenn hingegen die Gewinne, die aus diesem Wissen erzielt werden, eingesetzt werden, um die Bedürfnisse ganz anderer Leute zu befriedigen, dann fühlt sich der Kunde ausgenutzt und hält sein Wissen zurück. Deshalb gibt es Unternehmen, bei denen Kunden prinzipiell versuchen, den Preis herunterzuhandeln. Und es gibt andere Unternehmen, bei denen man gern ein bisschen mehr bezahlt, weil man weiß, dass einem dies letztlich wieder zugutekommt. Und bei den einen Unternehmen geizt man mit Informationen, bei den anderen gibt man sie gern. Sie müssen eben zu der zweiten Gruppe gehören.

Aus der Werttheorie des Austauschs ergibt sich deshalb ebenfalls zwingend, dass Sie als Anbieter bestrebt sein müssen, ein ehrliches und faires Verhältnis zu Ihrem Kunden aufzubauen, weil Sie als kleines Unternehmen nur auf diese Weise an die notwendigen Informationen kommen und nur auf diese Weise Preise erzielen können, die nahe am Wert liegen.«

Neuere neurowissenschaftliche Erkenntnisse

Ich versuchte das bisher Besprochene für mich zusammenzufassen: »Das heißt dann also, wenn wir über ökonomische Werte sprechen, dann sprechen wir letzten Endes über menschliche Motive, also Bedürfnisse oder ›geistige‹ Werte. Dann wäre es folgerichtig, sich für die Entwicklung einer Strategie vor allem mit den menschlichen Bedürfnissen zu beschäftigen, richtig?«

»Ja, genau!«, bestätigte Herr Radies. »Das ist nun unser nächstes Thema, um uns einer Strategie anzunähern. Als wir vor zwei Wochen herausfinden wollten, was Ihre Werte sind, bin ich schon ganz kurz auf die Ergebnisse der neueren neurowissenschaftlichen Forschungen eingegangen. Bei der Strategieentwicklung kommen Sie nicht mehr darum herum, sich damit zu beschäftigen.«

Das machte mich neugierig.

»Nehmen wir noch mal das Beispiel mit der Bäckerin; Sie wollen ein Brot kaufen. Wie sind Sie überhaupt auf die Idee gekommen?«

»Das war doch bloß konstruiert. Aber in der Wirklichkeit würde ich vermutlich vor dem Laden stehen, dann würde ich darüber nachdenken, dass ich kein Brot mehr zu Hause habe. Deshalb gehe ich in den Laden und kaufe eins.«

»Klingt nach einer ziemlich durchdachten Entscheidung. Wie erklären Sie sich dann die Tatsache, dass der Umsatz derselben Bäckerei um dreißig Prozent steigt, wenn die Bäckerin mit einem Ventilator den Geruch des frisch gebackenen Brotes auf die Straße bläst? Stehen Sie vor dem Laden und denken Sie darüber nach, dass Sie angesichts des Brotgeruchs noch mehr Brot brauchen?«

»Ja, aber das sind doch unfaire Mittel!«, wandte ich ein.

»Ob fair oder unfair, wird uns erst nachher beschäftigen. Tatsache ist, dass dieses Mittel funktioniert. Und dafür muss es eine Erklärung geben. Und auf diese kommt es an.«

»Der Geruch macht mir eben deutlich, dass ich Hunger habe, und das beziehe ich in meine Überlegungen mit ein.«

Herr Radies lachte: »So viel, wie Sie nachdenken, kämen Sie nie zum Brotkaufen. Sie gehen, wie die meisten Menschen, von einem rational und bewusst handelnden Menschen aus, der sich seiner aktuellen und seiner zukünftigen Bedürfnisse bewusst ist, abwägt und vergleicht. Und schließlich eine Entscheidung fällt. Und um die dreißig Prozent Mehrumsatz zu erklären, nimmt man an, dass emotionale oder unterschwellige Einflüsse diese Entscheidung *verfälschen*. In jedem Fall wird angenommen: Erst erfolgt eine bewusste Entscheidung, dann die Handlung.

Der Neurophysiologe Benjamin Libet hat genau die gleiche Theorie gehabt. In ihrer vollen Schönheit sieht diese Theorie so aus: Libet war überzeugt davon, dass es einen Geist außerhalb des Gehirns gibt. Das Gehirn ist Materie und Materie gehorcht den Prinzipien von Ursache und Wirkung. Manche Theoretiker sind großzügig und gestehen der Welt der Materie auch noch den Zufall zu. Wir Menschen haben jedoch einen freien Willen und der freie Wille kann nach der Definition nicht nach dem Prinzip von Ursache und Wirkung funktionieren. Zufällig kann er aber auch nicht sein. In beiden Fällen wäre er nämlich nicht frei. Also muss es nach diesem Konzept etwas außerhalb der Materie geben, etwas Immaterielles. Das ist eine der vielen Begründungen der Anhänger einer dualistischen Weltsicht.

Im Gegensatz zu vielen Vertretern einer solchen Weltsicht wollte es Libet jedoch etwas genauer wissen und dachte sich dazu ein Experiment aus. Wenn wir unseren Arm bewegen, dann lässt sich für gewöhnlich bereits eine halbe bis zwei Sekunden vorher eine Gehirnaktivität feststellen, die man messen kann – das sogenannte Bereitschaftspotenzial. Wenn man nun beweisen kann, dass die Entscheidung vor oder gleichzeitig mit dem Auftauchen der Gehirnaktivität stattfindet, dann ist klar, dass die Entscheidung in der nicht messbaren, immateriellen Welt gefällt und dann umgesetzt wurde.

Dazu machte Libet einen einfachen Versuch: Probanden sollten zu einem selbst gewählten Zeitpunkt ihre Hand bewegen. Dabei schauten sie auf eine Uhr, um den Zeitpunkt ihrer Entscheidung festhalten zu können. Diesen Zeitpunkt könnte man dann mit dem Auftauchen des Bereitschaftspotenzials zur Bewegung der Hand vergleichen.

Die Ergebnisse schockierten die Fachwelt: Die Entscheidung wurde nämlich im Durchschnitt 300 bis 400 Millisekunden *nach* dem Auftreten des Bereitschaftspotenzials gefällt. Das heißt, unser Bewusstsein hinkt den Handlungen, für die sich ein anderer Teil unseres Gehirns längst entschieden hat, etwa eine Drittelsekunde hinterher. Das kann nur bedeuten, dass unsere bewussten Entscheidungen keine wirklichen Entscheidungen, sondern nachträgliche Erklärungen sind. Sie können sich vom rational motivierten und handelnden Kunden verabschieden. Oder mit anderen Worten: Zu dem Zeitpunkt, zu dem Sie vor der Bäckerei mit Ihren Überlegungen beginnen, sind Ihre Beine schon längst unterwegs.«

»Sie meinen, es gibt keinen freien Willen?«, fragte ich einigermaßen bestürzt.

»Das kann ich Ihnen leider nicht beantworten. Wenn man unter dem ›freien Willen‹ jedoch das versteht, was man bislang darunter verstanden hat, nämlich eine Entscheidung aufgrund bewusster, rationaler Abwägungen, dann würde ich Ihnen mit ›Nein, es gibt keinen freien Willen‹ antworten. Das ist aber nur dann ein schockierendes Problem, wenn man nach einem Weltbild lebt und handelt, das die Bewusstheit und Rationalität vergöttert und die Unbewusstheit und Emotionalität diffamiert.

Wenn man hingegen die Gesamtheit des Gehirns betrachtet, dann kann man feststellen, dass es eine Handlung gibt, für die ein Motiv vorliegt. Ob dieses bewusst oder unbewusst entsteht, ist eigentlich völlig egal. Es war in jedem Fall Ihr Gehirn und nicht meines, das Sie zu dieser Handlung veranlasst hat.«

Ich musste nochmals auf mein anfängliches Problem zurückkommen: »Ja, aber das ist doch unfair! Wenn Sie den Brotduft auf die Straße blasen, dann kann ich mich doch nicht mehr entscheiden!«

»Herr Willmann, auch ohne Brotduft entscheiden Sie sich nicht frei! Ihre Beine sind auch dann schon längst unterwegs, bevor Sie sich eine Erklärung zusammenzimmern. Ich glaube, Ihr Problem besteht darin, dass Sie Beeinflussungen auf der rationalen, bewussten Ebene mit guten Argumenten legitim finden, wohingegen Sie Beeinflussungen auf der eher unbewussten Ebene des Brotdufts oder auf emotionalen Ebenen wie zum Beispiel über Assoziationen zu Freiheit oder Erotik ablehnen.«

»Ja, genau. Weil das Manipulation ist!«

»Entschuldigung, aber es ist *Ihr* Gehirn, das Sie in die Bäckerei zieht, und es ist Ihr Gehirn, das das Bedürfnis nach Freiheit oder Erotik hat!«

Ich fühlte mich zusehends unwohl. »Gut, mal angenommen, das stimmt alles. Was hat das dann mit der Strategie zu tun?«

»Nun, das ist einfach: Bislang sprachen wir davon, dass es der Zweck eines Unternehmens sei, seinen Kunden Nutzen zu bieten. Nutzen ist etwas Rationales. Der Kunde würde nach diesem Modell abwägen, ob der Nutzen seine Kosten übersteigt, und je nach Ergebnis dieser Abwägung den Nutzen in Anspruch nehmen oder nicht. Bei der Frage nach dem ökonomischen Wert weichte dieser Ansatz schon auf: Wir sprachen von der angenommenen Bedürfnisbefriedigung. Trotzdem gingen wir da noch davon aus, dass der Prozess bewusst ablaufen würde. Nun sind wir an dem Punkt, dass er nicht bewusst und nicht rational abläuft.

Genau genommen ist nach dem Konzept des Unternehmensberaters Hans-Georg Häusel die Rationalität eine Teilmenge der Emotionalität. Er hatte die ziemlich geniale Idee, alle menschlichen Motive, Bedürfnisse und Werte in einer Karte, der sogenannten Limbic Map®, einzuzeichnen. Er trug drei Grunddimensionen menschlichen Handelns als Achsen ein. ›Balance‹ liegt unten, ›Dominanz‹ rechts oben und ›Stimulanz‹ links oben. Dann gibt es Zwischenbereiche: Links unten sind als Mischformen aus Balance und Stimulanz Fantasie und Genuss eingetragen, rechts unten als Mischformen aus Balance und Dominanz der Zwischenbereich Disziplin und Kontrolle, oben als Zwischenform aus Stimulanz und Dominanz der Bereich Abenteuer und

Thrill. In diese Karte nun können alle menschlichen Werte und Motive eingetragen werden: Pflicht wäre zum Beispiel rechts unten, Poesie links unten, Kreativität links oben, Status rechts oben.

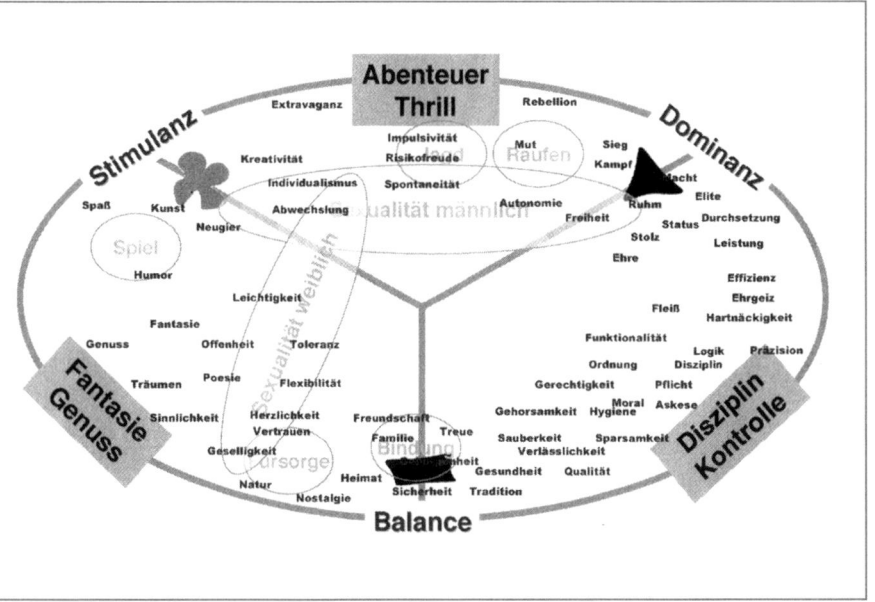

Limbic Map®
(Abdruck mit freundlicher Genehmigung von Hans-Georg Häusel)

Und alles, was unsere Rationalität ausmacht, wäre rechts unten: Ordnung, Disziplin, Logik, Verlässlichkeit, Funktionalität. ›Rationale‹ Entscheidungen sind somit letztlich auch emotionale Werteentscheidungen. ›Rationales‹ Denken setzt sich dann durch, wenn derjenige, der denkt, klaren Regeln eine hohe emotionale Bedeutung zuordnet. Er verknüpft ›rationale‹ Handlungen mit einer größeren emotionalen Belohnung als ›nicht rationale‹ Handlungen. Schauen Sie nur einmal bei einer sogenannten rationalen Diskussion im Fernsehen zu und Sie sehen: Letztlich sind diese zu einhundert Prozent von Emotionen kontrolliert.

Der Maßstab des rational entscheidenden Menschen erinnert an den eines Menschen, der sich ein Blatt Papier mit einem Loch vor die Augen hält und einmal ein weißes Auto und ein anderes Mal eine weiß lackierte Metalltür betrachtet. In beiden Fällen sieht er nur einen Ausschnitt weiß lackiertes Blech. Nur will der eine Verkäufer 1000 Euro und der andere 20 000 Euro. Solange Sie nicht die ganze Wahrheit kennen, erscheint Ihnen der Verkäufer mit den 20 000 Euro als Betrüger.

In Wahrheit ist es doch so: Mit einer rein rationalen Nutzenbetrachtung treffen Sie immer nur einen Teil der Bedürfnisse Ihres Kunden. Sie laufen sozusagen Gefahr, dass Ihre Autos nur als Metalltüren erkannt werden und entsprechend wenig wertgeschätzt werden.

Die ganze Wahrheit ist, dass ein herrlich duftendes Brot für Ihr Gehirn mehr wert *ist*. Betrug wäre es dann, wenn der Duft auf die Straße geblasen würde und das Brot, das Sie bekommen, gar nicht riecht.

Nun zur Konsequenz: Sie müssen Ihrem Kunden nicht Nutzen bieten, das wäre nur der eingeschränkte rationale Bereich rechts unten. Sie müssen ihm eine Befriedigung bestimmter Emotionen versprechen. Sie müssen bestimmte Werte ansprechen. Dazu haben Sie den gesamten menschlichen Werteraum zur Verfügung. Und diese Werte können Sie auf der Limbic Map® positionieren. Wenn Sie also bei Ihrer Strategie nur nach dem Nutzen suchen, dann ist es so, wie wenn Sie sich ein Blatt Papier mit einem Loch vor die Augen hielten.«

Das, was Herr Radies hier vorstellte, drohte mein ganzes Weltbild auf den Kopf zu stellen. Ich wollte mich wehren, aber mir fielen keine Argumente mehr ein. Schließlich versuchte ich es mit einer Verschiebung auf ein anderes Bild: »Für Brot mag so etwas ja zutreffen, aber wir verkaufen Unternehmenssoftware. Da sind die Entscheidungen doch rational!«

Herr Radies schaute mich ungläubig an. »Ah so? Rational? Mal ganz im Ernst: Was ist rational daran, wenn Sie Ihrem Kunden das bessere System bieten und dann bekommt Ihr Wettbewerber den Zuschlag, weil er zufällig auf demselben Golfplatz war wie der Einkäufer? Was ist rational daran, wenn der selbstsichere und attraktive Verkäufer mehr Abschlüsse erzielt als sein unsicherer Kollege Quasimodo? Haben Sie schon mal erlebt, dass Sie bei einem Vertriebsgespräch ein Nutzenargument nach dem anderen brachten und zugleich spürten, dass Ihnen Ihr Gegenüber entglitt?«

»Ja, natürlich! Manche Kunden sind eben unkonzentriert oder verstehen diese technischen Aspekte einfach nicht.«

»Nein!«, platzte es fast aus Herrn Radies heraus: »Der Kunde hat kein Defizit. Ihre Sichtweise hat das Defizit. Manche Kunden, genauer gesagt die meisten Kunden haben diese eher rational-technische Sichtweise nicht, weil es nicht ihren Bedürfnissen entspricht. Der Kunde will vielleicht Leistung, vielleicht Macht, vielleicht Sicherheit, vielleicht Abwechslung. Um es vor sich selbst zu rechtfertigen, erzählt er Ihnen jedoch etwas von Umsätzen oder Einsparungen. Aber das ist die nachträgliche Rationalisierung, die nachträgliche Begründung vor sich selbst.

Ich verstehe Ihre Einwände gerade auch wirklich nicht mehr. Herr Willmann, Sie begeistern sich doch für Klettern. Können Sie mir bitte erklären, was daran rational ist?«

Plötzlich machte es klick. Ja, für das Klettern hatte ich alles gegeben. Natürlich überlegte ich bei meiner Ausrüstung, welcher Hersteller die besseren Haken anbot, welches Seil leichter und fester war, aber letztlich trieb mich meine Abenteuerlust. Ich betrachtete nochmals die Limbic Map®. Ich war mit meinen Werten des Grenzenüberwindens ein Kunde, der im oberen Bereich der Limbic Map® mit einer leichten Tendenz nach rechts angesiedelt wäre.

Schließlich nickte ich: »Ja, Herr Radies, ich glaube, jetzt habe ich den Ansatz verstanden. Was bedeutet das jetzt für unsere Strategie?«

Herr Radies erwiderte: »Dazu möchte ich Ihnen einige ganz simple Fragen stellen: Wem glauben Sie mehr? Wenn Ihnen Reinhold Messner oder wenn Ihnen ein Buchhalter ein Abenteuer verkauft?«

»Ist doch klar: Reinhold Messner!«

»Wem glauben Sie mehr? Wenn Ihnen eine lächelnde junge Dame

oder wenn Ihnen ein brüllender 2,20-Meter-Wrestler Genuss anbietet?«

»Eher der jungen Dame«, grinste ich. Genuss bei einem solchen Berserker war nur schwer vorstellbar.

»Wem glauben Sie mehr? Wenn Ihnen ein dynamischer Manager oder wenn Ihnen ein Gothic-Fan mit hängenden Schultern Erfolg verkaufen will?«

»Auch logisch: Natürlich dem Manager!« Ich verstand: »Sie wollen also darauf hinaus, dass abhängig vom Verkäufer eine andere Glaubwürdigkeit und damit ein anderes Wertgefühl entsteht?«

»Ja, ungefähr! Ich würde noch weiter gehen: Der Wert *ist* beim passenden Verkäufer höher. Und ich will darauf hinaus, dass der Anbieter, und das ist nicht nur der Verkäufer, sondern die ganze Firma, den vom Kunden gewünschten Wert glaubwürdig leben muss.

Und nun haben wir den entscheidenden Punkt für die Strategie erreicht: Der Ausgangspunkt einer jeden Strategie ist die Frage, für welchen Wert Ihr Unternehmen glaubwürdig stehen kann. Viele sagen zwar, dass man mit den Stärken oder noch anderem beginnen müsse, aber das ist nur noch begrenzt richtig. Ich komme nachher darauf zurück.«

Nun begriff ich endlich. Ein Anbieter von Buchhaltungssoftware könnte beim besten Willen keine Klettertouren verkaufen, und Porsche könnte niemals gesellige Familienausflüge veranstalten, selbst wenn sie es organisatorisch hinbekämen. »Die Frage, auf die Sie hinauswollen, ist also: Für welchen Wert steht mein Unternehmen? Nur dann kann ich glaubwürdig Produkte verkaufen, und diese Produkte haben allein schon deshalb höheren Wert, weil mein Unternehmen dafür steht. Richtig?«

»Exakt! Und nur dann sind Sie völlig überzeugt von dem, was Sie tun. Sie sind mit Spaß und Energie bei der Sache. Und nur dann haben Sie eine Basis für die Anziehungskraft nach innen wie nach außen«, führte Herr Radies weiter aus. »Und damit haben Sie den ersten praktischen Ansatzpunkt für die Entwicklung einer Strategie.«

Werte des Unternehmens

»Aber sollte mein Unternehmen dann nicht für alle Werte zugleich stehen, um möglichst viele Bedürfnisse und Leute anzusprechen?«

»Nein«, antwortete Herr Radies. »Zum einen widersprechen sich die Werte zum Teil: Dominanz verträgt sich wenig mit Geselligkeit, Askese kaum mit Extravaganz, Sicherheit schlecht mit Impulsivität. In dem Maße, wie Sie dann die eine Gruppe ansprechen, verjagen Sie die andere. Zum anderen sucht unser Gehirn auch Orientierung. Alle wirklich erfolgreichen Unternehmen oder Marken stehen für genau einen Wert, um diese Orientierung zu bieten. Marlboro steht für Abenteuer und Audi steht für Leistung und Technik.«

Das erschien mir als ein Widerspruch zu dem, was Herr Radies zuvor gesagt hatte: »Aber dann ist das ja doch wieder so wie mit dem Blatt Papier und dem Loch. Dann könnte ich doch auch bei dem rationalen Ausschnitt bleiben?«

Herr Radies nickte: »Ja, Sie könnten auch die Emotionen ansprechen, die der Rationalität zugrunde liegen. Die Punkte sind nur: Erstens sind dies auch Emotionen. Zweitens tummeln sich im rationalen Nutzenbereich schon alle. Das macht es Ihnen schwerer, herauszuragen. Und drittens halte ich es für fraglich, ob Sie mit Ihren Werten glaubwürdig für diesen Bereich stehen könnten.«

»Gut, und wie finden wir nun den zentralen Wert, für den mein Unternehmen steht?«

»Och, das ist im Gegensatz zum theoretischen Weg dorthin ganz einfach«, erklärte Herr Radies breit grinsend. »Wir haben vor zwei Wochen ja ihre persönlichen Werte erarbeitet. Nehmen Sie die Liste und entscheiden Sie sich für den, der Ihnen am besten gefällt.«

»Wie? Das soll alles sein?«, fragte ich verblüfft, aber durchaus auch erfreut. »In großen Unternehmen setzen sich doch ganze Teams über Wochen und Monate zusammen, um die Unternehmenswerte gemeinsam zu erarbeiten. Und Sie sagen mir jetzt, ich soll das einfach so entscheiden? Ohne meine Mitarbeiter?«

»Genau! Sehen Sie, wenn sich ein Team von Managern zusammensetzt, dann will jeder seine Werte repräsentiert sehen. Bei einem Controller sind dies in der Tendenz Disziplin und Genauigkeit, bei einem Marketingmanager Kreativität, bei einem Personaler ist es das Zwischenmenschliche und so weiter. Und im Ergebnis setzt sich jeder ein bisschen durch und Sie bekommen ein Wischiwaschi-Wertesammelsurium. Können Sie vergessen!

Genau ein Wert! Und Sie müssen anecken! Wenn Sie Dominanz verkaufen und die geselligen Genussmenschen nicht laut aufschreien, machen Sie etwas falsch! Und wenn Sie Kuschelgemeinschaft verkaufen und der Machtmensch muss danach nicht mindestens eine halbe Stunde lang seinen Audi am Limit quälen, um wieder klar denken zu können, auch!

In einem unternehmergeführten Unternehmen kommt dem Unternehmer, der meist auch Gründer ist, eine herausragende Rolle zu. Ob bewusst oder nicht, prägt dieser die ersten Kundenbeziehungen und den Umgang mit Mitarbeitern. Neue Mitarbeiter kommen dagegen kaum an, da im Prinzip bereits alle Beziehungen und Strukturen mit Werten durchtränkt sind: Ist dem Unternehmer ein gutes Verhältnis zu den Kunden wichtig, so werden sich die Kunden auch gegenüber dem neuen Mitarbeiter entsprechend verhalten, ist der Unternehmer ein innovativer Bastler, so werden die Kunden auch vom neuen Mitarbeiter gute Ideen erwarten, und betrachtet der Unternehmer seine Kunden als profitable Melkkühe, wird ein neuer Mitarbeiter auch keine Chance haben, ein anderes Verhältnis zu den Kunden aufzubauen.

Der Unternehmensgründer hat also so oder so die Rolle inne, die Grundwerte im Unternehmen festzulegen. Und falls Sie nicht der Gründer wären, sondern ein nachfolgender Unternehmer, dann täten Sie gut daran, die Werte des Gründers für sich zu übernehmen – sonst scheitern Sie.

Da Entscheidungen weitgehend unbewusst ablaufen und auf Werten basieren, besteht der einzige Weg, ein konsistentes wertegeführtes Unternehmen aufzubauen, darin, dass sich der Unternehmer seine Werte bewusst macht (was nichts an der Unbewusstheit der Einzelhandlungen ändert) und einen der wichtigsten Werte als Unternehmenswert festlegt. Die Werte des Unternehmers werden so zu Werten des Unternehmens. Alles andere ist scheinheilig und ineffektiv. Ab diesem Moment der schriftlichen Definition der Unternehmenswerte kann und muss man sowohl das Verhalten des Unternehmers als auch das der Mitarbeiter daran messen.

In seinem Buch zu den Hidden Champions, also den mittelständischen Weltmarktführern, stellt Hermann Simon als gemeinsames Kennzeichen dieser erfolgreichen Unternehmen fest, dass sie autoritär in den Grundwerten und partizipativ in den Details geführt werden. Und wenn Sie wirklich großartige unternehmergeführte Unternehmen anschauen, wie Virgin und Richard Branson oder Body Shop und Anita Roddick oder Microsoft und Bill Gates, dann wiederholt sich dieses Grundprinzip, dass die Unternehmer diese Werte vorgeben und vorleben, überall. Diese Grundwerte sind der Kern! Der dänische Marketingexperte Jesper Kunde nennt dies ›Corporate Religion‹. Und genau das brauchen Sie auch.

Also wählen Sie einen Ihrer wichtigsten Werte! Wenn Sie schwanken, sollten Sie sich bei der Entscheidung davon leiten lassen, welchen dieser Werte Ihre Kunden am ehesten in Ihrem Unternehmen sehen oder sehen könnten.«

Das ließ ich mir nicht zweimal sagen. Ich blätterte in meinen Aufzeichnungen. Dabei fiel mir wieder die Geschichte der ComSense Portals GmbH, die ich Herrn Radies vor zwei Wochen erzählt hatte, ein. »Grenzen überwinden, über sich hinauswachsen. Das ist es!«

Herr Radies schloss seine Augen für einen Moment. Vermutlich versuchte er, sich dies vorzustellen. Dann nickte er: »Ja, das könnte passen. Sie können es auch für Ihre Kunden drehen und ein Versprechen formulieren: ›Sie wachsen über sich hinaus!‹«

Nach einer kurzen Pause nickte er noch mal und sagte: »Ja, arbeiten wir damit!

Es reicht nicht einfach aus, einen Wert aufs Papier zu schreiben. Sie müssen mehrere Dinge tun, um ihn wirksam werden zu lassen. Das Wichtigste ist, Sie müssen sich so verhalten! Da es sich um einen Ihrer zentralen Werte handelt, dürfte Ihnen das leichtfallen. Sie sollten es aber konsequenter und bewusster tun als bisher.

Das Zweitwichtigste ist, dass Sie klären müssen, was Sie damit eigentlich meinen. Das sollten Sie nächste Woche wieder mit Ihren Mitarbeitern zusammen tun, allerdings nicht gerade in einem offiziellen Meeting. Das wäre derzeit zu aufgesetzt. Sprechen Sie zum Beispiel mit Ann. Sie scheint ja mit ihrer Fahrradtour auch eine Kandidatin zu sein, die diesen Wert begrüßen dürfte. Versuchen Sie herauszufinden, was dieser Wert noch für sie bedeutet und welchen Stellenwert sie diesem Wert im beruflichen Umfeld geben würde.

Im Laufe der Zeit sammeln Sie Geschichten und Interpretationen. Und in etwa zwei Wochen können Sie mit diesem Material, das ja von Ihren Mitarbeitern kommt, ein Meeting machen und den Wert samt Kriterien und Beispielen offiziell festklopfen. Zu Beginn müssen nicht alle Mitarbeiter dahinterstehen. Vierzig oder fünfzig Prozent reichen fürs Erste. Mittelfristig brauchen Sie freilich alle!

Das ist wie beim Fußball. Stellen Sie sich vor, Sie dürften wählen, welches von drei Teams Sie trainieren wollen. Im ersten Team haben alle Spieler nur ein einziges Ziel: Sie wollen die Meisterschaft gewinnen. Spitzenleistung geht ihnen über alles. Im zweiten Team habe alle Spieler ebenfalls nur ein Ziel: Sie wollen Spaß miteinander haben und Freude am Spiel empfinden. In der dritten Mannschaft hingegen haben Sie einen Stürmer, der Zauberfußball spielt, einen Mittelfeldspieler, der sich auf den Umtrunk danach freut, einen Torwart, der ein bisschen Ausgleich nach der Arbeit sucht, und einen Abwehrspieler, der unbedingt in der Bundesliga spielen will.

Ich schätze mal, ich weiß bereits, welches Team Sie keinesfalls trainieren wollen.«

Ich nickte: »Klar, da muss man nicht nachdenken!«

»Das erste Team kann die Meisterschaft gewinnen, mit dem zweiten

Team kann das Spiel Spaß machen. Im dritten Team wird mit hundertprozentiger Sicherheit keiner zufrieden sein und keiner seine Ziele erreichen. Selbst wenn die Spieler anfangs technisch besser sein sollten als die der anderen Teams, wird das dritte Team nach kurzer Zeit das Schlusslicht bilden oder ganz auseinanderfallen. Deswegen benötigen Sie ein einheitliches Team, das diesen einen Wert teilt.«

»Und wenn das jemand nicht tut?«, hakte ich nach. Und wusste die Antwort eigentlich schon.

»Dann wird er, wenn Sie eine kritische Masse von vierzig Prozent erreicht haben und Sie diesen Wert aktiv leben, das Team von allein verlassen. Tut er es nicht, dann müssen Sie im Interesse der anderen nachhelfen.«

»Aber ist dies nicht ziemlich autoritär?«

»Klar ist es das. Und es ist notwendig! Wenn Sie diesen Wert an Ihre Kunden verkaufen, dann müssen alle, die mit Kunden zu tun haben, diesen Wert leben. Und da in einem kleinen Unternehmen alle Mitarbeiter, die nichts mit Kunden zu tun haben, tendenziell überflüssig sind, brauchen Sie alle Mitarbeiter. Natürlich sollte Ihnen auch klar sein, dass jeder Mitarbeiter noch viele andere Motive und Werte hat. Der eine kann ein Familienmensch sein, der nächste ein Bastler, der dritte mag Disziplin und Genauigkeit. Diese Unterschiede brauchen Sie auch. Aber den einen zentralen Wert müssen alle teilen und im Konfliktfall obenan stellen.«

Wirksamkeit von Werten und Vision

»Mir ist noch etwas unklar, wie man dafür sorgt, dass die Werte auch gelebt werden. Wissen Sie, Herr Radies, was ich auf keinen Fall will, ist, eine leere Wertedeklaration zu erstellen, wie bei Großunternehmen. Das nimmt ja keiner ernst. Was würde wohl geschehen, wenn ich in meiner Firmendeklaration schreiben würde: ›Wir überwinden Grenzen‹?«

Herr Radies dachte einen Moment nach: »Ihre Frage führt jetzt etwas von der Strategie weg. Aber sie ist wichtig! Deswegen gehe ich jetzt schon darauf ein und danach kommen wir zur Strategie zurück. Einverstanden?«

»Ja, meine Frage ist mir wichtig. Was würde geschehen, wenn ich in meiner Firmendeklaration schreiben würde: ›Wir überwinden Grenzen‹?«

Herr Radies zuckte mit den Schultern: »Vermutlich gar nichts. Einige würden Sie fragen, wie Sie das denn meinen. Andere würden lachen. Und fast alle würden weitermachen wie bisher.«

Ich nickte: »Genau das hatte ich vermutet. War das jetzt alles unnötig, was wir gemeinsam erarbeitet haben?«

»Wenn Sie jetzt nicht den entscheidenden nächsten Schritt machen: Ja! Ich möchte Ihnen eine Frage stellen. Was ist der zentrale Wert, der in der Bibel vermittelt wird?«

»Keine Ahnung«, entgegnete ich verblüfft. »Ich habe die Bibel nie gelesen. Ich denke, Nächstenliebe oder irgendetwas Vergleichbares.«

Herr Radies nickte. »Stellen Sie sich nun vor, das entscheidende Dokument des Christentums hätte ungefähr folgenden Inhalt gehabt: ›Unser wichtigster Wert ist Nächstenliebe. Daran richten wir all unsere Handlungen aus. Unsere langfristige Vision ist das Himmelreich auf Erden. Wir versuchen möglichst viele Menschen für diese Idee zu gewinnen.‹ Was wäre dann wohl aus dem Christentum geworden?«

Bei dieser Vorstellung musste ich grinsen: »Also wenn ich raten müsste, würde ich sagen, dass dann niemand etwas vom Christentum wüsste.«

»Damit haben Sie völlig recht«, bestätigte Wolfgang Radies. »Ein solches Dokument wäre Selbstmord. Offensichtlich machen die meisten Unternehmen mit ihren Deklarationen also etwas falsch. Und offensichtlich haben die Leute, die die Bibel geschrieben haben, etwas richtig gemacht. Sie haben nämlich Geschichten erzählt, in denen diese Werte lebendig zum Ausdruck kommen. Vielleicht haben sie auch nur vorhandene Geschichten gesammelt und nach diesen Werten gefiltert.

Wie auch immer: Bei Geschichten entstehen Bilder und Filme im Kopf. Geschichten bewegen emotional. Geschichten bieten Vorbilder. Und Imitation ist nach wie vor die effektivste Lernmethode. Es heißt: ›Wenn Sie die Herzen bewegen, bewegen Sie die Welt.‹ Und die Herzen bewegen Sie mit Geschichten. Nicht mit abstrakten Deklarationen, Gesetzen oder Regeln.

Auch wenn Sie in den asiatischen Raum gehen, finden Sie oft Geschichten vom Meister und seinen Schülern, vom Mönch, der einem Soldaten begegnet, und so weiter. Oder betrachten Sie neuere Reden. Glauben Sie, Martin Luther King hätte 1963 in Washington irgendetwas erreicht, wenn er eine abstrakte Deklaration über Rassengleichheit verlesen hätte? Nichts hätte er erreicht! Stattdessen sprach er in seiner berühmten Rede von seinem Traum. Er malte Bilder von schwarzen und weißen Kindern, die in Georgia gemeinsam im Sandkasten spielen. Das bewegt! Nach diesem Vorbild können Sie handeln! Wenn Sie von Gleichberechtigung sprechen und eine Charta vorlesen, weiß Ihr Gehirn nicht, was es tun soll.

Und deswegen sind diejenigen, die sich über die Wirkungslosigkeit ihrer Wertedeklarationen beklagen, selbst schuld. Sie vermitteln sie einfach falsch.«

»Jetzt verstehe ich, warum Sie vorhin sagten, ich solle bei meinen Mitarbeitern Geschichten und Anekdoten zu dem zentralen Unternehmenswert sammeln. Bei Ihnen läuft auch nichts ohne eine tiefere Bedeutung dahinter, stimmt's?«

Herr Radies wirkte geschmeichelt. »Genau. Sie können aber auch selbst weitere Geschichten konstruieren. Oder Geschichten in Ihre Richtung umlenken. Sie wissen ja, ich mag es, vorhandene Energie aufzugreifen und zu bündeln. Das Geheimnis besteht darin: All diese Geschichten existieren schon. Zumindest in Rohform.

Sie selbst haben mir einige Geschichten erzählt. Zum Beispiel von der ComSense Portal GmbH. Ihre Mitarbeiter erzählen permanent irgendwelche Geschichten. Wenn sie sich zum Kaffeetrinken treffen, erzählen sie Geschichten. In Meetings erzählen sie Geschichten. Wenn sie sich mit Freunden oder mit Kunden treffen, erzählen sie Geschichten. Selbst wenn sie schlafen und träumen, erzählen sie sich selbst noch irgendwelche Geschichten.

Das Einzige, was Sie tun müssen, ist, die Geschichten, die Ihre Werte transportieren oder transportieren könnten, aufzugreifen, gezielt zu verdichten und permanent zu streuen. Vielleicht sogar auf Ihrer Website veröffentlichen. Damit verbreiten Sie nicht nur Ihre Werte, sondern Sie ermöglichen Identifikation und gewinnen die Herzen. Sie schaffen nachahmbare Vorbilder und damit die effektivste Verhaltenssteuerung überhaupt.«

Ich war begeistert! Ja, das könnte klappen. Nur hatte ich, wie so oft, keine Ahnung, wie ich die Sache angehen sollte. Deshalb fragte ich Herrn Radies: »Und wie mache ich das?«

»Wenn man weiß, wie, dann ist es sehr einfach. Am besten spielen wir das jetzt beispielhaft mit einer Geschichte aus Ihrem Unternehmen durch. Zuerst brauchen wir ein Thema. Sie erzählten mir heute Morgen die Geschichte, dass es schwer sei, neue Aufträge zu akquirieren. Und Paul bekomme das nicht hin. Wenn sich Paul an dieser Geschichte orientiert und diese imitiert, haben Sie ein Problem. Er wird es nämlich dann nicht hinbekommen. Deshalb meine erste Frage: Hat Paul schon mal einen Auftrag akquiriert?«

»Ja, schon mehrere!«

»Sehr gut! Unser Unternehmenswert, den wir transportieren wollen, heißt Grenzen überwinden oder über sich selbst hinauswachsen. Bei den Kunden, aber auch bei den Mitarbeitern. Welcher der von Paul akquirierten Aufträge hat den Kunden am weitesten nach vorn katapultiert?«

Ich dachte nach. »Das war die ZXK Druck GmbH, eine Firma in einer relativ geschützten Nische. Sie hatten sichere Einnahmen und deshalb seit vielen Jahren nichts mehr an ihren internen Abläufen geändert. Plötzlich wurden sie einem erhöhten Druck ausgesetzt. Paul verkaufte ihnen ein Intranet, mit dem sie ihre Effizienz drastisch steigerten und wieder konkurrenzfähig wurden.«

»Prima!«, freute sich Herr Radies. »Das wird eine sehr schöne Geschichte. War das schwer für Paul?«

»Ja, es dauerte einige Monate. Aber noch eine Frage: Was hätte ich machen können, wenn Paul noch nie etwas verkauft hätte?«

»Dann hätten Sie eine Geschichte von Bernd, von sich selbst oder von einer anderen Firma gewählt. Es geht doch vor allem um den Vorbildcharakter. Okay?«

Ich nickte.

»Gut, Paul hatte also Schwierigkeiten beim Verkauf an die ZXK Druck GmbH. Sehr gut! Nun machen wir eine Geschichte, die Ihren Wert transportiert. Danach erkläre ich Ihnen die Methodik.

Wie kam der Kontakt zwischen Paul und dieser Firma zustande? Wann und wie beginnt die Geschichte?«

»Ich hatte den Geschäftsführer, Herrn Hanusch, vor eineinhalb Jahren bei einer Messe kennengelernt. Er wollte seine Abläufe optimieren, aber er machte einen so unentschlossenen und ahnungslosen Eindruck, dass ich nicht davon ausging, dass er sich je entscheiden könnte.«

»Und deshalb gaben Sie diesen Erstkontakt Paul? Weil Sie sich selbst keine Chancen einräumten?«

In der Tat, so war das.

»Das ist genial! Paul, unser Held der Geschichte, bekommt von Ihnen eine Mission Impossible. Und er bringt diese erfolgreich zum Abschluss. Sie haben auch schon die Schwierigkeit benannt: Der Geschäftsführer war unentschlossen und ahnungslos. Er hatte es sich in seiner kuscheligen Nische bequem gemacht und wurde auf einmal von den Ereignissen überrollt. Was für Ereignisse waren das genau?«

»ZXK hatte bislang einige wenige Großkunden betreut. Und diese mussten effizienter werden. Deshalb haben sie ZXK die Pistole auf die Brust gesetzt: Zwanzig Prozent schneller und zwanzig Prozent preiswerter innerhalb eines Jahres. Oder ZXK wäre aus dem Rennen.«

»Sehr gut, sehr gut!«, nickte Herr Radies. »Wir haben nun auch schon ein konkretes Ziel! Zwanzig Prozent schneller und zwanzig Prozent preiswerter. Nächste Frage: Was hat Paul genau gemacht, um ZXK als Kunden zu gewinnen?«

»Er war dreimal dort, um unsere Lösungen zu präsentieren, und hat Dutzende Male mit dem Geschäftsführer telefoniert.«

»Nein, das taugt gar nichts!« Herr Radies schüttelte vehement den Kopf. »Wir haben eine Grenze. Der Geschäftsführer ist unentschlossen und ahnungslos. Er steht vor einer Aufgabe, von der er nicht weiß, wie er sie lösen soll. Das Überleben seiner Firma hängt davon ab. Seine Zukunft, das Wohlergehen seiner Familie und das seiner Mitarbeiter hängt davon ab! Und dann kommt Paul. Unser Held. Was macht er konkret, um diese Grenze zu überwinden?«

Ich verstand nicht, worauf Herr Radies hinaus wollte.

Herr Radies dachte kurz nach: »Ein Beispiel. James Bond muss mal wieder die Welt retten. Das Leben der gesamten Menschheit hängt davon ab, ob er es schafft oder nicht. Und dann sagen Sie: Er erschoss einige Dutzend Ganoven und traf dreimal den Bösewicht von Angesicht zu Angesicht. Film zu Ende.

Sie hätten nicht einen Besucher im Kino! Nein, die Zuschauer wollen sehen, wie sich James Bond in letzter Sekunde selbst das Gegengift spritzt oder wie er mit dem Motorrad über die Klippe rast, dann in das abstürzende Flugzeug klettert und sich in letzter Sekunde in Sicherheit bringt.

Also noch mal: Was hat Paul genau gemacht, um dem Geschäftsführer die Unsicherheit zu nehmen?«

Ich überlegte, kam jedoch zu keinem Ergebnis. »Ich weiß es nicht. Ich weiß nur, dass ich Paul irgendwann gesagt habe, dass er entweder innerhalb einer Woche einen Vertrag vorlegen oder sich um aussichtsreichere Interessenten kümmern solle.«

»Ja, die interessantesten Dinge nehmen wir meist nicht wahr. Wie wär's, wenn Sie Ihr Handy nehmen und Paul jetzt einfach fragen? Sonst kommen wir nicht weiter.«

Herr Radies wollte die Dinge mal wieder unmittelbar vorantreiben. So ging ich auf die Terrasse, um mit Paul zu telefonieren.

Nach etwa fünf Minuten kehrte ich zurück: »Paul erzählte mir, dass er den Geschäftsführer mochte und er ihm sympathisch geworden war. Als ich Paul damals die Deadline setzte, ist er noch mal zu ihm gefahren. Sie saßen einige Zeit im Zimmer des Geschäftsführers. Dabei fiel Paul auf, dass der Schreibtisch des Geschäftsführers so mit Papieren überfüllt war, dass er einer Müllhalde glich. Zugleich hing ein Foto an der Wand, auf dem der Geschäftsführer mit seiner Familie in einer sehr gepflegten Wohnung zu sehen war.

Paul hatte einen Verdacht und brauchte ein Ergebnis. Deshalb ließ er sich vom Geschäftsführer in seiner Firma herumführen, um seinen Eindruck abzusichern. Und tatsächlich: Fast alle Schreibtische in der Firma waren von Hunderten von Blättern übersät. Paul nahm schließlich allen Mut zusammen und fragte den Geschäftsführer, warum es in seiner Firma eigentlich so chaotisch aussehen würde.

Der Geschäftsführer stutzte. Er sah sich traurig um, wie wenn er den Müll zum ersten Mal sehen würde. Und dann erwiderte er, dass dies Arbeitsanweisungen, Berichte und Informationen seien. Dass er nie etwas finden würde und es seinen Mitarbeitern auch so ginge. Und dass er eigentlich ein ordentlicher Mensch sei und gar nicht verstehen könne, wie sich dieses Chaos ergeben hätte.

Paul erkannte in diesem Moment, dass er ihm kein Intranet, sondern Ordnung durch ein Intranet verkaufen müsse. Als er seinem Gegenüber deutlich machen konnte, dass mit einem Intranet all dieses Chaos verschwinden würde, nickte der Geschäftsführer: ›Sie haben den Vertrag!‹«

»Sehr gut! Sie müssen nur aufpassen, dass nicht am Ende Ordnung als Ihr Wert dasteht. Betonen Sie also, dass Paul erkannte, wie mit einem Intranet die *Grenzen* des bisherigen Chaos *überwunden* werden können. Das ist faktisch dasselbe, nur mit einer anderen Gewichtung der Werte. Und jetzt würde mich noch eines interessieren: Konnte die ZXK ihre Ziele erfüllen und ihre Kunden behalten?«

»Ja, konnte sie«, antwortete ich.

Herr Radies schaute mich etwas konsterniert an: »Das geht so nicht, Herr Willmann! James Bond hat fast alle seine Abenteuer bestanden. Sie haben mitgefiebert. Und dann wird es dunkel. Der Abspann. Und im Abspann steht: ›Ach übrigens: Den Bösewicht hat er auch noch besiegt.‹ Das geht überhaupt nicht!

Also, wann wurde wie festgestellt, dass die ZXK ihre Ziele erreicht hat? Wie haben Sie davon erfahren?«

»Der Geschäftsführer hat Paul angerufen und ihm gesagt, dass sie ein Angebot zu zwanzig Prozent niedrigeren Kosten abgegeben hätten. Und dabei sogar noch mehr Gewinn machen würden als früher.«

»Diese Schilderung finden Sie doch nicht wirklich dramatisch, oder?«, erkundigte sich Herr Radies. »Also, da begann am Anfang der Geschichte eine Uhr zu ticken: ein Jahr. Wie bei einer Zeitbombe. Der Zähler bleibt immer wenige Sekunden vor der Null stehen. Wie viel Zeit war also von dem Jahr verstrichen?«

Ich rechnete nach: »Tatsächlich, Sie haben recht. Das war fast ein Jahr. Vielleicht eine Woche weniger.«

»Prima! Und war sich der Geschäftsführer von ZXK sicher, dass es mit den zwanzig Prozent klappt? War Paul sich sicher, dass es klappen würde?«

»Nein, natürlich nicht.«

»Dann waren die beiden doch sicherlich fieberhaft angespannt?«

»Ja, natürlich. Ich glaube, die beiden haben zuvor mehrfach telefoniert.«

Herr Radies lächelte: »Gut, ich will Sie jetzt nicht weiter auf die Folter spannen. Ich erzähle Ihnen jetzt zwei Geschichten von Paul. Die erste ist ziemlich kurz und entspricht etwa der Variante, die Sie mir zuerst erzählt haben.

Geschichte 1: Paul hat auch schon mal einen Auftrag akquiriert. Punkt. Geschichte fertig.

Dann habe ich Ihnen ein paar Fragen gestellt und mich auf einige wesentliche Punkte konzentriert.«

Er schrieb ans Flipchart:

> **1. Was ist die Bedeutung / der Wert?**
> **2. Wer ist der Held?**
> **3. Wo ist der Anfang?**
> **4. Wo ist das Ende?**
> **5. Was will der Held?**
> **6. Wo liegt die Schwierigkeit?**
> **7. Wie sieht die Lösung aus?**
>
> - **So konkret wie möglich!**
> - **Einsatz erhöhen! (Es geht um die Rettung der Welt.)**
> - **Konzentration auf kritische Wendepunkte! (Zeitlupe)**

»Mit diesen Fragen, die auf der Arbeit des Experten für Hollywood-Drehbücher, Christopher Vogler, beruhen, können Sie aus jeder langweiligen ersten Geschichte eine einigermaßen spannende zweite Geschichte machen, die Ihren Wert transportiert. Ich erzähle an Ihrer Stelle also jetzt Geschichte 2.

Vor eineinhalb Jahren lernte ich bei einer Messe den Geschäftsführer der ZXK Druck GmbH, Herrn Hanusch, kennen. Er informierte sich über ein Intranet, weil ihn seine Kunden unter Druck gesetzt hatten. Sie erwarteten innerhalb von 365 Tagen eine Beschleunigung der Auftragsabwicklung um zwanzig Prozent bei einer gleichzeitigen Kostenreduktion um zwanzig Prozent. Ein beinahe unmögliches Unterfangen.

Herr Hanusch hatte sich zuvor in einer sicheren Nische bewegt und schien nun von den plötzlichen Anforderungen überfordert. Er wirkte unsicher und machte nicht den Eindruck, dass er in der Lage wäre, sich zu entscheiden. Da ich mich als Geschäftsführer nur auf die wichtigen und aussichtsreichsten Interessenten konzentrieren kann, übergab ich die Akquise an Paul. Eine Mission Impossible.

Da dieser Interessent für mich nicht mehr wichtig war, beschäftigte ich mich nicht weiter damit. Bis ich irgendwann an den Reisekostenabrechnungen feststellte, dass Paul schon zum dritten Mal dorthin gefahren war. Ich ließ Paul zu mir kommen, und er erzählte mir, dass er auch schon Dutzende Male mit Herrn Hanusch telefoniert hätte, dieser aber immer noch unentschieden sei.

Ärgerlich setzte ich Paul die Pistole auf die Brust: Entweder Herr Hanusch ist innerhalb von sieben Tagen unser Kunde oder die Akquise wird abgebrochen. Wir können ja nicht sinnlos unser Geld verschwenden.

Eine Woche später kam Paul mit einem ernsten Gesicht in mein Büro. Er legte mir ein Blatt Papier auf den Schreibtisch und wartete. Ich schaute Paul ins Gesicht. Aber er bewegte sich nicht. Ich wartete. Seine Gesichtszüge blieben ernst und starr. Schließlich beugte ich mich vor und nahm das Blatt in die Hand. Ich konnte es kaum glauben: Paul hatte den Auftrag von Herrn Hanusch. Paul grinste. Ich forderte ihn auf: ›Los, erzähl schon, wie hast du das denn hinbekommen?‹

Paul hat mir das so erzählt: ›Nachdem du mir die Pistole auf die Brust gesetzt hattest, wollte ich den Auftrag unbedingt holen. Ich habe lange hin und her überlegt und schließlich all meinen Mut zusammengenommen: Ich fuhr ohne dein Wissen ein viertes Mal zu Herrn Hanusch. Du hättest mich vermutlich hinausgeworfen, wenn du davon erfahren hättest.

Als ich im Büro von Herrn Hanusch saß, fiel mir auf, dass sein Schreibtisch mit Dutzenden von Papieren übersät war. Es sah aus wie auf einer Müllhalde. Zugleich hing hinter ihm ein Foto von ihm und seiner Familie in einem sehr gepflegten Haus. Das erschien mir wie ein Widerspruch. Um meine Vermutung zu erhärten, ließ ich mich von ihm in seiner Firma herumführen. Und tatsächlich: Alle Tische waren mit einem chaotischen Haufen von Arbeitsanweisungen und internen Mitteilungen bedeckt.

Ich wollte es wissen und nahm wieder all meinen Mut zusammen. Entgegen den Ratschlägen aller Vertriebslehrbücher fragte ich Herrn Hanusch: Sagen Sie, wollen Sie eigentlich weiter in diesem Müll leben? Herr Hanusch stutzte und sah sich um, wie wenn er das Chaos zum ersten Mal sehen würde. Ich glaube, in diesem Moment begriff er, dass er mit einem Intranet sein Chaos bewältigen würde. Dann sah er mich ernst an und sagte: Sie haben den Auftrag.‹

Ich habe viel über Pauls Erfolg nachgedacht. Und ich glaube, manchmal muss man einfach seine eigenen Grenzen überwinden.

Aber das Beste kommt erst noch: In den letzten Wochen vor Ablauf der Jahresfrist, die die Kunden der ZXK Druck GmbH gesetzt hatten, war keinesfalls sicher, ob es ein Erfolg würde. Paul und Herr Hanusch telefonierten mehrmals in der Woche miteinander. Paul setzte sich unermüdlich ein, um die Abläufe noch weiter zu optimieren.

Dann war es so weit. Zwei Tage vor Ablauf der Jahresfrist. Herr Hanusch hatte das entscheidende Angebot abgegeben. Das Angebot, das über sein Wohl, das seiner Familie, seiner Mitarbeiter und seiner Firma entscheiden sollte. Erfolg oder Pleite.

Freitagabend. Herr Hanusch hatte versprochen, nach der Entscheidung seiner Kunden anzurufen. Paul saß wie auf Kohlen im Büro. Achtzehn Uhr. Neunzehn Uhr. Immer noch kein Anruf. Zwanzig Uhr. Endlich klingelt das Telefon. Herr Hanusch: ›Zwanzig Prozent Kostenersparnis. Dreiundzwanzig Prozent Zeitersparnis. Und sieben Prozent mehr Gewinn als früher. Und saubere Schreibtische! Dass wir in solch einem Umfang unsere Grenzen überwinden können, hätte ich nie geglaubt. Sie haben uns gerettet!‹

Vorhang. Geschichte zu Ende.«

Es war unglaublich! Obwohl ich die Geschichte schon kannte, hatte ich am Ende mitgefiebert. Jetzt verstand ich: »Wenn jemand diese Geschichte hört, dann ist sofort klar, was ›Grenzen überwinden‹ heißt. Die Mitarbeiter wissen auch viel eher, was sie tun sollen. Und die Kunden wissen, was sie von uns erwarten können. Das ist faszinierend!«

»Ja«, nickte Herr Radies. »Und was das Schönste ist: Sie erzählen diese Geschichte jedem, der sie hören will. Nur nicht Paul. Paul erfährt sie nämlich sowieso von den anderen. Weil die anderen die Geschichte, wenn sie gut ist, auch jedem erzählen, der sie hören will. Und wissen Sie, was dann passiert?«

»Die anderen Mitarbeiter werden Paul mit anderen Augen sehen. Paul selbst wird sich mit anderen Augen sehen. Und ich nehme an, er wird alles in Bewegung setzen, um diesem positiven Bild zu entsprechen. Ein Held wie dieser Paul in der Geschichte kann ja nicht versagen.«

»Mit einer Stunde Arbeit haben Sie eine imitierbare Geschichte geschaffen, Pauls Selbstbild erhöht und einen Sog in ihm aufgebaut«, bekräftigte Wolfgang Radies. »Außerdem haben Sie Ihre Werte verbreitet. Egal was auch immer Sie sonst tun würden, effektiver als mit einer Geschichte geht es nicht! Haben Sie dazu noch Fragen?«

Ja, ich hatte noch einige Fragen.

»Geht das mit jeder Geschichte?«

»Ja, Sie können fast jedes Ereignis nehmen«, erwiderte Herr Radies. »Nehmen Sie sich dann zunächst die Fragen, die ich ans Flipchart geschrieben habe, vor. Damit formen Sie in kürzester Zeit eine erzählbare Geschichte. Lernen Sie unbedingt auch, genauer zu beobachten. Und machen Sie das in jedem Fall schriftlich. Für den Anfang reicht es, wenn Sie fünf oder zehn solche Geschichten entwickeln.«

Ich nickte und nahm mein Unternehmersystem. Nach kurzem Überlegen reservierte ich zwei Stunden pro Woche für die nächsten zwei Monate, um meinen Geschichtenfundus zu erstellen.

Herr Radies fuhr fort: »Erzählen Sie diese Geschichten vorrangig den Multiplikatoren und Klatschbasen in Ihrer Firma, also denen, die sowieso kein Geheimnis für sich behalten können. Bessere Botschafter können Sie überhaupt nicht finden.

Manche Geschichten werden von Ihren Mitarbeitern vermutlich nicht angenommen oder weitererzählt. Das macht nichts. Lernen Sie daraus, was funktioniert und was nicht funktioniert.«

»Gut, noch eine weitere Frage: Manches erschien mir in Ihrer Geschichte doch übertrieben. Und die Fakten waren nicht alle richtig. Soll das so sein?«

»Natürlich eliminieren Sie offensichtliche Fehler. Ich kannte die Details nicht so gut wie Sie. Aber was die Übertreibung angeht, drei Punkte. **Erstens** machen wir etwas oft kleiner, als es tatsächlich war. Paul hat nicht einfach einen Auftrag akquiriert. Wenn die ZXK Druck GmbH ihre Kunden verloren hätte, dann wäre sie vermutlich pleitegegangen. Also müssen Sie das unbedingt auch sagen. Und eines muss Ihnen völlig klar sein: Wenn Sie eine Heldengeschichte erzählen, dann muss der Einsatz stimmen. James Bond fängt keine Kaufhausdiebe.

Zweitens möchte ich Sie fragen, was Sie machen, wenn Sie ein privates Erlebnis erzählen. War da nicht auch schon die eine oder andere Situation in der Wirklichkeit ein bisschen einfacher, als es in Ihrer Erzählung schien? Oder langweiliger? Menschen übertreiben sowieso immer ein bisschen.« Herr Radies grinste: »Und was mich anbetrifft, sehe ich im Kino lieber ›James Bond rettet die Welt‹ als ›Streifenpolizist Meier verhört den Schokodieb‹. Heißt: Ihre Zuhörer werden es Ihnen danken, wenn Ihre Geschichte spannend erzählt und ein klitzekleines bisschen übertrieben ist.

Und **drittens** wird Ihre Geschichte sowieso verändert, wenn Ihre Mitarbeiter sie annehmen und weitererzählen. Auf die Genauigkeit kommt es überhaupt nicht an. Sie muss spannend sein, vorbildhaft wirken und die zentralen Werte vermitteln. Das ist alles.«

»Hm, okay. Noch eine letzte Frage. Sie hatten gesagt, dass meine Mitarbeiter sich sowieso dauernd Geschichten erzählen. Wie komme ich mit meinen paar Geschichten dagegen an?«

»Gar nicht! Sie bereichern den Geschichtenschatz. Aber da Sie der Einzige sind, der die Geschichten gezielt um einen zentralen Wert entwirft und gezielt streut, haben Sie auf Dauer den größten Einfluss. Zudem werden Angebote und Geschichten von Führungspersonen sowieso einfacher und häufiger imitiert. Sie müssten lediglich gegensteuern, wenn Sie merken, dass jemand anderes beginnt, gezielt Geschichten mit gegenteiligen Werten zu verbreiten. Aber das habe ich noch nie erlebt.

Eines noch zum Abschluss dieses Themas. Wenn Sie gezielt Geschichten erzählen, dann beginnen Sie nach diesen Geschichten zu suchen. Und irgendwann kommt der Punkt, an dem Sie noch konsequenter auf die Ihren Werten entsprechende Art zu handeln beginnen, um eine gute Geschichte erzählen zu können. Sie werden sich fragen, welche Geschichte Sie gern über Ihr Unternehmen erzählen möchten, und dann dafür sorgen, dass diese Geschichten wahr werden. Das Denken in Geschichten wird Ihr Handeln verändern. Letztlich beschreibt eine Geschichte im Gegensatz zu abstrakten Konzepten ja genau das: eine neue Art zu handeln.«

Ich dachte über das Gehörte nach: »Das mit den Werten habe ich jetzt verstanden. Auch wenn der Einstieg nicht ganz einfach war und ich einiges, was ich bislang geglaubt habe, infrage stellen musste. Aber nun habe ich einen Unternehmenswert. Und ich weiß, wie ich diesen aktiviere und meine Mitarbeiter einbinde.

Eine Strategie habe ich hingegen noch nicht. Machen wir eine Pause und danach mit der Strategie weiter?«

Herr Radies nickte: »Ich bin in einer Viertelstunde zurück.«

4.2 Prinzipien der Strategie

Als Herr Radies nach fünfzehn Minuten wiederkam, fragte er: »Haben Sie noch Fragen zum Bisherigen?«

Ich verneinte.

»Gut, dann zur Strategie. Um was geht es dabei? Das Ziel ist, ein Unternehmen zu schaffen, das einen möglichst großen Nutzen für den Nachfolger hat.«

»Moment, wir haben das Ziel selbst aber noch gar nicht wirklich definiert. Was heißt das eigentlich: Nutzen für den Nachfolger?«

»Stimmt, Sie haben gut aufgepasst, Herr Willmann«, lobte Wolfgang Radies. »Darauf werden wir später noch eingehen. Vorläufig reicht uns aber eine grobe Richtung: Ich habe Ihnen an unserem ersten Tag gesagt, dass eines der größten Geheimnisse für Power die Identität von Weg und Ziel ist. Da Sie auf dem Weg Ihren zentralen Unternehmenswert verwirklichen wollen, nämlich Grenzen überwinden und über sich selbst hinauswachsen, kann auch das Ziel nur auf diesen Wert hinauslaufen. Ihr Ziel ist es also, ein Unternehmen zu schaffen, das Ihrem Nachfolger genau dies bietet: dass er damit Grenzen überwinden kann. Das gibt uns zumindest eine Orientierung. Wie das konkret aussieht, beschäftigt uns aber jetzt noch nicht.«

Damit war ich erst mal einverstanden.

»Gut, weiter. Eine Strategie ist der Weg dorthin. Ihr Problem liegt darin, dass es eine Unzahl möglicher Wege, Millionen und Milliarden verschiedener Optionen gibt. Zugleich sind Ihre Kräfte begrenzt. Eine gute Strategie anzuwenden bedeutet somit, den effektivsten Weg zum Ziel zu gehen.

Nun hat sich in den letzten paar Tausend Jahren eine Vielzahl von Theoretikern und Praktikern mit Strategie beschäftigt und dazu mehr oder weniger kluge Dinge geschrieben. Der Begriff kommt aus dem Griechischen und hatte lange Zeit nur beim Militär Bedeutung. In dieser frühen Zeit vor über 2000 Jahren finden Sie griechische, römische oder punische Strategen wie Aeneas, Cäsar oder Hannibal. Gleichzeitig auch chinesische Theoretiker wie Sun Tsu. Später dann exotische japanische Samurai des 17. Jahrhunderts wie Musashi. Im 19. Jahrhundert Napoleon, Clausewitz, Moltke und andere. Dann gibt es Theoretiker, die sich mit der strategischen Führung von Staaten beschäftigen wie Machiavelli. Und schließlich kam die Strategie auch in der Wirtschaft an. Hier fallen immer wieder Namen wie Michael E. Porter, Alfred Rappaport, Robert S. Kaplan und David P. Norton oder Arnold Weissman.

Ich habe fast alle gelesen. Einige Prinzipien der Militär- und Staatsstrategen sind interessant, manche sind heute noch gültig, aber vieles ist auch veraltet. Für kleine und mittlere Unternehmen können Sie hingegen fast keines der wirtschaftlichen Strategiekonzepte gebrauchen. Selbst für Großunternehmen sind nur die Strategiekonzepte von Fredmund Malik und Peter Drucker wirklich nutzbar. Die anderen taugen nichts, weil sie einen falschen Ausgangspunkt wählen: Sie gehen davon aus, dass es das oberste Ziel eines Unternehmens sei, Wert für die Aktionäre zu schaffen oder Gewinn zu erzielen. Und dass dies ein Irrtum ist, der sich aus der begrenzten Perspektive des Aktionärs ergibt, haben wir ja bereits an unserem ersten Tag geklärt.

Die brauchbarste Strategie des 20. Jahrhunderts ist die engpasskonzentrierte Strategie von Wolfgang Mewes*, da sie vom richtigen Ziel, nämlich dem Nutzen des Kunden ausgeht. Aufgrund der Entwicklungen in den Neurowissenschaften ist diese jedoch meiner Einschätzung nach mittlerweile veraltet, sodass ich ihnen wirklich empfehle, sich mit der Neurostrategie®**, der Strategie des 21. Jahrhunderts, zu beschäftigen.

Ich machte mir eine Notiz und fragte dann neugierig: »Gut, und wie funktioniert diese Neurostrategie nun?«

Nach der Neurostrategie® ist Strategie das permanente Ausrichten der Kräfte auf den wirkungsvollsten Punkt. Sie beginnt beim Grundmotiv des Unternehmers, sucht dazu eine passende Zielgruppe und orientiert sich dann an dem, was diese Zielgruppe am meisten beschäftigt. Dafür wird dann eine Lösung geschaffen. Und dann finden wir über Positionierung den Weg in die Köpfe der Kunden.

Der Schlüssel ist ein möglichst enges und freundschaftliches Verhältnis zur Zielgruppe. Je enger dies ist, desto mehr erfahren wir von ihr und desto besser können wir in einem agilen Prozess die Strategie immer adäquater anpassen.

---

* Kerstin Friedrichs u.a.: Das neue 1 × 1 der Strategie, Offenbach 2002.

** Mehr dazu im Buch »Die Kunst, seine Kunden zu lieben – Neurostrategie® für Unternehmer« sowie im gleichnamigen Seminar (www.unternehmercoach. com/unternehmer-seminar-strategie-und-vision-kmu.htm).

Dann fuhr er fort: »Ich möchte nur kurz darauf eingehen. Das meiste hatten wir ja schon indirekt.«

Nummer eins im Kopf des Kunden

»Wir sprachen die Thematik bei den Werten bereits mehrfach indirekt an. Zum einen müssen Sie sich auf einen bestimmten Wert spezialisieren, um überhaupt bis ins Bewusstsein Ihres Kunden vorgelassen zu werden. Zum anderen müssen Sie dafür sorgen, dass in Ihrem Markt möglichst wenige Anbieter sind. So können Sie sicherstellen, dass Sie sich mit Ihren Preisen nicht an dem, was Ihre Konkurrenz zulässt, sondern an den wirklichen Werten orientieren können. Mit anderen Worten, Sie müssen die Nummer eins im Kopf Ihrer Kunden werden.«

»Moment mal«, unterbrach ich. »Wir sind gerade vierzehn Mitarbeiter und heißen nicht Microsoft!«

»Deswegen brauchen wir Fokus durch Konzentration und Spezialisierung. Sie müssen eben einen Markt auswählen, bei dem Sie problemlos die Nummer eins werden können. Genau genommen sollten Sie mit Ihrer jetzigen Größe etwa fünf bis zehn Prozent Ihres Gesamtmarkts abdecken können. Das erlaubt es Ihnen, sehr schnell in die Position des Marktführers zu kommen. Gleichzeitig bietet Ihnen diese Größe für die nächsten drei bis fünf Jahre Wachstumspotenzial.«

»Das würde für uns eine Marktgröße von etwa acht bis sechzehn Millionen Euro bedeuten«, sinnierte ich. »Aber danach stagniert dann mein Unternehmen?«, fragte ich etwas frustriert.

»Danach sind Sie etwa zehnmal so groß wie jetzt und können somit auch einen entsprechend größeren Markt anvisieren«, erklärte Herr Radies. »Und das geht aus der Position des Marktführers im kleinen Markt eben wesentlich leichter als aus der Position des Nobodys im großen Markt. Zumal dann, wenn sich dieser Nobody zu diesem Zeitpunkt bereits im Bauch eines Haifischs befindet.«

»Aber ist ein solch kleiner Markt nicht sehr riskant?«

»Zuerst einmal ist ein großer Markt riskant! Im großen Markt schwimmen größere Fische als Sie. Im kleineren Markt nicht. Natürlich sind Sie von dem kleinen Markt abhängig. Sie überblicken ihn allerdings auch wesentlich besser. Und Sie können damit viel früher reagieren als jemand, für den dieser Markt nur ein Teilmarkt von vielen ist.

Entscheidend ist jedoch die Frage, wie man den Markt definiert. Die meisten heutigen Marktdefinitionen sind Produktmärkte, gehen also von der Anbieterseite aus. Da gibt es dann den Automarkt, den Buchmarkt usw. Einige wenige Marktdefinitionen gehen von der Kundenseite aus, betrachten dort aber meist nur statistische Größen. Das ist dann der Markt 50+ oder junge Mütter etc. Die erste Marktdefinition können Sie komplett vergessen. Die zweite arbeitet mit Indizien. Das Einzige, was wirklich zählt, ist das emotionale Bedürfnis im Kopf des Kunden. Nach der Neurostrategie® ist eine Zielgruppe eine Gruppe von Menschen mit gleichen Bedürfnissen, Wünschen, Glaubenssätzen oder Selbstbildern.«

»Sind das jetzt nicht nur wieder Spitzfindigkeiten?«

»Oh, sicher nicht! Wenn Sie sich auf Produkte konzentrieren, dann kann Ihr Markt ziemlich schnell verschwinden. Wer auf Pferdekutschen spezialisiert war, hatte ein Problem, als die Autos auf den Markt kamen. Wenn sich ein Anbieter hingegen auf das Bedürfnis ›individuelles Reisen‹ spezialisiert hätte, dann hätte er sehr einfach den technologischen Wechsel vollziehen können. Bedürfnisse und Wünsche sind oft viel langfristiger als die Produkte zur Erfüllung ebendieser Bedürfnisse. Das macht Ihren Markt und somit auch Ihre Strategie stabiler. Und das ist in schnell wechselnden Produktmärkten lebensentscheidend. Genau genommen ist Ihre Marktdefinition Ihr einziges Mittel, die immer schnelleren Veränderungen im Griff zu behalten: Sie können sich nämlich auf die Dinge fokussieren, die sich langsam verändern. Die Marktdefinition entlang der Bedürfnisse Ihrer Kunden reduziert somit das Risiko des kleinen Markts.

Diese am Kundenbedürfnis orientierte Marktdefinition hat noch weitere Konsequenzen: Wenn Sie von einem produktorientierten Markt ausgehen, zum Beispiel dem Buchmarkt, dann steht dort die Bibel neben Marx und Superman steht neben der Geschichte der O. Alles dasselbe: bedrucktes Papier. Im Kopf des Kunden machen sich jedoch ein paar Unterschiede bemerkbar.

Andererseits: Wenn Sie vom Bedürfnis des Kunden ausgehen, zum Beispiel nach Entspannung, dann gibt es als Lösung ruhige Musik, einen Yogakurs, eine Urlaubsreise oder einen schönen Film. Also völlig unterschiedliche Produkte. Wären Sie auf das Produkt Yogakurse spezialisiert und würden beispielsweise die Flugpreise nach Indien drastisch sinken, würde Ihr Produkt weniger nachgefragt. Sie würden aber den Zusammenhang noch nicht einmal sehen, wenn Sie Ihren Markt anhand Ihres Produkts definieren würden: Es hätte sich ja nur in einem anderen Produktmarkt etwas geändert. Aber so funktioniert ein Kunde. Er will sich entspannen und dafür hat er mehrere unterschiedliche Optionen. Ihr Ziel besteht also darin, die Bedürfnisse Ihres Kunden zu erfassen und zu lernen, so zu fühlen und zu denken, wie der Kunde fühlt und denkt. Dafür ist es schon mal äußerst hilfreich, wenn Sie einen gemeinsamen zentralen Wert haben!«

»Das greift ja alles ineinander«, bemerkte ich fasziniert.

Herr Radies nickte: »Ein Aspekt noch: Bei vielen Strategiekonzepten wie der engpasskonzentrierten Strategie oder bei Michael Porter wird betont, dass man sich auf das spezialisieren sollte, was man am besten kann, auf seine Kernkompetenzen. Das spielt heute jedoch kaum mehr eine so große Rolle. Und das liegt nicht nur daran, dass die Ersten in den Köpfen oft nicht die Besten sind, wie z. B. Blindverkostungen von Coca-Cola und Pepsi Cola zeigen.

Für die Strategie relevant wären Stärken nur, solange es sich dabei um stabile und unveränderbare Merkmale handeln würde. Nun ist es so: Um Ihre persönlichen Stärken geht es dabei überhaupt nicht. Sie sind nämlich der Unternehmer und machen im Optimalfall überhaupt keine Facharbeit. Sie benötigen einzig und allein die Stärken eines Unternehmers. Es geht also um die Stärken Ihres Unternehmens. Da diese heutzutage weit stärker durch intellektuelle, soziale und ähnliche Faktoren bestimmt sind, sind sie wesentlich flexibler als zu Zeiten, in denen der ganze Stolz eines Unternehmens in sündhaft teuren Maschinen gebunden war. Sie können schneller lernen. Und Sie können sich fehlende Stärken schneller dazukaufen. Oder Partnerschaften eingehen.

Zudem bestimmt sich das, was Stärke oder Schwäche ist, durch den Kontext. Und der Kontext ändert sich heute schneller als früher. Mit der Konsequenz, dass das, was Sie für eine Stärke hielten, plötzlich keine mehr ist, und sich gerade in Schwächen neue Stärken zeigen. Die ganz große Bedeutung der Stärken ist mithin vorbei. Vielleicht mit Ausnahme von unflexiblen, kapitalintensiven Unternehmen einerseits und selbstständigen Fachkräften andererseits, die die Stärken selbst mitbringen müssen und angesichts ihrer Mehrfachbelastung kaum die Zeit haben, sich noch neue Stärken anzueignen.

Eine weitere Idee hinter der Ausrichtung an den Stärken war, frühzeitig zu filtern und nur in den wenigen Bereichen der Stärken zu suchen. Es ging darum, Verzettelung zu vermeiden. Gerade in Ihrer Branche ist die überwiegende Mehrzahl der Mitarbeiter akademisch ausgebildet. Wenn man da ins Detail geht, kommen leicht viele Hundert Stärken zusammen. Würde man sich daran orientieren, würde das die Verzettelung nicht vermeiden, sondern direkt in die Verzettelung hineinführen.«

Ich unterbrach: »Aber wenn man die Strategie nun auf anderem Weg entwickelt und am Schluss mehrere Optionen zur Verfügung hat, dann wäre es doch sinnvoll, die zu wählen, die am meisten den eigenen Stärken entspricht. Dazu wäre es ja wichtig, seine Stärken zu kennen.«

»Ab einer bestimmten Stufe in der Strategieentwicklung sollten Sie Ihre Stärken natürlich berücksichtigen, um es sich nicht unnötig schwer zu machen«, stimmte Her Radies zu.

»Und gibt es eine brauchbare Methode, diese Stärken herauszufinden?«

»Ja. Das machen wir nach der Bestimmung Ihrer Zielgruppe. Einverstanden?«

»In Ordnung. Gibt es für diese Reihenfolge einen Grund?«

»Ja, dafür habe ich einen Grund. Eine Komponente der Stärkensuche ist die Befragung Ihrer Kunden. Nun sind Ihre Kunden sehr unterschiedlich und entsprechend unterschiedlich sind die Bedürfnisse. Kunden nehmen vor allem das an Ihnen als Stärken wahr, was ihre Bedürfnisse befriedigt. Wenn Sie nun alle Kunden befragen, erhalten Sie eine ziemlich wüste Stärkensammlung, mit der Sie nichts anfangen können. Die einzig relevanten Stärken sind jedoch die Stärken, die von Ihrer Zielgruppe als solche wahrgenommen werden. Alles andere ist irrelevant und verwirrt nur.«

Das erschien mir plausibel. »Wir können als Ergebnis dann festhalten, dass eine Spezialisierung auf eine kleine Zielgruppe notwendig ist. Dabei sollte ich mich mehr auf den zentralen Unternehmenswert als auf die Stärken des Unternehmens konzentrieren.«

Herr Radies nickte: »Sie haben sich vielleicht schon an unserem ersten Tag gefragt, warum bei meinen drei Unternehmen ein Unternehmen dabei ist, das nicht sonderlich erfolgreich ist. Das hat genau diesen Grund: Ich habe basierend auf den Stärken dieses Unternehmens eine Strategie entwickelt. Die Strategie funktioniert und das Produkt wird von den Kunden auch gern angenommen. Aber es bedeutet mir nichts. Rein gar nichts. Das Produkt und das Unternehmen haben nichts mit meinen Werten zu tun. Und so habe ich nicht das geringste Interesse daran, auch nur einen Funken Energie hineinzustecken. Selbst der Verkauf dieses Unternehmens erscheint mir noch zu anstrengend. Ich habe sogar schon daran gedacht, es den Mitarbeitern einfach zu schenken, nur damit ich es los bin. Wir haben es schon am ersten Tag besprochen: Bei Entscheidungen in offenen Situationen geht es vor allem darum, wie sehr Sie hinter Ihrer Entscheidung stehen, wie stark Sie sich dieser Entscheidung emotional verbunden fühlen. Genauso ist es bei der Strategie. Wenn Sie nicht völlig dahinterstehen, sodass Sie alle anderen Optionen ausblenden, dann funktioniert es nicht.«

Engpassprinzip

»Über das Engpassprinzip haben wir bereits an unserem ersten Tag gesprochen. Erinnern Sie sich an unser Vorgehen, in der Vielzahl Ihrer Probleme den einen Engpass zu finden?«

»Ja«, bestätigte ich, »und wir fanden heraus, dass meine Einstellung zum Umgang mit meiner Zeit die Ursache für viele meiner Probleme war.«

»Genau! Statt uns in der Vielzahl Ihrer Probleme zu verzetteln, haben wir uns genau auf eines konzentriert. Und damit alle einen Schritt weitergebracht. Das ist das Engpassprinzip: Konzentrieren Sie sich auf den einen beschränkenden Faktor. Dabei müssen Sie unterscheiden zwischen dem internen beschränkenden Faktor und dem externen beschränkenden Faktor. Intern ist das, was Sie beschränkt, extern das, was Ihren Kunden beschränkt. Für Sie war der Umgang mit Ihrer Zeit ein interner beschränkender Faktor, für mich war es ein externer beschränkender Faktor, da Sie mein Kunde sind. Es ist also nur eine Frage der Perspektive. Für Ihre Strategieentwicklung hat der externe beschränkende Faktor immer Vorrang: Wenn Sie nicht den Engpass Ihres Kunden lösen, dann wird er diesen woanders lösen lassen, unabhängig davon, ob Sie Ihre sämtlichen internen Engpässe gelöst haben oder nicht.«

»Gut, das habe ich verstanden. Wir suchen uns also nachher eine kleine Zielgruppe und dann suchen wir deren Engpass. Und darauf konzentriert sich dann mein Unternehmen. Klingt plausibel und einfach!«

»Ist es auch, wenn man weiß, wie. Und wenn man dann konsequent danach handelt.«

Immaterielle vor materiellen Vorgängen

»Kommen wir zum nächsten Prinzip. Dabei geht es um den Vorrang von immateriellen vor materiellen Vorgängen. Letztlich ist es egal, was in Ihren Bilanzen steht. Ob dort Dagobert Ducks Geldspeicher auftaucht oder nicht, spielt keine Rolle. Entscheidend ist, ob Sie es schaffen, eine funktionierende Strategie zu entwickeln und aus Kundenperspektive große Werte zu bieten. Entscheidend ist, ob es Ihnen gelingt, schneller mehr über Ihre Kunden zu lernen als Ihr Konkurrent. Wenn Ihnen dies gelingt, dann werden Sie Erfolg haben. Und wenn Ihnen dies nicht gelingt, dann ist irgendwann auch der größte Geldspeicher leer.«

»Ist der Ansatz nicht ein bisschen radikal? Was ist zum Beispiel, wenn ich eine geniale Idee habe, ich aber mehr Kapital zur Umsetzung brauche?«, unterbrach ich.

»Dass meine Ansätze etwas radikal sind, sind Sie doch inzwischen schon gewohnt«, grinste Herr Radies. »Zu Ihrer Frage: Eine gute Strategie ist der *effektivste Weg* zu Ihrem Ziel. Wenn Sie mit einer Idee nicht weiterkommen, dann gibt es dort wohl keinen Weg, also taugt die Strategie nichts. Ihre geniale Idee wäre nur dann eine gute Idee für Sie, wenn Sie den Weg dorthin gehen könnten. Zum Beispiel, wenn Sie auch noch eine gute Idee entwickeln würden, wie Sie das Kapital auftreiben. Ansonsten ist die Idee vielleicht eine geniale Idee für jemand anderen mit dem entsprechenden Kapital, aber nicht für Sie!

Wenn Sie den Weg nicht kennen, ist es eine wabernde Idee. Davon gibt es bereits genug. Gehen Sie auf die Straße, fragen Sie den Erstbesten und jeder kann Ihnen irgendwelche tollen und abstrusen Ideen im Dutzend bieten. Wenn heutzutage über den Mangel an Ideen geklagt wird, so ist dies schlicht falsch. Es gibt einen Mangel an *umsetzbaren* Ideen und vor allem einen Man-

> **Gute Ideen bekommen Sie im Dutzend nachgeworfen. Es gibt einen Mangel an *umsetzbaren* Ideen und vor allem einen Mangel an Menschen, die sich diesen Ideen verschreiben und sie umsetzen.**

gel an Menschen, die sich diesen Ideen verschreiben und sie umsetzen.«

»Gut, wenn man die Menge der guten Ideen auf diese Weise einschränkt, dann kann ich Ihren Ansatz nachvollziehen«, nickte ich.

»Ich möchte bei diesem Prinzip, die immateriellen vor den materiellen Vorgängen anzusiedeln, jedoch eine Einschränkung machen. Das Konzept geht von einem dualistischen Weltbild aus. Es geht davon aus, dass es getrennte materielle und immaterielle Vorgänge gibt. Das erwies sich, wie wir vorher besprochen haben, schon bei Libets Experiment als fraglich. Wobei sich solche Weltbilder natürlich weder beweisen noch widerlegen lassen.

Viele dieser dualistischen Konzepte wie materiell/immateriell oder Verstand/Gefühl wirken im ersten Moment einleuchtend. Dabei sind es samt und sonders Kampfkategorien. Die Vertreter der spirituellen Welt stellen die Bedeutung des Immateriellen nach vorn, die Vertreter des Materiellen lachen über die armen Heiligen, die sich in einer anderen Welt bewegen. Die rationalen Menschen lächeln über die Unberechenbarkeit und Kurzsichtigkeit der Gefühle, die Gefühlsmenschen lästern über die Eingeschränktheit der Rationalität.

Der Punkt ist, bei diesen Begriffen handelt es sich um mentale Landkarten. Diese sind effektiv, um die Auseinandersetzung mit den Vertretern der jeweils anderen Meinung zu führen. Sie als Unternehmer wollen die Welt aber nicht, wie Karl Marx so schön sagte, interpretieren, sondern verändern: Ihr Ziel ist es, ein Unternehmen zu führen. Dabei helfen Ihnen diese Kampfbegriffe nicht weiter.«

»Und wie sieht das Gegenkonzept aus?«

»Es geht um die Frage von gerichteter Energie. Ich persönlich halte eine nichtdualistische Sichtweise für wesentlich selbstklärender und nützlicher. In der Physik hielt man Materie und Energie auch lange für zwei völlig unterschiedliche Phänomene. Bis Einstein postulierte, dass Materie und Energie letztlich dasselbe sind. Genauso wenig gibt es einen wirklichen Unterschied zwischen immateriellen und materiellen Werten. Bei beidem handelt es sich um eine bestimmte Art von

Werten. Der Wert des materiellen Geldes ist ja, wie wir gesehen haben, letztlich auch durch die Annahme bestimmt, damit bestimmte Bedürfnisse, die eher dem Immateriellen zugerechnet werden, befriedigen zu können. Der Wert steckt nicht in den materiellen Dingen! Andererseits sind die Bedürfnisse aber auch nicht immateriell, sondern entstehen durch entsprechende chemische Prozesse im Gehirn.

Das Prinzip, immaterielle vor materiellen Vorgängen zu suchen, lässt sich dann auch so übersetzen, dass man sich schlicht auf den Punkt konzentrieren sollte, an dem der Wert entsteht, nicht auf den Punkt, wo er sich sammelt. Also auf das Gehirn des Kunden und nicht auf Dagoberts Geldspeicher.«

»Mit meinem Physik-Hintergrund kann ich damit natürlich viel mehr anfangen als mit dem dualistischen Konzept«, nickte ich. »Aber hat das praktische Konsequenzen?«

»Ja, viele!« Herr Radies lachte: »Vor allem: Sie beten anders. Die Anhänger des Immateriellen beten irgendeine Art Gott an. Die Anhänger des Materiellen verbeugen sich vor ihren Geldscheinen. Und mit einer nichtdualistischen Sichtweise verbeugen Sie sich vor Ihren Kunden und zukünftigen Kunden. Aber alle anderen Konsequenzen würden jetzt zu weit führen.«

Manchmal hatte Herr Radies wirklich eine sehr eigene Art, Dinge plastisch auf den Punkt zu bringen: »Gut, gehen wir zu dem vierten Prinzip?«

Nutzen- vor Gewinnmaximierung

»Ja, auch das geht sehr schnell. Wir hatten das Thema ja bereits an unserem ersten Tag. Der Zweck eines Unternehmens besteht darin, einen möglichst großen Nutzen oder Wert für den Kunden zu produzieren. Der Zweck eines Unternehmens besteht nicht darin, Gewinne zu erzielen. Gewinne sind lediglich eine wichtige Komponente, wenn Sie Ihren zukünftigen Kunden einen größeren Nutzen bieten wollen.«

»Ja, stimmt. Das Prinzip hatten wir schon. Inwiefern hat dies praktische Auswirkungen auf die Strategie?«

»Zum einen konzentrieren Sie sich auf andere Dinge. Zum anderen handeln Sie anders. Erinnern Sie sich an das Beispiel vom Wasserkanister in der Wüste?«

Ich bejahte.

»Nun, angenommen, dort gäbe es häufiger Verdurstende. Die richtige Strategie für den Gewinnmaximierer wäre es, *in* der Wüste einen Wasserstand zu eröffnen. Er hätte traumhafte Renditen. Aber zum Beispiel keine Empfehlungen. Alle, die Wasser von Ihnen kauften, wären zwar dankbar, würden aber den Nachfolgenden empfehlen, doch besser selbst Wasser mitzunehmen. Je mehr sich Ihr Wasserstand herumspricht, desto geringer werden Ihre Umsätze.

Die richtige Strategie eines Nutzenoptimierers wäre es, *vor* der Wüste ein Hinweisschild aufzustellen, das vor der Verdurstungsgefahr warnt, und dort Wasser zu verkaufen. Die Renditen wären mager. Aber jeder, der von Ihnen erzählen würde, würde sagen: Da müsst Ihr unbedingt vorbei, bevor Ihr die Wüste durchquert. Ihr Business würde florieren.«

»Gut, ich glaube, ich habe nun die Prinzipien verstanden, und ich habe auch verstanden, warum Sie manches anders machen würden als alle anderen Strategiekonzepte. Ich möchte das zusammenfassen. Wir müssen uns also spezialisieren. Der Markt sollte sehr klein sein, damit wir schnell Marktführer werden. Dazu sollten wir uns eine winzige Zielgruppe auswählen. Dann geht es darum, das brennendste Problem dieser Zielgruppe herauszuarbeiten. Wir konzentrieren uns dabei auf die Stelle, an der der Wert entsteht, nämlich auf das Gehirn des Kunden und den Austauschprozess. Wenn wir mehrere Optionen haben, sollten wir die wählen, die am besten zu den Stärken des Unternehmens passt.

Fehlen dann Stärken, müssen wir sie eben entwickeln, dazukaufen oder Partnerschaften eingehen. Richtig?«

»Ja, genau!«

4.3 Zielgruppe

»Nach der Festlegung Ihres zentralen Unternehmenswerts geht es dann um die Zielgruppe. Je homogener Ihre Zielgruppe unter dem Aspekt der Bedürfnisse ist, desto einfacher wird es, Ihre Zielgruppe anzusprechen, desto einfacher wird es, Ihr Dienstleistungsangebot zu strukturieren, und desto einfacher wird es, in den Köpfen Ihrer Kunden die Nummer eins zu werden.«

»Die Nummer eins zu werden, kommt mir natürlich entgegen, aber werden Sie jetzt nicht umsatzorientiert, wenn Sie von der Nummer eins reden, Herr Radies?«, hakte ich nach.

Doch er schüttelte nur den Kopf: »Sie wollen Ihren Kunden nutzen. Wenn Ihre Kunden nicht bei Ihnen kaufen, können Sie das nicht. Erst durch die Käufe Ihrer Kunden entsteht Wert. Und erst, wenn Ihre Kunden bei Ihnen kaufen, können Sie ihnen nutzen.

Die Frage ist nun: Wie finden Sie die Zielgruppe?

Sie haben bereits ein Unternehmen und Ihr Unternehmen hat bereits Kunden. Mein Ansatz ist immer, möglichst wenig Energie aufzuwenden. Der erste Schritt ist es deshalb, dass wir uns diese Kunden genauer anschauen. Vielleicht werden wir dort bereits fündig.«

»Es wäre also am besten, wenn wir eine Aufstellung aller Kunden hätten?«

Herr Radies nickte: »Wie viele Kunden haben Sie denn?«

»Bislang sind es siebenundvierzig Kunden, darunter achtundzwanzig, die uns schon mehrfach beauftragt haben. Von den restlichen neunzehn dürfte mit etwa zwei Dritteln kein weiterer Auftrag zu realisieren sein, ein Drittel könnten wir mit etwas Glück noch zu Stammkunden machen.

Nach welchen Kriterien sollen wir nun sortieren? Nach Branche? Oder nach Umsatz? Oder nach Einmalkunden gegenüber Stammkunden? Oder nach noch etwas ganz anderem?«

Herr Radies dachte einen Moment nach: »Am besten machen wir bei Ihrer überschaubaren Kundenanzahl ein gewichtetes Ranking. Sie haben doch Ihr Notebook dabei? Machen Sie eine Excel-Tabelle mit folgenden Spalten.« Und schon war er am Flipchart:

A = Name des Kunden
B = Branche
C = Produktart (Webauftritt, Intranet etc.)
D = Was ist dem Kunden bei Ihnen am wichtigsten
   (Wert oder Nutzen!) (max. 3 Worte)
E = Kundenart. Einmalkunde (1 Punkt), potenzieller
   Stammkunde (3 Punkte), Stammkunde (5 Punkte)
F = Anteil am Gesamtumsatz. Unter 1 % = 1 Punkt,
   1-2,9 % = 3 Punkte, 3-10 % = 5 Punkte,
   über 10 % = 10 Punkte
G = Werte. 0 = Kunde hasst Ihren zentralen Unternehmenswert,
   10 = Kunde liebt Ihren zentralen Unternehmenswert
H = Kundensympathie. 0 = Kunde hasst Ihr Unternehmen,
   10 = Kunde liebt Ihr Unternehmen
I = Ihre Sympathie. 0 = Sie (oder Ihre Mitarbeiter) hassen
   den Kunden, 10 = Sie (oder Ihre Mitarbeiter) lieben den
   Kunden
J = Anforderungen. 0 = Kunde stellt nur Standardanforderungen,
   5 = Kunde stellt sehr hohe Anforderungen an Sie
K = Summe aus E bis J

Ich tippte alles in Excel ein. Die meisten Punkte schienen mir sinnvoll und klar. Nicht so ganz klar waren mir die Spalten H bis J und warum die Sympathie in der Gewichtung so eine große Rolle spielte. Deshalb bat ich Herrn Radies um eine Erklärung.

»Menschen, die nach ähnlichen Werten leben, ziehen sich an. Das ist die Theorie. Einfacher ist es, wenn Sie zusätzlich auch noch die Praxis bewerten. Ob nämlich wirklich eine Anziehung vorhanden ist. Bewerten Sie deshalb die Sympathie, die auf beiden Seiten vorhanden ist. Diese lässt auch einen Rückschluss auf geteilte Werte zu. Diese Kunden werden viel offener sein als die anderen. Es wird Ihnen mehr Spaß machen, mit diesen Kunden zu arbeiten, und Sie werden es viel einfacher haben, diesen Kunden einen Nutzen zu bieten, also ihnen etwas zu verkaufen.«

»Aber dann bewerte ich die Werte doch dreifach. Ist das nicht ein bisschen viel?«, wandte ich ein.

»Nein. Letztlich geht es nur um eine einzige Frage: Welche Kunden lieben Sie?«

Etwas irritiert entgegnete ich: »Meinen Sie nicht, dass ›Liebe‹ vielleicht die falsche Kategorie ist?«

Herr Radies schüttelte seinen Kopf: »Für die rationale Erbsenzähler-Managementliteratur sicher, aber wenn Sie einmal in die Biografien großer Unternehmer schauen, dann finden Sie immer wieder Aussagen wie die folgende von Zino Davidoff: ›Ich habe nie Marketing gemacht. Ich habe meine Kunden immer nur geliebt.‹ Ich glaube nicht, dass diese Unternehmer romantisch verklärte Wirrköpfe waren.

Ein persönliches Beispiel: Ich liebe selbstständige Menschen, die sich für ihre Ziele einsetzen, Verantwortung für sich selbst und andere übernehmen, etwas Sinnvolles aufbauen und sich dabei weiterentwickeln. Ich mag keine Menschen, die dauernd jammern und die Schuld für ihr verpfuschtes Leben immer irgendwo anders, jedoch nie bei sich selbst suchen. Ich liebe also Selbstständige und Unternehmer. Wie ist es bei Ihnen?«

Das klang plausibel: »Ich mag Menschen, die ihre Grenzen überwinden und über sich hinauswachsen. Und ich mag keine Menschen, die ihr Leben lang immer dasselbe machen. Das ist einleuchtend. Aber ich verstehe noch einen anderen Punkt nicht: Warum ist es besser, wenn die Kunden extreme Anforderungen an uns stellen?«

Herr Radies grinste: »Nun, Kunden, die Standardanforderungen an Sie stellen, wollen auch nur Standardergebnisse. Die bekommen sie überall. Damit wird es schwerer, sich zu unterscheiden. Außerdem kaufen Ihre Kunden mit den extremen Anforderungen derzeit bei Ihnen. Dies lässt doch darauf schließen, dass die Kunden vermuten, bei Ihnen am besten aufgehoben zu sein. Folglich nehmen diese Kunden an, dass Sie auch bei extremen Anforderungen ziemlich gut sind.

Nicht zuletzt lernen Sie als Unternehmen durch die hohen Anforderungen auch wesentlich schneller als durch Standardanforderungen. Und das sollte Ihnen doch entgegenkommen: Der optimale Kunde zwingt Sie, Ihre Grenzen zu überwinden.

Je mehr Sie lernen, desto höher ist Ihre Chance, der Konkurrenz davonzuziehen. Die besten Unternehmen haben fast immer auch die anspruchsvollsten Kunden. Und oft hatten sie diese Kunden schon lange, bevor sie die besten Unternehmen wurden.«

Kopfschüttelnd erwiderte ich: »Und bislang glaubte ich immer das Gegenteil: Je einfacher die Kunden, desto höher der Profit. Dass ich dabei stehen bleibe, habe ich überhaupt nie gesehen.«

Nach einer kurzen Pause fuhr ich fort: »Ich nehme an, ich soll diese Tabelle jetzt gleich ausfüllen?«

Herr Radies nickte lächelnd: »Ja. Falls Sie die Umsätze nicht aus dem Kopf wissen oder über einen Anruf bei Ihrer Buchhaltung herausbekommen, dann schätzen Sie einfach. Es geht vor allem um Größenordnungen. Den Rest sollten Sie ja bestens überschauen können.« Und grinsend fügte er hinzu: »So hat es wenigstens einen Vorteil, dass Sie so viele Fachkrafttätigkeiten ausgeführt haben.

Wie lange brauchen Sie?«

Ich überschlug: »Vielleicht eine Dreiviertelstunde.«

»Gut, ich lasse Sie so lange alleine.«

Als Herr Radies nach einer Dreiviertelstunde zurückkam, hatte ich die Tabelle schon lange ausgefüllt. Ich hatte sogar schon Zeit, mit den Sortier- und Gruppierungsfunktionen von Excel zu experimentieren. Und so begrüßte ich ihn: »Also einige Regelmäßigkeiten sind mir aufgefallen. Ich glaube, das wird unsere Suche vereinfachen. Etwa fünfundzwanzig Prozent unserer Kunden wollten einfache Websites mit einer schönen Gestaltung, aber nur geringem Funktionsumfang. Also keine Bestellsysteme oder Datenbanken oder Vergleichbares. Bei diesen Kunden ist die Zahl derjenigen, die nur einmal bei uns beauftragt haben, am größten. Und es gibt nur wenige Kunden in dieser Gruppe, bei denen die Sympathie besonders ausgeprägt wäre.«

»Das bedeutet, dass wir rund fünfundzwanzig Prozent Ihrer Kunden, also etwa zwölf Firmen, schon einmal ausschließen können. Wir sind zwar noch nicht bei der Spezialisierung, aber es ist naheliegend, dass eine Spezialisierung auf einfache Websites auch ausfallen dürfte. Gut, welche Regelmäßigkeiten sind Ihnen noch aufgefallen?«

»Individuelle Intranet-Anwendungen stellen mit etwa vierzig Prozent den größten Block dar. Dort liegen auch die höchsten Anforderungen. Aber es gibt eine nur geringe Deckung der Werte. Auch die gegenseitige Sympathie ist eher begrenzt. Ich hatte Ihnen doch von Herrn Hanusch erzählt. In Wahrheit gab es noch einen anderen Grund, warum ich die Akquise an Paul abgegeben hatte: Ich hielt ihn für eine ordnungsliebende, entscheidungsunfähige Schlaftablette. Das ist ziemlich weit weg vom Überwinden von Grenzen, finden Sie nicht?«

»Ja, wir haben ja auch schon beim Formulieren der Geschichte an dem Wert der Ordnungsliebe gedreht. Das können Sie machen, wenn Sie mit einer Geschichte eine Botschaft transportieren möchten. Aber für die Auswahl der Kunden taugt das natürlich nichts.

Dass die Werte der Personen, die ein Intranet in Auftrag geben, eher nicht deckungsgleich mit Ihrem Wert sind, war naheliegend: Meist kommen diese Aufträge ja aus der IT-Abteilung, dem Controlling oder der internen Kommunikation. In aller Regel haben dort andere Werte eine höhere Bedeutung. Sehr gut, wenn Sie dies auch aus der Praxis bestätigen können.«

Ich nickte: »Jedenfalls können wir damit nochmals zwanzig Kunden ausschließen, verbleiben also siebzehn Kunden. Diese teilen sich auf in solche, die komplexere Websites, zum Beispiel mit Datenbanken, wollten, und solche, die große Portale entwickeln lassen. Diese fünfunddreißig Prozent der Kunden bringen immerhin sechzig Prozent der Umsätze.

Aber wenn ich mir das anschaue, finde ich keine weitere Regelmäßigkeit: Die Branchen gehen quer durch die Bank: ein Immobilienportal, eine Produktdatenbank eines Aquarienhändlers, ein Portal einer größeren Unternehmensberatung, drei Kursverwaltungssysteme, vier Shopsysteme und so weiter. Auch wenn ich nach den Summen der eingegebenen Werte sortiere, finde ich nichts Eindeutiges.«

Wolfgang Radies überlegte einen Moment: »Sortieren Sie mal nur nach der Deckung der Werte mit Ihrem Unternehmenswert.«

Ich änderte die Sortierung und mir fiel es wie Schuppen von den Augen. Ich schaute Herrn Radies mit großen Augen an.

Und Herr Radies schaute mich fragend an. Nach einigen Sekunden konnte er sich nicht mehr halten: »Jetzt erzählen Sie schon! Welche Goldmine haben Sie entdeckt?«

»Kursverwaltungs- und -buchungssysteme«, grinste ich.

»Kursverwaltungs- und -buchungssysteme?«, fragte Herr Radies verblüfft. »Verstehe ich nicht. Was haben solche Systeme mit Ihrem Wert zu tun? Sie sagten eben, dass Sie drei Kunden mit einem solchen System hätten. Erzählen Sie mir von diesen Kunden!«, forderte Herr Radies auf.

»Nun«, grinste ich, »der erste Kunde ist die Kletterschule Oberleitner.«

Langsam zeigten sich erste Anzeichen von Verständnis im Gesicht von Herrn Radies.

»Der zweite Kunde hat ebenfalls eine Kletterschule und der dritte gibt Skikurse.«

Langsam nickte Herr Radies: »Ich verstehe. Lassen Sie mich raten: Alle drei Kunden wurden von Ihnen persönlich gewonnen, und Sie haben die Aufträge bekommen, weil Sie sich prächtig mit den drei Geschäftsführern verstanden haben und deren Sprache sprechen konnten. Richtig?«

Das konnte ich nur bestätigen. In dem Moment fiel mir ein: »Da gibt es noch einen Kunden, den wir aber vorhin schon aussortiert haben, da er nur eine einfache Website wollte. Ein kleiner Flugplatz, der Flugkurse anbietet. Wir kamen damals toll mit diesem Kunden klar. Aber da es nur ein winziger Auftrag war, haben wir den Kontakt nicht weiter gepflegt.«

Ich dachte einen Moment nach: »Das mit den kleinen Aufträgen dürfte überhaupt unser Problem werden: Alle vier Kunden machen zusammen gerade mal sieben Prozent unseres Umsatzes aus. Ich kann doch die anderen dreiundneunzig Prozent ab jetzt nicht einfach ignorieren!«

»Nein, sollen Sie auch nicht! Das wäre ja Selbstmord!«, schüttelte Herr Radies vehement den Kopf. »Die Frage, die ich Ihnen jetzt stellen möchte, ist ganz einfach: Wie würden Sie sich fühlen, wenn alle Ihre Kunden so wären wie diese vier Kunden?«

Ich schloss einen Moment die Augen und spürte in mich hinein. Es fühlte sich großartig an! Ich empfand die Arbeit dieser Kursanbieter als wichtig. Sie brachten Menschen Neues, zuerst vermutlich Abenteuerliches bei. Und die Menschen, die die Kurse besuchten, nahmen dieses neue Selbstbewusstsein mit in ihr normales Leben. Beim Überwinden von Grenzen zu helfen war der Job der Kursanbieter. Als ich meine Augen wieder öffnete, nickte ich Herrn Radies zu: »Ja, ich würde meine Kunden mögen, vielleicht sogar lieben, und ich hätte das Gefühl, etwas wirklich Sinnvolles und Wichtiges zu tun. Diese Zielgruppe würde mich wirklich begeistern!

Aber was soll ich denn jetzt mit den anderen dreiundneunzig Prozent der Kunden machen?«

»So weit sind wir noch lange nicht!«, winkte Herr Radies lachend ab. »Wir haben jetzt immerhin eine grobe Zielgruppe, auf die wir uns konzentrieren können. Wir wissen, dass es offensichtlich auch einen Bedarf an Systemen gibt, über die im Internet Kurse gebucht und anschließend von den Anbietern verwaltet werden können. Aber wir wissen nicht, ob das der entscheidende Engpass dieser Zielgruppe ist.

Wir wissen noch nicht einmal, ob diese Zielgruppe unter dem Aspekt ihres Bedarfs homogen ist. Und selbst wenn wir dies alles wüssten, wissen wir noch nicht, ob Sie diesen Engpass optimal lösen können. Mit anderen Worten: Wir haben eine Hypothese. Und solange wir keine komplette Strategie haben, behandeln Sie die anderen dreiundneunzig Prozent Ihrer Kunden so wie bisher auch.

Und wenn wir dann eine Strategie haben, dann wird der Übergang fließend sein. Zuerst konzentrieren Sie sich im Marketing und Vertrieb stärker auf die neue Zielgruppe. Anschließend in der Betreuung der Kunden und so weiter. Erst wenn Sie den klaren Beweis haben, dass Ihre Strategie greift und die neue Zielgruppe wenigstens sechzig bis achtzig Prozent Ihrer Umsätze ausmacht, können Sie daran denken, sich von den bisherigen Kunden zu trennen. Zum Beispiel, indem Sie diesen Geschäftsbereich ›Alte Kunden‹, in dem vermutlich auch vor allen diejenigen Mitarbeiter arbeiten dürften, die mit der neuen Zielgruppe und damit auch ihren Werten sowieso nicht so viel anfangen können, an einen Wettbewerber verkaufen.«

Und ich hatte schon befürchtet, dass Herr Radies mich auffordern wollte, mich von allen Kunden zu trennen! So radikal, wie er manchmal war, wäre es ihm zuzutrauen gewesen. Und als ich nochmals auf meine neue Zielgruppe schaute, spürte ich, wie die Begeisterung in mir aufstieg. Ja, das würde mich wirklich bewegen!

»Betrachten wir nun die Stärken meines Unternehmens?«, erkundigte ich mich.

Herr Radies wiegte den Kopf: »Ich hatte es zwar vorhin angekündigt, dass wir uns nach der Zielgruppe um die Stärken kümmern würden. Ich würde Sie aber gerne nochmals vertrösten.

Zuerst möchte ich nämlich Mittag essen. Und danach die Bedürfnisse und den Engpass Ihrer Zielgruppe genauer unter die Lupe nehmen. Sie wüssten ja sonst gar nicht, nach welchen Ihrer vielfältigen Unternehmensstärken Sie suchen müssten. Sehen Sie, die Stärke, dass Sie die Sprache von Anbietern sprechen, die Kurse in Outdoor-Sportarten anbieten, hätten wir bei einem Weg über die Stärkenanalyse niemals gefunden! Sie hätten nach Fertigkeiten in der Software-Entwicklung oder sonst etwas gesucht. Und diese Stärke wäre durchs Raster gefallen. Und doch war diese Stärke für die jetzt angenommene Zielgruppe entscheidend. Sie wären an dieser Zielgruppe einfach vorbeigelaufen.«

4.4 Engpass der Zielgruppe

Nach dem Mittagessen war ich schon neugierig, wie es nun weitergehen würde. Deshalb war ich zum ersten Mal vor Herrn Radies im Besprechungszimmer. Was prompt mit dem Anheben einer Augenbraue quittiert wurde.

Ich begrüßte ihn sogleich mit meinen Überlegungen, die ich während des Mittagessens angestellt hatte: »Man müsste für die Kursanbieter ein System schaffen, das ihnen sämtlichen administrativen Aufwand mit der Kursverwaltung abnimmt. Dann müsste man ein Paket mit Suchmaschinenmarketing anbieten, damit die Kurse häufiger gefunden und gebucht werden. Schließlich ...«

»Moment, Herr Willmann«, unterbrach mich Herr Radies. »Wir wollten uns um den Engpass der Zielgruppe kümmern! Das heißt, wir werden drei Dinge nicht tun. Erstens werden wir nicht über Lösungen nachdenken, wenn die Probleme noch nicht klar beschrieben sind. Zweitens werden wir uns nicht um irgendwelche Probleme kümmern, sondern um den Engpass. Und drittens werden wir an dem Problem ansetzen, das von Ihrer Zielgruppe als *vordringlichstes empfunden* wird, da Sie im Kopf Ihrer Zielgruppe überhaupt erst auftauchen müssen.

Hier liegt einer der häufigsten Gründe für das Scheitern überhaupt: Der Anbieter denkt sich eine Lösung aus, vielleicht sieht er sogar das zentrale Problem. Doch das, was Sie für das Problem halten, unterscheidet sich erheblich von dem, was der Kunde als sein Problem empfindet. Und dann werden Zwangsbeglückungen gestartet und Kunden als blind und unfähig diffamiert. Das kann man machen – und oft hat man sogar recht damit. Aber man wird trotzdem scheitern. Ich nehme an, das ist nicht Ihre Absicht, oder?«

Ich schüttelte etwas frustriert den Kopf. Wo ich mir schon so schöne Konzepte zurechtgelegt hatte! An dem, was Herr Radies sagte, war freilich etwas Wahres dran: Wie oft hatte ich schon erlebt, dass bei Vertriebspräsentationen der Kunde einfach nicht gesehen hat, dass er zum Beispiel mit einem Intranet eine Vielzahl seiner Probleme lösen könnte. Die Kunden schienen manchmal wie vernagelt.

»Gut, Sie erinnern sich noch an die erste halbe Stunde unseres allerersten Treffens?«

»Ja, sehr gut sogar.«

»Ich war mir vom ersten Moment an ziemlich sicher, wo Ihr Engpass lag. Aber was wäre wohl passiert, wenn ich Sie folgendermaßen begrüßt hätte: ›Herr Willmann, schön, dass Sie da sind. Lassen Sie uns gleich beginnen, um schnelle Resultate zu erzielen. Ich werde Ihnen das Modell Fachkraft/Manager/Unternehmer erklären, da dies die optimale Grundlage darstellt, um an Ihrem Glaubenssatzproblem zum Umgang mit Ihrer Zeit zu arbeiten‹?«

Ohne zu zögern, erwiderte ich: »Ich hätte Ihnen geantwortet, dass Sie den Workshoptag stornieren sollten, da dies die optimale Grundlage wäre, um Ihr Problem mit Ihrem Exkunden zu lösen.«

Herr Radies konnte sich ein Grinsen nicht verkneifen: »Ja, so etwas Ähnliches habe ich vermutet. Stattdessen war es mein erster Schritt, Sie dazu zu bringen, Ihre Wünsche und Bedürfnisse zu artikulieren. Ich schrieb sie sogar extra ans Flipchart! Und dann ließ ich Sie Ihren Engpass selbst herausarbeiten. Und als Ihnen beides klar war: Ihre Bedürfnisse und Ihr Engpass, konnten wir beginnen zu arbeiten. Sie waren für meine Lösungsansätze offen.

Das wirklich Problematische bei den eigenen Engpässen ist, dass man zwar die Symptome erkennt, aber oft nicht die Ursachen. Sonst wären es ja keine wirklich ernsten Probleme. Man würde sie ganz einfach lösen.«

»Ja, stimmt. Genau das haben Sie am ersten Tag auch gesagt«, bestätigte ich.

»Ja, und bei den Engpässen des Kunden ist's genauso«, nahm Wolfgang Radies den Faden wieder auf: »Die Symptome kennt er. Daran machen sich seine Wünsche und Bedürfnisse fest. Aber die Ursachen und die Lösungswege sind ihm oft nicht bekannt. Oder meist noch schlimmer: Er hat eine genaue Vorstellung davon, was die Ursachen sind und welchen Lösungsweg er braucht. Oft sind diese Vorstellungen, zumindest bei komplexen Problemen, allerdings falsch. Wenn sie richtig wären, hätte der Kunde sein Problem ja schon längst selbst gelöst.

Ich wette zum Beispiel darauf, dass neunzig Prozent der Unternehmen, die ihren Vertrieb optimieren wollen, falsch liegen. Das von ihnen empfundene Problem liegt darin, dass die Umsätze nicht stimmen. Die nächstliegende Hypothese ist, dass man dieses Symptom beseitigen müsse, indem man den Vertrieb stärkt. Der Engpass liegt jedoch fast immer in der falschen Strategie. Und die Ursache für eine falsche Strategie liegt fast immer im falschen Selbstverständnis des Unternehmers. Die einzige Chance, die Sie haben, ist, Ihren Kunden ernst zu nehmen und bei seinen Bedürfnissen zu beginnen. Und wenn Sie dann denken, dass die Ursache und die Lösung ganz woanders liegen, dann müssen Sie Ihrem Kunden einen Weg anbieten, den er selbst gehen kann, um zu Ihrem Lösungsansatz zu kommen. Diesen Weg wird er nur gehen, wenn Sie ihn mitsamt seinen Wünschen und Bedürfnissen respektieren. Und das können Sie wiederum am besten, wenn Sie Ihren Kunden zumindest mögen und wichtige Werte mit ihm teilen.«

Ich dachte nach: »Das bedeutet dann doch, dass ich mindestens drei, eher vier Punkte unterscheiden muss. Erstens: Wo empfindet der Kunde das dringendste Problem oder größte Bedürfnis? Zweitens: Wo liegt die Ursache hierfür? Drittens, wenn empfundenes Problem und Ursache weit auseinanderliegen: Welche Brücke kann ich bauen oder meinen Kunden bauen lassen? Und viertens: Wie sieht die Lösung aus?«

»Ja, so könnte man es ausdrücken. Das Problem, das als dringlichstes empfunden wird, ändert sich zudem permanent. Mal ist es der Umsatz, mal der Hunger, mal die Einsamkeit und mal das kaputte Auto. Wenn Sie von einem Problem sprechen, das als vordringliches empfunden wird, dann sprechen Sie nahezu immer auch von bestimmten Zeitpunkten oder Zeiträumen, in denen dieses Problem besonders dringend ist. Sorgen Sie dafür, dass Sie Ihre Zielgruppe genau zu diesem Zeitpunkt ansprechen. Sonst sind Ihre Kunden nämlich mit ihrem Kopf woanders.«

»Das klingt aber schwer!«, warf ich ein.

»Nein, Sie müssen sich nur ein paar Gedanken darüber machen, was Ihre Zielgruppe zu dem Zeitpunkt, an dem sie das von Ihnen anvisierte Problem empfindet, gerade macht. Zum Beispiel lebt das Adwords-Konzept von Google genau von dieser Idee: Wenn ein Interessent nach ›Berufsunfähigkeit‹ sucht, dann liegt es nahe, dass er sich zu diesem Zeitpunkt für einen Versicherer, einen Anwalt, einen Arzt oder eine Beratungsstelle, die sich auf Berufsunfähigkeit spezialisiert hat, interessiert. Also werben diese Anbieter dort und nicht mit der großen Keule an den Plakatwänden oder im Fernsehen.«

»So gesehen ist das doch nicht so schwer. Wie gehen wir jetzt vor?«

»Nun, wir sammeln einfach, was Ihre Kursanbieter zu unterschiedlichen Zeitpunkten als die dringendsten Probleme oder Bedürfnisse empfinden. Natürlich sind für unsere Zwecke vor allem die Probleme interessant, die häufig als dringendste wahrgenommen werden. Dann müssen Sie zeitlich nicht so genau zielen.«

»Gut, also soweit ich diese vier Kunden kenne, haben sie einen ganzen Schwung Probleme.

Erstens sind sie alle permanent knapp bei Kasse und haben Umsatzprobleme. Es sind zu wenige Teilnehmer in ihren Kursen. Meiner Meinung nach sind die Kurse auch zu preiswert.

Zweitens haben sie ein ausgesprochen zwiespältiges Verhältnis zu allem, was mit Büroarbeit und Verwaltung zu tun hat.

Drittens ist es ihre liebste Tätigkeit, selbst zu klettern oder Ski zu fahren oder zu fliegen.«

Ich schlug mir an den Kopf: »Das sind ja alles Fachkräfte und keine Unternehmer! Das könnte doch genau die richtige Zielgruppe für Sie sein, Herr Radies!«

»Möglich, aber unwahrscheinlich«, lächelte Herr Radies. »Ich schätze nämlich, dass die meisten dieser Anbieter auch gerne Fachkraft bleiben wollen.

Zu Ihrer Problemdiagnose habe ich ein paar Fragen. Selbst wenn Sie damit recht hätten, müssten wir doch viel tiefer gehen. Es sind zu wenig Teilnehmer in den Kursen. Wie sieht der Wettbewerb aus? Ist der Vertrieb schlecht oder das Angebot? Wie ist das Angebot genau strukturiert? Gibt es Bestandskunden? Wo sehen die Anbieter genau die Probleme? Welche Vertriebskanäle werden überhaupt genutzt? Wie effektiv sind sie? Wie viel Zeit und Geld wird in welche Vertriebskanäle investiert? Wie wird nach außen präsentiert? Wie viele Interessenten werden erreicht? Was würde passieren, wenn sich die Teilnehmerzahlen verdoppeln? Hätten sie dann einfach doppelte Einnahmen oder benötigen sie dann zusätzliche Kursleiter?

Dann mögen sie keine Büroarbeit und Verwaltung. Welchen Anteil nimmt dieser Bereich an der Arbeit ein und wie groß ist der gefühlte Anteil? Wie teilt sich die Büroarbeit auf? Machen sie das selbst oder gibt es dafür Angestellte? Was genau nervt an der Büroarbeit? Wenn sie zum Beispiel mit dem Computer auf Kriegsfuß stehen, dann hätten Sie selbst dann, wenn Ihre Software zu einer Halbierung der Büroarbeit beitragen würde, schlechte Karten.

Drittens sagen Sie, würden diese Anbieter am liebsten dauernd selbst klettern. Wollen sie dann überhaupt mehr Kunden? Denn mehr Kunden hieße weniger klettern.«

Ich sah Herrn Radies mit großen Augen an und schüttelte schließlich meinen Kopf: »Ich habe nicht die leiseste Ahnung davon, was die vier Kunden über diese Fragen denken. Und es würde auch ewig dauern, das alles herauszubekommen.«

»Ein bisschen Zeit erfordert das schon«, räumte Herr Radies ein.
»Deswegen habe ich auch gesagt, dass wir mit zwei Monaten für die Strategieentwicklung rechnen sollten. Sie müssen Ihre Kunden letztlich so gut kennen, dass Sie instinktiv wissen, wie sie handeln würden. Gehen Sie die nächsten Wochenenden noch mal klettern und sprechen Sie dabei mit Herrn Oberleitner.«

»Das hatte ich sowieso vor«, freute ich mich.

»Wenn Sie mit ihm sprechen, erfahren Sie sehr viel über seine Problemwahrnehmung und seine Bedürfnisse. Das ist immens wichtig. Aber Sie erkennen noch nicht die Ursachen. Diese finden Sie heraus, indem Sie zusätzlich zum Beispiel ein paar Tage Praktikum bei Herrn Oberleitner machen.«

»Praktikum? Ich bin doch kein Praktikant!«, ereiferte ich mich. »Außerdem habe ich selbst ein akutes Umsatzproblem. Da kann ich nicht tagelang Anmeldeformulare von Seminarteilnehmern durchs Fax schieben, um das Umsatzproblem meiner Kunden zu erkennen und zu lösen.

Überhaupt, wo hört das denn auf? Als Nächstes schlagen Sie mir dann vor, das Einkommensproblem der Kunden meiner Kunden zu lösen, damit diese mehr Kurse besuchen können. Und danach das Umsatzproblem der Arbeitgeber meiner Kunden meiner Kunden.«

Herr Radies schüttelte ungläubig seinen Kopf und schaute mich lange an.

Schließlich ergänzte ich: »Verstehen Sie denn nicht? Ab April werden meine liquiden Mittel rapide abnehmen. Ich muss etwas tun! Und dann schlagen Sie mir vor, Praktikant zu werden?«

Beschwichtigend hob er die Hände: »Sie müssen das nicht tun. Der effektivste Weg, so zu fühlen und zu denken und zu erleben wie Ihr Kunde, ist eben der, dasselbe zu tun wie Ihr Kunde. Deswegen sollten Sie es tun. Sie können natürlich auch nur mit Ihren Kunden reden. Das geht viel schneller. Aber ziemlich sicher entgeht Ihnen dabei auch das Wesentliche. Eigentlich würde ich sogar noch weitergehen: Wenn Sie irgendwann den Engpass Ihrer Kunden gefunden haben und eine

Lösung dazu entwickeln, dann sollten auch alle Ihre Programmierer ein solches Praktikum machen. Nur so werden Sie es erreichen, dass alles optimal auf die Bedürfnisse Ihrer Kunden ausgerichtet ist. Es gibt einige Unternehmen, wie zum Beispiel Würth, bei denen jeder Manager eine bestimmte Zeit pro Monat oder Jahr beim Kunden verbringen muss. Das sind gute Vorbilder!«

»Ja, aber die Zeit habe ich nicht«, wandte ich ein.

Etwas genervt entgegnete Herr Radies: »Dann gehen Sie eben den kurzen Weg. Sprechen Sie mit den vier Kunden. Hören Sie ihnen zu. Versuchen Sie die Probleme, Wünsche und Bedürfnisse herauszuhören. Lassen Sie dabei Ihre Fragen einfließen. Analysieren Sie die Antworten und gehen Sie von dort aus weiter ins Detail. Erarbeiten Sie sich weitere Fragen. Und führen Sie dann nochmals Gespräche.

Und dann machen Sie eine Engpassanalyse wie wir am ersten Tag. Wenn es geht, am besten mit den Kunden gemeinsam. Sie müssen ja eventuell zusätzliche Zettel schreiben. Das können Sie nur gemeinsam mit Ihrem Kunden fundiert machen.

Wenn Sie dann ein Bild haben, wie die Probleme wahrgenommen werden und wo der Engpass liegt, dann erarbeiten Sie eine Lösung.«

»Und wenn die Kunden sehr unterschiedliche Probleme haben?«

»Dann ist Ihre Zielgruppe zu groß und falsch gewählt. Die Zielgruppe bestimmt sich gerade durch gemeinsame Wünsche, Probleme und Bedürfnisse. Wenn es keine gemeinsamen Probleme gibt, ist es keine Zielgruppe.«

Ich nickte, hatte aber noch einige Einwände: »Und was, wenn es keine Lösung gibt, die praktikabel ist?«

»Dann analysieren Sie die Probleme genauer. Zum Beispiel mit einem Praktikum«, feixte Herr Radies. »Oder Sie gehen einen Schritt zurück und finden andere vordringliche Probleme. Oder Sie gehen zwei Schritte zurück und finden eine andere Zielgruppe.«

»Und was, wenn es mehrere mögliche Lösungen gäbe?«

»Dann kommt die Stärkenanalyse ins Spiel. Sie sollten die Lösung wählen, die am ehesten Ihren Unternehmensstärken entspricht.«

»Und was, wenn die Lösung überhaupt nicht unseren Stärken entspricht?«

»Das ist möglich, aber eher unwahrscheinlich. Sie haben ja sowieso dauernd im Hinterkopf, dass Sie ein Software-Unternehmen sind. Sie suchen automatisch in dieser Richtung. Die Methode versucht eigentlich eher im Gegenteil, Sie von dieser zu engen Fixierung wegzubringen. Falls die Lösung Ihren Stärken nicht ganz entspricht, versuchen Sie diese Stärken eben aufzubauen oder durch Partner zu ergänzen. Falls komplett andere Stärken gefordert wären, müssten Sie wieder einen Schritt zurückgehen und andere dringende Probleme finden.

Und wenn Sie die Lösung gefunden haben, schaffen Sie zuletzt einen für den Kunden gangbaren Weg vom empfundenen Problem zur Lösung. Wenn Sie die Engpassanalyse gemeinsam mit Ihrem Kunden gemacht haben, dann haben Sie schon ziemlich gute Hinweise darauf, wie Sie mit Ihrem Kunden diesen Weg gehen können. Das Wichtigste ist aber, dass Sie lernen, wahrzunehmen, zu fühlen, zu denken und zu handeln wie Ihr Kunde. Das ist eine permanente Aufgabe.«

»Gut, ich werde mit Herrn Oberleitner sprechen und mit den anderen dreien einen Termin ausmachen. Es sollte auch möglich sein, eine Engpassanalyse gemeinsam mit meinen Kunden zu machen. Bis in zwei Wochen sollte ich doch ein Ergebnis haben, oder?«

Herr Radies nickte. »Zumindest sollten Sie dann wissen, ob Sie auf dem richtigen Weg sind.«

»Dann fehlt uns jetzt nur noch eins: die Stärkenanalyse. Richtig?«

»Ja, dann haben Sie vorerst die wichtigsten Werkzeuge für die Strategieentwicklung in der Hand. Im Lauf der Zeit können Sie diese natürlich noch verfeinern oder erweitern.

Wenn Sie an die Stärkenanalyse gehen, sollten Sie erstens Ihre Mitarbeiter und zweitens Ihre Zielgruppe einbeziehen. Je klarer das dringendste Bedürfnis schon zutage tritt, desto gezielter können Sie auch nach Ihren Stärken suchen. Wenn Sie sich aber schon die Mühe machen, Ihre Stärken gemeinsam mit Ihren Mitarbeitern zu erfassen, dann sollten Sie dies auch gleich als Führungsinstrument begreifen.

Dazu gehen Sie am besten wie folgt vor: Sie haben vor zwei Wochen ein erstes Organigramm aufgezeichnet. Das verändern Sie jetzt, indem Sie zwei Dinge tun. Erstens fehlte in diesem Organigramm die Hauptperson, nämlich der Kunde. Es ist übrigens bezeichnend, dass in der Führungsdiskussion nur darüber diskutiert wird, ob man die Führungskraft nun oben oder unten einzeichnet, aber auf die Idee, den Kunden einzuzeichnen, kommt keiner. Und zweitens nehmen Sie sich als Unternehmer aus dem Organigramm heraus. Sie arbeiten nicht *im*, sondern *am* Unternehmen und deshalb haben Sie auch nichts *im* Organigramm verloren.

Sie können das Organigramm grafisch aufbereiten, wie Sie wollen. Wenn dabei ein attraktives Kunstwerk herauskommt, das zugleich Ihre Werte transportiert und alle Beteiligten emotional anspricht, umso besser. Egal, wie es nachher aussieht: Der Kunde kommt entweder in die Mitte oder nach oben. Am besten, Sie skizzieren das gleich.

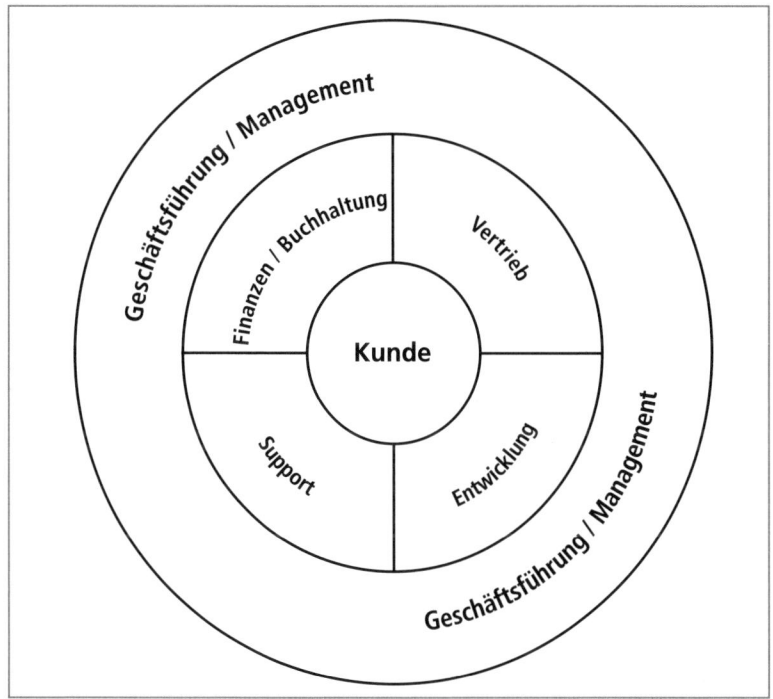

Dann fragen Sie Ihre Zielgruppe, welche Stärken sie bei Ihnen erkennt. Da Ihre Ansprechpartner bislang vermutlich kaum bewusst darüber nachgedacht haben, sollten Sie nach den ersten spontanen Antworten ins Detail gehen und fragen, ob die Entwicklung eine besondere Stärke ist oder der Support. Und dann nachhaken, was genau: im Falle des Supports vielleicht die Erreichbarkeit oder die Schnelligkeit. Versuchen Sie so weit wie möglich ins Detail zu gehen. Dennoch sollten Sie die ersten spontanen Antworten sehr hoch einschätzen. Darin spiegelt sich zumeist auch, welche Stärke den Kunden wichtig ist.

Die Ergebnisse sammeln und verdichten Sie. Nach Möglichkeit sollten Sie die Kunden dann nochmals explizit fragen, welche der erfassten Stärken denn die größte Bedeutung für sie hat.«

»Stimmt, das erscheint mir auch wichtig«, pflichtete ich Herrn Radies bei. »Denn was nutzt es, wenn unser Support schnell ist und die Kunden das auch sehen, es ihnen aber letztlich nichts bedeutet?«

»Genau!«, nickte Herr Radies. »Mit dieser Vorbereitung machen Sie nun ein Team-Meeting. Erklären Sie, dass Sie eine neue Strategie entwickeln wollen und dass diese nach Möglichkeit die eigenen Stärken ausnutzen sollte. Dazu würden Sie von Ihren Mitarbeitern gern wissen, welche Stärken sie im Unternehmen sehen. Ob Sie dann ein offenes Brainstorming ansetzen oder jeden Mitarbeiter zehn Post-its mit Stärke und Zuordnung der Stärke ausfüllen lassen, bleibt Ihnen überlassen. So rund hundert Stärken sollten Sie schon sammeln!«

»Was meinen Sie mit Zuordnung der Stärken?«, unterbrach ich ihn.

»Die Stärke kann zum Beispiel einer bestimmten Person zugeordnet werden. Angenommen, Sie haben im Support einen Mitarbeiter mit dem Talent, Fehler innerhalb kürzester Zeit zu finden, dann ordnen Sie die Stärke dem Mitarbeiter zu. Angenommen, Ihr Entwicklerteam setzt sich zu hundertzwanzig Prozent ein, um Termine zu halten, dann ordnen Sie die Stärke Termintreue dem ganzen Team zu. Und wenn die Kunden sagen, dass alle Mitarbeiter extrem hilfsbereit sind, dann ordnen Sie Hilfsbereitschaft als Stärke dem ganzen Unternehmen zu.«

»Ach, jetzt verstehe ich: Dann kleben wir die Post-its ins Organigramm an die richtige Stelle? Das klingt gut!«

»Genau! Die Methode kommt aus dem Sport und wird dort zum Beispiel bei Fußballmannschaften benutzt, damit sich alle ihrer Stärken und der Stärken ihrer Mitspieler bewusst werden. Sie haben dabei zudem den schönen Nebeneffekt, dass statt der Fehler der Mitarbeiter ihre Stärken ins Bewusstsein dringen. Und Sie wissen ja: Sie erhalten immer das, worauf Sie die Aufmerksamkeit richten. Das Ergebnis dieser Arbeit sollten Sie also öffentlich aushängen!

Aber zurück zum Workshop. Sie haben ein Organigramm, das Ihre Stärken ausweist. Dann kleben Sie die Stärken, die von Ihrer Zielgruppe als die wichtigsten angesehen wurden, ebenfalls hinein. Das führt oft zu fruchtbaren Diskussionen, da sich dies meist deutlich von der Einschätzung der Mitarbeiter unterscheidet.

Zuletzt können Sie noch verdichten, da Sie vermutlich viel zu viele Stärken haben. Lassen Sie durch Klebepunkte bewerten, welche Stärken Ihre Mitarbeiter für die größten halten. Die Stärken, die die Zielgruppe für die wichtigsten hielt, werden in jedem Fall übernommen.«

»Eigentlich klingt das alles ganz einfach«, überlegte ich laut. »Ich habe jetzt nur ein paar Hausaufgaben. Ich muss mich um den zentralen Unternehmenswert kümmern, indem ich mit meinen Mitarbeitern Gespräche führe. Dann mache ich daraus Geschichten und streue diese. Mit dieser Vorbereitung plane ich dann ein Meeting, bei dem der zentrale Unternehmenswert verankert wird. Wenn wir gute Geschichten finden, veröffentlichen wir einige auf unserer Website.

Dann führe ich mit den Kunden aus meiner Zielgruppe ein paar Gespräche, um herauszufinden, wo deren Engpass liegt, welche Bedürfnisse, Wünsche und Probleme sie haben und was sie als unsere Stärken ansehen. Abschließend mache ich dann das Stärken-Meeting und zum Schluss habe ich eine Strategie. Und dann kann ich beginnen?«

»Fast. Dann sprechen Sie nochmals mit den Kunden aus ihrer Zielgruppe. Vielleicht haben Sie in Ihrer Datenbank noch ein paar Interessenten, die ebenfalls aus der Zielgruppe kommen. Dann sprechen Sie auch mit denen. Wenn Sie bei diesen Gesprächen grünes Licht bekommen, können Sie Ihr neues Produkt im kleinen Rahmen testen. Holen Sie dann wieder Feedback und optimieren Sie es. Und wenn Sie dann wieder grünes Licht haben, dann können Sie den Kreis derjenigen, die Sie ansprechen, vergrößern.«

»Das heißt, alles geht Schritt für Schritt. Und überall findet eine Überprüfung durch die Zielgruppe statt, damit ich nicht zu viel in die falsche Sache investiere. Die Neurostrategie®* ist also agil wie in der Softwareentwicklung. Das gefällt mir! Ich würde am liebsten sofort beginnen!«

»Gut«, nickte Herr Radies. »Verschwenden Sie dabei keine Zeit! Wenn Sie erst in zwei Monaten dahinterkämen, dass Ihr zentraler Wert doch ein anderer sein soll oder dass die Zielgruppe nicht richtig gewählt ist, haben Sie kaum noch Handlungsmöglichkeiten! Aufgrund Ihrer abnehmenden Liquidität müssten Sie dann hindurch, koste es, was es wolle.«

Ich nickte nachdenklich. »Machen wir noch eine kurze Pause?«

»Ja, und anschließend kommen wir zum letzten Punkt des heutigen Tages: Ihrer Unternehmensvision!«

4.5 Unternehmensvision

Nachfolger

»Wir sind in unserer Mindmap schon weit gekommen«, setzte Herr Radies an. »Aber ganz wesentliche Punkte fehlen noch. Ich möchte die wichtigsten Punkte der letzten Wochen nochmals zusammenfassen:

---

* https://www.unternehmercoach.com/unternehmer-seminar-strategie-und-vision-kmu.htm

Der Zweck des Unternehmens ist es, einen Wert oder Nutzen für seine Kunden zu erzeugen. Der Wert ergibt sich aus dem psychischen Bedürfnis des Kunden und ökonomischer Wert ist eine Beziehungsgröße. Die Aufgabe des Unternehmers ist, am Unternehmen zu arbeiten, um dem Nachfolger einen möglichst großen Nutzen und Wert zu bieten.

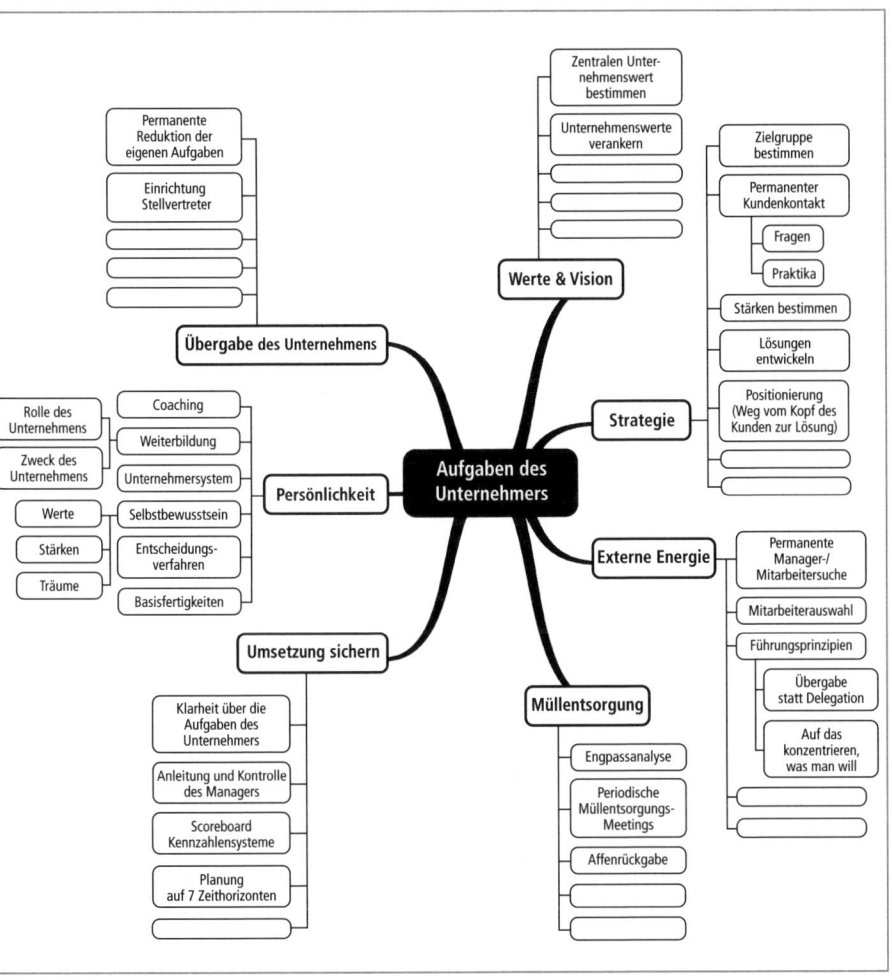

Es stellen sich nun zwei für Ihre unternehmerische Arbeit fundamentale Fragen: Erstens, wer ist Ihr Nachfolger? Zweitens, was ist für diesen Nachfolger Nutzen oder Wert?«

Ich wollte endlich beginnen und an meiner Strategie arbeiten. Und dann stellte dieser Herr Radies wieder solch abwegige Fragen. Leicht genervt entgegnete ich: »Woher soll ich wissen, wer in dreißig Jahren mein Nachfolger sein wird? Ich will jetzt beginnen!«

Herr Radies schüttelte traurig den Kopf: »Herr Willmann, Ihre Aufgabe als Unternehmer *ist* es, Ihrem Nachfolger ein Unternehmen zu hinterlassen, das ihm einen möglichst großen Nutzen bietet. Wenn Sie sich diesen Fragen nicht stellen, *können* Sie Ihre Aufgabe als Unternehmer nicht erfüllen.«

»Ja, aber woher soll ich jetzt wissen, wer mein Nachfolger sein wird?«, insistierte ich.

Herr Radies schaute mich verblüfft an. Dann lachte er aus vollem Hals. »Suchen Sie sich einfach einen aus. Wen hätten Sie denn gern?«

Ich wollte diesen Teil schnell hinter mich bringen und entgegnete, ohne groß nachzudenken: »Einen, der mir viel Geld gibt. Einen Finanzinvestor.«

»Das ist nun ausgerechnet die dümmste Lösung von allen. Sehen Sie, einem Finanzinvestor werden Ihre Werte, Ihre Kunden und der Nutzen, den Sie diesen bieten, völlig egal sein. Das Einzige, was den Finanzinvestor wirklich interessiert, ist die Rendite und die erwartete Rendite zwei, drei oder fünf Jahre nach dem Verkauf. Oder noch schlimmer: Nur einzelne Assets. Wenn Sie an einen Finanzinvestor verkaufen, dann werden die wahren Werte in Ihrem Unternehmen verkommen, weil er sie nicht sieht. Und Sie verkaufen zwangsläufig immer unter Wert, weil ihm die Werte nichts bedeuten.

Aber ich möchte, dass Sie die Übergabe an Ihren Nachfolger auch noch aus einer anderen Perspektive betrachten. Zum Zeitpunkt des Verkaufs oder der Übergabe sollten Sie bereits ein privates Vermögen aufgebaut haben, sodass der Verkaufspreis sowieso keine so große Rolle mehr spielen dürfte.

Die Fortführung Ihres Werkes und Ihrer Werte wird Ihnen viel wichtiger sein.

Ein institutioneller Käufer, ein reiner Finanzinvestor ist immer die letzte Option.

Außer natürlich, Sie haben sich mit Ihren Werten und Interessen in der Zwischenzeit in eine andere Richtung entwickelt und Ihr Unternehmen bedeutet Ihnen nichts mehr.

Sie haben folgende Optionen: Sie können das Unternehmen an Ihre Nachkommen übergeben. Bislang haben Sie allerdings keine Kinder. Dann können Sie Ihr Unternehmen an einen Manager verkaufen. Eine weitere Möglichkeit ist der Verkauf an ein anderes Unternehmen. All diese Varianten haben ihre Eigenheiten. Ihre Vor- und Nachteile. Und für all diese Optionen kann der Nutzen ein anderer sein.«

»Wie meinen Sie das?«

»Den reinen Renditenutzen haben sie alle, ob Finanzinvestor, Kind oder anderes Unternehmen. Beim Verkauf an ein anderes Unternehmen wäre es darüber hinaus etwa ein großer Nutzen für dieses Unternehmen, wenn Ihre Firma einen Engpass dieses Unternehmens lösen könnte. Sie müssten sich die Frage stellen, wo Ihre größten Stärken liegen und welchen Engpass von welchen Unternehmen Sie damit lösen könnten. Und dann könnten Sie Ihr Unternehmen passgenau aufbauen.«

»Das verstehe ich nicht ganz«, warf ich ein.

»Nun, angenommen Ihre Stärke wäre Ihr Zugang zu Ihrem Markt und die exakte Kenntnis dieses Markts. Und ihr potenzieller Käufer sucht für seine eigenen Produkte genau diesen Zugang, dann ist Ihr Unternehmen für ihn viel mehr wert als das, was Ihre finanziellen Kennzahlen sagen. Oder Sie haben im Lauf der Zeit ein spezielles Verfahren und spezielle schwer kopierbare Prozessabläufe entwickelt, die genau dieser potenzielle Käufer auch benötigt. Auch hier ist der Nutzen für den Nachfolger etwas völlig anderes als die plumpe Rendite. Ob diese hoch oder niedrig ist, spielt nur noch eine geringe Rolle. Der Wert bestimmt sich zum großen Teil daran, welchen Wert dieses andere Unternehmen der Lösung seines Engpasses beimisst.

Oder nehmen Sie einen anderen Nachfolger: Angenommen, Sie bekommen irgendwann Kinder und planen, Ihr Unternehmen an diese zu übergeben. Natürlich müssen Sie diese dann entsprechend qualifizieren und ausbilden. Aber was auch immer Sie tun, wenn Sie Ihr Unternehmen nicht so aufbauen oder umbauen können, dass es zu den Zielen, Werten und Träumen Ihres Sohnes oder Ihrer Tochter passt, dann wird Ihr Unternehmen keinen Wert und keinen Nutzen für Ihr Kind haben und immer ein Klotz am Bein Ihres Sprösslings sein. Wenn Sie seine Werte ignorieren und Ihr Kind dann einigermaßen selbstbewusst ist, stehen Sie mit Ihren Nachfolgeplänen im Regen.

Ich hoffe, Sie verstehen, dass je nachdem, wen Sie als Nachfolger wählen, Ihr Unternehmensbauplan ein anderer sein wird.«

Ich nickte zögerlich. Ja, ich verstand schon. Es wurde mir auch erschreckend klar, in welchen zeitlichen Dimensionen und Größenordnungen ich denken sollte. Aber ich wusste mal wieder nicht genau, wo mich das hinführen würde.

Vision

Herr Radies musterte mich. »Gut, Sie haben keinen klar bestimmten Nachfolger. Hätten Sie diesen, könnten und müssten Sie Ihre Vision an ihm ausrichten. Da Sie ihn nicht haben, gehen wir den genau umgekehrten Weg: Wir entwickeln zuerst die Vision und suchen dann den passenden Nachfolger.« Nach einer kurzen Pause ergänzte er: »Das ist mir sowieso der sympathischere Weg.«

Ich wiegte zweifelnd meinen Kopf: »Diese ganzen Visionen sind doch nur Hirngespinste!«

Herr Radies ging zum Flipchart: »Sie haben offensichtlich wie so viele Menschen Zweifel an der Notwendigkeit einer Vision. Neben dem Bauplan bietet Ihnen eine gute Vision Folgendes.«

- Eine gute Vision *reißt mit*. Für Unternehmer heißt dies: Eine gute Vision zieht Kunden, Mitarbeiter, Geldgeber und Nachfolger an.
- Eine gute Vision gibt auch bei Schwierigkeiten *Energie*. Für Unternehmer heißt dies: Da immer mal wieder Schwierigkeiten auftauchen, benötigen wir so viel Energie, dass wir an der Bewältigung Spaß haben.
- Eine gute Vision gibt eine *Richtung* vor. Für Unternehmer heißt dies: Wir haben oft viel zu viele Möglichkeiten und verzetteln uns zu schnell. Eine Vision schützt uns davor.
- Eine gute Vision macht *effektiver*. Für Unternehmer heißt das: Je anziehender eine Vision für Ihre Mitarbeiter ist, desto mehr Initiative zeigen sie. Und desto weniger müssen Sie sich mit Details und Kontrolle beschäftigen.

»Natürlich geht das nicht mit jeder Vision. Sie muss bestimmten Kriterien gehorchen.« Er wandte sich wieder dem Flipchart zu und notierte einige Stichworte:

- Nutzen für andere
- Emotionalität
- Größe
- Fokussiertheit
- Einfachheit
- Leidenschaft und Stärken
- Konsistenz

Dann erklärte Herr Radies: »Eine gute Vision muss *anderen nutzen*. Rein egoistische Träume werden niemanden anziehen. Gandhi hätte nicht Indien befreit, wäre sein Ziel gewesen: ›Ich will frei sein.‹ Henry Ford wäre nicht erfolgreich geworden, wäre sein Ziel gewesen: ›Ich will ein tolles Auto fahren.‹

Eine gute Vision muss darüber hinaus *emotional* sein. Niemand folgt einem Buchhalter in den Kampf. Auch wenn manche Zahlenfetischisten in Großunternehmen oder Bankbeamte dies glauben.

Eine gute Vision muss außerdem *groß* sein und die Fantasie anregen. Auf welche der beiden Fragen wird der oder die Angesprochene wohl stärker reagieren: ›Lass uns am Samstag mal eine Stunde ruhig auf den Balkon sitzen‹ oder auf: ›Los, lass uns ein tolles Wochenende in Paris verbringen‹?

Eine gute Vision muss *fokussiert* sein. Deshalb ist auch von *einer* Vision die Rede und nicht von mehreren. Sonst bewegen Sie und die Menschen in Ihrer Umgebung sich in unterschiedliche Richtungen.

Eine gute Vision muss zudem *einfach* sein. Es gibt gute Ideen, die keiner versteht. Deswegen werden daraus nie gute Realitäten. Selbst in ihrer Umsetzung hochgradig komplexe Aufgaben können einfach formuliert werden, wie John F. Kennedy gezeigt hat: ›Vor dem Ende dieses Jahrzehnts betritt ein Amerikaner den Mond.‹

Eine gute Vision sollte Ihren *Leidenschaften und Stärken* entsprechen. Dann gehen Sie den Weg praktisch von allein.

Last, but not least muss eine gute Vision *konsistent* sein. Das ist vielleicht das Schwierigste von allem. Hinter dem Traum verbergen sich Werte. Um den Traum zu verwirklichen, sind Handlungen erforderlich, die ebenfalls Werte zum Ausdruck bringen. Diese müssen identisch sein. Zum Beispiel: Wenn Ihr Ziel den Wert Gerechtigkeit beinhaltet und Ihre Handlungen zur Zielerreichung ungerecht sind, wird es nicht funktionieren. Wenn es Ihr Ziel ist, sich zur Elite zu zählen, und Sie sich auf dem Weg dorthin in der Masse verstecken, wird es ebenfalls nicht funktionieren. Es gibt einen zwar nicht sehr häufig gewählten, dafür aber effektiven Weg, wie unternehmerische Visionen entstehen.

Ich möchte jetzt mit Ihnen folgende Übung machen: Schließen Sie Ihre Augen und bereiten Sie sich mit derselben Atemübung wie bei Ihrer Entscheidung am ersten Tag vor. Beamen Sie sich anschließend dreißig Jahre in die Zukunft. Versuchen Sie sich bildlich auszumalen, wie dann die Welt sein wird. Wenn Sie sich mit den Ergebnissen von Zukunftsforschern beschäftigt haben, ist das umso besser. Das wird später mit zu Ihren unternehmerischen Aufgaben gehören. Fürs Erste geht es auch so.

Wichtig ist allein eine bildhafte Vorstellung. Sie laufen in dreißig Jahren durch die Straßen. Sie schauen in Unternehmen hinein, Sie arbeiten dort, oder Sie sitzen in dreißig Jahren in der Schule. Sie nehmen an einem Kurs für eine Outdoor-Sportart teil. Stellen Sie sich auch vor, mit welchen Problemen sich die Menschen dann herumschlagen werden. Und beantworten Sie dann folgende Frage: Warum wird es die Welt bereichern, ja sogar entscheidend sein, wenn Ihr zentraler Unternehmenswert in dreißig Jahren eine maßgebliche Rolle spielt?«

> **Warum wird es die Welt bereichern, ja sogar entscheidend sein, wenn Ihr zentraler Unternehmenswert in dreißig Jahren eine maßgebliche Rolle spielt?**

Es dauerte einen Moment, bis mir die Bedeutung dieser Frage voll ins Bewusstsein drang. Es ging nicht darum, mir im luftleeren Raum irgendwelche Visionen auszudenken, die mich vielleicht begeistern würden – aber sonst niemanden. Es ging auch nicht darum, irgendwelche realen ökonomischen Chancen zu identifizieren, die mit mir und meinem zentralen Wert nichts zu tun haben und für die ich keine Begeisterung aufbringen kann. Und es ging auch nicht darum, inhaltsleere Wachstumsfantasien des Typs ›Wir werden unseren Umsatz und Gewinn jedes Jahr um zehn Prozent steigern‹ zu entwickeln, die keinerlei Bezug zu den gesellschaftlichen Anforderungen haben.

Es ging um nichts weniger als um die bewusste Gestaltung der Zukunft und die Lösung zukünftiger Engpässe der Menschheit auf Basis meines zentralen Unternehmenswerts. Es ging um nichts weniger als um die Übernahme gesellschaftlicher Verantwortung in den Bereichen, die mir etwas bedeuten. Die Vision, die daraus erwachsen würde, wäre sowohl am Bedarf der Wirklichkeit als auch an meinen persönlichen Werten angebunden. Die Vision, die daraus erwachsen würde, hätte Kraft, hätte Power, wäre, wie Herr Radies so schön sagte, reine Energie: Der Weg wäre am zentralen Unternehmenswert ausgerichtet und das Ziel auch. Der Widerspruch, der den meisten Visionen die Kraft raubt, nämlich dass sie sich vordergründig an Werten orientieren, es aber letztlich doch nur um Gewinn geht, wäre aufgehoben.

Je mehr Facetten hinzukamen, desto klarer wurde mir, wie tiefgreifend diese Idee von der Identität von Weg und Ziel, die Herr Radies an unserem ersten Tag skizziert hatte, eigentlich war. Auch heute, ein halbes Jahr später, bin ich mir ziemlich sicher, noch nicht alle Aspekte begriffen zu haben.

Herr Radies hatte mich lächelnd beobachtet. »Ich lasse Ihnen eine Stunde Zeit. In Ordnung?«

»Ja, in Ordnung!« Mit diesen Worten schloss ich meine Augen und begann mit der Atemübung. Nach einigen Minuten begann ich, mir ein Bild der Zukunft auszumalen. Und je mehr ich mich darauf einließ, desto klarer wurde es.

Als ich nach einer Stunde meine Augen öffnete, nickte ich Herrn Radies lächelnd zu. Schon nach wenigen Sekunden konnte ich mich nicht mehr halten und erzählte: »In dreißig Jahren wird das Leben deutlich anders sein als heute. Und zwar unabhängig davon, ob die weitere Entwicklung positiv oder negativ verläuft. Das bedeutet, dass die Anforderungen und das Verhalten der Menschen ebenfalls anders werden. Die Menschen müssen also zwingend ihre bisherigen Grenzen überwinden. Wer dies schneller und besser kann, ist im Vorteil.

Ich bin optimistisch. Ich glaube, dass die Möglichkeiten größer werden und dass durch die weltweit ansteigende Bildung und das weitere Zusammenwachsen der Kommunikationssysteme die Geschwindigkeit der Entwicklung weiter steigt. Da die Menschen weltweit zusammenarbeiten können, entsteht das Potenzial, die weltweiten Probleme auch zu lösen. Natürlich werden bestimmte Strukturen und sogar Staaten auf der Strecke bleiben, weil sie zu langsam sind. Auch manchen Menschen wird dies so gehen.

Damit diese Herausforderungen jedoch in der Breite von möglichst vielen Menschen gemeistert werden können, werden wir andere Bildungsinhalte und -methoden benötigen. Es muss Ziel sein, den Menschen zu vermitteln, wie sie immer wieder eigene Grenzen überwinden und über sich hinauswachsen können. Wer das nicht kann, bleibt stehen. Und diese Inhalte kann man überhaupt nicht abstrakt vermitteln, sondern die Menschen müssen sie *erfahren*.

Outdoor-Sportarten sind Fun. Aber sie bieten auch die Möglichkeit, an sich selbst zu erfahren, dass man auf einmal Dinge tun kann, die man vorher für undenkbar hielt. Und nach einiger Zeit wird das Undenkbare sogar zur Normalität. Und diese Normalität kann wiederum überwunden werden. Eine solche Erfahrung schafft Selbstbewusstsein und emotionale Fitness. Sie schafft darüber hinaus die Basis, um auch in allen anderen Lebensbereichen über seine Grenzen hinauszuwachsen und die Anforderungen zu meistern.

Outdoor-Sportarten sind sicher eine der effektivsten Methoden, diese Erfahrung der Grenzüberschreitung zu vermitteln. Und somit können sie einer der wichtigsten Eckpfeiler einer Bildung der Zukunft werden. Und daran haben wir teil, indem wir alles tun, um diesen Bildungsanbietern im Hinblick auf ihre Ziele zu helfen.«

Herr Radies ließ dieses Bild vor seinem geistigen Auge entstehen, dann nickte er anerkennend: »Die Menschen, die Ihre Werte teilen, gewinnen Sie damit. Diejenigen, die Ihre Werte nicht teilen, stoßen Sie ab. Sehr gut! Ihr Unternehmen bekommt in der Zukunft noch eine ganz andere, viel größere Bedeutung. Ihr Unternehmen hat einen Sinn. Indem Sie von ›diesen Bildungsanbietern‹ sprechen, haben Sie zudem die Möglichkeit offengelassen, dass es irgendwann effektivere Methoden gibt, Grenzüberschreitung zu lehren, als mit diesen Sportarten.

Einzig und allein das Ende ist noch nicht konkret genug. Das können Sie jedoch erst konkretisieren, wenn Ihre Strategie ausgearbeitet ist. Dann aber können und müssen Sie ein überprüfbares Ziel definieren. Und dann müssen Sie sagen, was Sie mit ›alles tun‹ meinen. Für den jetzigen Stand allerdings gefällt mir das sehr gut. Und einem Unternehmen, das dies anstrebt, helfe ich gerne!«

Das Lob von Herrn Radies beflügelte mich. Und als ich mir das Ergebnis nochmals besah, schüttelte ich staunend den Kopf: »Warum erstellen andere Unternehmen dann so hohle und nichtssagende Visionen wie: ›Wir wollen unsere Kunden mit dem besten und überzeugendsten Service unserer Branche bedienen‹ oder ›Unsere Mitarbeiter sind unser wichtigstes Kapital‹ oder ›Wir überzeugen unsere Stakeholder durch permanente Innovation‹ oder gar ›In drei Jahren machen wir xy Millionen Euro Umsatz‹?

Das ist völlig irre: Wenn ich mir unsere Vision anschaue, dann habe ich ein Bild vor Augen. Es reißt mich förmlich vom Stuhl! Sicher, Sie haben recht, Menschen, die meine Werte nicht teilen, werden nicht vom Stuhl gerissen. Aber bei den anderen Unternehmensvisionen schlafen ja alle ein. Wie kommt das?«

»Dafür gibt es drei Gründe«, erklärte Wolfgang Radies.

»**Erstens:** Wenn Sie nicht an Ihren Nachfolger denken, stellen Sie sich die Frage überhaupt nicht in der Form.

Zweitens: Wenn Sie auf Ihren Werten, auf den Werten eines einzelnen Menschen aufbauen, dann haben Sie eine scharfe Kontur. Wenn schon die Zukunft unscharf ist, dann können Sie wenigstens scharf zielen. Aber wenn Sie mit einem Komitee einen Durchschnittswert an Werten bilden und diese schon verwaschen sind, kommen Sie zu keinem Ergebnis.

Drittens: Wir haben ein bildhaftes Verfahren genutzt. Wir gingen von einem Bild der Zukunft und einem realen Bedarf aus.

Das Wichtige daran ist, dass Ihr Unternehmen von vornherein eingebettet ist in Ihre Werte und den Bedarf der Gesellschaft. Damit übernehmen Sie bereits bei der Entstehung der Vision gesellschaftliche Verantwortung. Das Überleben der Firma ist überhaupt nicht das Ziel. Das Ziel ist es, etwas Sinnvolles für die Gesellschaft beizutragen. Das heißt, konkrete Dinge zu schaffen oder Leistungen anzubieten, die von der Gesellschaft oder von Teilen der Gesellschaft als wertvoll empfunden werden.

Wenn Sie so vorgehen, dann ist das Überleben des Unternehmens eine Folge. Gehen Sie nicht so vor, dann landen Sie zufällig einen Treffer oder das Unternehmen hat keine Existenzberechtigung und wird sterben. Es ist Verschwendung, solche Unternehmen aufrechtzuerhalten. Mein zweites Unternehmen war von diesem Typ. Damals wollte alle Welt Commodore, Atari oder PCs. Was wollen Sie da mit einem Unternehmen, dessen Inhaber so vernagelt ist, dass er nur Apple verkaufen will?

> **Das Überleben des Unternehmens ist überhaupt nicht das Ziel. Das Ziel ist es, etwas Sinnvolles für die Gesellschaft beizutragen.**

Es kann also niemals das oberste Ziel sein, ein Unternehmen am Leben zu erhalten. Und Wachstum kann erst recht nicht das oberste Ziel sein. Wozu sollte ein Unternehmen wachsen, wenn zum Beispiel der Bedarf sinkt? Oft genug wird dann nur noch subventioniert, um Wachstum zu erzeugen. Und das ist nun die allergrößte Verschwendung. Wozu soll ein Unternehmen wachsen, wenn es keinen Bedarf stillt und keinen Sinn hat?«

Herr Radies schien etwas abzuschweifen. Und so versuchte ich ihn zurückzuholen: »Ich bin vom Ergebnis fasziniert und auch die Methode gefällt mir. Aber hätten es nicht auch zehn Jahre getan? Man kann die Zukunft ja sowieso nicht bis dahin überschauen.«

»Das stimmt. Man kann die Zukunft nicht so weit überschauen. Und deshalb ist die Arbeit an Ihrer Vision auch keine einmalige Sache. Wenn sich Ihr Bild von der Zukunft ändert, dann ändert sich auch die Vision. Aber je weiter Sie in die Zukunft denken, desto weniger laufen Sie Gefahr, einfach das Bestehende fortzuschreiben. Wenn Sie nur zehn Jahre in die Zukunft denken, dann könnten Sie auf die Idee kommen, dass da das perfekte internetbasierte Kursbuchungs- und -verwaltungssystem immer noch gefragt ist. Schauen Sie jedoch dreißig Jahre nach vorn, dann ist das eher unwahrscheinlich. Vielleicht gibt es ganz andere Vertriebswege.

Ich möchte Ihnen deshalb jetzt noch eine Steigerung anbieten: Beamen Sie sich wie der großartige japanische Unternehmer Matsushita nicht dreißig, sondern hundertfünfzig Jahre in die Zukunft.«

»Aber da lebe ich ja gar nicht mehr«, entfuhr es mir unwillkürlich.

»Genau! Das ist die beste Vorstellung, die Sie haben können.« Er lachte: »Nun gut, vielleicht nicht die beste Vorstellung für Sie als Person, aber ganz sicher die beste Vorstellung für Ihr Unternehmen. Sie müssen dann nämlich an Ihren Nachfolger denken. Und an dessen Nachfolger. Und Sie kämen niemals auf die Idee, sich der Produktion von perfekten Grammofonen zu verschreiben. Ihr Unternehmen hätte eher folgende Vision: ›Hier spielt die Musik.‹ Dass es nämlich in hundertfünfzig Jahren noch immer Musik gibt, ist einigermaßen wahrscheinlich, sofern sich die Menschen nicht vorher selbst ausrotten. Ein solches Unternehmen hätte einen Fokus und wäre dennoch flexibel. Vor allem würde es keine toten Pferde reiten oder Grammofone herstellen.

Gut, nun haben wir nur noch einen Schritt vor uns: Sie haben Ihre Vision. Wer hätte von einem solchen Unternehmen den größten Nutzen? Wie müsste Ihr Nachfolger sein? Wenn Sie diese Frage geklärt haben, können Sie Herrn Bertram einen klareren Auftrag geben. Und letztlich zielgerichteter arbeiten.

Denn genau darum geht es bei einer Vision: um die Ausrichtung auf ein Ziel und um eine größere Einfachheit. Ohne eine ordnende und gestaltende Vision geraten Sie entweder ins Chaos oder Sie beginnen das Chaos mit einzelnen Regeln zu strukturieren. Weil Sie das nicht können, werden es immer mehr Regeln und Sie geraten ins Gestrüpp der Bürokratie, also in die andere Form des Chaos. Wenn Sie hingegen *eine* Vision haben, dann ist das der Kristallisationskern. Alle, die dieser Vision folgen, können sich dann selbst darum organisieren. Sie brauchen fast keine Regeln mehr. Vielleicht noch zehn oder – weil die Welt heute etwas komplexer ist – meinetwegen auch zwanzig Gebote.«

»Gut, wie geht es jetzt weiter?«

»Sie haben Ihre Arbeitsaufgaben während unseres Meetings bereits im Eingangskorb Ihres Unternehmersystems erfasst. Übertragen Sie diese bei Ihrer Wochenplanung am Sonntag. Wenn Sie zu den Aufgaben Rückfragen haben, rufen Sie einfach bei meiner Sekretärin an, um kurzfristig einen Telefontermin zu vereinbaren.«

»Und wann sehen wir uns das nächste Mal?«

»Am besten, wenn Sie Ihre Strategie weitestgehend ausgearbeitet haben. Rufen Sie an, dann vereinbaren wir kurzfristig einen Tag, um uns mit der Umsetzung zu beschäftigen. In Ordnung?«

»Ja, in Ordnung«, erwiderte ich an jenem 17. März. Aber dann kam alles ganz anders.

5. Persönlichkeitsentwicklung (Samstag, 1. April)

Ich hatte die ganze Nacht kaum geschlafen. Und ich war wütend! Sogar verdammt wütend! Worauf hatte ich mich da nur eingelassen? Immerhin hatte ich Herrn Radies gestern Abend noch erreicht, und er hatte versprochen, heute bei mir in München vorbeizukommen. Aber das hatte meine Wut kaum verringert.

Kurz zuvor hatte ich mit Herrn Bertram telefoniert. Nachdem ich ihm meine Aktivitäten der letzten beiden Wochen geschildert hatte, erwiderte er, dass diese Aktivitäten sicher nicht meiner Vision entsprächen und er als Nachfolger deshalb keinen Nutzen davon hätte. Und so bewilligte er mir nur die Hälfte meines variablen Gehaltsbestandteils. Für die effektive erste Monatshälfte, wie er sagte.

Ich versuchte zu begründen, warum ich mich in den letzten zwei Wochen fast ausschließlich auf den Vertrieb konzentriert hatte. Dass mein Unternehmen in Gefahr wäre und er ohne diese Aktivitäten als Nachfolger gar keinen Nutzen mehr hätte. Doch das interessierte ihn nicht im Geringsten. Er entgegnete nur: »Herr Willmann, Sie haben sich zu bestimmten Aktivitäten und Ergebnissen verpflichtet. Und Sie haben die entsprechenden Aufgaben nicht erledigt und die Ergebnisse nicht gebracht. Jeder Kunde würde Ihnen in diesem Fall die Bezahlung kürzen.«

Nach zwei oder drei weiteren Erklärungsversuchen warf ich wütend das Telefon in den Papierkorb. Und trat dagegen. Einige Minuten später nahm ich mein Handy und rief Herrn Radies an. Dieser entgegnete nur: »Sie haben sich gegenüber Herrn Bertram verpflichtet! Diese Verpflichtungen sollten Sie einhalten. Aber mich würde brennend interessieren, was passiert ist, dass Sie so von Ihrer Verpflichtung abgewichen sind. Und was Sie zu tun gedenken, um dieser in Zukunft wieder nachzukommen. Soll ich zu Ihnen nach München kommen?«

»Ja, kommen Sie! Und schaffen Sie mir diesen Herrn Bertram vom Hals.«

»Das Erste kann ich. Das Zweite kann ich nicht. Ich bin also morgen um neun Uhr bei Ihnen.«

Als ich Herrn Radies am nächsten Tag meine Bürotür aufmachte, begrüßte ich ihn ziemlich unwirsch. Das schien er allerdings nicht zu bemerken. Er sah sich nur neugierig um, nickte mir zu und sagte: »Sie haben ein schönes Büro. Gefällt mir ausgesprochen gut.«

»Komplimente austauschen können wir auch später. Lassen Sie uns zuerst die Sache mit Herrn Bertram klären«, knurrte ich unfreundlich.

Herr Radies zuckte mit den Schultern: »In Ordnung. Wo ist Ihr Besprechungsraum?«

Kaum hatte er die Tür geschlossen und sich gesetzt, wollte ich mir Luft machen. Aber er schnitt mir das Wort ab. »Lassen Sie uns zuerst die Sache mit Ihren geplanten Aktivitäten und den Ergebnissen klären und dann schimpfen«, schlug er grinsend vor.

Mir blieb der Mund offen stehen.

Diese Zeit nutzte Herr Radies, um seine nächste Frage zu stellen: »Sie haben etwas anderes gemacht, als Sie geplant hatten. Das ist völlig in Ordnung. Sie hatten sicher Gründe dafür. Haben Sie die mit diesen Gründen verbundenen Ziele erreicht?«

Die Frage klang wirklich ernst gemeint, und er schien es zu akzeptieren, dass ich mich nicht an den Plan gehalten hatte. Das besänftigte mich etwas und so ging ich auf seine Frage ein: »Den Grund kennen Sie! Es ist der geringe Auftragsbestand. Ich musste neue Aufträge heranschaffen, um meine Firma zu retten. Deswegen habe ich mich fast nur auf den Vertrieb konzentriert.«

Herr Radies dachte kurz nach: »Und haben Sie neue Aufträge akquirieren können?«

Ich nickte stolz: »Ja, immerhin zwei kleinere Aufträge.«

»Um wie viel länger können Sie davon leben?«

Ich überschlug kurz: »Etwa einen halben Monat.«

Herr Radies schwieg. Erst in diesem Moment wurde mir klar, dass ich in den letzten zwei Wochen nichts gewonnen hatte. Ich stand genau am selben Punkt wie vor zwei Wochen. Und in diesem Moment dämmerte mir auch, dass ich gerade im Begriff war, wieder in mein Hamsterrad zu steigen. Da ich noch immer wütend war, versuchte ich dennoch, mich herauszuwinden: »Aber angenommen, ich hätte Aufträge für einen ganzen Monat reingeholt. Dann stünde ich doch jetzt besser da als vor zwei Wochen.«

»Ja, kurzfristig stünden Sie sicher besser da«, räumte Herr Radies ein. »Vermutlich könnten Sie dies auch über einige Zeit durchhalten, da wir in Ihrer Planung Platz geschaffen haben, den Sie natürlich auch mit Vertrieb füllen könnten statt mit Unternehmeraufgaben. Mit etwas Glück könnten Sie so sogar bis auf eine Größe von zwanzig oder fünfundzwanzig Mitarbeitern wachsen. Aber dann stünden Sie genau an demselben Punkt wie vorher auch. Nur auf höherem Niveau. Und mit einem größeren und damit schwerer navigierbaren Unternehmensdampfer. Also mit noch größeren Problemen als jetzt.

Mich würde interessieren, was genau der Anlass dafür war, dass Sie von Ihrem Plan abgewichen sind.«

Ich erinnerte mich: »Es war gleich am Dienstag nach unserem letzten Treffen. Einer unserer Kunden, für den wir gerade ein Projekt abgeschlossen hatten, war unzufrieden mit der Leistung. Und hielt seine Zahlung zurück. Allerdings wollte der Kunde auch wesentlich mehr, als vereinbart war.

Als ich daraufhin meine Liquiditätsvorschau neu berechnete, erkannte ich, dass mein Unternehmen bereits Mitte April am Ende gewesen wäre. Das versetzte mich in Panik und ich baute kurz entschlossen meine Planung komplett um.«

Herr Radies überlegte: »Haben Sie das Problem mit diesem Kunden gelöst?«

»Ja, zumindest zum Teil. Wir haben einen Kompromiss gefunden und vier Schritte vereinbart. Nach jedem Schritt wird unmittelbar die Zahlung eines Viertels des offenen Betrags fällig. Die Hälfte haben wir abgearbeitet und die Zahlungen dafür erhalten. Es ärgert mich nur, dass wir viel mehr leisten müssen als geplant.«

»Haben Sie denn vorher den Auftrag nicht genau definiert?«

Ärgerlich erwiderte ich: »Das können Sie bei den Software-Entwicklungsaufträgen im fünfstelligen Bereich gar nicht! Wenn Sie damit beginnen würden, ein exaktes Pflichtenheft zu machen, wie bei größeren Aufträgen, dann wäre bereits die Erstellung des Angebots teurer als das ganze Projekt!«

Herr Radies machte eine Notiz und hob den Kopf: »Das ist zwar verdammt unangenehm, in so einer Situation nachzugeben, aber es war Ihre einzige Möglichkeit. Gehört dieser Kunde zu Ihrer Zielgruppe?«

Ich schüttelte meinen Kopf.

»Gut, dann wird es der Erste sein, von dem Sie sich trennen.«

»Daran habe ich auch schon gedacht«, hellte sich meine Miene auf.

»Wir waren eben bei der Frage, wie es kam, dass Sie von Ihrem Plan abgewichen sind. Sie haben den Auslöser benannt. Und dann?«

»Was meinen Sie mit ›Und dann‹? Ich hatte eben Panik, dass ich Insolvenz anmelden müsste.«

Herr Radies kratzte sich am Kopf. »Nun, Sie haben derzeit einen Unternehmercoach engagiert. Und Felix Bertram, der Stellvertreter Ihres Nachfolgers, hat auch ein gewisses Interesse daran, dass Sie Erfolg haben. Haben Sie darüber nachgedacht, einen dieser beiden um Rat zu fragen?«

»Nein, auf die Idee bin ich gar nicht gekommen«, musste ich zugeben. »Es ging alles automatisch. Da war dieses große schwarze Loch vor mir. Und ich habe instinktiv gehandelt.«

»Halten Sie es für möglich, dass Ihnen zwei Personen mit zusammen knapp vierzig Jahren unternehmerischer Erfahrung Hinweise für einen effektiveren Umgang mit diesem Problem hätten geben können?«

»Ich wüsste zwar nicht, was ich hätte effektiver machen können, aber möglich wäre es.«

»Gut, dann habe ich jetzt einige Vorschläge, was wir heute machen. Sie werden nämlich, egal wie weit Sie kommen, immer wieder an einen Punkt stoßen, an dem Sie instinktiv falsch handeln. Wenn Sie das nicht rechtzeitig erkennen und gegensteuern, dann handeln Sie immer wieder falsch und gefährden alles, was Sie vorher aufgebaut haben.«

Ich schaute Herrn Radies an: »Aber Sie haben es doch auch geschafft!«

Er schüttelte den Kopf: »Nein. Ich habe nur andere Probleme und Engpässe. Es gibt keinen Endpunkt. Alles andere wäre Fiktion.« Nach einer kurzen Pause ergänzte er lächelnd: »Und alles andere wäre für Sie auch ziemlich frustrierend: Wenn Sie keine Grenzen hätten, wie wollten Sie denn dann Ihren wichtigsten Wert leben und Grenzen überwinden?«

Das stimmte natürlich. »Gut, was machen wir heute?«

»Zuerst betrachten wir noch die Ursachen für die falschen Aktivitäten. Dann vervollständigen wir das Unternehmersystem. Dazu besprechen wir Ihre persönliche Entwicklung für die nächsten sieben Jahre. Anschließend gehen wir auf Glaubenssätze, die zu Ihrem Ziel führen, ein. Zuletzt geht es um die Frage des Umgangs mit den eigenen Emotionen. Wie schaffen Sie es, in solchen Situationen, in denen Sie kopflos in die falsche Richtung rennen wollen, einzugreifen und zumindest Alternativen zu durchdenken?

Meinen Sie, das bringt Sie weiter?«

»Ja, vielleicht. Aber was soll ich denn jetzt konkret mit meiner Firma tun? Ich kann doch nicht einfach dem Untergang zusehen!«

»Herr Willmann, können Sie mir erklären, wodurch sich Ihre jetzige Situation von der Situation vor zwei Wochen unterscheidet?«

Ich überlegte einen Moment. Das Problem mit dem einen Kunden würden wir innerhalb einer Woche in den Griff bekommen. Meine Liquiditätspolster waren genauso groß oder klein wie vor zwei Wochen. Schließlich schüttelte ich meinen Kopf: »Durch nichts!«

»Was hält Sie dann davon ab, heute das zu tun, was Sie schon vor zwei Wochen tun wollten? Nämlich Ihre Strategie zu entwickeln?«

Ich antwortete nicht und Herr Radies beobachtete mich. Von außen drang leise das Rauschen der Autos ins Zimmer. Wir schwiegen beide noch immer.

»Meine Angst zu scheitern«, sagte ich schließlich nach einer langen Pause leise. »Die Angst vor dem großen schwarzen Loch.«

Herr Radies schwieg. Dann sah er mich an und sagte: »Ich bin mir nicht sicher, ob Sie das verstehen werden, was ich Ihnen jetzt sage. Schreiben Sie es sich am besten auf. Es ist von zentraler Bedeutung: Wenn Sie Ihre Angst vor diesem schwarzen Loch überwinden wollen, dann müssen Sie gedanklich und emotional durch das schwarze Loch hindurch.«

> **Wer seine Angst vor dem Scheitern, vor dem schwarzen Loch überwinden will, muss gedanklich und emotional durch das schwarze Loch hindurch.**

»Aber das mache ich doch dauernd! Die letzten beiden Wochen habe ich mich jede Nacht mit dem schwarzen Loch beschäftigt. Ich gehe da jede Nacht hindurch. Und glauben Sie mir: Das ist nicht lustig!«

»Nein«, schüttelte Herr Radies energisch seinen Kopf. »Sie gehen nicht jede Nacht durch das schwarze Loch hindurch. Sie starren es jede Nacht an wie das Karnickel die Schlange. Und *das* ist nicht lustig. Denken Sie immer daran: Sie sind die Schlange! Das ist etwas völlig anderes!«

Ich spürte seinen Worten einige Sekunden nach. Ich fühlte, dass es wirklich etwas sehr Wichtiges war, was er mir sagen wollte. Einen Moment lang blitzte mein Erlebnis am Berg, als ich mich selbst dabei beobachtete, wie ich am Boden zerschellte, vor meinem inneren Auge auf. Aber ich konnte es für mich nicht fassen. Und dann war es wieder weg.

Herr Radies sah mich an: »Tut mir leid, dass ich es Ihnen jetzt nicht genauer sagen kann. Aber ich bin mir sicher, Sie werden etwas damit anzufangen wissen, wenn es so weit ist.

Solange Sie das nicht im Griff haben, werden Sie immer wieder Opfer Ihrer planlosen Aktionen. Das werden wir heute freilich nicht lösen.«

Ich hatte das Gefühl, dass ich in den letzten zwei Wochen kolossal gescheitert war.

Herr Radies fuhr fort: »Wechseln wir erst einmal die Perspektive. Sie haben sich in den letzten zwei Wochen doch nicht zwölf Stunden pro Tag mit Vertrieb beschäftigt, oder?«

Ich schüttelte den Kopf.

»Was haben Sie sonst noch gemacht? Welche der geplanten Aufgaben haben Sie umgesetzt?«

Nun holte ich mein Unternehmersystem heraus und zählte auf: »Die Übergaben an Sabine, Maria, Paul und Norbert habe ich fortgeführt. Allerdings habe ich es nur jeden zweiten Tag geschafft. Maria und Paul haben sich auch gleich beschwert. Zu allem Überfluss kam vorgestern auch noch Ann und fragte, wie ernst ich es mit den Änderungen eigentlich meinen würde. Manchmal nervt sie wirklich.

Dann habe ich weiter mit meinem Unternehmersystem gearbeitet. Und die Pausen habe ich zum Teil eingehalten.«

»Die Pausen«, fragte Herr Radies verwundert. »Das ist normalerweise immer das Erste, was solchen Aktionen zum Opfer fällt. Wie kommt es, dass es bei Ihnen nicht so ist?«

»Ja, am Dienstag vorletzter Woche hatte ich die Pausen tatsächlich weggelassen. Und am Abend merkte ich, wie mir jede Energie fehlte. Ich bin gesundheitlich wohl doch noch nicht wieder so hergestellt, wie ich dachte.« Und dann ergänzte ich: »Und Maria hat das auch gemerkt und stand dann jeden Tag pünktlich zu Beginn meiner Pausenzeiten in der Tür. Meist hat sie sich durchgesetzt.

Ihr Konzept, dass man das Wichtige dringend machen muss und dass alles Dringende zwei Beine hat und zur Tür hereinkommt, hat in diesem Fall ziemlich gut funktioniert.«

»Gut, das ist doch schon was. Haben Sie sonst noch etwas von den geplanten Aktivitäten erledigt?«

»Wenn man das dazuzählen kann: Ich war am letzten Wochenende wieder klettern. Arnold, also Herr Oberleitner, fand meine Fragen interessant, hatte aber am Wochenende überhaupt keine Zeit dafür. Wir wollen uns Ende der nächsten Woche abends zum Bier treffen.«

»Sonst noch etwas, was Sie gemacht haben?«, erkundigte sich Herr Radies.

»Sonst nur noch Vertrieb.«

Herr Radies wiegte den Kopf hin und her. »Das entspricht zwar nicht den Planungen, aber es ist auch nicht gar nichts. Haben Sie Herrn Bertram von diesen Aktivitäten erzählt?«

»Nein, wir haben uns nur über den Vertrieb und die fehlende Strategieentwicklung gestritten. Meinen Sie, Sie könnten da etwas machen?«

»Ich nicht«, lehnte Wolfgang Radies dieses Ansinnen ab. »Ich habe keine Vereinbarung mit ihm. Aber Sie könnten ihm nochmals Ihre anderen Aktivitäten schildern. Ich könnte mir gut vorstellen, dass er ihren variablen Gehaltsbestandteil etwas erhöht.

Doch der entscheidende Punkt ist: Einige Dinge haben trotz Ihrer Abweichungen funktioniert. Sie kennen mein Grundprinzip: Richten Sie Ihre Aufmerksamkeit auf das, was Sie erreichen möchten. Stärken Sie das, was funktioniert, und nutzen Sie die vorhandene Energie. Wenn Sie jetzt die Aufgaben betrachten, die Sie erfüllt haben, was davon können Sie nutzen, um auch die anderen Aktivitäten auszuführen? Wie können Sie die vorhandene Energie nutzen, um Ende April sogar einen Bonus ausbezahlt zu bekommen?«

Diese Betrachtungsweise verwunderte mich immer wieder. Die meisten Menschen blicken zuerst auf das, was nicht funktioniert hat. Und Herr Radies begann am anderen Ende. Ich dachte nach: »Das mit den Pausen hat vor allem wegen Maria funktioniert. Vielleicht könnte sie noch wegen anderer Dinge zu mir kommen? Und Sabine, Paul und Norbert könnte ich darauf hinweisen, dass sie die Übergabetermine stärker einfordern sollten. Mehr fällt mir jetzt erst mal nicht ein.«

»Gut, allein damit wäre Ihre nächste Woche schon stärker an Ihrem Plan ausgerichtet. Aber die wichtigste Energie scheinen Sie vergessen zu haben.«

Ich schaute Herrn Radies fragend an.

»Ann«, erwiderte er. »Ganz offensichtlich teilt sie doch einen zentralen Wert mit Ihnen, nämlich das Überwinden von Grenzen. Warum sonst sollte sie eine solch wahnwitzige Fahrradtour in achtzig Tagen von Berlin nach Peking unternehmen? Außerdem scheint sie an Ihrer Firma ein Interesse zu haben. Sonst wäre sie kürzlich nicht dageblieben und auch jetzt nicht sofort zu Ihnen gekommen, als sie merkte, dass Sie von Ihrem Plan abgewichen waren. Und darüber hinaus kann man davon ausgehen, dass sie, wenn sie eine solche Tour plant, einen ziemlich starken Willen haben dürfte. Sonst würde sie ja schon an der polnischen Grenze wie jeder andere Mensch auch ihr Fahrrad in die Oder werfen.«

»Oh ja, einen starken Willen hat sie«, bestätigte ich. »Aber sie geht mir offen gestanden ziemlich auf den Wecker!«

»Weil sie Ihnen ihre Meinung sagt?«

Im ersten Moment wollte ich verneinen. Aber dann nickte ich doch.

»Dann spannen Sie Ann ein! Haben Sie mit ihr schon über Ihren zentralen Unternehmenswert gesprochen?«

Ich schüttelte den Kopf.

»Wenn Sie das täten, dann hätten Sie vielleicht eine Verbündete, die nicht lockerließe, bis Ihr Unternehmen an diesem Wert ausgerichtet ist. Halten Sie das für möglich?«

»Ja, vermutlich wäre das möglich. Ich glaube sogar, sie würde sich vor den Karren spannen und mich überrollen.«

»Das klingt sehr gut«, freute sich Herr Radies. »Dann stehen permanent zwei Beine in Ihrer Tür. Und Sie müssten eben schneller in die richtige Richtung laufen!«

»Das halte ich nicht aus«, stöhnte ich, als ich mir das plastisch vorstellte.

»Kommen Sie, Herr Willmann, Ann arbeitet halbtags! Und verschwindet irgendwann für drei Monate auf große Tour.«

»Das ist erst Mitte Juni«, versuchte ich mich herauszureden. Nach einer Pause räumte ich schließlich ein: »Aber letztlich haben Sie recht! Ich werde versuchen, sie als Verbündete zu gewinnen.«

Und schon, fast hatte ich es geahnt, schob mir Herr Radies sein Handy hin: »Vielleicht gehen Sie heute zusammen Mittag essen?«

Ich seufzte: »Vielleicht …« Und wählte Anns Nummer.

Kurz darauf konnte ich Herrn Radies von der Verabredung berichten: »Ja, sie hat aber nur eine Stunde Zeit, da sie für ihre Tour trainieren will.«

»Gut, gut«, freute sich Herr Radies. »Jetzt haben wir das gestärkt, was funktioniert hat. Dann können wir erst mal eine kleine Pause machen. Einverstanden?«

Ich nickte und verließ den Raum. Herr Radies wollte in der Zwischenzeit einige Telefonate führen.

5.1 Persönliche Entwicklungsplanung

Nach der Pause begann Herr Radies: »Herr Willmann, wodurch kommt Ihrer Meinung nach unternehmerischer Erfolg zustande?«

Diese einfachen Fragen, auf die ich im ersten Moment keine Antwort wusste, verblüfften mich immer wieder. Ich dachte einen Moment nach und antwortete schließlich: »Das lässt sich so einfach nicht sagen. Auf Anhieb fallen mir eine ganze Menge Punkte ein: durch gute Kunden, eine gute Idee, genügend Kapital, eine vernünftige Strategie, gute Mitarbeiter, gute Umstände, glückliche Zufälle.«

»Stopp, stopp!«, unterbrach Herr Radies mich. »Ich muss mir das ja alles merken! Und Sie müssten sich als guter Unternehmer mit allem beschäftigen. Meinen Sie, dass es Erfolg versprechend ist, wenn Sie sich auf so viele Dinge zugleich konzentrieren?«

»Eigentlich nicht«, erwiderte ich. Aber mir war schlicht nicht klar, wie ich es sonst machen sollte, und so schaute ich Herrn Radies fragend an.

»Gut, gehen wir Ihre Punkte im Einzelnen durch. Gute Kunden. Wie kommen Sie zu guten Kunden?«

»Durch ein gutes Produkt? Eine tolle Idee? Einen aktiven Vertrieb? Eine gute Strategie?«

»Und wie kommen Sie zu einem guten Produkt, einer tollen Idee, einem aktiven Vertrieb und einer guten Strategie?«

»Ich weiß nicht genau, worauf Sie hinauswollen«, schüttelte ich den Kopf.

»Nun, ganz einfach. Eine tolle Idee entsteht im Kopf, entweder in Ihrem oder in einem anderen, aber Sie müssen zumindest allein erkennen, dass die Idee toll ist. Ein gutes Produkt entsteht in Ihrem Kopf. Sie benötigen eine klare Vorstellung von Ihrer Zielgruppe, ein Verständnis des wichtigsten Problems dieser Zielgruppe und eine Lösung dafür. Das müssen Sie nicht selbst ausarbeiten, aber wenn es vor Ihnen liegt, müssen Sie in der Lage sein, zu erkennen, ob das Produkt gut ist. Ihre guten Kunden entstehen auch im Kopf: Sie wählen eine Zielgruppe, die Sie als spannende Kundengruppe ansehen, und lösen für diese das wichtigste Problem. Wenn Sie dann noch genügend Ausdauer beweisen, haben Sie auch gute Kunden. Und die Strategie entsteht ebenfalls in Ihrem Kopf.

Auch alle anderen Punkte, die Sie genannt haben, entstehen zuerst in Ihrem Kopf. Genügend Kapital. Sie benötigen Kapitalgeber – die gibt es wie Sand am Meer. Dann brauchen Sie eine gute Idee und eine Vorstellung davon, wer der richtige Kapitalgeber für diese Idee sein könnte, eine Strategie, wie Sie diesen Kapitalgeber gewinnen, und genügend Ausdauer. Auch Kapital entsteht also in Ihrem Kopf.

Gute Mitarbeiter. Zunächst müssen Sie sich klarmachen, was Sie überhaupt unter guten Mitarbeitern verstehen, und dann müssen Sie herausfinden, was diese Mitarbeiter anzieht, und Sie müssen überzeugend darstellen können, dass Sie dies bieten. Und wo entsteht das alles? In Ihrem Kopf!«

»Das mag ja sein, aber äußere Umstände und glückliche Zufälle entstehen nicht in meinem Kopf.«

»Das nicht, aber die Vorstellung davon, welche Umstände gut sind, entsteht in Ihrem Kopf. Ebenso wie Ihre Vorstellung davon, ob und wie Sie die äußeren Umstände für sich nutzen können. Die Umstände sind letztlich völlig gleichgültig. George Bernhard Shaw sagte einmal: ›Man gibt immer den Verhältnissen die Schuld für das, was man hat. Ich glaube nicht an Verhältnisse. Diejenigen, die in der Welt vorankommen, gehen hin und suchen sich die Verhältnisse, die sie wollen. Und wenn sie sie nicht finden können, schaffen sie sie selbst.‹

Einzig relevant ist, was Sie aus den Umständen oder Verhältnissen machen, und das entsteht ebenfalls in Ihrem Kopf. Glückliche Zufälle gibt es sicher viele. Jeden Tag einige kleine, alle paar Jahre einige große Zufälle. Das Interessante sind nun nicht die Zufälle, sondern Ihre Fähigkeit, diese Zufälle zu erkennen und schnell zu reagieren. Zufälle warten nicht. Und auch dies entsteht in Ihrem Kopf.

Also nochmals die Frage: Wo entsteht unternehmerischer Erfolg?«

»Wenn Sie mich so fragen, würde ich sagen: Im Kopf!«, grinste ich.

»Sehr gut!«, lächelte Herr Radies. »Nächste Frage: Wodurch entsteht der Erfolg eines Marathonläufers?«

Etwas verwirrt antwortete ich: »Durch seine Ausdauer und seinen Willen.«

»Genau! Also wird es die Hauptaufgabe des Marathonläufers sein, seine Ausdauer und seinen Willen zu trainieren. Und nun die Kernfrage: Was wird ein guter Unternehmer dann wohl hauptsächlich trainieren?«

»Also wenn Sie mich so fragen, würde ich antworten: Seinen Kopf!«, lachte ich.

»Exakt! Und damit sind wir bei der wichtigsten Aufgabe des Unternehmers. Er muss seinen Kopf trainieren oder anders ausgedrückt, seine Persönlichkeit entwickeln. Das meiden die meisten wie der Teufel das Weihwasser – heißt es doch, sich immer wieder einzugestehen, dass man erstens nicht perfekt ist und zweitens selbst den Engpass auf seinem Weg zu weiterem Erfolg bildet. Deshalb ist es bei vielen Unternehmern eher Zufall, ob sich ihre Persönlichkeit entwickelt. Dementsprechend ist auch der Erfolg der meisten Unternehmer letztlich zufällig. Das soll bei Ihnen doch anders sein, oder?«

»Ja, aber ich muss doch jetzt nicht jeden Tag meditieren, Mantras beten oder Therapiesitzungen besuchen, um meine Persönlichkeit zu entwickeln. Oder?«, wandte ich skeptisch ein.

»Ach, ein bisschen meditieren schadet nicht«, lachte Herr Radies. »Sie lernen nirgends besser, sich zu fokussieren und zur Ruhe zu kommen, als beim Meditieren. Aber im Ernst: Die Entwicklung der Persönlichkeit hat nur sehr wenig mit Religion, Esoterik oder Therapie zu tun. Auch wenn Ihnen die Anhänger dieser Richtungen sicher etwas anderes erzählen werden. Ich glaube aber nicht, dass sie damit bei Ihnen sehr weit kämen.«

»Das glaube ich auch nicht!«, seufzte ich erleichtert auf. »Einen Moment hatte ich schon befürchtet, Sie wollten mir genau das nahelegen!«

Herr Radies schüttelte den Kopf: »Die Entwicklung der Persönlichkeit hat eher mit der gezielten Herausbildung eigener Überzeugungen und Glaubenssätze zu tun, mit dem Trainieren förderlicher Gewohnheiten, mit der Aneignung des richtigen, praxisrelevanten Wissens und der Nutzung dieses Wissens, mit der Art und Weise, seine eigenen Erfahrungen zu verarbeiten und zu strukturieren. Und auch mit dem Erlernen wichtiger Fähigkeiten.

Gleichzeitig, und das macht es so schwierig, müssen Sie immer bestehende Überzeugungen und Glaubenssätze, sogar Teile Ihrer Identität hinterfragen und über Bord werfen. Der österreichische Ökonom Joseph Schumpeter hat gesagt, dass der Unternehmer die wichtige

Aufgabe der kreativen Zerstörung hat. Auch diese beginnt im eigenen Kopf: mit der kreativen Zerstörung dessen, was man bislang als richtig angesehen hat. Das ist im ersten Moment selten angenehm. Und in der Tat ist, wie der exzellente Unternehmertumsforscher Jochen Röpke schreibt, das eigene Beharrungsvermögen das größte Hindernis. Er sagt: ›Ein statisches Ich ist das Haupthindernis bei der Verwirklichung unternehmerischen Potenzials.‹«

Ich unterbrach: »Ich habe eine Frage. Sie setzen lernen, den eigenen Kopf entwickeln und die eigene Persönlichkeit entwickeln gleich. Sind das nicht eigentlich unterschiedliche Dinge?«

»In unserem traditionellen Bildungssystem schon. Darum geht es aber nicht. Erinnern Sie sich noch an die Worte von Aldous Huxley: ›Das große Ziel der Bildung ist nicht Wissen, sondern Handeln‹? Wenn Sie durch Bildung – und das ist immer auch eigene Einsicht – anders handeln, dann haben Sie etwas gelernt und auch Ihr Kopf und Ihre Persönlichkeit haben sich entwickelt. Lernen und sich selbst entwickeln ist eine Einheit.

Ich möchte Ihnen ein Beispiel geben. Angenommen, Sie gehen mit Ihren Mitarbeitern äußerst autoritär um. Dann haben Sie bestimmte Handlungsabläufe, wie zum Beispiel erst zu schießen und dann zu fragen. Außerdem haben Sie bestimmte Glaubenssätze, beispielsweise ›Alle Mitarbeiter sind von Natur aus faul und funktionieren nur, wenn man sie ordentlich tritt‹. Schließlich haben Sie auch bestimmte Glaubenssätze über sich selbst, also eine bestimmte Identität, etwa ›Ich bin der, der weiß, wo es langgeht‹. Wenn Sie das nun ändern wollen und nur auf der Ebene der Handlungsabläufe ansetzen, kommen Sie nie zu einem geänderten Verhalten. Sie würden zwar eine Zeit lang versuchen, zuerst zu fragen und dann vielleicht zu schießen, aber Sie sabotieren sich dabei selbst: Sie glauben ja weiterhin, dass Sie besser wüssten, wo es langgeht, und dass die Mitarbeiter von Natur aus faul sind. Um zu anderen Handlungen zu kommen, müssen Sie andere Handlungsoptionen kennenlernen, aber Sie müssen auch Ihre Glaubenssätze und Ihre Identität verändern.«

»Geht das denn, die eigene Identität zu verändern? Verbiegt man sich da nicht?«

Herr Radies schüttelte den Kopf. »Erinnern Sie sich an die Landkartenthematik an unserem ersten Tag?«

Ich nickte.

»Der entscheidende Punkt ist, dass Sie *nicht* Ihre Identität *sind*. Das, was Sie für Ihre Identität halten, ist Ihre Landkarte von sich selbst. Es gibt beliebig viele Landkarten von Ihnen, die immer andere Aspekte beschreiben. Sie selbst haben mehrere Landkarten von sich. Ich habe eine Landkarte von Ihnen und jeder Ihrer Mitarbeiter hat auch eine. Alle beschreiben bestimmte Aspekte von Ihnen mehr oder weniger adäquat mit dem Zweck, sich orientieren und dann navigieren zu können.

Das ist vielleicht schwer nachzuvollziehen, aber wenn Sie Ihre Identität ändern, dann ändern Sie nicht unmittelbar Ihr Selbst, sondern Ihre Vorstellung von Ihrem Selbst. Und das geschieht sowieso dauernd. Ich nehme mal an, Sie sehen sich zurzeit als Unternehmer mit fünfzehn Mitarbeitern, und das fühlt sich einigermaßen stimmig an, richtig?«

»Wie sollte ich mich sonst fühlen? Ich bin Unternehmer mit fünfzehn Mitarbeitern.«

»Hätten Sie sich das vorstellen können, als Sie noch studiert haben? Wie hätte sich das für Sie angefühlt, wenn Ihnen jemand gesagt hätte, Sie würden einmal ein Unternehmen mit fünfzehn Mitarbeitern haben?«

»Unglaubwürdig. Das hätte ich mir gar nicht vorstellen können.«

»Also hat sich offensichtlich das, was Sie von sich selbst glauben, in den letzten paar Jahren gewandelt. In Wahrheit ist es mit dem Selbst wie mit dem Fluss des griechischen Philosophen Heraklit: ›Man kann nicht zweimal in denselben Fluss steigen.‹«

»Gut«, unterbrach ich. »Also ich verstehe, dass Lernen und die Entwicklung der Persönlichkeit manchmal zusammenhängen. Aber wenn ich zum Beispiel etwas Neues über physikalische Zusammenhänge lerne, dann ist das doch nicht der Fall. Da die Beschäftigung mit der eigenen Persönlichkeit oft anstrengend ist und nicht immer Spaß macht, kann ich mich doch auf den Teil des Lernens konzentrieren, der nichts mit der eigenen Persönlichkeit zu tun hat.«

»Stimmt, die eigene Entwicklung kostet Energie. Und Sie müssen sich die Frage stellen, warum Sie diese Energie aufbringen sollten. Wenn Ihr Umfeld konstant bliebe, müssten Sie sich einmal optimal an die Umwelt anpassen. Aber sie verändert sich permanent und heute in einigen Bereichen wesentlich schneller als früher.

Da draußen gibt es viele Millionen Unternehmer. Ziemlich viele miserable, einige gute und sehr wenige exzellente Unternehmer. Wenn einer der exzellenten Unternehmer in Ihren Markt eindringt und dort schneller reagiert als Sie, sind Sie draußen. Das ist wie im Spitzensport. Läuft einer schneller als Sie, sind Sie Zweiter. Wenn Ihr anvisierter Kunde Ihnen mitteilt, dass Sie bei seiner Entscheidung Zweiter wurden, ist Ihr Umsatz null. Zweiter sein ist gar nichts. In der Werbung eines Sportartikelherstellers hieß es einmal: ›You don't win silver. You lose gold.‹«

Jetzt verstand ich. Herr Radies hatte genau mein Empfinden getroffen. Zweiter sein ist gar nichts. »Deshalb haben Sie bereits beim Unternehmersystem so stark die eigene Weiterentwicklung betont.«

Herr Radies nickte. »Ja, und genau hier machen wir jetzt weiter. Es fehlen nämlich noch ein paar Komponenten. Typischerweise läuft die eigene Entwicklung nach zwei möglichen Mustern ab.

Beim **ersten Muster** ist die eigene Entwicklung weitestgehend vorgegeben und fremdbestimmt. Das ist das, was in den meisten Fällen in unseren Bildungseinrichtungen geschieht. Irgendein Beamter hat in irgendeinem Büro entschieden, was Sie lernen sollen, und entsprechend die Lehrpläne gestaltet. Leider hat dieser Beamte nicht die geringste Ahnung davon, was Sie können, was Sie irgendwann mal wollen und was Sie irgendwann brauchen werden. Da die meisten Schüler instinktiv spüren, dass die Inhalte, die sie lernen, nichts mit ihnen und ihrem Leben zu tun haben, lernen sie nicht. Außer sie haben das Glück, an einen der seltenen Lehrer zu geraten, die den Spagat zwischen Plänen und realen Entwicklungsbedürfnissen schaffen.

Das können Sie für Unternehmer völlig vergessen. Zwar gibt es mittlerweile Unternehmerhochschulen und -akademien, aber mit fest definierten Lehrplänen werden sie scheitern. Betrachtet man zudem noch die dortigen Lehrpläne, dann stellt man, soweit ich das überblicken kann, fest, dass es sich doch wieder nur um eine weitere Managementausbildung handelt. Die Ausbildung von Unternehmern besteht nicht aus Wissensvermittlung. Und auch nicht aus der Vermittlung von Managementkompetenzen. Sie zielt vielmehr auf die Entwicklung Ihrer Persönlichkeit und will Sie darin unterstützen. Das Ziel ist es, Sie an einen Punkt zu bringen, von dem aus Sie sich selbst gemäß Ihrer Vision und umweltadäquat weiterentwickeln können. Vorgegebene und von außen geplante Entwicklung können Sie also vergessen.

Das **zweite mögliche Muster** ist ein Ad-hoc-Lernen. Ein Problem taucht auf – und Sie besorgen sich das Wissen und erwerben die Fähigkeiten, um es zu lösen. Dabei entwickeln Sie sich weiter. Das hat immerhin den Vorteil, dass Sie dort lernen, wo der gespürte Bedarf am höchsten ist. Damit ist auch Ihre Energie und Lernbereitschaft am höchsten. Das ist bei den guten Unternehmern der Normalfall. Die schlechten beharren darauf, dass es am besten ist, stehen zu bleiben. Der Nachteil beim Ad-hoc-Lernen: Sie haben einerseits langfristige Pläne und Ziele. Andererseits funktionieren Ihre Lernstrategie und Ihre Weiterentwicklung wieder nur nach dem Muster ›Stubenfliege an der Scheibe‹. So werden Sie Ihre Ziele nicht erreichen.«

»Das klingt jetzt so, als ob Sie die Persönlichkeitsentwicklung planen wollten.«

»So ist es«, bestätigte Wolfgang Radies. »Als Unternehmer sind Sie zunehmend in der Pflicht, sich selbst zu verändern, wenn Sie Ihr Unternehmen verändern wollen. Je gezielter dies geschieht, desto effektiver werden Sie sein. Diese Selbstveränderung müssen Sie also organisieren. Und das ist der eigentliche Kern des Unternehmersystems. Der Fokus dieses Systems ist zwar auch auf Ergebnisse, aber vor allem auf Ihre persönliche Entwicklung gerichtet. Das Unternehmersystem ist vor allem ein Trainingssystem!«

»Gut, in Ordnung. Und was bedeutet das jetzt praktisch?«, erkundigte ich mich.

»Sie haben immer konkrete Aufgaben und konkrete Herausforderungen für die Entwicklung Ihrer Persönlichkeit. Die erste Aufgabe, wenn Sie Ihre Persönlichkeit entwickeln wollen, besteht darin, herauszufinden, wo diese Herausforderungen jetzt in diesem Moment für Sie liegen und worin die Herausforderungen in den nächsten Jahren liegen werden.

Ihre Stärken, mit denen wir uns am ersten Tag beschäftigt haben, sind die Ausgangsbasis, mehr nicht. Dennis Waitley, ein international anerkannter Sportpsychologe, sagt: ›Zehn Prozent ist Begabung und neunzig Prozent Mut und Entschlossenheit.‹ Thomas Alva Edison drückte es noch drastischer aus: ›Zwei Prozent ist Inspiration und achtundneunzig Prozent ist Transpiration.‹

Ihre Stärken sind also nicht mehr als eine Ausgangsbasis. Aus Motivationsgründen – da die Arbeit mit und an den eigenen Stärken mehr Spaß macht – auch eine wichtige Ausgangsbasis. Aber der Hauptteil ist harte Arbeit, um sich selbst zu entwickeln. Als Spitzensportler müssen Sie locker 10 000 Stunden trainieren, um dann überhaupt zur Olympiade zugelassen zu werden. Bei Scans ihrer Gehirntätigkeit wurde festgestellt, dass tibetische Mönche glücklicher und ausgeglichener sind als andere Menschen. Aber eben auch erst, nachdem sie 10 000 bis 50 000 Stunden meditiert hatten. Als Unternehmer werden Sie auch 10 000 Stunden trainieren müssen. Und Sie erinnern sich: Training ist nicht Wettkampf!

Als Spitzensportler oder als Mönch haben Sie es einfach: Ihre Disziplin ist der Hundert-Meter-Lauf oder die Meditation. Sie können sich ausschließlich damit beschäftigen. Obwohl sich diese Fokussierung natürlich, wenn Sie es richtig machen, auf alle anderen Lebensbereiche wie Ernährung oder den Umgang mit anderen Menschen ebenfalls auswirkt.

Die Preisfrage für Unternehmer ist nun: Was soll ein Unternehmer eigentlich entwickeln? Die Liste der gewünschten Fähigkeiten ist endlos. Und wenn Sie diese alle erwerben wollen, dann werden Sie am Ende nichts richtig können. Und zudem verwirrt sein. Und das ist das, was ein Unternehmer am wenigsten gebrauchen kann.

Immerhin gibt es für Unternehmer einige zentrale Basisfertigkeiten. Ohne diese kommen Sie vielleicht vorwärts, aber lange nicht so schnell, wie Sie könnten.« Herr Radies schrieb ans Flipchart:

- **Permanente Selbsterkenntnis**
- **Gehirnschulung**
- **Disziplin**
- **Mentaltraining**
- **Kommunikationstraining**
- **Schauspielerische Fertigkeiten**
- **Energiemanagement**

Einige Punkte verstand ich nicht, insbesondere die Bereiche Gehirnschulung, schauspielerische Fertigkeiten und Energiemanagement. Und Disziplin hielt ich eher für eine Charaktereigenschaft und nicht für eine Fertigkeit. Ich machte Herrn Radies darauf aufmerksam.

»Die Gehirnschulung richtet sich darauf, Ihr Gehirn effektiver zu nutzen. Das können Sie mit Mindmapping, Speed-Reading oder Gedächtnistraining lernen. Damit sind Sie in der Lage, Dinge schneller zu erfassen und Zusammenhänge herzustellen. Gedächtnistraining ist nicht nur nützlich, wenn Sie beispielsweise freie Reden halten sollen, sondern es fördert auch Ihr bildhaftes Denken, das Sie beim Mentaltraining brauchen.

Disziplin ist eine Fähigkeit oder genauer eine Kunst. Einerseits ist sie eine Frage des eisernen Willens. Diesen können Sie trainieren – am allerbesten durch Ausdauersportarten oder Sportarten, bei denen Sie sehr häufig an Ihre Leistungsgrenze kommen und sich mit Ihrem Willen über diese Grenze treiben müssen. Aber Disziplin ist andererseits auch die Kunst, in Aufgaben, die Sie als notwendig erkannt haben, Freude zu empfinden. Das hat sowohl mit Wiederholungen als auch mit Ihren Glaubenssätzen bezüglich dieser Tätigkeit zu tun.

Und schauspielerische Fertigkeiten gehören zu den wichtigsten und am meisten verkannten Basisfertigkeiten. Bereits vor knapp hundert Jahren hat man herausgefunden, dass man nicht nur bei Freude lächelt, sondern dass man, wenn man längere Zeit lächelt, umgekehrt auch beginnt, Freude zu empfinden. Aber es ist erst zwanzig Jahre her, dass man entdeckt hat, dass die besten Sportler auch die besten Schauspieler waren. Wenn man in der Lage ist, auch in scheinbar aussichtslosen Situationen noch die letzten Energien zu mobilisieren, hat man einfach bessere Karten. Und diese Energien können Sie in guter Stimmung besser mobilisieren, als wenn Sie Frust schieben. Einzelne Spitzensportler, wie zum Beispiel Lance Armstrong, haben sogar genau deshalb – und um die Konkurrenz zu demoralisieren – Schauspielunterricht genommen.«

Ich erinnere mich gut, wie Lance Armstrong immer locker die Berge hochzufliegen schien, während seinem sichtbar leidenden Konkurrenten Jan Ullrich die Zunge aus dem Hals hing. Vielleicht waren sie beide gedopt und hatten insofern dieselben Voraussetzungen. Aber darauf, dass Schauspielunterricht eine der entscheidenden Erfolgsvoraussetzungen war, wäre ich nie gekommen.

»Daneben werden über neunzig Prozent der menschlichen Kommunikation durch Körpersprache und Stimme übertragen. Wenn Sie besser kommunizieren wollen – und das müssen Sie als Unternehmer –, dann sollten Sie nicht den üblichen Fehler begehen und sich nur auf die verbleibenden paar Prozent der Inhalte konzentrieren. Mit schauspielerischen Fertigkeiten werden Sie sehr viel stärker auch die anderen neunzig Prozent berücksichtigen.

Das Energiemanagement haben wir eigentlich schon zum Teil besprochen. Es handelt sich um die Kombination aus guter Ernährung,

Fitness und der fortwährenden Abwechslung von Stress und Entspannung.

Diese Basisfertigkeiten sollten Sie in jedem Fall trainieren. Davon können Sie nie genug bekommen. Am besten wie immer mit einem guten Trainer.

Darüber hinaus gibt es weiter gehende spezifische Fertigkeiten, die für Ihre konkrete Situation relevant sind. Diese ergeben sich aus vier Elementen: erstens aus Ihren jetzigen Stärken, zweitens aus Ihren Werten, drittens aus Ihrer Zielstellung und Strategie und viertens aus den Anforderungen, die mit den Aufgaben des Unternehmers verbunden sind. Um herauszufinden, was das für Sie konkret bedeutet, gibt es ein Instrument, das Sie jetzt anwenden.

Dieses Instrument bietet Ihnen die Möglichkeit, all die unterschiedlichen Elemente zusammenzuführen und zugleich zu überprüfen, ob es denn wirklich das ist, was Sie möchten. Dieses Instrument ist zudem eines der machtvollsten Visualisierungsmittel für Unternehmer. Es funktioniert jedoch nur, wenn Sie diese vier Elemente bereits ermittelt haben. Deswegen mache ich Sie auch erst jetzt mit diesem Konzept bekannt.«

»Schießen Sie los!«, bat ich gespannt.

»Das Instrument ist einfach: Nehmen Sie sich zwei große Blätter und beschreiben Sie, was Sie in sieben Jahren *tun*. Gehen Sie dabei ins Detail und machen Sie zwei Pläne. Einen Jahresplan und einen Wochenplan. Schreiben Sie im Jahresplan auf, wie viele Seminare Sie besuchen, wie viele Bücher Sie lesen, wie viele Einstellungsgespräche Sie führen werden usw.

Und dann halten Sie in Ihrem Wochenplan detailliert fest, was Sie an jedem einzelnen Tag in der Woche tun möchten. Berücksichtigen Sie dabei alle vier Elemente: Ihre Stärken, Ihre Werte, Ihre Ziele und die Aufgaben des Unternehmers. Stellen Sie sich diese Tätigkeiten bildlich und so genau wie möglich vor. Und beachten Sie dabei auch alle sieben Lebensbereiche.

Sie kommen klar?«

Ich nickte und begann zu arbeiten. Nach einer knappen Stunde hatte ich mehrere Blätter beschrieben. Doch obwohl ich inhaltlich voll hinter den Tätigkeiten, die ich aufgeschrieben hatte, stand, wirkten sie beliebig und unkonkret. Ich zeigte sie Herrn Radies.

Er überflog die beiden Blätter und bemerkte: »Das schaffen Sie nicht mal, wenn der Tag achtundvierzig Stunden hätte. Streichen Sie jetzt alle Tätigkeiten, die nicht zwingend nötig sind oder die Sie nicht in jedem Fall tun wollen, heraus!«

Wenige Minuten später schob ich Herrn Radies wieder die beiden Blätter hin.

Tätigkeiten im Jahr 2013

- 6 Wochen Urlaub / Jahr
- 20 Wochenenden klettern (7. / 8. Grad)
- 5 Seminare / Jahr besuchen
- Täglich 15 Min. meditieren
- Erfüllte Partnerschaft führen
- Neben Klettern 10 gemeinsame Wochenenden mit Partnerin verbringen
- Unternehmernetzwerk pflegen
- Netzwerk von Kletterfreunden pflegen
- 250 000 EUR / Jahr spenden für Behindertensport
- 1 Mio. EUR netto Jahresgehalt verdienen
- In andere Unternehmen investieren
- Gesund essen
- Einmal pro Jahr ein neues Unternehmen anschieben

> **Tätigkeiten während einer Woche im Jahr 2013**
> - 2 Bücher / Woche lesen
> - 1 Stunde Coaching / Woche
> - 2 gemeinsame Abende pro Woche mit Partnerin verbringen
> - 2 Tage pro Woche in meinen Unternehmen anschieben, koordinieren, kontrollieren
> - 2 Tage pro Woche Arbeit an Vision, Werten, Strategien
> - 1 Tag pro Woche flexibel: frei, Vorträge, Kongresse o. Ä.
> - 2 mal wöchentlich trainieren (Fitness, Indoor-Klettern)
> - 1 Abend pro Woche Treffen mit Unternehmerfreunden

Herr Radies betrachtete die verbleibenden Punkte aufmerksam. »Hervorragend, Herr Willmann. Ich sehe, dass Sie in den letzten Wochen bereits viel gelernt haben. Vor allem bewegen sich manche Ihrer Ziele, wie zum Beispiel Ihr Jahresgehalt und die Spenden für den Behindertensport, langsam in angemessene Regionen.

Und ab jetzt beginnen Sie, Ihr Leben selbst zu bestimmen. Sie sind der Designer Ihres Lebens! Das geht so: Sie wissen, was Sie können. Und Sie wissen, was Sie in sieben Jahren tun möchten. Dabei gibt es an einigen Stellen eine Diskrepanz: Sie können das, was Sie in sieben Jahren tun möchten, noch gar nicht. So können Sie, nach dem, was Sie mir bisher erzählt haben, noch gar nicht im 8. Grad klettern. Oder Sie schreiben, dass Sie in Unternehmen investieren möchten. Dazu müssen Sie nicht nur die entsprechende Menge Kleingeld haben, sondern die Unternehmen und vor allem die Unternehmer, in die Sie investieren wollen, zuverlässig beurteilen können. Das können Sie auch noch nicht. Schreiben Sie nun all die Punkte auf, an denen Sie noch arbeiten müssen, um in sieben Jahren die gewünschten Tätigkeiten auszuführen.

Dann nehmen Sie noch mal die Beschreibung von unserem ersten gemeinsamen Tag, als Sie Ihre Ziele festgelegt haben. Richten Sie Ihr Augenmerk dabei vor allem darauf, wie Sie in sieben Jahren *sein* möchten, und achten Sie auf die Diskrepanz zum heutigen Zustand. Ergänzen Sie Ihre Liste mit dem, was Sie tun müssten, um so zu werden, wie Sie sein möchten.«

Ich begann wieder zu arbeiten und erstellte folgende Übersicht:

Lernen	Anvisierte Tätigkeiten
Bessere Klettertechnik	• Klettern im 7. und 8. Grad
Panik überwinden	• Unternehmen führen • Klettern im 7. und 8. Grad
Meditieren	• Zur Ruhe kommen und abschalten
Unternehmen und Unternehmer beurteilen lernen	• In Unternehmen investieren
Bessere Ernährungsdisziplin lernen	• Gesund essen (mehr Fitness und Leistungsfähigkeit)
Aufgaben des Unternehmers im Schlaf ausführen können	• Neue Unternehmen anschieben • Genügend Freiraum
Menschen begeistern können	• Neue Unternehmen anschieben
Liebevollerer Umgang mit Partnerin	• Erfüllte Beziehung führen

»Sie haben jetzt eine viel konkretere Vorstellung davon, was Sie in den nächsten sieben Jahren lernen müssen, um nach Ihrem eigenen Entwurf leben zu können«, lobte mich Wolfgang Radies.

»Ja, das zeigt mir auf jeden Fall einen Weg auf, um meine Ziele auch wirklich zu erreichen. Vor dem Hintergrund dieses Konzepts erscheint es wirklich hohl, wenn man nur die Ziele und meinetwegen noch ein paar praktische Schritte zur Erreichung dieser Ziele aufschreibt, dabei aber vergisst, dass man sich ja auch selbst verändern muss, um diese Ziele zu erreichen. Allerdings ist manches noch ein bisschen allgemein. Zum Beispiel weiß ich gar nicht, was ich lernen müsste, um Unternehmen und Unternehmer beurteilen zu können.«

Herr Radies nickte. »Stimmt, es fehlen noch zwei Schritte. Als Erstes teilen Sie deshalb das, was Sie überblicken können, nun auf die Jahrespläne der nächsten sieben Jahre auf.«

Ich machte mich an die Arbeit und bereits nach zehn Minuten wurde vieles konkreter. Mir wurde immer klarer, dass ich soeben einen Lern- und Entwicklungsplan ausgearbeitet hatte, der mich zu meinen Träumen führen würde. Und als ich fertig war, kam mir eine Idee: »Lassen Sie mich raten, was der zweite Schritt ist. Ich schreibe hinter jedes dieser Lernziele noch den Namen eines Experten, von dem ich das lernen kann. Zum Beispiel könnte ich von Herrn Oberleitner lernen, meine Panik zu überwinden. Oder von Ihnen, die Aufgaben des Unternehmers im Schlaf auszuführen.«

Herr Radies lächelte. »Gar keine schlechte Idee. Besser wäre es noch, wenn Sie zwei Namen hinter Ihre Lernziele schreiben. Zum einen, wie Sie schon sagten, den Namen eines Experten, also von jemandem, der Ihnen dies in kürzester Zeit beibringen kann. Und zusätzlich den Namen einer Person, die ein Interesse daran hat, dass Sie sich in diesem Punkt weiterentwickeln. Also den Namen der zwei Beine, die zu Ihrer Tür hereinkommen. Und diesen Personen sollten Sie die notwendige Macht geben.«

Mit einem etwas gezwungenen Grinsen entgegnete ich: »Das hätte ich mir eigentlich denken können!«

»Stimmt«, lachte Herr Radies. Dann fuhr er fort: »Ihre Liste mit den Lerninhalten ist jetzt eines Ihrer wichtigsten Planungs- und Kontrollinstrumente. Bedenken Sie in Zukunft auch bei allen Dingen, die Sie planen, ob die Tätigkeit dazu führt, dass Sie sich in den relevanten Punkten verbessern. Müssen Sie dies ehrlich mit Nein beantworten, dann schauen Sie, ob Sie die Tätigkeit nicht streichen oder delegieren können.

Das geht so weit, dass diese Liste in den allermeisten Fällen eine größere Bedeutung hat als das konkrete Ergebnis, das Sie mit einer Handlung erzielen. Angenommen, Sie wollen mit einem Vortrag Ihre Mitarbeiter begeistern und verpatzen dies auf ziemlich peinliche Art und Weise. Wenn Sie dabei aber lernen, was Sie besser machen könnten, dann ist das ein größerer Erfolg und führt Sie schneller zu Ihrem Ziel als ein Vortrag nach Schema F, an dessen Ende alle klatschen und Sie nichts gelernt haben.«

»Ja, ich habe natürlich auch schon gehört, dass Fehlermachen dazugehört. Aber das ist doch in diesem Fall dann fast schon masochistisch«, warf ich ein.

»Nein, es ist nicht so, dass Unternehmer masochistischer wären als andere Menschen und sie deshalb den Schmerz von Fehlern geradezu brauchen würden. Sondern es ist so, dass erst die Ausrichtung auf ein Ziel hin die eigene Perspektive so verändert, dass das Lernen im Vordergrund steht und der Schmerz damit kleiner und unbedeutender wird. Und leichter auszuhalten ist. Nur mit der Perspektive auf die eigene Entwicklung sind Sie permanent bereit und in der Lage, Fehler zu machen.«

»Das ist zwar faszinierend, aber ich muss doch auch irgendwie Ergebnisse schaffen und kann nicht von einem misslungenen Vortrag zum nächsten stolpern.«

»Es wird überall permanent betont, wie wichtig es sei, Ergebnisse zu produzieren. Dabei werden als Ergebnisse oftmals platt Umsatzergebnisse oder kurzfristige Zielerreichung definiert. Eigentlich handelt es sich bei Ergebnissen jedoch um etwas völlig anderes. Ein positives

Ergebnis ist es, wenn uns eine Aktion unserem langfristigen Ziel näher bringt. Ein negatives Ergebnis ist es, wenn es uns davon wegführt. Wenn wir einen Lernschritt machen, der es uns erlaubt, schneller zu unserem langfristigen Ziel zu kommen, dann *ist* dies ein Ergebnis. Und zwar oft ein wichtigeres Ergebnis als einige Tausend Euro Zusatzumsatz.

Aber mit diesen Fragestellungen bewegen wir uns schon auf das nächste Thema unseres heutigen Termins zu. Der Frage der Glaubenssätze. Haben Sie zu der Thematik der eigenen Entwicklungsplanung noch Fragen oder wollen wir vorher eine Pause machen?«

Ich entschied mich für die Pause.

5.2 Glaubenssätze

Nach der Pause begrüßte ich Herrn Radies mit den Worten: »Ich habe jetzt das Gefühl, als hätte ich etwas den Faden verloren. Mein ursprüngliches Problem war mein Problem mit Herrn Bertram.«

»Nicht ganz«, entgegnete Herr Radies. »Ihr ursprüngliches Problem war, dass Sie angesichts des Zahlungsproblems bei dem einen Kunden völlig instinktiv Ihren Plan über Bord geworfen haben und wieder ins alte Hamsterrad eingestiegen sind. Ihr ursprüngliches Problem war, dass Ihre Panik Sie übermannt hat. Ihr Problem mit Herrn Bertram war nur die Folge.

Und mit Blick auf Ihre Ziele war es eine positive Folge, über die Sie froh sein sollten. Herr Bertrams Intervention hat nämlich wie beabsichtigt zu einer Unterbrechung ihres Hamsterradverhaltens geführt, sodass Sie sich jetzt wieder der Strategie zuwenden können.

Dann haben wir uns Ihrer Entwicklung von einer längerfristigen Perspektive aus genähert. Sie fanden dabei heraus, dass es eines Ihrer Entwicklungsziele ist, Ihre Panik zu überwinden. Sie benannten als Experten, der Ihnen das beibringen könnte, Herrn Oberleitner.

Nun kommen wir zum nächsten Schritt, nämlich zu den Glaubenssätzen. Diese können es Ihnen einfacher machen, bestimmte Dinge zu erreichen, oder sie können es erschweren. Wenn Sie von Herrn Oberleitner lernen, dann versuchen Sie herauszufinden, welche Glaubenssätze er hat.«

»Okay«, nickte ich. »Jetzt habe ich den Faden wieder. Sie haben ja schon mehrfach von Glaubenssätzen gesprochen. Was ist das eigentlich genau?«

»Zuerst einmal ist das Konzept der Glaubenssätze auch nur eine Landkarte. Diese Landkarte reflektiert die Beobachtung, dass wir oft unbewiesene Annahmen über unsere Realität haben und dass diese Annahmen wie gedankliche Kristallisationskerne eine Vielzahl von ähnlichen Meinungen, Gedanken und Handlungen anziehen. Die Macht dieses Konzepts besteht nun in der Überlegung, dass man unbewiesene Annahmen durch andere Annahmen ersetzen kann und damit im Laufe der Zeit eine Kettenreaktion hin zu anderen Gedanken, Meinungen und Handlungen auslöst.«

»Können Sie ein Beispiel geben?«

»Ja, kann ich. Ein verbreiteter Glaubenssatz ist: ›Macht verdirbt den Charakter.‹ Das können Sie nicht beweisen oder widerlegen, da völlig unklar ist, um welche Art von Macht es geht. Es ist auch unklar, was mit ›verderben‹ gemeint ist. Und was genau unter ›Charakter‹ zu verstehen ist, ist ebenfalls unklar. Zuletzt können Sie nicht einmal nachweisen, ob das eine die Ursache des anderen war, wenn Sie einen mächtigen, verdorbenen Charakter vor sich haben.

Stellen Sie sich vor, ein Vorgesetzter schreit seinen Mitarbeiter an, was er nie gemacht hat, als er noch dessen Kollege war. Sie können nicht sagen, ob dieser Sachverhalt eine Bestätigung für den Glaubenssatz ist oder nicht. Vielleicht hat er damals schon innerlich geschrien, vielleicht gab es jetzt einen Grund, den es damals nie gab. Welche Beobachtung auch immer Sie machen, die Beobachtung kann diesen Satz nie widerlegen oder beweisen.

Dennoch hat er eine Bedeutung. Was Sie nämlich sagen können, ist, dass diese Beobachtung für den, der an diesen Satz glaubt, eine Bestätigung sein dürfte. Und was Sie ebenfalls sagen können, ist, dass dieser Jemand sehr wahrscheinlich keinerlei Macht hat. Wenn diese Person mächtiger würde, würde sie ja einen verdorbenen Charakter bekommen – und wer will das schon. Also wird diese Person mehr oder weniger unbewusst so handeln, dass sie machtlos bleibt.

Ein anderer Glaubenssatz wäre: ›Macht bringt den Charakter zum Vorschein.‹ Das können Sie genauso wenig beweisen wie den ersten Glaubenssatz. Sie können natürlich Bestätigungen finden, wie zum Beispiel die Tatsache, dass Nelson Mandela die Rassentrennung aufhob, als er die Macht hatte. Aber das würde auch nur jemand, der an den Satz glaubt, als Bestätigung gelten lassen.

Was Sie hingegen sagen können, ist, dass diese Person mächtiger sein dürfte als die mit dem ersten Glaubenssatz. Wenn diese Person nämlich von sich glaubt, einen guten Charakter zu haben, dann käme dieser gute Charakter mit mehr Macht noch stärker zum Tragen. Und das ist durchaus attraktiv.«

»Gut, kann ich nachvollziehen. Letztlich ist jeder dieser beiden Sätze selbst wieder eine Landkarte. Und beide Landkarten bringen einen zu einem anderen Ziel.«

»Ja, das ist gut beschrieben«, lobte Herr Radies. »Glaubenssätze gibt es zu den unterschiedlichen Bereichen Haben, Tun, Sein und Geben. Alle sind gleichermaßen wichtig. In der Praxis ist einer der zentralsten Bereiche das Tun. Oftmals scheitern Visionen an der Umsetzung. Das bedeutet, Sie haben ein Ziel, das Sie toll finden. Vielleicht haben Sie auch alle widerstreitenden Wünsche identifiziert und neutralisiert. Aber wenn Sie dann glauben, dass etwas, was Sie tun müssen, um das Ziel zu erreichen, keinen Spaß macht, anstrengend, albern oder sonst irgendwie negativ besetzt ist, dann werden Sie nicht handeln.«

»Das bedeutet, wenn ich nicht so handle, wie ich mir das vorgenommen habe, dann ist dafür ein Glaubenssatz verantwortlich?«

»Verantwortlich nicht unbedingt. Aber er ist beteiligt. Sie hatten Panik. Dann haben Sie die Arbeit einer Fachkraft gemacht. Ihre Panik ist eine Emotion, kein Glaubenssatz. Vielleicht ist ein Glaubenssatz an der Entstehung Ihrer Panik beteiligt. Das weiß ich nicht. Die Folge jedoch, dass Sie auf diese Panik mit Fachkraftarbeit antworten, hängt immer noch zusammen mit dem alten Glaubenssatzproblem vom Beginn unserer Arbeit. Nämlich Ihrer Vorstellung, dass Sie mit dem Einsatz Ihrer Arbeitskraft Ihre Probleme am besten lösen könnten.«

Lange dachte ich nach. »Um das zu ändern, wären dann zwei Schritte nötig. Zum einen den alten Glaubenssatz auflösen. Zum anderen einen neuen auswählen. Richtig?«

»Ja. Um die Auflösung würde ich mich jedoch nur bei einigen wenigen sehr hartnäckigen Glaubenssätzen kümmern. Das Entscheidende ist der Aufbau positiver, nützlicher Glaubenssätze. Wenn Sie daran konsequent arbeiten, dann werden diese Glaubenssätze die anderen irgendwann sowieso überstrahlen und von allein umdrehen. Sie wissen ja, Sie erhalten immer das, worauf Sie Ihre Aufmerksamkeit richten.«

»Einverstanden. Dann kümmern wir uns erst mal nur um die nützlichen Glaubenssätze. Wie gehe ich dabei vor?«

»Im Unternehmersystem ist eine Vielzahl von Glaubenssätzen von berühmten, erfolgreichen und innovativen Menschen gesammelt. Sie finden dort Sätze von Konfuzius und Seneca, von Andrew Carnegie und Matsushita, von Anthony Robbins und Michael Gerber, von Jesus und Gandhi, von Olympiasiegern, berühmten Künstlern, Wissenschaftlern und Staatsoberhäuptern. Manche dieser Glaubenssätze sind sowieso selbstverständlich für Sie, andere spielen zurzeit keine Rolle, und wieder andere lehnen Sie vielleicht vehement ab. Aber dann gibt es doch einige Glaubenssätze, die Ihnen eigentlich bedenkenswert erscheinen.

Nun müssen Sie sich darüber klar sein, dass all diese Leute irgendwann genauso waren wie Sie. Irgendwann war jeder von ihnen ein kleines Baby, das nicht laufen und nicht sprechen konnte. Und später hatten sie in ihrem jeweiligen Gebiet Erfolg, sogar großen Erfolg. Das legt nahe, dass zumindest eine große Anzahl ihrer Glaubenssätze ihrem Erfolg förderlich gewesen sein dürfte. Und das legt nahe, dass Sie gute Karten haben, hilfreiche Glaubenssätze zu übernehmen, wenn Sie sich an die Glaubenssätze dieser erfolgreichen Menschen halten.

Jedenfalls weit eher, als wenn Sie sich von Menschen, die ihr ganzes Leben ohne große Erfolge auf demselben Arbeitsplatz verbracht haben, oder gar von solchen, die vom Staat finanzierte Arbeitslosigkeit als bewusste Lebensform gewählt haben, beraten ließen.«

»Dass mir die Glaubenssätze der erfolgreichen Menschen weit eher helfen, sehe ich ein. Aber was wird bitte aus meiner Individualität, wenn ich einfach die Glaubenssätze anderer übernehme? Dann bin ich doch nur noch eine Kopie!«

»Sind Sie so oder so«, grinste Herr Radies. »Der größte Teil unseres Lernens ist Imitation, also kopieren. Dabei gibt es Kopierfehler. Das ist ein Teil Ihrer Individualität. Außerdem gibt es niemanden, der genau dieselben Menschen imitiert wie Sie. Das ist ein weiterer Teil Ihrer Individualität. Schließlich gibt es noch ein paar marginale genetische Unterschiede. Auch das macht Ihre Individualität aus.

Und wenn Sie so oder so in wesentlichen Bereichen eine Kopie sind, dann können Sie sich auch bewusst aussuchen, wen Sie kopieren.«

So ganz konnte ich mich mit dem Gedanken noch nicht anfreunden. Aber probieren wollte ich es trotzdem.

Herr Radies legte mir eine lange Liste* vor: »Wählen Sie sich daraus sieben Glaubenssätze aus, an die Sie eigentlich nicht glauben. Aber Sie sollten annehmen, dass diese Glaubenssätze sehr förderlich sein würden, wenn Sie daran glauben würden.«

Ich nahm mir Zeit und las die Liste aufmerksam durch. Am Schluss fand ich folgende sieben Glaubenssätze, die ich noch etwas zweifelhaft fand, von denen ich aber vermutete, dass sie mich weiterbringen würden:

---

* Die komplette Liste können Sie mit dem Unternehmersystem über http://www.unternehmercoach.com beziehen.

> - **Das Leben eines Menschen steht in direktem Verhältnis zu seiner Verpflichtung zu Spitzenleistung.**
> - **Je mehr man anderen hilft, desto größer ist der eigene Erfolg.**
> - **Das Geheimnis der Selbstdisziplin ist, zu lernen, sich bei den Tätigkeiten, die man durchführen will, glücklich zu fühlen.**
> - **Wenn du vor etwas Angst hast, dann tu es, bis die Angst weg ist.**
> - **Ein Misserfolg ist eine Markierung auf dem halben Weg zum Erfolg.**
> - **Je einfacher die Idee, desto größer das Geschäft.**
> - **Man benötigt genauso viel Energie, um groß zu denken. Also kann man auch gleich groß denken.**

»Gut, ich habe nun sieben Glaubenssätze oder, wie Sie vorhin auch sagten: gedankliche Kristallisationskerne. Und was mache ich jetzt damit?«

»Das«, Herr Radies lächelte geheimnisvoll, »ist der entscheidende Trick. Sie finden viele Hinweise in Erfolgsbüchern. Dort steht, dass Sie diese Sätze immer wieder lesen oder laut sprechen sollen. Wieder andere machen sogar Mantras daraus. Aber haben Sie schon mal versucht, tausend- oder gar zehntausendmal hintereinander ›Apfelkuchen‹ zu sagen?«

Ich schüttelte grinsend den Kopf: »Ganz so abgedreht bin ich nun auch wieder nicht.«

»Wäre aber spannend«, versicherte Herr Radies. »Je öfter Sie ›Apfelkuchen‹ sagen, desto mehr verliert das Wort nämlich seine Bedeutung. Zum Schluss ist es nur noch eine immergleiche Klangfolge mit leichten Variationen. Sie können dabei prima entspannen. Aber vom Apfelkuchen bekommen Sie nichts mehr mit. Zu deutsch: Die permanente Wiederholung dieser Sätze können Sie vergessen. Die Bedeutung wird zunichtegemacht.

Manche geben exaktere Anweisungen. Sie haben nämlich erkannt, dass die Emotion eine Rolle spielt, deshalb fordern sie auf: ›Stellen Sie sich gefühlvoll vor, dass …‹«

Etwas irritiert versuchte ich mir gefühlvoll vorzustellen, dass eine einfachere Idee ein größeres Geschäft ergeben würde. Und dann platzte ich heraus: »Das ist doch Schwachsinn. Wie bitte soll ich das denn genau tun? Ich kann doch zu einer abstrakten Vorstellung wie ›einfachere Idee‹ kein gefühlvolles Bild entwickeln.«

Herr Radies lachte laut auf: »Vielleicht hätte ich Sie vor einigen Jahren als Coach nehmen sollen. So schnell wie Ihnen jetzt wurde mir das Problem nicht klar. Nein, die Lösung ist ganz einfach. Sie möchten ja mit diesen Glaubenssätzen anders handeln. Darum müssen Sie diese Glaubenssätze in Handlungsform bringen. Und das sind Geschichten.«

»Natürlich«, rief ich, »Sie haben recht! Wenn man zu jedem dieser Glaubenssätze Geschichten erzählt, dann entwickelt man langsam ein Bild mit vielen Facetten. Und wie ich wirkungsvolle Geschichten erzählen kann, haben wir schon besprochen. Der Glaubenssatz wird durch die Geschichten wirklich zum Kristallisationskern.«

»Und er wird handlungswirksam«, ergänzte Herr Radies.

»Und mein Problem mit meiner Individualität verschwindet, weil ich andere Geschichten erzähle als andere!« Ich dachte nach: »Und wir haben sieben dieser Glaubenssätze ausgesucht, weil ich mir jeden Tag der Woche eine Geschichte vornehme.«

»Genau. Und das machen Sie mit jedem dieser Glaubenssätze vier Wochen lang. Dann haben Sie vier Geschichten, die jeden dieser Glaubenssätze stützen. Schreiben Sie diese Geschichten zumindest in Stichworten auf. Und danach kontrollieren Sie, wie sich Ihre Einstellung zum Glaubenssatz geändert hat. Wenn Sie dann völlig überzeugt sind, wählen Sie einen neuen Satz. Ansonsten verlängern Sie nochmals um vier Wochen.

Es gibt nur einen schnelleren Weg, um die Quintessenz aus dem Leben so vieler erfolgreicher Menschen schneller in Ihrem Leben wirksam werden zu lassen. Halten Sie sich in der Nähe dieser Menschen auf. Da das bei vielen dieser Menschen nicht mehr geht, nehmen Sie eben den zweitschnellsten Weg über die Glaubenssätze.«

»Dieser Mechanismus ist aber sehr allgemein. Wenn ich ein spezifisches Problem habe, was mache ich dann?«

»Suchen Sie den besten Experten, den Sie für diese Tätigkeiten finden können, und finden Sie heraus, wie diese Person über ihre Tätigkeit denkt. Was ihre wichtigsten Glaubenssätze sind und welche Geschichten diese Person über ihre Tätigkeit erzählt. Und dann übernehmen Sie diese Gedanken und schaffen sich damit eine neue Landkarte. In der Regel ist das der Weg mit dem Hubschrauber von der Gedächtniskirche zum Brandenburger Tor. Kriechen Sie nicht durch die Kanalisation! Wenn Sie es zum Beispiel schrecklich finden, Reden vor großem Publikum zu halten, dann suchen Sie sich einen großen Redner. Lesen Sie eine Biografie über ihn und finden Sie heraus, wie dieser Redner über sein Publikum, über die Vorbereitung, über das Reden selbst denkt. Und dann übernehmen Sie das!«

»Und wenn ich glaube, um im Beispiel zu bleiben, dass öffentliches Reden grässlich ist?«, wandte ich ein.

»Tun Sie vermutlich gar nicht! Sie haben eine Landkarte. Bislang waren Sie es gewohnt, durch die Kanalisation zu kriechen. Natürlich fanden Sie das grässlich! Denken Sie darüber genau nach: Sie fanden *nicht* die Tätigkeit grässlich, sondern die spezifische Art und Weise, wie Sie die Tätigkeit ausgeführt und darüber gedacht haben. Es ist nicht grässlich, von A nach B zu gelangen. Es ist nicht grässlich, öffentlich zu reden. Es ist aber grässlich, wenn Sie dabei durch die Kanalisation robben.

Wechseln Sie die Landkarte aus! Und falls dieser Glaube hartnäckig ist, dann haben Sie vier Geschichten, die diesen Glauben widerlegen.«

»In Ordnung, aber wenn ich einfach nur die Landkarten austausche, werde ich trotzdem niemals reden wie zum Beispiel Martin Luther King.«

»Vermutlich nicht. Aber Ihnen beginnt die Sache Spaß zu machen. Und dann beginnen Sie zu üben. Und dann werden Sie besser. Und irgendwann, wenn Sie sehr viel üben, erstklassig. Der Austausch der Landkarten ist der Anfang. Dann folgt praktisches Üben. Ohne den Austausch Ihrer Landkarten macht Üben keinen Spaß und Sie üben zudem das Falsche. Sie können niemals wirklich besser werden!«

Ich ließ mir das Gehörte nochmals durch den Kopf gehen. Dann fragte ich: »Sie haben als das Gemeinsame dieser Menschen beschrieben, dass sie erfolgreich sind. Nun waren diese Menschen doch in sehr unterschiedlichen Gebieten tätig. Was verstehen Sie eigentlich unter ›Erfolg‹? Haben Sie dafür vielleicht einen nützlichen Glaubenssatz für mich?«

»Erfolg?« Herr Radies dachte einen Moment nach. »Es ist die allgemeine Ansicht, dass Erfolg etwas mit erreichten Zielen zu tun hat. Oft sogar mit materiellen Dingen, die man erreicht hat. Aber das ist viel zu eingeschränkt. Nach dieser Definition wären ein Jesus, ein Michelangelo oder ein Einstein nicht erfolgreich gewesen.

Sie könnten stattdessen sagen: ›Erfolg ist, nach seinem Entwurf zu leben.‹ Oder Sie könnten sagen: ›Erfolg ist, jeden Tag mehr zu dem zu *werden*, der Sie sein könnten.‹ Zwei Ansätze, die Erfolg nicht über das Ergebnis, sondern über den Weg definieren. Natürlich gibt es auch dort Wegmarken, also Zwischenergebnisse. Ich kann nicht nach meinem Entwurf leben, wenn ich keine Ergebnisse erreiche. Aber die Gewichtung ist umgedreht.

Sie könnten auch sagen: ›Erfolg ist, wenn Sie die Welt ein Stückchen reicher oder schöner gemacht haben.‹ Das wäre ein Ansatz, Erfolg über den Nutzen zu definieren. Letztlich tauchen auch hier wieder die Aspekte Haben, Tun, Sein und Geben auf. Es gibt viele Bücher über Erfolg. Das meiste, was Sie dort finden, ist nicht wirklich falsch. Doch nichts davon ist ein wirkliches Geheimnis. Letztlich lassen sich alle diese Anleitungen auf drei Punkte verdichten.

Erstens brauchen Sie einen klaren, sinnvollen und nutzenorientierten langfristigen Traum, der an Ihren Werten ausgerichtet ist. Und zwar in Stein gemeißelt. Solange Sie diesen nicht haben, werden Sie immer wie die Fliege am Fenster umherirren, also Wanderzielen hinterherlaufen, die sie nirgendwohin bringen. Sie können zwar kurzfristige Erfolge erzielen, aber Sie könnten niemals erfolgreich *sein*.

Zweitens: Beginnen Sie mit der Entwicklung bei sich selbst. Es ist völlig irre, andere Ergebnisse zu erwarten, wenn man dasselbe tut wie vorher. Und solange man dasselbe denkt wie vorher, wird man immer dasselbe tun. Jede Entwicklung beginnt also damit, dass Sie Ihr Denken entwickeln. Zum Beispiel, indem Sie an Ihren Glaubenssätzen arbeiten. Oder indem Sie sich körperlich fit halten und Ihre Stimmung aufhellen.

Drittens: Tun Sie das, was Sie sich vornehmen, mit äußerster Konsequenz! Machen Sie sich und Ihr unmittelbares Wohlergehen davon abhängig, indem Sie einen Kunden installieren und diesem die Macht geben, Sie zu bezahlen. Wenn Sie nur reden und planen, werden Sie keine Erfolge erzielen. Noch schlimmer: Sie werden aufhören, an sich selbst zu glauben. Und wenn Sie selbst nicht an sich glauben, wird es auch niemand sonst tun. Ihr Traum wäre geplatzt.

Reinhold Würth empfiehlt deshalb, ›mit allem, was man tut, bei sich selbst anzufangen, ausdauernd zu sein und zu trainieren, trainieren, trainieren‹.

Jeder der Punkte ist einfach zu verstehen. Aber keiner der Punkte ist leicht. Für die Umsetzung des ersten Punktes müssen Sie Ihren Egoismus überwinden und den Nutzen und Wert Ihres Ziels ins Zentrum rücken. Sie müssen den Mut und die Kraft aufbringen, langfristig zu denken, und sich klare und messbare Ziele setzen. Und Sie müssen über das Realistische hinausdenken.

Um den zweiten Punkt in der Praxis zu verwirklichen, müssen Sie zuerst den Balken in Ihrem Auge suchen, bevor Sie sich um die Splitter des anderen kümmern. Sie müssen jede Ihrer Einstellungen, Werthaltungen, Stärken, Fähigkeiten, Vorlieben auf den Prüfstand stellen

> **Es gibt nur drei wirkliche »Geheimnisse« des Erfolgs:**
> - **Sie benötigen einen klaren, sinnvollen und nutzenorientierten langfristigen Traum, der an Ihren Werten orientiert ist.**
> - **Beginnen Sie mit der Entwicklung bei sich selbst.**
> - **Tun Sie das, was Sie sich vornehmen, mit äußerster Konsequenz!**
>
> **Die Geheimnisse sind einfach zu verstehen, aber nicht leicht umzusetzen.**

und in Übereinstimmung mit Ihrem Traum bringen. Sie beginnen, Verantwortung zu übernehmen und Ihr eigenes Handeln als Ursache zu erkennen.

Für die Realisierung des dritten Punktes brauchen Sie Disziplin und Integrität. Sie müssen lernen, das zu tun, was Sie sich vorgenommen haben. Sie müssen systematisch jede Möglichkeit für Faulheit, Ausreden oder Ängste ausschalten. Oder diese so integrieren, dass Sie trotzdem das erreichen, was Sie sich vorgenommen haben. Entscheidend ist, dass Sie jedem Versuch widerstehen, Ihre Ziele zu verkleinern!«

Ich dachte noch eine Weile über das Gehörte nach und sah dann auf die Uhr. In zehn Minuten würde ich Ann zum Mittagessen treffen. Deshalb beschrieb ich Herrn Radies noch den Weg zu einem Restaurant hier in der Nähe. Und wir verabredeten, uns in eineinhalb Stunden wieder zu treffen.

5.3 Umgang mit Emotionen

Äußerst euphorisch kam ich von dem Treffen mit Ann zurück. Bevor Herr Radies richtig saß, begann ich: »Als wir uns vor einer guten Stunde trafen, hatte Ann überhaupt keine Lust auf dieses Treffen. Sie wollte lieber trainieren. Aber als ich ihr erzählte, dass ich vorhabe, meine Firma auf den Wert des Grenzüberwindens hin auszurichten, war sie sofort wach. Ich habe ihr dann die Sache mit den Werten und der

Strategie und den Geschichten erzählt. Neugierig hörte sie zu. Und unterbrach nur einmal ganz kurz: ›Ja, in genau so einem Unternehmen will ich arbeiten!‹ Und als ich sie schließlich um ihre Unterstützung bat, antwortete sie: ›Na endlich, Thomas. Ich dachte, du kämst nie auf die Idee!‹

Eigentlich wollte ich sie dann nur um die Kontrolle bitten. Dass sie eben regelmäßig in meiner Tür stehen und dafür sorgen würde, dass die wichtigen Dinge dringend werden. Das hat sie mir zugesichert. Und hinzugefügt: ›Aber ich kann noch zwei Dinge für dich tun. Erstens bin ich vermutlich die beste Botschafterin unseres Unternehmenswerts, die du dir vorstellen kannst. Ich kann die anderen Mitarbeiter mitreißen, Geschichten erzählen und den Wert verankern.

Und zweitens habe ich einen Sponsor für meine Tour.‹

›Einen Sponsor?‹, fragte ich erstaunt.

›Ja‹, lächelte sie. ›Und der Sponsor will natürlich Öffentlichkeit. Und dazu braucht er eine gute Tour-Website. Zuerst wollte ich diese selbst machen – schon um nach meiner Kündigung auch Geld zu verdienen. Aber jetzt geht mir die Website nur noch auf den Wecker. Ich will trainieren! Und keine Website erstellen. Mit anderen Worten: Ich werde meinem Sponsor nahelegen, die Website professionell erstellen zu lassen. Zum Beispiel von deiner Firma.‹

Ich war einen Moment wie geplättet: ›Du würdest mir diesen Auftrag einfach geben?‹

Sie schüttelte den Kopf: ›Du würdest mir sogar noch einen Gefallen tun, wenn du ihn nimmst. Und ich gebe ihn dir nur gegen dein Versprechen, dass du die Firma so umbaust, wie du es beschrieben hast. Und wenn darin ein Platz für mich ist.‹

Ich sagte sofort zu. Und habe nicht nur weitere vierzehn Tage Liquidität gewonnen, sondern auch noch eine Referenz vorzuweisen, die es mir bei der anvisierten Zielgruppe noch einfacher machen wird.«

»Herzlichen Glückwunsch«, freute sich Herr Radies. Und nach einer kurzen Pause fragte er: »Haben Sie daraus etwas gelernt?«

»Ja«, bestätigte ich. »Die Nutzung vorhandener Energien räumt oft die Engpässe von allein beiseite, ohne dass man sich darum kümmern muss. Das Konzept ist genial!«

»Das Ergebnis sollte Ihnen auch helfen, Ihre Panik etwas zurückzudrängen. Sie haben zwei weitere Wochen gewonnen.

Wir kommen nun zum letzten Teil für heute. Zuerst haben wir uns heute mit Ihrer langfristigen Entwicklung beschäftigt. Dann mit der Änderung Ihrer Glaubenssätze, um zu anderen Handlungen, aber auch zu einer anderen Art der Wahrnehmung zu gelangen. Jetzt kommen wir noch zu einem anderen Instrument.«

»Um was geht es dabei?«, fragte ich neugierig.

»Sie haben nun schon, wie wir es in Ihrem Unternehmersystem geplant hatten, einige Managementbücher gelesen«, begann Herr Radies. »Wie war Ihr Eindruck?«

Etwas irritiert entgegnete ich: »Mir ist nicht so ganz klar, worauf Sie hinauswollen. Manche waren interessant, manche gähnend langweilig. Oder meinen Sie etwas anderes?«

»War da irgendein Buch dabei, das sie mitgerissen oder begeistert hat? Fieberten Sie mit?«

Ich schüttelte den Kopf: »Das sind doch Sachbücher. Und es gab ein paar Beispiele, um die Inhalte zu illustrieren. Wieso soll ich da mitfiebern?«

Herr Radies dachte einen Moment nach, bevor er fortfuhr: »Aber bei Ihrer eigenen Firma fiebern Sie doch mit, oder?«

»Natürlich! Das wissen Sie ja. Oft sogar viel zu viel. Wenn ich an meine ganzen schlaflosen Nächte denke, frage ich mich immer wieder, wozu ich das alles mache.«

»Wenn Sie nicht schlafen können, weil Sie mit Ihrer Firma mitfiebern, scheint mir das irgendwie wesentlich zu sein. Wenn Sie in einer schlaflosen Nacht eine tolle Idee haben und deswegen gut drauf sind, werden Sie doch am nächsten Tag sicher anders handeln, als wenn Ihnen nach dieser Nacht alles festgefahren erscheint?«

Ich nickte nachdenklich. »Ja, sicher. Ich werde in jedem Fall anders handeln. Und Sie meinen, dass diese emotionalen Achterbahnfahrten, diese schlaflosen Nächte, in den Managementbüchern fehlen, obwohl es etwas Grundsätzliches zu sein scheint, das einen großen Einfluss auf unsere Handlungen hat?«

»Ja, absolut!«, antwortete Wolfgang Radies. »Es gibt von dieser Regel, dass das Wesentliche, nämlich das Mitfiebern und die Emotionen, in Managementbüchern überhaupt nicht auftaucht, nur zwei Ausnahmen: Zum einen Autobiografien von Unternehmern. Da leiden Sie mit und lernen die Welt kennen. Zum anderen Bücher über ›emotionale Kompetenz‹. Die sind aber ungefähr so mitreißend wie der Sexualkundeunterricht in der Schule.

Wissen Sie, in Managementbüchern erscheint – einmal abgesehen davon, dass sie vom Management und nicht vom Unternehmersein handeln – die Unternehmensführung als etwas Geplantes, Rationales oder bei den Anhängern der christlich geprägten, werteorientierten Unternehmensführung als etwas Moralisches. Aber Unternehmensführung erscheint nie als ein Abenteuer, als Berg-und-Tal-Fahrt, als emotional mitreißende Veränderung des Selbst. Die Schlaflosigkeit, die inneren Kämpfe, die Entscheidungen in Unsicherheit und die dauernde Frage, ob man in die richtige Richtung geht. All das findet in diesen Büchern nicht statt.

Und genau das ist die große Preisfrage: Wie gehen Sie mit Ihren eigenen Emotionen um? Oft sind Ihre intuitiven Handlungen ja richtig. Sonst würden Sie jetzt nicht mehr vor mir sitzen. Aber manchmal sind sie auch falsch. Wie vor zwei Wochen infolge Ihrer Panik.

Bislang haben wir zwei Instrumente besprochen, die Ihnen helfen, Ihren Blick in eine andere Richtung zu lenken. Zum einen die Engpassanalyse. Sie kümmert sich vor allem um die Folgen. Wären Ihre Handlungen immer adäquat, gäbe es nur selten wirklich haarsträubende Engpässe. Da sie es nicht sind, spitzen sich manchmal Situationen zu und dem können Sie mit der Engpassanalyse begegnen.

Dann hatten wir zweitens beim Unternehmersystem einen Mechanismus besprochen, wie Sie Handlungen in bestehende Gewohnheiten einklinken. Nun geht es um das Umgekehrte. Wie können Sie dafür sorgen, dass in kritischen Momenten, die wiederholt auftreten, der emotionale Automatismus unterbrochen wird? Und wie können Sie dafür sorgen, dass Sie dann den Tunnelblick überwinden und verschiedene Handlungsoptionen in Ihr Blickfeld geraten? Und zwar genau in dem Moment, in dem es wirklich darauf ankommt.«

Neugierig erwiderte ich: »Das klingt spannend! Oft fällt mir ja erst hinterher ein, wie ich etwas hätte anders machen können. Wenn es mir gelänge, genau in solchen Momenten wie letzten Dienstag nicht automatisch zu handeln, dann käme ich wesentlich schneller an mein Ziel.«

Herr Radies korrigierte: »Nicht *nur* automatisch zu handeln. Ihre automatische Handlung, mit diesem Kunden einen Kompromiss, nämlich Teillieferungen und gestückelte Zahlungen, auszuarbeiten, war ja völlig richtig. Mit dem folgenden Instrument sollten Sie nur operieren, wenn Sie merken, dass Sie wiederholt instinktiv in die falsche Richtung gehen. Das sind die Ausnahmefälle!«

»Gut«, nickte ich gespannt. »Und wie geht das jetzt?«

»Was Sie brauchen, ist eine Art ereignisgesteuertes, kontextsensitives Hilfesystem.«

»Sie meinen wie in einer Software? Ein Ereignis, zum Beispiel Panik, tritt auf, und dann gibt es unterschiedliche Optionen, die bei diesem Ereignis möglich sind?«

»Ja, so ungefähr. Der Mechanismus besteht aus zwei Schritten. Der **erste Schritt** besteht darin, dass Sie zu einem auslösenden Ereignis verschiedene Optionen aufschreiben. Je nachdem, was für ein Mensch Sie sind, helfen Ihnen dann unterschiedliche Maßnahmen.

Nehmen Sie Ihre Panik. Ich schreibe jetzt mal ein paar denkbare Maßnahmen* ans Flipchart.«

---

* Eine umfassende Maßnahmensammlung finden Sie unter http://www.unternehmercoach.com.

> **Panik**
>
> - Eine Stunde joggen
> - Mit einem optimistischen Menschen sprechen
> - Durch das schwarze Loch hindurchgehen
> - Im Tagebuch lesen und schauen, was in den Situationen, in denen Sie schon mal panisch waren, Negatives passiert ist – meist nämlich gar nichts
> - Tief durchatmen und meditieren
> - Ein großes Messer nehmen und die Ursache (zumindest gedanklich) in drei kleinere Teile zerlegen
> - Die gute Fee zurate ziehen

Dann fuhr er fort: »Ein Teil davon wird bei Ihnen funktionieren, ein Teil nicht. Vielleicht funktioniert bei Ihnen auch was ganz anderes. Das wissen Sie viel besser als ich. Oder Sie müssen es eben ausprobieren.

Im Laufe der Zeit entsteht auf diese Weise eine Art Handbuch mit Verhaltensoptionen für emotional kritische Situationen. Sie erhalten damit ein Buch, das Ihnen beim Auftreten von bestimmten Emotionen die effektivsten Handlungsstrategien vor Augen führt.«

»Und wie macht es das?«, unterbrach ich ungeduldig. »Bücher liegen in der Schublade und man denkt immer erst hinterher daran.«

»Kluger Einwand«, antwortete Herr Radies. »Damit kommen wir zum **zweiten Schritt**. Sie müssen sich genau beobachten. Gibt es bestimmte Verhaltensweisen an Ihnen, die für Panik typisch sind? Schreien Sie jemanden an? Lehnen Sie sich resigniert zurück? Werden Ihre Bewegungen fahrig? Holen Sie sich einen Kaffee?«

Ich überlegte einen Moment: »Vor zwei Wochen war es so, dass ich nach dem Auflegen des Telefons zuerst laut geflucht, dann ein paar

Minuten die Wand angestarrt habe und schließlich in Aktionismus verfallen bin.«

»Und was davon kennen Sie auch aus anderen Paniksituationen?« Ich versuchte mich zu erinnern. Nach einiger Zeit fiel mir die Situation kurz vor meinem Zusammenbruch ein. Ich war früher nach Hause gegangen. Maria rief mich an. Und teilte mir mit, dass uns ein Kunde verklagte. Damals stieg auch die Panik in mir hoch. Und ich fluchte und starrte dann das Handy an, das ich in die Ecke geworfen hatte. Und dann rannte ich los. »Das Fluchen und Anstarren von Gegenständen scheint in Paniksituationen immer aufzutauchen.«

»Gut, haben Sie diese Verhaltensweisen auch in anderen Situationen?«

Nachdem ich einige Zeit nachgedacht hatte, erwiderte ich: »Das Anstarren kenne ich auch aus Situationen, in denen ich völlig überarbeitet bin. Fluchen tue ich sonst nie.«

»Okay, nehmen wir das Fluchen. Das ist der erste Ausgangspunkt. Dann brauchen Sie einen zweiten Punkt: Dazu müssen Sie Ihr Buch bebildern. Malen Sie ein kreischendes Männchen im Laufschritt neben die Überschrift ›Panik‹. Oder etwas anderes, was Ihnen genau zu diesem Begriff einfällt.«

»Malen ist so gar nicht meine Stärke«, warf ich ein.

»Ist völlig egal. Das sieht außer Ihnen niemand! Und Ihr Gehirn braucht ein Bild oder einen Film – jedenfalls keine Buchstaben! Und wenn Sie unwillkürlich lachen müssen, sobald Sie Ihr Bild sehen, ist's umso besser.«

Ich versuchte es mit einem rennenden Männchen. Es sah etwas verunglückt aus, aber wirkte doch sehr panisch auf mich. »Und wie kommen wir jetzt von A nach B?«, fragte ich.

»Dazu nutzen wir einen Mechanismus aus dem neurolinguistischen Programmieren (NLP). Er nennt sich Swish. Diesen wandeln wir ein bisschen ab. Stellen Sie sich das erste Bild vor. Sie fluchen laut vor sich hin. Dabei ist es wichtig, dass Sie nicht so tun, als wären Sie ein Beobachter, der Sie beim Fluchen sieht, sondern Sie fluchen selbst.

Möglichst laut. Spüren Sie Ihre Stimme im Hals, erleben Sie den eingeengten Blick des Anstarrens. Und nun stellen Sie sich das zweite Bild vor. Das Männchen, das Sie gemalt haben. Möglichst hell und attraktiv und groß. Sehen Sie, wie das Männchen panisch rennt und mit den Armen fuchtelt. Und jetzt finden Sie einen visuellen Übergang wie eine Filmblende zwischen den beiden Bildern.«

Ich schloss die Augen. Nach wenigen Momenten hatte ich einen Übergang, der darin bestand, dass im zweiten Bild das Männchen mein Fluchen übernahm und damit fortrannte. »Und das ist alles?«

»Nein, natürlich noch nicht. Sie schließen jetzt die Augen, stellen sich das erste Bild vor und vollziehen dann innerhalb von einer Sekunde, eben der Zeit, in der Sie ›Swish‹ sagen können, vor Ihrem geistigen Auge die Überblendung. Dann löschen Sie das Bild und öffnen Ihre Augen wieder. Das wiederholen Sie fünfmal.

Versuchen Sie das zu testen, indem Sie sich das erste Bild vorstellen. Wenn dann automatisch das zweite auftaucht, haben Sie gewonnen. Ansonsten müssen Sie die Bilder oder den Übergang leicht modifizieren und es noch mal versuchen.«

Ich probierte es aus und war nach fünf Wiederholungen wirklich an dem Punkt, dass jedes Mal, wenn ich mir vorstellte, zu fluchen, das Bild von dem rennenden Männchen auftauchte.

»Wenn Sie mögen, können Sie auch noch ein bisschen in echt fluchen, um den Mechanismus zu überprüfen. Ich nehme es nicht persönlich«, bot Herr Radies an.

Da ich neugierig war, probierte ich es tatsächlich aus. Und auch da entstand sofort das Männchen vor meinem geistigen Auge.

»Hervorragend«, kommentierte Herr Radies. »Sie haben nun die Wahl. Wenn Sie beginnen, panisch zu werden, und fluchen, wird das Männchen auftauchen. Dann können Sie entweder weiterfluchen wie bisher oder Sie denken darüber nach, wo Sie das Männchen schon mal gesehen haben. Und da wird Ihnen bestimmt Ihr Buch einfallen.«

»Das klingt ziemlich vielversprechend. Aber ich muss dann dauernd das Buch mit mir herumschleppen?«

»Nur wenn Sie fluchen«, grinste Wolfgang Radies. »Nein, natürlich nicht. Wenn Sie sich in einigen Monaten intensiver mit Gedächtnistraining beschäftigt haben, dann können Sie sich das ziemlich locker über das Zahl-Form-System* merken. Haben Sie dazu noch weitere Fragen?«

»Nein, ich glaube, ich habe heute einige Mechanismen kennengelernt, um mich in Zukunft in solchen Situationen nicht mehr ablenken zu lassen. Und wenn alle Stricke reißen, dann habe ich immer noch Ann«, lachte ich.

»Gut, dann habe ich fürs Erste meine Aufgabe erfüllt. Sie erarbeiten Ihre Strategie und arbeiten weiter mit Ihrem Unternehmersystem. Dann versuchen Sie Ihre Panik in den Griff zu bekommen. Ich bin mir ziemlich sicher, dass Sie Erfolg haben werden.

Wenn es Schwierigkeiten gibt, dann rufen Sie mich an. Und sobald Sie bei Ihrer Strategie ein Ergebnis haben, sollten wir uns nochmals intensiver zusammensetzen. In Ordnung?«

Ich nickte und hoffte, ihn bald wiederzusehen. Aber es sollte dann doch fast zweieinhalb Monate dauern, bis wir uns das nächste Mal trafen.

•

---

* Das Zahl-Form-System ist ein System aus dem Gedächtnistraining, um sich eine kleinere Anzahl von Begriffen, Stichpunkten etc. in einer bestimmten Reihenfolge merken zu können. Dazu sucht man zuerst Bilder, die optisch den Zahlen nahekommen, z.B. ein Bleistift für 1, den gebogenen Hals eines Schwans für 2, Laurel und Hardy für 10 usw. Um sich nun Stichpunkte in einer Reihenfolge merken zu können, verknüpft man diese bildlich auf möglichst absurde und einprägsame Weise. Im obigen Fall war Joggen die erste Maßnahme. Stellen Sie sich bildlich (!) eine Horde joggender Bleistifte vor. Die zweite mögliche Maßnahme war, mit einem optimistischen Menschen zu sprechen. Stellen Sie sich vor, wie sich ein lachender Mensch ausgiebig mit einem Schwan unterhält. Über diese bildliche (filmische, akustische, olfaktorische etc.) Zuordnung kann man innerhalb kürzester Zeit Dinge auswendig lernen und gezielt abrufen.

6. Durchbruch
(Mittwoch, 7. Juni)

Ich saß in meinem Hotelzimmer am Hochkönig und sah auf. Wir hatten im März und Anfang April die Grundlagen gelegt. Ich blätterte in meinem Tagebuch weiter und versuchte mich an die gut zwei Monate, die dann bis zu jenem 7. Juni folgten, zu erinnern. Sie waren äußerst anstrengend und auch nervenaufreibend gewesen. Es hatte Tage gegeben, an denen sich alles Pech der Welt in meiner Firma zu versammeln schien. Aber bis auf zweimal konnte ich mit den neuen Mechanismen rechtzeitig Distanz schaffen und gegensteuern. Die anderen beiden Male kam nach zwei Tagen Ann in mein Büro und nervte so lange, bis ich gemeinsam mit ihr die Optionen durchdachte und dann immer zu einer besseren Lösung kam. Am Ende war ich ihr sogar dankbar.

Als in jenen Wochen ein weiterer Kunde nicht bezahlen wollte, waren wir eigentlich pleite und hätten deshalb nach einundzwanzig Tagen Insolvenz anmelden müssen. In dieser Phase verlor ich die Nerven und setzte in einer Spontanreaktion Pedro vor die Tür. Als Herr Radies später davon erfuhr, lobte er mich sogar. Pedro hatte nämlich nicht aufgehört, schlechte Stimmung zu verbreiten. Und Ann mit ihrer direkten Art erklärte danach: »Ich habe sowieso nicht verstanden, wieso du damit so lange gewartet hast.«

Erst nach etwa einer Woche gelang es uns, eine Vereinbarung mit dem Kunden zu treffen. Und es kehrte wieder etwas Ruhe ein.

Andererseits gab es auch positive Entwicklungen. Ungeachtet aller Krisen entwickelte sich Paul zunehmend positiv und schaffte immer wieder neue Aufträge heran. Fast hatte ich den Eindruck, dass er selbst begann, sich mit der Geschichte, die ich über ihn in Umlauf gesetzt hatte, zu identifizieren. Es war verrückt, aber auch mein Bild von Paul änderte sich drastisch. Vorher hatte ich ihn immer für eine Schlaftablette gehalten. Und jetzt sah ich, dass wir ohne ihn überhaupt keine Chance hatten.

Auch Sabine, Maria und Norbert nahmen ihre neuen Aufgaben an und entwickelten sich hervorragend. Mit Sabine hatte ich zwischenzeitlich schon über die Position des Geschäftsführers gesprochen. Aber sie hatte kein Interesse daran. Das wäre ihr zu weit von der Software-Entwicklung entfernt. Deshalb hatte ich begonnen, konsequent Bewerbungsgespräche mit potenziellen Geschäftsführern zu führen. Bei den knapp zwanzig Gesprächen wurde ich zwar besser, fand aber auf diesem Wege noch keinen geeigneten Kandidaten.

Ich selbst hatte Zeit gewonnen und nutzte diese auch, um an jedem Wochenende klettern zu gehen. So schaffte ich es wenigstens an den Wochenenden, zur Ruhe zu kommen, und ich fühlte, wie meine Kraft zurückkehrte.

Außerdem hatte ich viel Zeit, um mich mit den Problemen und der Denkweise von Herrn Oberleitner und dem Betreiber der anderen Kletterschule, die zu unseren Kunden zählte, auseinanderzusetzen.

Beim Klettern hatte ich Frank, den ehemaligen Geschäftsführer eines kleinen Mittelständlers, kennengelernt und mich mit ihm angefreundet. Frank wäre genau der richtige Kandidat für die Position des Geschäftsführers bei mir. Doch da ich ihn nicht bezahlen könnte, hatte ich vorerst noch kein Bewerbungsgespräch mit ihm geführt.

Als ich mit Herrn Radies am Telefon darüber sprach, erklärte er nur, dass sich für die Bezahlung schon eine Lösung finden würde. Ich solle Frank vorbereiten und ihn heißmachen. Nun, Frank war heiß und ich hatte immer noch kein Geld.

Darüber hinaus nutzte ich meine Zeit, um mich mit der Strategie und dem Vertrieb an die Bestandskunden zu beschäftigen. Auch meine eigene Weiterentwicklung kam nicht zu kurz.

Die Anmeldung zu einem Seminar scheiterte allerdings an Maria und ihrer Eigenmächtigkeit, die so typisch für sie war. Ich hatte sie gebeten, ein Vertriebsseminar bei einem Toptrainer für mich zu buchen. Und Maria meldete stattdessen kurzerhand Paul an. Als ich sie zur Rede stellen wollte, meinte sie treuherzig: »Ich dachte, du wolltest keine Fachkraftaufgaben mehr übernehmen. Dann musst du dich auch nicht mehr als Fachkraft weiterbilden.« Und dabei lächelte sie so liebenswürdig, dass ich ihr nicht einmal ernsthaft böse sein konnte.

Die Strategieentwicklung schien jedoch wie verhext. Zuerst versuchte ich einfach, die Software, die wir schon hatten, an andere Kursveranstalter zu verkaufen. Es hätte ihnen wirklich einen großen Nutzen gebracht, aber sie wollten nicht. Als ich schon damit begann, sie zu verwünschen, erinnerte ich mich an den Hinweis von Herrn Radies, dass es der größte Fehler wäre, zu versuchen, das zu verkaufen, was man selbst für richtig hält, und nicht das, was der Kunde für richtig hält. Und dann erinnerte ich mich an die Detailfragen von Herrn Radies.

Ich kontaktierte die Kursveranstalter und fragte ihnen Löcher in den Bauch. Und dabei wurde mir klar, dass diese Zielgruppe schlicht kein Geld hatte. Herr Oberleitner war eine große Ausnahme. In der Tat schienen diese Veranstalter drei große Gemeinsamkeiten zu haben: Sie waren immer blank. Sie hatten keinerlei Bezug zu Büroarbeit und oft auch nur begrenzt zu Computern. Und das Einzige, was sie wirklich interessierte, war ihre jeweilige Sportart.

Schließlich drängte sich mir der Verdacht auf, dass wir die falsche Zielgruppe gewählt hatten. Als ich bei Herrn Radies anrief, um mit ihm über diesen Verdacht zu sprechen, antwortete er: »Ich glaube, Sie geben zu schnell auf. Ihre Zielgruppe scheint klare und ziemlich ausgeprägte Probleme und Bedürfnisse zu haben. Das schreit geradezu nach einem Lösungsangebot!«

»Ja, aber ich kann mich doch nicht um die Umsatzprobleme meiner Zielgruppe kümmern. Und selbst wenn ich es könnte, kann ich deren Probleme nicht lösen«, entgegnete ich frustriert.

Nach einer kurzen Pause entgegnete Herr Radies: »Herr Willmann, Henry Ford hat einmal gesagt: ›Egal, ob Sie denken, dass Sie etwas können, oder ob Sie denken, dass Sie etwas nicht können: Sie haben recht!‹ Ich möchte offen zu Ihnen sein. Sie erzählen mir dauernd, dass Sie Grenzen überwinden wollen. Aber kaum stehen Sie vor einer kleinen Hürde, beginnen Sie zu jammern. Bis jetzt glaube ich Ihnen nicht, dass das Überwinden von Grenzen Ihr wichtigster Wert ist.

Ich habe Ihnen alles nötige Wissen für diese Aufgabe vermittelt. Und Sie bringen als Person alle nötigen Voraussetzungen mit. Aber über die Hürde springen müssen Sie schon selbst. Bitte rufen Sie mich erst wieder an, wenn Sie gesprungen sind.«

Mit diesen Worten legte er auf und ich blickte verblüfft meinen Telefonhörer an. Er hatte mich bis ins Innerste getroffen. Ich war sauer, richtig sauer und wollte es ihm zeigen. Und ich begann mich mit dem Vertrieb von Kursen zu beschäftigen. Ich machte sogar wirklich zwei Tage Praktikum bei Herrn Oberleitner.

Schließlich begannen wir uns verstärkt mit Suchmaschinen-Marketing und Affiliate-Konzepten zu beschäftigen. Das war nicht ganz einfach, nachdem ich mit Pedro den Einzigen aus unserer Firma entlassen hatte, der sich damit auskannte. Es gelang uns nach einiger Zeit dennoch, ein Dienstleistungsangebot zu entwickeln. Aber auch unsere Angebote, Suchmaschinen-Marketing zu machen, wurden nicht angenommen. Die Kursanbieter wollten sich mit diesen Themen einfach nicht beschäftigen.

Es war wie verhext. Zudem nahmen unsere Reserven langsam, aber kontinuierlich ab.

Aber am 6. Juni änderte sich alles. Ich öffnete nichtsahnend den Brief meiner Bank. Sie teilten mir mit, dass sie festgestellt hätten, dass unsere Umsätze zurückgegangen waren. Und die Kosten wären nahezu gleich geblieben. Aus diesem Grunde würden sie mir die Kreditlinie um die Hälfte kürzen.

Ich wurde bleich und warf laut fluchend den Brief in den Papierkorb. Obwohl ich sofort mein Fluch-Männchen vor Augen hatte, das mir die

Optionen für andere Wege öffnen sollte, fluchte ich erst einmal weiter. Wir hatten uns so angestrengt. Es gab einige positive Entwicklungen. Wir hätten es geschafft. Und dann kommen diese Bankbeamten und verteilen, wenn die Sonne scheint, Regenschirme und sammeln sie wieder ein, sobald es zu regnen beginnt.

In meiner Hilflosigkeit rief ich Herrn Radies an und schilderte ihm die Situation. Er hörte aufmerksam zu. Schließlich antwortete er: »Ich würde Ihnen gern helfen, aber ich kann es nicht. Ich glaube, dass Sie sämtliches Wissen haben, das Sie benötigen. Ich glaube auch, dass Sie eine Lösung für Ihre Kunden finden könnten, wenn Sie nicht dauernd dieses schwarze Loch anstarren würden. Gehen Sie gedanklich hindurch!«

7. Juni. Frühe Morgendämmerung. Ich war noch immer vom Gespräch des Vortags aufgewühlt. Herr Radies hatte mich aufgefordert, durch das schwarze Loch hindurchzugehen. Und ich verstand noch immer nicht, was er meinte. Mein Unternehmen stand mit einem Fuß über dem Abgrund. Ich hatte noch zwanzig Tage, dann müsste ich Insolvenz anmelden. Ich wäre gescheitert. Am Ende.

Und so war ich in der Nacht zum Entschluss gekommen, dass ich es dann auch selbst beenden könnte. Ich raste mit mehr als zweihundertdreißig Stundenkilometern die A8 entlang Richtung Osten. Mein Ziel war der Hochkönig in den Berchtesgadener Alpen. Ich wollte es wissen. Der Berg oder ich.

Mit den ersten Sonnenstrahlen packte ich meine Kletterausrüstung aus. Langsam tastete ich mit dem Feldstecher die Wand ab. Etwa auf halber Höhe entdeckte ich die Stelle, an der mich vor fast vier Jahren meine Panik in die Knie gezwungen hatte. Obwohl ich damals besser trainiert war, wollte ich es wieder auf dieser Route versuchen. Der Berg oder ich.

Langsam begann ich mit dem Einstieg. Ich war bislang nur einmal soloklettern. Damals vor knapp vier Jahren eben. Die ersten Meter waren einfach. Ich kam gut voran. Das gab mir das Gefühl, dass ich es schaffen könne. Auch über die ersten Schwierigkeiten kam ich gut hinweg. Je näher ich aber der Stelle kam, an der ich das letzte Mal gescheitert war, desto schneller verflüchtigte sich mein Hochgefühl. Meine Anspannung wuchs. Ich war inzwischen etwa dreißig Meter unterhalb der Stelle. Obwohl der Morgen noch kühl war, floss mir der Schweiß in Strömen herunter. Ich spürte, wie langsam die Panik in mir hochkroch. Aber ich machte den nächsten Griff. Der Berg oder ich.

Langsam schob ich mich weiter. Zwischen den Fels und meinen Körper hätte nicht einmal ein Blatt Papier gepasst. Ich merkte, dass ich mich dadurch selbst blockierte. Nun war ich noch drei Meter von der Stelle entfernt, an der mich das letzte Mal die Panik übermannt hatte. Ich schob mich heran. Schweiß rann mir in die Augen. Verdammt. Ich konnte den nächsten Griff nicht sehen. Mein Herz raste. Halb blind tastete ich nach oben. Gefunden. Ich zog mich weiter hoch. Zwei Meter. Einen Meter. Jetzt war ich genau am selben Punkt. Meine Beine zitterten wie eine Nähmaschine. Ich klinkte meine Sicherung aus. Der Berg oder ich.

Ein Raubvogel kreischte. Ich sah mich nach ihm um. Er zog seine Kreise. Ich blickte nach unten. Und da war wieder das Bild, das sich unauslöschbar in mein Gedächtnis gebrannt hatte. Ich sah mich, wie ich losließ. Ich sah mich aus der Raubvogelperspektive. Mit dem Rücken voraus. Mit beiden Armen und Beinen in der Luft rudernd. Ein langer Schrei. Dann ein dumpfer Aufprall auf dem Felsen hundertfünfzig Meter tiefer. Ich bin sofort tot. Blut sickert unter meinem Helm hervor. Der Berg.

Stille. Drei Sekunden. Ruhe. Schmerzen. Stille. Eine Minute. Ruhe. Stillstand. Ein Adler kreischt. Die Sonne scheint. Ein kleiner Käfer krabbelt über meinen toten Körper. Ich spüre seine kleinen Füße. Dann höre ich das Zwitschern kleinerer Vögel. Dann nochmals das Kreischen des Adlers. Die Welt dreht sich weiter. Die tiefe Erkenntnis: Die Welt dreht sich weiter. Nach meinem Tod wird sich die Welt weiterdrehen. Die Vögel werden zwitschern, die Adler kreischen, die Käfer krabbeln und die Sonne wird scheinen. – Und dasselbe würde nach einer Insolvenz geschehen. Ich würde das Büro des Anwalts verlassen. Zuerst wäre ich betäubt. Dann würde ich die Autos neben mir hören, das Lachen und Lärmen der Kinder. Vielleicht würde ich Regentropfen auf meiner Stirn spüren, vielleicht auch die heiße Sonne. Und dann würde ich erkennen: Mein Unternehmen ist gestorben. Nicht ich. Nicht meine Werte. Nicht meine Vision. *Ich bin nicht mein Unternehmen.* – Ich war durch das schwarze Loch hindurchgegangen. Und sah am Ende: Es war gar nicht schwarz. Deshalb gab es nicht den geringsten Grund für Angst oder Panik. Ich spürte wieder den nackten Fels an meinen Fingern – meine Haut war völlig trocken. Ich fröstelte leicht. Und setzte meinen nächsten Griff. Ich. Ein neues Ich.

Die letzten Sekunden, Minuten oder Stunden zum Gipfel – ich weiß es nicht – kletterte ich wie in Trance. Es gab nur die Wand, meine Griffe und Tritte. Mein Bewusstsein war mit dem Felsen verwachsen, ja verschmolzen. Beides war eins. Ich liebte den Felsen. Völlig konzentriert. Völliger Flow. Der Berg *und* ich.

Auf dem Gipfel spürte ich, dass etwas anders war. Ich war ungesichert geklettert. Ich war verwandelt. Es ging nicht mehr um meine Ängste und Bedürfnisse. Ich war im Fluss mit den Anforderungen des Felsens. Und in diesem Moment war alles sonnenklar. Ich verstand nicht nur die Bedeutung der permanenten Aufforderung von Herrn Radies: »Kümmern Sie sich um die Engpässe Ihrer Kunden statt um Ihre eigenen Probleme.« Ich hatte auch in der Wand die Lösung für die Probleme meiner Zielgruppe gefunden. Ich wusste, jetzt würde alles gut.

Noch etwa eine halbe Stunde oder Stunde saß ich da und spürte diesem nahezu magischen Erlebnis nach. Dann nahm ich mein Handy und rief Wolfgang Radies an.

»Radies«, meldete er sich.

»Hallo Herr Radies, hier Willmann.«

»Hallo Herr Willmann, wo sind Sie? Die Akustik ist bei Ihnen etwas merkwürdig.«

»Ich bin auf dem Hochkönig«, entgegnete ich ruhig.

Herr Radies schwieg. Nach einigen Sekunden schien bei ihm der Funke zu zünden: »Sind Sie durch das schwarze Loch hindurchgegangen?«

»Ja«, erwiderte ich knapp. Nach einer kurzen Pause fuhr ich fort: »Es ist gar nicht schwarz. Dahinter haben die Dinge auch Farben, Geräusche und Gerüche. Sie fühlen sich auch irgendwie an. Ich kann danach andere Dinge tun. Nur wenn ich Risiken eine existenzbedrohende Bedeutung zugestehe, fühlen sie sich schwarz an. Und dann beginnen sie zuerst die eigene Wahrnehmung, dann die Zukunft und schließlich das ganze Universum und Leben auszufüllen. Oder noch anders: Dieses kleine panische Ich nimmt schließlich den ganzen Raum ein.«

Herr Radies schwieg einen Moment: »Ich hatte gehofft und zugleich gefürchtet, dass Sie das tun. Sie verstehen, dass ich Ihnen dieses Erlebnis nie in einem Gespräch hätte vermitteln können? Ich glaube, Sie haben nun einen großen Schritt gemacht.«

»Ja«, entgegnete ich nach einiger Zeit. Alles fühlte sich noch immer sehr fremd und langsam an. »Ich war plötzlich der Fels. Und als ich oben war, war ich meine Zielgruppe. Die Probleme meiner Zielgruppe waren meine Probleme. Die Probleme waren identisch.« Am anderen Ende war es plötzlich ruhig. »Hallo Herr Radies? Hören Sie mich?« Die Verbindung war abgebrochen.

Aber das Wichtigste war vorerst gesagt. Eine Weile hing ich noch meinen Gedanken nach und blickte in die Ferne. Dann machte ich mich über einen leichten Weg glücklich und zufrieden an den Abstieg. Als ich beim Parkplatz ankam, hatte ich wieder eine Funkverbindung und rief Herrn Radies nochmals an. Seine Sekretärin stellte sofort durch.

»Die Verbindung war abgebrochen.«

»Ja, und ich bin schon ganz neugierig, was Sie entdeckt haben, als Sie so mit Ihrer Zielgruppe verschmolzen«, sagte Herr Radies.

Ich kehrte nochmals in die Stimmung oben am Berg zurück und erzählte: »Ich sah plötzlich, dass ich mit unserem Angebot eines Kursbuchungssystems nicht die Probleme meiner Kunden, sondern meine eigenen lösen wollte. Meine Kunden hätten letztlich mit einem solchen System nur unwesentlich höhere Umsätze gemacht. Und ich stellte mir erstmals wirklich in der ganzen Tiefe die Frage: Wie können meine Kunden höhere Umsätze machen? Wie kann ich ihnen helfen, das Überschreiten von Grenzen weiterzuvermitteln?

Plötzlich sah ich durch meine Kunden hindurch und identifizierte mich mit den Kunden meiner Kunden. Mit denen, denen ich das Grenzenüberschreiten eigentlich näherbringen wollte. Und ich erkannte, dass jeder Mensch irgendwann Grenzen überschreiten möchte. An einen Punkt kommt, an dem er einen Schritt über das Bestehende hinaus machen will und muss. Das ist in bestimmten Situationen das brennendste Problem aller Menschen. Nur sind die meisten Menschen in genau dieser Situation nicht auf den Websites meiner Kunden, der Kursanbieter. Und sie kommen gar nicht auf die Idee, dass sie da hingehen könnten!

Ich wäre, wenn ich vor einer Grenze stehen würde und im Internet surfen würde, in einem entsprechenden Forum. Oder würde mir ein Buch zum Thema suchen. Oder Erfahrungsberichte. Oder Experten. Je nachdem, was für eine Grenze es wäre. Aber ich wäre sicher nicht auf den Seiten eines Anbieters für Kletterkurse. Nach dieser Erkenntnis war die Frage ganz einfach: ›Wie kann ich die Kursangebote genau an den Stellen platzieren, an denen sich die Menschen im Internet aufhalten, wenn sie einen Schritt über das Bisherige hinaus machen wollen oder müssen?‹«

Begeistert fuhr ich fort: »Die Idee nahm dann innerhalb von wenigen Sekunden Gestalt an. Sehen Sie, Herr Radies, wir bauen eine Vermittlungsplattform (siehe Grafik auf Seite 400). Kursanbieter stellen dort ihre Kurse ein. Content-Anbieter wie Foren oder Expertenplattformen blenden dann thematisch gezielt als hochwertige und themenorientierte Werbung die entsprechenden Kurse ein. Die Kursanbieter bezahlen für eine erfolgreiche Vermittlung oder für einen qualifizierten Lead, die Content-Anbieter erhalten für jede Vermittlung oder jeden Lead eine Provision.

Das ist ähnlich wie Google-Adwords, nur dass Sie als Content-Anbieter selbst bestimmen können, welche Kurse bei Ihnen angeboten werden. Und dass Sie eine Qualitätssicherung haben und nicht jeder Mist angezeigt wird.

Damit sind die Probleme aller Beteiligten gelöst. Die Endkunden erfahren viel wahrscheinlicher von einem Angebot, das ihren aktuellen Engpass lösen würde, weil das Angebot dort erscheint, wo sie gerade sind, und nicht auf einer Portalseite, die sie gezielt aufsuchen müssen. Die Kursanbieter erhalten eine breite Vermarktungsplattform, die ihre Umsätze deutlich in die Höhe schnellen lässt. Die Content-Anbieter erhalten eine Einnahmequelle, mit der sie ihre Plattform finanzieren und damit in Zukunft noch besseren Content anbieten können. Und wir«, ich musste laut lachen bei diesem Gedanken, »verdienen erstens an jeder einzelnen Vermittlung und haben zweitens fast keine Arbeit mehr. Das Kursbuchungs- und -verwaltungssystem und unser Affiliate-System, das wir entwickelt haben, lässt sich nämlich mit maximal ein bis zwei Wochen Arbeit zu solch einem Portal umfunktionieren.«

»Das klingt ziemlich überzeugend. Gibt es schon etwas in diese Richtung?«, erkundigte sich Herr Radies.

Ich hatte mich in den letzten Wochen ausgiebig mit Kursanbietern beschäftigt. »Das Einzige, was es gibt, sind Kurs- und Seminarportale. Gegen eine gewisse Aufnahmegebühr können dort Kursanbieter ihre Kurse einstellen. Diese können dann über das Seminarportal gebucht werden. Aber das ist etwas völlig anderes: Der Interessent muss nämlich genau dieses Portal kennen und dann bei diesem Portal vorbeikommen und gezielt suchen. Mit anderen Worten: Diese Vermittlungsportale funktionieren auch nicht. Sie holen den potenziellen Kursteilnehmer nämlich gerade nicht dort ab, wo er ist.

Wir hingegen bieten dem Interessenten die Information dort, wo er ist. Außerdem tragen bei diesen Kurs- und Seminarportalen die Kursanbieter das volle Risiko. Wenn niemand bei diesen Portalen reinschaut und niemand einen Kurs bucht, dann müssen sie trotzdem die

Aufnahmegebühr zahlen. Bei uns zahlen die Kursanbieter keine Startgebühr. Sie haben keinerlei Risiko.«

Herr Radies wirkte nun richtig begeistert: »Ja, Herr Willmann, das ist es! Sie bieten eine Art Kurs- und Seminar-Großhandelsplattform. Jedes beliebige Portal kann Einzelhändler werden. Sie haben Ihre Strategie gefunden! Und der Weg war, mit Ihren Kunden zu verschmelzen. Das ist großartig, Herr Willmann!«

Dann fuhr er fort: »Das Konzept hat, soweit ich das sehe, freilich eine Schwachstelle: Es ist leicht kopierbar. Wie schaffen Sie es, innerhalb kürzester Zeit, also zum Beispiel innerhalb von drei Monaten, eine solche Marktmacht aufzubauen, dass es mit riesigen Kosten verbunden wäre, wenn ein Wettbewerber eindringen wollte? Wie schaffen Sie es, nicht den Haifischen zum Opfer zu fallen?«

Ich dachte nach. »Es geht darum, möglichst schnell den Kursanbietern einerseits und den Content-Portalen andererseits den Nutzen transparent zu machen und sie zu gewinnen. Also zwei Aufgaben.«

»Beginnen wir mit den Content-Portalen«, schlug Herr Radies vor.

»Wenn Sie Content-Portale mit zusammen zig Millionen Einblendungen in Ihrem Netzwerk haben, dann kommen die Kursanbieter kaum an Ihnen vorbei. Was sind – neben der Finanzierung – weitere Engpässe der Content-Portale?«

»Die Content-Portale sind hochgradig von Google abhängig. Wenn sie dort in der Positionierung abrutschen, gehen sofort die Besucherzahlen zurück. Wenn die Besucherzahlen zurückgehen, sinken analog auch die Einnahmen. Und ich habe schon einige Portalbetreiber kennengelernt, die aus völlig unerfindlichen Gründen in Google so weit abgerutscht sind, dass sie ihr Portal nicht weiter finanzieren konnten, pleitegingen und schließen mussten. Die Positionierung ist für den Einzelnen völlig intransparent. Eine solche Abhängigkeit ist wie Glücksspiel! – Aber was können wir da machen?«

»Konstante Einnahmeströme, unabhängig von der eigenen Arbeit«, murmelte Herr Radies vor sich hin. Und da zündete bei mir die nächste Idee: »Ja, der größte Engpass der Content-Portale ist nicht der reine

Umsatz, sondern die hochgradige Abhängigkeit des Umsatzes von einer einzigen Zugangsmöglichkeit. Noch dazu einer Zugangsmöglichkeit, die ihre Positionierungsregeln so geheim hält, dass jede Suchmaschinenoptimierung ab einem bestimmten Punkt zum Kaffeesatzlesen wird. Und ich habe die entscheidende Idee, um diese Abhängigkeit zu minimieren. Für jeden Content-Portal-Betreiber sofort durchschaubar. Und attraktiv, da es sich um Zusatzumsätze handelt.«

»Los, verraten Sie es mir schon!«, forderte mich Herr Radies neugierig auf.

»Später!«, schüttelte ich den Kopf. »Nur so viel: Der Vertrieb an die Content-Portal-Betreiber ist fast ohne Zusatzaufwand gelöst und wird mit einer aberwitzigen Geschwindigkeit ablaufen.

Wir müssen uns jetzt nur noch um die Kursanbieter kümmern. Wie viel Prozent können wir da nehmen?«

Herr Radies dachte nach: »Den meisten Kursanbietern entstehen nur unwesentlich höhere Kosten, wenn zusätzliche Teilnehmer zu den Kursen kommen. Und Sie bringen zusätzliche Teilnehmer. So würden die Kursanbieter in der Regel immer noch zusätzlichen Gewinn machen, selbst wenn sie fünfzig, sechzig oder gar siebzig Prozent Provision zahlen müssten. Das werden sie von sich aus zu Beginn natürlich nicht tun. Ist es möglich, den Anbietern selbst zu überlassen, wie viel Provision sie zum Beispiel oberhalb von zehn Prozent bezahlen möchten?«

»Ja, das kann man machen«, erwiderte ich zögernd. »Aber warum sollten sie dann mehr als zehn Prozent Provision bezahlen wollen?«

»Das ist ganz einfach«, und ich konnte richtig das Grinsen von Herrn Radies durch das Telefon spüren, »weil Sie die Seminaranbieter, die die doppelte Provision bezahlen, doppelt so oft einblenden. Angenommen, ein Kurs kostet 500 Euro. Davon sind 150 Euro zusätzliche Kosten für Material, Verpflegung und so weiter. Und bei zehn Prozent Provision würde das Seminar so oft eingeblendet, dass der Anbieter fünf zusätzliche Buchungen erhält. Damit hat er 2500 Euro mehr Umsatz, abzüglich 750 Euro Kosten, abzüglich 250 Euro Provision, also

1500 Euro mehr Gewinn. Nun erhöht er seine Provision auf zwanzig Prozent und erhält damit doppelt so viele Buchungen. Also 5000 Euro mehr Umsatz, abzüglich 1500 Euro Kosten und zwanzig Prozent, also 1000 Euro, Provision. Damit bleiben ihm 2500 Euro mehr Gewinn.

Folglich ist es besser für ihn, wenn er zwanzig Prozent Provision bezahlt, als wenn er nur zehn Prozent bezahlt.«

Ich bekam langsam ein richtig rundes Bild. Nur ein Problem schien mir noch ungelöst: »Wie bekomme ich am Anfang die ganzen Kursanbieter ins Portal? Sie haben zwar kein Risiko, aber sie müssen ja immer noch Arbeit aufwenden, um ihre Kurse dort einzustellen. Und wenn sie den Nutzen noch nicht gespürt haben, schlägt doch bei vielen die Faulheit durch. Sie wissen ja, dass die meisten der Kursanbieter sich überhaupt nicht mit dieser Thematik beschäftigen wollten.

Vielleicht sollte man den ersten hundert Kursanbietern eine niedrigere Provision anbieten?«

»Keinesfalls«, entgegnete Herr Radies, »das Problem der Kursanbieter besteht ja nicht darin, ob sie jetzt fünf oder zehn Prozent Provision zahlen müssen, sondern darin, dass sie den Nutzen noch nicht gespürt haben und nach Ihrer Einschätzung deswegen faul sind. Bleiben Sie mit Ihren Starterangeboten also auf der Nutzenseite!«

Ich überlegte. »Mir fallen zwei Möglichkeiten ein. Erstens könnte ich den Frühbuchern anbieten, dass ihre Kurse für ein Jahr doppelt so oft eingeblendet werden wie die späterer Kursanbieter. Für uns wäre das kostenneutral – es ist uns ja egal, welche Kurse angeboten werden. Der Nutzen für die Frühbucher wäre hingegen verdoppelt.

Und die zweite Möglichkeit wäre schlicht, dass wir den ersten hundert oder fünfhundert Kursanbietern die Arbeit abnehmen. Wenn sie uns ihr Kursprogramm als PDF oder Word-Datei schicken oder uns einfach die Erlaubnis geben, ihre Angebote von ihrer Website zu übernehmen, dann geben wir es ins System ein. Sie haben dann keine Arbeit und kein Risiko. Nur einen hohen potenziellen Nutzen. Und wenn dann die ersten Buchungen gekommen sind, werden sie es danach auch selbst eingeben.«

Herr Radies stimmte zu: »Ja, bieten Sie am besten beides alternativ für eine gewisse Vorlaufphase an.

Ich glaube, wir haben die wichtigsten Punkte besprochen. Das Konzept erscheint mir rund und überzeugend.«*

»Ja, mir auch«, nickte ich. »Was machen wir jetzt aber mit meinem eigenen Engpass? In zwanzig Tagen muss ich Insolvenz anmelden. Bis dahin werden die Umsätze aus dem neuen Konzept noch nicht explodieren.«

»Das klären wir am Samstag. Ich komme bei Ihnen in der Firma vorbei und wir nehmen uns einen Tag Zeit für die jetzt anstehenden Probleme. Zwei Bitten noch: Machen Sie bis Samstag noch eine wirklich saubere Wettbewerbsanalyse. Und verpflichten Sie Ihre Mitarbeiter auf absolute Geheimhaltung.«

Ich hatte das Gefühl, fast am Ende des Gesprächs angekommen zu sein. Eine letzte Frage wollte ich aber noch stellen: »Herr Radies, eine Frage noch. Was wäre geschehen, wenn ich diesen Schritt heute Morgen nicht gemacht hätte?«

Herr Radies schwieg einen Moment: »Wenn Sie durch das schwarze Loch hindurchgegangen sind, dann haben Sie es gesehen: Ihre Firma hätte Insolvenz angemeldet. Sie hätten irgendwann später vielleicht erkannt, dass Sie nicht Ihre Firma sind. Und dass Ihre Werte und Ihre Vision weit darüber hinausreichen. Und dann hätten Sie vielleicht ein zweites Mal begonnen. Oder Sie wären liegen geblieben. In allen Fällen wäre es jedoch Ihre Entscheidung gewesen.«

Ich hatte es mir fast gedacht. Ich bedankte mich für die ehrlichen Worte und beendete die Verbindung.

---

* Damit das Konzept in der Wirklichkeit funktioniert, müssten noch zwei weitere Aspekte berücksichtigt werden, die nur sehr internetaffinen Lesern verständlich wären und hier zu weit führen würden. Dazu gehört auch die Lösung der Frage, wie sich Einnahmeströme unabhängig von der Google-Positionierung erzielen lassen, also die Lösung, die Thomas Willmann auf später verschiebt. Sollte einer der Leser ein solches Konzept umsetzen wollen, erfahren Sie Näheres unter s.merath@unternehmercoach.com.

7. Zielgerade
(Samstag, 10. Juni)

Als Herr Radies am 10. Juni mein Büro betrat, begrüßten wir uns mit strahlenden Gesichtern. Dabei bemerkte er, dass fast alle Mitarbeiter ebenfalls anwesend waren und arbeiteten. Und ein anerkennendes Lächeln huschte über sein Gesicht. Wenn uns ein Außenstehender beobachtet hätte, hätte er niemals geglaubt, dass ich siebzehn Tage vor der Insolvenzanmeldung stand.

Nachdem wir uns gesetzt hatten, begann ich: »Ich habe eine Skizze gemacht, damit das Konzept noch klarer wird. Ich zeige sie Ihnen kurz.« (Siehe Grafik auf Seite 400)

»Besonders Ihr Stichwort mit dem Großhandel hat zu einer Klarheit beigetragen.«

Herr Radies betrachtete die Skizze einen Moment lang. Dann nickte er: »Ja, das gefällt mir sehr gut. Jeder macht das, was er am besten kann: Die Kurs- und Seminaranbieter kümmern sich um ihre Kurse und Seminare, aber müssen sich nicht mehr mit Vertrieb und Buchungsdetails beschäftigen. Ihr Unternehmen konzentriert sich auf die Technik und die Vermittlung. Die Content-Portale konzentrieren sich auf ihre Zielgruppe und die richtige inhaltliche Zusammenstellung. Und das alles zum Nutzen des Kunden, der dann, wenn er Bedarf am Überwinden von Grenzen oder einfach Lust auf Neues hat, genau die richtigen Angebote eingeblendet bekommt.«

»Ja, und seit Mittwoch hat sich alles geändert«, berichtete ich Wolfgang Radies. »Ich kam am späten Nachmittag in meinem Büro an und

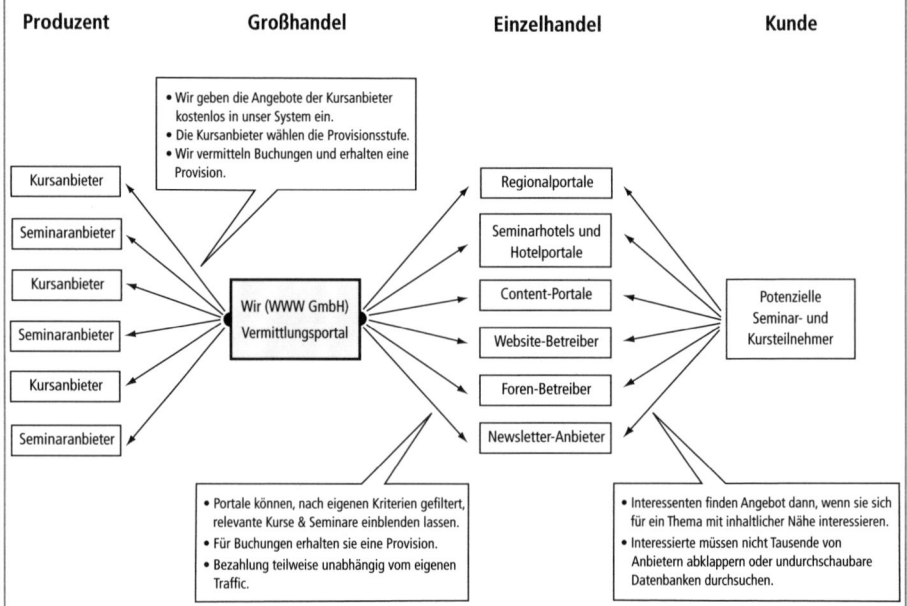

rief sofort alle Mitarbeiter zusammen. Noch ganz euphorisch angesichts meines Erlebnisses am Berg und der neuen Perspektiven, präsentierte ich ihnen das neue Konzept. Und innerhalb kürzester Zeit waren alle begeistert. Ich glaube, in meinem Zustand am Mittwoch hätte ich sogar einen Blinden dazu gebracht, den Mount Everest zu besteigen.

Als ich meinen Mitarbeitern dann klarmachte, dass wir gegen die Uhr arbeiteten, machten alle betretene Gesichter. Bis auf Ann. Sie erklärte, dass es erst dadurch, dass wir gegen die Uhr arbeiten würden, wirklich spannend würde. Und dass sie die Plattform noch gern bis zu ihrem Tourstart am 17. Juni fertig hätte. Nun ist es nahezu unmöglich, gegen ihre Energie zu bestehen. Und seit Mittwoch arbeiten deshalb alle Entwickler nahezu rund um die Uhr. Einige haben sogar ihre Schlafsäcke mitgebracht.

Paul hat bis heute die Wettbewerbsanalysen erstellt. Jetzt gerade sitzt er am Vertriebskonzept. Ab Dienstag will er die ersten Kursanbieter als Kunden haben. Da es keinerlei Risiko und keine Arbeit für sie darstellt, sollte das problemlos funktionieren. Wenn ich noch liquide Mittel hätte, würde ich das am liebsten an ein Callcenter vergeben. Paul ist eigentlich viel zu wichtig.

Maria ist permanent damit beschäftigt, alles zu organisieren. Sie stellt die Liste mit den ersten Content-Portal-Betreibern zusammen und sorgt dafür, dass alle anderen das Nötigste haben. Darüber hinaus hat sie preiswerte deutschsprachige Tippkräfte in Litauen aufgetrieben, um die ersten Kursanbieter einzugeben. Und eine auf unsere Zielgruppen spezialisierte PR-Agentur, die das ganze Projekt in die Öffentlichkeit bringen soll, hat sie auch gefunden.

Ich hätte nie gedacht, dass eine gute Vision, geteilte Werte und eine effektive Strategie eine solche zielgerichtete Energie entfalten können. Es gibt praktisch keine Reibungsverluste und jeder hilft jedem!«

Herr Radies nickte anerkennend: »Sie leisten wirklich ganze Arbeit, Herr Willmann. Und Sie können jetzt auf das zurückgreifen, was Sie in den letzten drei Monaten geschaffen haben. Ihr müder Haufen von Anfang März hätte sich jetzt wohl kaum bewegt.«

»Ja, da haben Sie sicher recht! Jetzt müssen wir nur noch mein Liquiditätsproblem lösen. Am 27. Juni ist die gesetzlich vorgeschriebene Drei-Wochen-Frist um. Bis dahin machen wir aber noch keine zusätzlichen Umsätze. Ich müsste dann Insolvenz anmelden. Wie lösen wir das?«

Herr Radies lachte: »Sie klingen schon viel besser! Vor einigen Tagen hätten Sie noch steif und fest behauptet, dass das nicht geht und Sie das sowieso nicht können. Jetzt gehen Sie stillschweigend davon aus, dass es geht, und fragen nur noch: ›Wie?‹ Gefällt mir gut. Gefällt mir sehr gut!

Sie haben noch siebzehn Tage. Das ist, wenn Sie eine Gewinnerstrategie haben, reichlich Zeit. Natürlich nur dann. Die erste Frage ist: Wie viel zusätzliche Mittel brauchen Sie?«

Ich dachte nach: »Um die Halbierung der Kreditlinie aufzufangen: 50 000 Euro. Und dann kommt es darauf an, wie lange es dauert, bis das neue Konzept greift. Wir haben Sommer. Da sollten sich ziemlich viele für Kurse von Outdoor-Sportarten interessieren. Vielleicht zwei Monate? Aber letztlich habe ich keine Ahnung.«

Herr Radies überlegte: »Wenn das Konzept in zwei Monaten nicht greift, taugt es sowieso nichts. Vielleicht noch einen Monat Puffer für Feinanpassungen. Also drei Monate. Wenn Sie jetzt unendlich viel Vorlauf hätten, um Ihre Finanzierung zu sichern, dann würden Sie sich genug Mittel für ein bis zwei Jahre organisieren. Haben Sie aber nicht. Es geht um das Nötigste. Wie viel benötigen Sie, um die nächsten drei Monate zu überstehen?«

»Zusätzlich zu den noch bestehenden anderen Aufträgen etwa 90 000 Euro. Plus die 50 000 für die Kreditlinie. Also zusammen 140 000 Euro.«

»Gut, die Frage ist einfach: Wie kommen Sie an 150 000 Euro? Im Prinzip gibt es in dieser Reihenfolge folgende Quellen.« Herr Radies schrieb ans Flipchart:

- **Eigene Vermögenswerte verkaufen (privat und Firma) und zurückleasen**
- **Lieferanten**
- **Kunden**
- **Mitarbeiter**
- **Andere Unternehmer**
- **Banken**
- **Institutionelle Investoren**
- **Fördergelder**

»Gehen wir die Quellen im Einzelnen durch. Haben Sie Wertgegenstände in Ihrer Firma, die Sie verkaufen und eventuell zurückleasen können?«

Ich schüttelte den Kopf: »Nein, mein Firmenwagen und die meisten Computer sind sowieso geleast. Und die Büromöbel bringen kaum den Wert, den wir jetzt benötigen. Damit kommen wir nicht weiter.«

»Haben Sie private Mittel zur Verfügung?«, fragte Herr Radies weiter.

»Ich habe noch ein paar Aktien. Vielleicht 7000 Euro. Das ist angesichts unseres Bedarfs eher albern.«

Herr Radies nickte, schrieb »7000« hinter den ersten Punkt und kommentierte: »Fehlen noch 143 000. Nächster Punkt: Lieferanten. Können Sie Ihre Zahlungsfristen verlängern? Oder gibt es einen Lieferanten, der ein immenses Interesse daran hat, dass Sie weiterexistieren?«

Ich dachte einen Moment nach: »In unserem Geschäft gibt es praktisch keine Lieferanten. Außer Computer und Büromaterial und so. Aber das fällt nicht ins Gewicht.«

Unbeirrt fuhr Herr Radies fort: »Wie viel Miete zahlen Sie? Wie hoch ist Ihre Kaution? Und wie hoch ist der Büroleerstand in München?«

»Gegenwärtig bezahlen wir 3200 Euro im Monat. Unsere Kaution war 9000 Euro. Und es stehen einige Büros leer.«

»Gut, reden Sie mit Ihrem Vermieter, dass Sie drei Monate lang nur 1000 Euro bezahlen, dann noch mal zwei Monate lang 2000 Euro und Sie innerhalb eines Jahres Ihr Mietkonto wieder ausgleichen. Dann ist er immer durch die Kaution abgesichert und Sie holen in den ersten drei Monaten 6600 Euro raus.«

»Warum sollte er das machen?«, fragte ich verblüfft.

»Weil Sie sonst drei Monate lang gar nichts bezahlen würden und er Sie umständlich rausklagen müsste. Versuchen Sie es freundlich und kooperativ, aber verplempern Sie mit dem Vermieter keine Zeit! Gut, fehlen also noch 136 400 Euro. Ich möchte Sie jetzt auf einen anderen Aspekt aufmerksam machen. Ihre ersten brauchbaren Umsätze werden Sie im Juli machen. Wenn Sie bei Ihren Kunden, den Kursanbietern, prinzipiell mit Kreditkarte oder Lastschriftverfahren arbeiten, dann haben Sie die Mittel Anfang August auf Ihrem Konto. Die Content-Portale, die die Kurse und Seminare als Werbung einblenden, werden dafür ja von Ihnen bezahlt. In diesem Sinne sind sie auch Lieferanten. Und wenn Sie diese erst Ende August für die Juli-Einblendungen bezahlen, dann können Sie einen Monat mit diesen Mitteln arbeiten. Die Höhe ist natürlich schwer zu schätzen. Aber wenn Sie da unter 10 000 Euro liegen, haben Sie sowieso ein Problem. Also nehmen wir ein Minimum von 10 000 Euro an. Bleiben 126 400 Euro.

Nächste Quelle: Ihre Kunden. Können Sie da an den Zahlungsfristen etwas drehen? Gibt es einen Kunden, der ein ziemlich großes Problem hätte, wenn Sie nicht mehr existieren würden? Und haben Sie eine Chance, noch einen Auftrag von einem Bestandskunden zu akquirieren?«

Ich schüttelte den Kopf. »Also, wir könnten vielleicht noch Aufträge für 30 000 bis 40 000 Euro akquirieren, aber das müssten Paul oder ich machen. Und der Energieaufwand fehlt uns dann bei unserem neuen Projekt.

Dann gibt es in der Tat einen Kunden, der ein extremes Problem hätte, wenn wir nicht mehr da wären. Doch das ist einer, mit dem wir sowieso im Clinch liegen. Keine Chance, aus dem noch mehr Geld herauszuleiern.«

»Was genau wäre sein Problem?«

»Es handelt sich um sein Intranet, mit dem die kompletten firmeninternen Abläufe gesteuert werden. Das muss permanent an neue Abläufe angepasst werden. Und nur wir haben die Quelltexte. Dieser Kunde würde uns allerdings niemals Mittel zur Verfügung stellen. Lieber würde er das Doppelte für seinen Anwalt bezahlen.«

»Wie viel Umsatz machen Sie mit diesem Kunden pro Jahr?«

»Etwa 70 000 Euro. Aber was soll das? Ich sagte Ihnen doch, dass uns dieser Kunde kein Geld geben wird!«

Herr Radies grinste: »Das muss er auch gar nicht. Sehen Sie, dieser Kunde ist unzufrieden mit Ihnen und wünscht sich nichts sehnlicher, als nichts mehr mit Ihnen zu tun zu haben. Erfüllen Sie ihm den Wunsch!«

Ich starrte Herrn Radies verständnislos an.

»Sie haben doch bestimmt ein paar Wettbewerber, oder?«, erkundigte er sich grinsend.

Jetzt dämmerte es mir: »Sie meinen, ich könnte diesen Kunden an einen Wettbewerber verkaufen? Ich drücke dem Wettbewerber für den Betrag x den Quelltext in die Hand und verabschiede diesen Kunden? Das ist genial! Der Kunde ist uns los. Mein Wettbewerber hat zusätzlichen Umsatz. Und wir müssen uns mit diesem Kunden nicht mehr herumschlagen und haben flüssige Mittel. Alle haben einen Nutzen davon. Ich weiß sogar schon jemanden, der das machen könnte. Wie viel kann man dafür nehmen?«

»Der Kunde kann vermutlich nicht einfach das System wechseln, sonst hätte er es schon längst gemacht? Also kann man damit rechnen, dass dieser Kunde noch fünf oder mehr Jahre Kunde ist?«

Ich nickte.

»Dann würde ich es mit 70 000 bis 100 000 Euro versuchen. Da Sie aber unter Zeitdruck stehen, kann auch wesentlich weniger herauskommen. Hängt von Ihrem Verhandlungsgeschick ab. Rechnen wir mit 26 400 Euro, dann fehlen noch 100 000 Euro.

Ach ja«, feixte Herr Radies und schob mir sein Handy hin. »Sie sagten eben, Sie kennen jemanden.«

Ich musste lachen. Dann nahm ich das Telefon und rief an. Wenig später berichtete ich: »Ja, er hat prinzipielles Interesse. Wir treffen uns am Montag, um das genauer zu besprechen.«

»Gut, nächste Quelle: Ihre Mitarbeiter. Sie sagen, Ihre Mitarbeiter sind zurzeit begeistert. Sie haben zwei Ansätze. Erstens können Sie Ihre Mitarbeiter bitten, einer Gehaltsstundung oder vorläufigen Kürzung zuzustimmen. Vermutlich würden sie sich einverstanden erklären. Aber nach allen Erfahrungen geht dann die Stimmung baden, die Energie lässt nach und Sie bekommen weniger Leistung. Auf die Leistung können Sie jetzt natürlich nicht verzichten. Sie könnten es lediglich auf freiwilliger Basis versuchen. Wenn Sie selbst mit einer deutlichen Kürzung vorangehen, dann dürften einige folgen, ohne dass es Motivation kostet. Wie viel könnten Sie bei sich selbst kürzen?«

»Für drei Monate? Etwa 1500 Euro pro Monat.«

»Gut, dann sollten bei Ihren derzeit noch zwölf Mitarbeitern vielleicht nochmals 3500 Euro pro Monat auf freiwilliger Basis zusammenkommen. Bei drei Monaten sind das 15 000 Euro, fehlen noch 85 000.«

Ich staunte immer mehr. Wir hatten noch nicht einmal an Banken oder Geldgeber gedacht und hatten schon fast die Hälfte der benötigten Mittel zusammen.

Herr Radies fuhr fort: »Zweiter Ansatz bei Ihren Mitarbeitern: Sie können sich an Ihrem Unternehmen beteiligen, indem Sie ihnen Anteile verkaufen oder eine stille Beteiligung anbieten. Gibt es Mitarbeiter, die Mittel auftreiben könnten und bereit wären, zu investieren?«

»Von meinen Mitarbeitern hat, soweit ich weiß, niemand Geld. Ich glaube noch nicht einmal, dass einer von ihnen Aktien hat. Das wird uns nicht weiterführen!«

Herr Radies grübelte: »Sie erzählten doch kürzlich von diesem Frank, der bei Ihnen Geschäftsführer werden könnte. Wenn er vorher Geschäftsführer bei einem kleinen Mittelständler war und etwas taugt, dann hat er Mittel.«

»Aber er ist doch überhaupt nicht bei mir angestellt!«, wandte ich ein.

»Na und? Dann tun Sie das eben«, entgegnete Herr Radies. »Die Unterstützung können Sie gerade wirklich brauchen.«

»Sie sind ja völlig irre! Ich soll Frank anstellen und ihn zugleich bitten, noch Geld mitzubringen?« Ich schüttelte den Kopf: »Aber was soll's? Versuchen kann ich es ja.« In vorauseilendem Gehorsam griff ich gleich zu meinem Handy und versuchte Frank zu erreichen. Allerdings vergeblich: »Leider nur die Mailbox. Vermutlich ist er klettern.«

»Wenn er etwas taugt, sollte er in der Lage sein, 25 000 Euro zu investieren. Wissen wir aber nicht. Tragen wir also mal mit Klammer ein.

Nächster Punkt: Andere Unternehmer. Kennen Sie da welche, die investieren würden?«

Ich dachte nach, musste aber schließlich verneinen.

»Macht nichts.« Und dann ergänzte Herr Radies zuversichtlich grinsend: »Ihnen fällt da bestimmt noch jemand ein.«

Ich schüttelte den Kopf angesichts dieser Unverfrorenheit.

»Kommen wir zu den nächsten drei Punkten: Banken, institutionelle Investoren und Fördergelder. Dauert für Sie alles viel zu lange und ist auch in der Folge mit einem immensen Arbeitsaufwand verbunden, der Sie von Ihrer eigentlichen Arbeit ablenkt. Aber«, fuhr er fort, »Sie haben eine Chance.«

Ich schaute Herrn Radies neugierig an.

Er lächelte: »Vereinbaren Sie für nächste Woche einen Termin bei Ihrem Banksachbearbeiter. Nehmen Sie am besten noch Ihren Steuerberater mit, wenn Sie ihn vorher überzeugen konnten und er repräsentierbar ist. Erklären Sie dann, dass Sie mit der Kürzung der Kreditlinie einverstanden sind. Das ist zwar völlig belanglos, weil die Bank sie auch ohne Ihr Einverständnis kürzen wird. Aber da das sonst niemand macht, ist der Überraschungseffekt auf Ihrer Seite.

Stellen Sie dann Ihr neues Konzept vor und handeln Sie heraus, dass er die Kürzung der Kreditlinie um sechs Monate verschiebt. Steigt er auf die Idee ein, können Sie immer noch feilschen. Zum Beispiel wenn es um die Anzahl der Monate geht.«

Ich nickte nachdenklich: »Ja, das könnte klappen! Dann würden wir nur noch 35 000 Euro benötigen. Was machen wir damit?«

»Lassen wir erst mal offen. Sie haben jetzt einige Aufgaben vor sich. Zum Ende der nächsten Woche wissen Sie, was davon klappt und wie viel Liquidität Ihnen das bringt. Wenn dann noch was fehlt, bleiben ja immer noch die Optionen Frank und andere Unternehmer.«

Als ich mir noch mal das Flipchart anschaute, war ich sehr zuversichtlich, dass mir das gelingen könnte. So stellte ich eine Frage, die mich die ganzen letzten Monate schon beschäftigt hatte: »Sagen Sie, Herr Radies, warum haben wir uns eigentlich nicht früher mit der Finanzierung beschäftigt?«

»Aus zwei Gründen. Erstens hätte eine solche Finanzierung ohne eine Strategie und Vision überhaupt nicht funktioniert. Wieso sollten Ihre Mitarbeiter sich auf einen Gehaltsverzicht einlassen? Was hätten Sie der Bank erzählt?

Der zweite Grund wird Ihnen vermutlich nicht gefallen, aber ich möchte ehrlich zu Ihnen sein. Ein Unternehmen hat eine bestimmte Rolle in der gesellschaftlichen Arbeitsteilung zu erfüllen. Damit bekommt das Unternehmen eine Aufgabe, einen unverwechselbaren Sinn, eine Bedeutung. Wenn ein Unternehmen einen solchen Sinn nicht hat, ist diese Firma es nicht wert, weiter zu existieren. Wenn ein Unternehmen diese Bedeutung nicht hat, dann verschwendet es Energie: Menschen, Rohstoffe, Kapital, geistige Fähigkeiten. Es belastet die Umwelt und die Gesellschaft.«

> **Ein Unternehmen hat eine bestimmte Rolle in der gesellschaftlichen Arbeitsteilung zu erfüllen. Damit bekommt das Unternehmen eine Aufgabe, einen unverwechselbaren Sinn. Wenn ein Unternehmen einen solchen Sinn nicht hat, ist diese Firma es nicht wert, weiter zu existieren.**

»Moment, also Rohstoffe und Kapital verstehe ich. Aber es gibt doch Arbeitslose genug, sodass man kaum von Verschwendung reden kann.«

»Da draußen in der Welt«, er machte eine große, weit ausladende Geste mit seinem rechten Arm, »da draußen in der Welt finden Sie Probleme und Herausforderungen ohne Ende. Jede Herausforderung birgt das Potenzial zu ihrer Lösung in sich. Sehr viele – wenn auch nicht alle – dieser Probleme können Sie mit einem Unternehmen lösen. Die meisten Probleme dieser Welt bergen also das Potenzial zur Gründung eines Unternehmens. Und schaffen damit Arbeitsplätze. Aber wohlgemerkt: als Resultat, nicht als Ziel.«

»Ja, aber dann müssten doch genügend Arbeitsplätze vorhanden sein?«

»Leider nein. Der Grund ist ganz einfach: Die meisten Menschen beschäftigen sich ausschließlich mit ihren eigenen Problemen. Da das außer diesen Menschen und ihrem Freundeskreis, der darunter leiden muss, niemanden interessiert, fließt ihnen keine Energie zu. Ihre Probleme werden so noch größer. Erst in dem Moment, in dem Menschen auf den Gedanken kommen, von ihren eigenen Problemen zu abstrahieren und sich einer der unzähligen Herausforderungen dieser Welt widmen, erst dann beginnt externe Energie zu fließen. Sonst nicht.

Diese Ansicht ist nicht populär. Aber es ist gut, wenn solche sinnlosen Unternehmen verschwinden. Es ist der ganz natürliche Weg der Erneuerung. Ich weiß nicht, ob Sie diese Haltung nachvollziehen können. Am ersten Tag unserer Zusammenarbeit habe ich Ihnen erzählt, dass ich selbst mit zwei Unternehmen gescheitert bin. Beide hatten diesen Sinn nicht. Deshalb war es gut, dass die beiden Unternehmen gescheitert sind. Meine damaligen Mitarbeiter wurden nicht in einem langwierigen, sinnlosen Abwehrkampf verschlissen und die meisten fanden eine neue, bessere Aufgabe. Die Banken mussten nicht noch mehr Kapital zuschießen. Und ich hatte den Freiraum und die gewonnene Erfahrung, um etwas Neues, Sinnvolles zu beginnen. Natürlich habe ich das damals noch nicht so gesehen. Dieser Blickwinkel entstand erst durch die Unterstützung meines Coachs.

Ich würde heute niemals einem Unternehmen helfen, externe Mittel zu akquirieren und zu verschwenden, wenn der Unternehmer nicht zuvor einen Sinn und eine Bedeutung, also einen Nutzen aus der Perspektive des Kunden, dafür geschaffen hätte.«

»Ist das nicht ein bisschen radikal?«, unterbrach ich.

»Nein, reiner Input bringt sowieso nichts, wie man zum Beispiel auch an den fünf neuen Ländern und an Berlin sieht. In der Tat ist es sogar so, dass ein System, das nicht funktioniert, nicht dadurch zum Funktionieren gebracht wird, dass man es in seiner Fehlfunktion durch die Zufuhr externer Mittel aufrechterhält. Ein System, das nicht funktioniert, benötigt Störungen in einer Form, die das System wahrnehmen kann, um sich dann zu reorganisieren.

Oft führt die Zufuhr externer Mittel gerade zum Gegenteil des Angestrebten. Der Unternehmer wird sorglos. Er muss nicht mehr auf die effektivste Art vorgehen. Zugleich beginnt er sich auf die Geldgeber zu konzentrieren statt auf seine Kunden. Geldgeber wollen nämlich auch Aufmerksamkeit. Und die fehlt an anderer Stelle. Fatalerweise wollen sie umso mehr Aufmerksamkeit, je schlechter es bei Ihnen läuft. Sie kommen so in einen Teufelskreis, aus dem Sie nicht mehr herausfinden. Und es muss Ihnen klar sein: Irgendwo sitzt jemand, der sich mehr auf Ihre Kunden konzentriert als Sie. Und der deshalb irgendwann die adäquateren Dienstleistungen bietet. Und dann sind Sie draußen.

Zudem ist für externe Geldgeber vor allem die Rendite interessant. Große Renditen freilich können Sie glaubwürdig nur dann darstellen, wenn Ihr Markt sehr groß ist.«

»Was dann direkt zu einer falschen Strategieentwicklung führt, weil es ja gerade darum geht, eine möglichst winzige Zielgruppe zu finden«, ergänzte ich. »So habe ich das noch nie betrachtet.«

Herr Radies nickte. »Der Weg ist immer umgekehrt: Wirken der Wertekern, die Vision und die Strategie anziehend, fließen Ihnen die Mittel wie von allein zu. Wirken diese nicht anziehend, brauchen Sie Kapital und es hilft Ihnen doch nicht.

> **Wirken der Wertekern, die Vision und die Strategie anziehend, fließen Ihnen die Mittel wie von allein zu. Wirken diese nicht anziehend, brauchen Sie Kapital und es hilft Ihnen doch nicht.**

So wurde bei einer Excellence-Barometer-Untersuchung im Jahr 2004 herausgefunden, dass das schlechteste Viertel aller Unternehmen drei- bis viermal häufiger von Venture-Capitalists oder durch öffentliche Förderungen finanziert ist als das beste Viertel. Das beste Viertel aller Unternehmen finanziert sich hingegen weitestgehend selbst. Und subventioniert sogar noch durch Steuern, die von einem Bürokratenheer in Fördergelder umgewandelt werden, das schlechteste Viertel.

Für einige wenige neu gegründete Unternehmen benötigen Sie etwas Kapital. Dabei muss man klar sagen, dass heute die meisten Unternehmen mit dem eigenen Ersparten oder der Erbschaft der Oma gegründet werden könnten. Meist handelt es sich ja um wenig kapitalintensive Dienstleistungsunternehmen.«

»Ja, ich hatte auch nur 1000 oder 2000 Euro, einen Computer und einen Anzug, als ich begann«, grinste ich. »Aber um zum Beispiel eine Standardsoftware auf den Markt zu bringen, hätte ich externes Kapital benötigt.«

»Ja, in einigen wenigen Fällen kommen Sie um externes Kapital nicht herum«, bestätigte Herr Radies. »Aber in den weitaus meisten Fällen findet sich, wenn Sie etwas unbedingt wollen, immer ein Weg. Ohne Kapital müssen Sie eben etwas länger nachdenken. Und mit Kapital hören Sie auf zu denken. Das wollte ich vermeiden. Habe ich Ihre Frage beantwortet?«

»Ja. Haben Sie.« Dann fasste ich fröhlich zusammen: »Gut, ich bin jetzt an folgendem Punkt: Wir stellen das Portal in einer Woche fertig. Die liquiden Mittel dürfte ich herbeischaffen können. Notfalls setzen wir uns nächste Woche nochmals zusammen, um die Lücke zu füllen. Der Rest ist ein bisschen Marketing und operatives Geschäft. Kein großes Problem mehr. Damit sind wir eigentlich fertig. Und können zusehen, wie mein Unternehmen abhebt wie eine Rakete.«

Herr Radies schüttelte leider den Kopf: »Kaum. Sicher werden Sie am Konzept noch ein paar Details anpassen müssen. Das kann zu Verzögerungen führen. Aber vermutlich ist das beherrschbar.

Doch Sie haben ein anderes Problem: Wenn Sie Ihren Computer an ein Starkstromkabel anschließen, was passiert dann wohl?«

»Bestenfalls fliegen ein paar Funken. Wahrscheinlicher ist, dass die Kiste abbrennt«, erwiderte ich. Einen Moment später nickte ich: »Verstehe! Sie meinen, dass meinem Unternehmen im Erfolgsfall mehr

Energie zufließt, als es verkraften kann. Das ist aber doch endlich mal ein angenehmes Problem. Davon habe ich immer geträumt!«

»Ich fürchte, da täuschen Sie sich! Abbrennen hätte noch etwas sehr Beschauliches. Es gibt nicht wenige Unternehmen, die in der Wachstumsphase einfach explodiert sind. Die Probleme häufen sich dann wie in einer unkontrollierbaren Kettenreaktion. Wenn Sie in solch eine Phase hineingeraten, können Sie kaum mehr etwas machen. Ihr Unternehmen ist nicht mehr steuerbar. Die einzige Chance, die bleibt, ist radikal zu beschneiden. Dann allerdings zieht jemand an Ihnen vorbei und Sie sind auch weg.«

»Mit anderen Worten, es wäre besser, mich vorzubereiten. Richtig?«

»Es wäre sogar verdammt viel besser!«, antwortete Wolfgang Radies. »In etwa ein bis zwei Wochen haben Sie, wenn alles gut läuft, nur noch sehr wenig zu tun. Frank ist Geschäftsführer, die Software funktioniert, die Mittel sind da. Sie werden noch mit der Einarbeitung von Frank zu tun haben. Sie werden vielleicht noch ein paar Feinjustierungen an der Strategie vornehmen müssen. Und Sie werden einige öffentliche Termine wahrnehmen, um Bekanntheit zu schaffen. Aber daneben haben Sie, weil Sie die letzten Monate Ihre Hausaufgaben gemacht und Platz geschaffen haben, freie Zeit. Und diese können Sie nutzen, um Ihr Wachstum zu planen und vorzubereiten.«

»Gut, dann sollten wir uns jetzt damit beschäftigen, damit ich eine grobe Vorstellung davon bekomme, worin meine Arbeit bestehen wird.«

»Es gibt unendlich viel externe Energie. Und es gibt Ihre Kristallisationspunkte der unternehmerischen Vision und der Werte. Dadurch wird Energie angezogen: Kunden, Mitarbeiter, Kapital, Öffentlichkeit. Nun kommen all die weiteren Stakeholder ins Spiel. Aber keine Sekunde früher!

Es gibt in diesem Bereich zwei Aufgaben: Wie bringen Sie die externe Energie zum Fließen? Und wenn diese fließt, wie organisieren Sie Ihr Unternehmen so, dass Sie etwas damit anfangen können? Die erste Aufgabe haben Sie demnächst erfüllt. Dabei ging es um das Prinzip, einen anziehenden Visions- und Wertekern zu schaffen und sich auf die Energie zu konzentrieren, die sowieso in Ihre Richtung fließt. Natürlich ist es eine permanente Aufgabe, so viel Energie anzuziehen, das heißt, eine solche Begeisterung bei Kunden, Mitarbeitern, Kapitalgebern und Öffentlichkeit zu schaffen und sich solche Rücklagen aufzubauen, dass Ihr Energiepotenzial bis zu einer Ihrer Vision entsprechenden Größe wächst.«

»Gut, das mit der Begeisterung und der Anziehung verstehe ich, aber wie soll das mit den Rücklagen funktionieren? Wir machen ja noch nicht einmal Gewinne!«

»Die meisten Unternehmen machen keinerlei Gewinne«, grinste Herr Radies. »Das liegt schlicht daran, dass sie ihre Gewinne nicht planen. Wenn Sie den Nutzen für den Nachfolger steigern wollen, dann sind Gewinne eine notwendige Komponente. Nicht mehr, aber auch nicht weniger. Deshalb müssen Sie sich natürlich im Rahmen Ihrer Unternehmeraufgabe darum kümmern.

Wissen Sie, wie die meisten Menschen mit ihrem Geld umgehen?«

Ich schüttelte den Kopf.

»Am Anfang des Monats erhalten sie ihr Gehalt. Das, was am Ende des Monats übrig bleibt, wird beiseitegelegt. Nur: Es bleibt fast nie etwas übrig. Eher umgekehrt: Am Ende des Geldes ist zu viel Monat übrig. Die meisten Unternehmer und Selbstständigen machen das genauso. Das zeigt sich schon in einer normalen an der BwA orientierten Finanzplanung. Der Gewinn ist das, was am Ende übrig bleibt. Er steht ganz unten.

Der Money-Coach Bodo Schäfer schlägt für Privatpersonen einen einfachen Mechanismus vor: Es werden zu Beginn des Monats zehn Prozent beiseitegelegt und gespart. Dieser Mechanismus funktioniert bei Unternehmen genauso. Sie ändern Ihre Finanzplanung ab: Wenn der Gewinn den Engpass bildet, dann tragen Sie den Gewinn in die zweite Zeile direkt unter den Erlösen ein und legen den entsprechenden Betrag auf ein separates Rücklagen- und Investitionskonto. Falls die Bekanntheit den Engpass bildet, dann tragen Sie die PR-Ausgaben in der zweiten Zeile ein.«

»Aber das ist doch bloßes Zahlengeplänkel«, entgegnete ich.

»Nein«, widersprach Herr Radies, »Sie beginnen anders zu denken. Vorher reichte es, wenn am Ende plus/minus null stand. Der Gewinn war ein nettes Zubrot. Jetzt reicht es auch, wenn Sie unten bei plus/minus null herauskommen. Aber dann haben Sie den Gewinn schon gemacht. Am besten geben Sie den Zugang zu diesem Gewinnkonto jemand anderem und betrachten das wie ein weiteres Gehaltskonto. Sie wissen schon: Das Dringende mit den zwei Füßen unten dran. Okay?«

Mir ging langsam ein Licht auf: »Sie meinen, während der Gewinn vorher nur ein schöner Nebeneffekt war, wird er so notwendige Komponente, um meine Aufgabe als Unternehmer zu erfüllen? Das klingt äußerst einleuchtend und zwingt wirklich zu einer völlig anderen Planung!«

»Gut, dann kommen wir zur zweiten Aufgabe im Bereich der externen Energie. Nämlich zur Frage, wie Sie Ihr Unternehmen so organisieren, dass Sie auch etwas mit dieser Energie anfangen können.

In der Natur gibt es verschiedene Wachstumsmodelle. Das betrifft erstens die Fortpflanzung: Einfache Lebensformen pflanzen sich über Zellteilung fort, komplexe Lebensformen über geschlechtliche Fortpflanzung. Das betrifft zweitens die Lebensräume: Lebensräume werden zum Beispiel über Millionen oder gar Milliarden von kleinen einfachen Lebewesen erschlossen, wie beispielsweise Ameisen, oder über einige Zehntausend großer Lebewesen wie Löwen oder Elefanten. Drittens die Entwicklung der Individuen: Bei Raupen und Schmetterlingen ändert sich im Lauf der Zeit die Struktur und Lebensform, bei anderen hingegen bleibt diese Struktur prinzipiell gleich.

Genauso ist es bei Unternehmen. Sie können wachsen und dabei mehrfach die Struktur wechseln. Oder sie können sich multiplizieren mit Lizenz-, Filial-, Franchise- oder MLM-Systemen. Dann gibt es fraktale Modelle, das heißt Unternehmen, die ihre Strukturen auf jeder Ebene reproduzieren wie zum Beispiel Würth. Und es gibt Unternehmen, die sich ab einer gewissen Größenordnung immer wieder selbst teilen. Der Hersteller von GoreTex®, Gore, ist zum Beispiel so ein Unternehmen. Dann können Sie auf internationaler Ebene unterschiedlich agieren. Entweder als große Einheit oder mit nationalen Tochtergesellschaften oder mit selbstständigen Partnern. Alle diese Modelle haben bestimmte Vor- und Nachteile.«

Ich dachte nach: »Da unser System davon lebt, eine gigantische zentrale Datenbank zu betreiben, benötigen wir auch ein eher zentral gesteuertes Unternehmen. Höchstens zur Internationalisierung könnten jeweils nationale Partner zur schnelleren Markteinführung von Bedeutung sein.«

Herr Radies nickte: »Ja, und die Vorteile der großen Marktnähe in Filial- oder Franchisesystemen bringen Ihnen ebenfalls nichts, da der Vertrieb im Wesentlichen über das Internet abläuft.

So stehen Sie vor den beiden Gefahren eines großen zentral gesteuerten Unternehmens: Erstens müssen Sie mit jeder weiteren Größenstufe permanent restrukturieren. Zweitens und viel wesentlicher: Je größer das Unternehmen wird, desto kleiner wird der Anteil der Leute, die mit den Kunden direkt zu tun haben. Und damit steigt die Gefahr, dass das Unternehmen sich mehr mit sich selbst beschäftigt als mit den Kunden.«

»Das klingt alles interessant. Und vermutlich haben Sie auch recht, dass ich mich frühzeitig damit beschäftigen muss, aber wie lassen sich solche Probleme vermeiden?«

»Indem Sie sich eben frühzeitig Gedanken über die Strukturen machen. Sie können zwingend festschreiben, dass alle Mitarbeiter in periodischen Abständen ein Praktikum bei Ihren Kunden machen müssen, um diese Kundennähe zu erhalten. Oder Sie können feste Quoten zwischen Mitarbeitern im kundennahen Vertrieb und eher kundenfernen Entwicklern festlegen.

Sie könnten auch eine zentrale unabhängige Entwicklungsgesellschaft einrichten und der Vertrieb spezialisiert sich fraktal auf immer kleinere Zielgruppensegmente. Oder auf immer weitere Segmente. Sie könnten so neben den Outdoor-Kursanbietern auch die Business-Seminaranbieter oder andere erreichen. Dabei handelt es sich ja um unterschiedliche Zielgruppen. Diese Zielgruppen haben sicher im Detail verschiedene Probleme und wollen vermutlich unterschiedlich angesprochen werden. Das hätte den Vorteil, dass Sie näher an den Zielgruppen wären. Und Sie könnten auch einen Wettbewerb zwischen den Einheiten installieren. Aber zugleich besteht die Gefahr, dass die Entwicklungsgesellschaft abhebt. Wie vermeiden Sie das? Abhängig von der Struktur bilden sich auch immer bestimmte Interessengruppen. Wie vermeiden Sie einen Krieg zwischen Vertrieblern und Entwicklern?«

»Moment, mir schwirrt der Kopf!«, unterbrach ich. »Wie komme ich bei dieser Vielzahl von Möglichkeiten zu einer Entscheidung?«

»Nachdenken! Finden Sie heraus, wie groß der Bedarf ist. Sie wollen, nein, Sie müssen dort Marktführer sein. Also müssen Sie einen Marktanteil von mindestens dreißig Prozent haben. Finden Sie dann heraus, welche Leistungen Sie für eine solche Marktgröße bringen müssen. Und versuchen Sie für diese Größe ein Organigramm zu erstellen. Spielen Sie dann durch, was dieses Organigramm für die unterschiedlichen Aspekte Ihres Unternehmens bedeutet: operativ, aber auch in Bezug auf Kundennähe, auf Ihren Wertekern, auf Zusammenhalt, auf den Informationsfluss, auf die strategische Steuerbarkeit bei Änderungen, auf die Konsequenzen aus Größenänderungen. Das wichtigste Kriterium ergibt sich dabei aus Ihrer Vision: den Kunden immer größeren Nutzen zu bieten. Wenn Sie dann zu einem Ergebnis gekommen sind, haben Sie ein klares Modell, auf das Sie hinarbeiten können. Diesen Bauplan sollten Sie kommunizieren, sodass auch alle Mitarbeiter zielgerichtet arbeiten können.«

»Gut, ich sehe, dass das eine Menge Arbeit ist, die wir jetzt nicht leisten können. Ich werde mich dahinterklemmen, würde dann aber das entstehende Modell gern noch mit Ihnen besprechen. In Ordnung?«

Herr Radies nickte: »Das Wachstumsmodell ist der erste Schritt.

Der zweite Schritt sind dann die Wachstumsprinzipien. In der Natur gibt es Gene. Für menschliches Wissen und menschliche Strukturen wie etwa Unternehmen gibt es das Modell der Meme, das insbesondere von Susan Blackmore ausgearbeitet wurde. Meme sind Konzepte, Ideen, Melodien und so weiter, die sich wie Gene durch Kopien ihrer selbst verbreiten. Beim Unternehmen können Sie zum Beispiel die Werte oder Führungsstrukturen oder auch gewisse Prinzipien, wie zum Beispiel sich immer auf das Erwünschte zu fokussieren, als Meme bezeichnen.

Sowohl bei der Verbreitung der Gene als auch der Meme geht es einerseits um eine gewisse Strukturgleichheit, andererseits um eine gewisse Variabilität. Ohne eine Strukturgleichheit landen Sie organisch bei Krebszellen, unternehmerisch im Chaos. Und ohne Variabilität können Sie sich nicht an veränderte Bedingungen anpassen und werden aussterben. Entscheidend ist die Geschwindigkeit der Variabilität. Was ist in Ihrem Markt in den nächsten fünfzig Jahren die richtige Geschwindigkeit?

Im Gegensatz zum organischen Wachstum, bei dem neue Zellen aus vorhandenen entstehen, Gene also kopiert werden, müssen Sie beim Unternehmenswachstum Menschen integrieren, die ihre Meme von anderen Orten mitbringen. Und hier beginnt nun die hohe Schule des Unternehmensdesigns. Wie wählen Sie die Mitarbeiter aus, sodass sie optimal zu den Unternehmens-Memen passen? Wie übertragen Sie diese Meme überhaupt an Mitarbeiter, und wie sollen diese Mitarbeiter die Meme an zukünftige Mitarbeiter übertragen, die Sie vielleicht gar nicht mehr persönlich kennen? Wie organisieren Sie Variabilität? Ab welchem Punkt betrachten Sie Variabilität als Krebs und wie trennen Sie sich davon?

Wir sind hier bei der entscheidenden Frage angelangt, wie Ihre Idee, die bislang nur in Ihrem Kopf ist, in einem möglichst großen Umfeld Bedeutung erlangt. Solange sie nämlich nur in Ihrem Kopf ist, ist die Idee praktisch bedeutungslos und Sie haben noch kein Unternehmen.

Und hier macht der größte Teil der Unternehmen Fehler. Sie haben meist keine klaren Vorstellungen von ihrem Wachstum und den Regeln dahinter. Wenn diese nicht definiert sind, dann erkennen Sie noch nicht einmal den Krebs.«

Ich musste grinsen. Das Bild vom Unternehmenskrebs konnte ich mir gut vorstellen. Wenn das ganze Unternehmen zu wuchern begänne und nicht mehr kontrollierbar wäre. Wenn Mitarbeiter nach völlig unterschiedlichen Kriterien eingestellt und entlassen würden und die Orientierung verschwinden würde. Wenn sich Fraktionen bilden und gegeneinander kämpfen würden. Wenn man das Problem in seinen ganzen Ausmaßen erst viel zu spät erkennen würde. Und wenn es in der Regel sehr tiefe Schnitte erfordern würde oder gar unheilbar wäre. »Das heißt, ich sollte möglichst schnell nach der Festlegung des Ziel-Organigramms festlegen, welche Einstellungskriterien und -verfahren wir haben, wie bei uns geführt wird, wie Mitarbeiter geschult und integriert werden? Und auch was wir keinesfalls tolerieren und wann wir entlassen?«

»Ja. Genau!«, sagte Herr Radies. »Und dabei helfen Ihnen wieder Ihre Werte. Daraus lebendige Geschichten zu entwickeln, die Herzen zu gewinnen und Handlungen zu formen ist das eine. Das andere ist, diese Werte so in Systeme zu gießen, dass sie auch ohne ihr Zutun an jeder Stelle im Unternehmen gelebt werden. Auch dann, wenn Sie nicht mehr da sind.«

In diesem Moment klingelte das Telefon. Frank war dran. Er hatte meine Nachricht auf seiner Mailbox abgehört. Ich schilderte ihm in wenigen Worten die Umrisse meiner Strategie und machte ihm das Angebot, sich als Geschäftsführer an meiner Firma zu beteiligen. Als ihm klar wurde, dass er dabei seine private Vorliebe für Outdoor-Sportarten und seine beruflichen Interessen unter einen Hut bringen konnte, schlug er vor, am Abend in München zusammen essen zu gehen. Ich sagte sofort zu.

Dann wandte ich mich wieder an Herrn Radies: »Die Zukunftsmusik ist wichtig und ich werde mich in ein bis zwei Wochen damit intensiv beschäftigen. Durch die Fragen, die Sie gerade gestellt haben, wurde mir noch klarer, was eigentlich die Aufgabe des Unternehmers ist: nämlich ein Unternehmen mit seinen kompletten Funktionsweisen zu konzipieren und aufzubauen. Das sind Themen, die ich mit meinem früheren Fachkraftblick noch nicht einmal gesehen habe.

Aber jetzt habe ich ein neues konkretes Problem. Angenommen, ich stelle Frank ein. Was sind dann seine Aufgaben und wo liegt die Abgrenzung zu mir? Wie kann ich ihn führen?«

»Die Grundprinzipien sind dieselben wie bei Sabine, Norbert oder Paul«, erklärte Herr Radies. »Also zu Beginn tägliche Meetings zur Einarbeitung und Kontrolle. Vermutlich haben Sie, da Sie konsequent mit Ihrem Unternehmersystem gearbeitet haben, aufgeschrieben, was vor drei Monaten gut funktionierte und was Sie hätten besser machen können. Richtig?«

»Ja, das ist kein Problem!«, bestätigte ich. »Ich habe mir damals auch einige Ideen dazu notiert. Aber welche Aufgaben gebe ich ihm? Und was kontrolliere ich genau?«

»Zuerst: Führen Sie ihn schrittweise heran. Über Ihre Werte und Vision haben Sie sicher schon mit ihm gesprochen?«

»Ja, da liegen wir völlig auf einer Wellenlänge.«

»Hervorragend. Dann soll er sich zu Beginn um den ganzen Bereich Marketing, Vertrieb und PR kümmern. Die Entwicklung scheint bei Sabine und den anderen in guten Händen zu sein. Aber Paul hängt etwas in der Luft. Und das wird Ihr Engpass sein, um möglichst schnell hochzukommen.

Außerdem ist es wahrscheinlich, dass die Bank noch zickt und unbedingt einen Businessplan mit genauen Zahlen haben will. Mit diesem Unfug sollten Sie sich als Unternehmer überhaupt nicht beschäftigen. Reine Zeitverschwendung. Leider notwendig, um an die Mittel zu gelangen. Lassen Sie einen solchen Businessplan auf Basis Ihres Konzepts von Frank oder noch besser von Ihrem Steuerberater erstellen.«

»Das hatte ich auch schon vermutet, dass Businesspläne Unfug sind.

Ich habe meinen Plan, den ich damals erstellte, um die Kreditlinie bei der Bank zu erhalten, danach nie mehr angeschaut. Alle Gründungsberater haben mir damals erklärt, wie immens wichtig ein solcher Plan für den Erfolg wäre. Dabei spielte er nicht die geringste Rolle.« Dann lachte ich: »Hätte ich eigentlich erwarten können, dass Sie als Unternehmercoach nun das Gegenteil sagen.«

Herr Radies grinste: »Sehen Sie, in den letzten zehn bis fünfzehn Jahren wurden – unterstützt durch Banken, Businessplan-Wettbewerbe, Fördergeldvergaberichtlinien und Vorgaben für Gründungszuschüsse – Businesspläne für Unternehmensgründungen praktisch zwangsdurchgesetzt. Zumindest für die Gründungen, die externes Kapital benötigten. Die Anzahl der Insolvenzen ist seither eher gestiegen. Das heißt, auf der sachlich-objektiven Seite ist der Nutzen solcher Businesspläne kaum so umwerfend, dass er statistisch signifikante Verbesserungen gebracht hätte. Und die subjektive Seite des Unternehmers haben Sie ja eben bestätigt: Da hat der Businessplan auch keinen Nutzen, sondern verschwindet in der Schublade.

Das Problem ist, dass das ganze Dokument den falschen Adressaten hat. Der anvisierte Leser für den Businessplan ist nicht der Unternehmer oder dessen Mitarbeiter, die wissen wollen, was sie zu tun haben, und dafür einen Plan brauchen, sondern der anvisierte Leser ist ein Banker, ein Investor, ein Türhüter für Fördergelder und Zuschüsse. Und deshalb ist der Durchschnitts-Businessplan auch komplett auf deren Zahlenerwartungen ausgerichtet.

Abhängig von der Zielgruppe ändern sich auch die Interessen und somit die Inhalte. Das wesentliche Interesse der Leser eines Businessplans, also von Investoren, ist, das eingesetzte Kapital bei möglichst geringem Risiko mit möglichst hoher Verzinsung zurückzubekommen. Dieses Interesse ist natürlich legitim. Aber es führt in Bezug auf die Unternehmensführung zu einer falschen Denkhaltung und einer Ablenkung vom Zweck eines Unternehmens. Das hatten wir ja schon an unserem ersten Tag.

Das Ergebnis einer solchen Ausrichtung der Businesspläne auf die

Rendite- und Risikoerwartungen der Investoren: Wer einen Businessplan liest, weiß nicht, wie das Unternehmen irgendwann einmal aussehen wird. Wofür steht das Unternehmen? Wie sind die Kundenbeziehungen? Wie arbeitet man im Unternehmen zusammen?

Wer einen Businessplan liest, weiß auch nicht, was er tun soll. Wie wird begonnen, das Unternehmen aufzubauen? Wie werden die Kundenbeziehungen gestaltet? Wie werden die Innovationen vorangetrieben? Nach welchen Kriterien werden Mitarbeiter eingestellt? Wie werden Prozesse erarbeitet und getestet?

Und wer einen Businessplan liest, weiß nicht, was getan werden soll, wenn die Wirklichkeit anders aussieht. Und sie sieht immer anders aus. Wie soll das Management von Chancen und Risiken konkret gestaltet werden? Wie werden Reserven aufgebaut – und zwar so, dass die Investoren sie nicht gleich wieder zur eigenen Risikominimierung abschöpfen? Welche Reserven dürfen unter welchen Bedingungen wie benutzt werden?

Betrachtet man beispielsweise einen Plan eines Architekten und weiß danach nicht, wie das Haus aussehen soll oder wie die Wände gebaut werden sollen, dann taugt der Plan nichts. Selbst dann nicht, wenn unten rechts der exakte Preis für den Hausbau steht. Genauso ist es mit den Businessplänen. Und weil die meisten Unternehmer dies intuitiv ahnen, verschwinden die Pläne nach ihrer Erstellung in den Schubladen und werden dann nie wieder gesichtet.*

Und für Schubladenware sollten Sie so wenig Zeit wie möglich verschwenden. Ihr Geschäftsführer sollte das am besten auch nicht tun, aber er wird um ein paar Abstimmungsarbeiten nicht herumkommen.

Allerdings möchte ich einem Missverständnis entgegenwirken. Es geht nicht darum, auf die Erstellung eines Plans zu verzichten. Ihr Ziel

---

* Ausführlicheres zum Thema Businesspläne lesen Sie unter
http://www.unternehmercoach.com/coach-unternehmer-coaching-business-plaene-plan-sinn-unsinn.htm.

ist, einen Plan zu erstellen, mit dem Sie, Ihr Manager und Ihre Mitarbeiter an Ihrem Unternehmen arbeiten können. Das ist zu neunzig Prozent etwas anderes als ein typischer Businessplan.«

»Sie sprechen mir aus dem Herzen«, pflichtete ich Wolfgang Radies bei. »Aber irgendwie werde ich den Verdacht nicht los, dass Sie etwas gegen Banker und Investoren haben?«

»Nein, das täuscht«, erwiderte Herr Radies ganz ernst. »Sehen Sie, ich bin selbst auch Investor. Als solcher nimmt man eine andere Perspektive ein, und das ist auch gut so, wenn man investieren will. Aber diese Perspektive ist für den Aufbau eines Unternehmens schlicht unbrauchbar. Man muss unterscheiden können, welche Rolle man gerade innehat – und die meisten Investoren und Banker können das leider nicht.«

Ich nickte verwundert, wollte dann aber mein eigentliches Thema wieder aufgreifen: »Zurück zu Frank. Also Marketing, Vertrieb, PR und Finanzplanung koordinieren und managen. Was noch?«

»Natürlich sollte er bei allen Meetings mit Sabine dabei sein. Schließlich wird er sie irgendwann führen. Und er sollte ein ähnliches System nutzen wie Ihr Unternehmersystem. Natürlich mit ein paar Unterschieden. Zum Beispiel sollte hinter seinen Aufgaben überwiegend der Buchstabe M auftauchen.

Jetzt zur anderen Frage: Was kontrollieren Sie? Zu Beginn alles. Am besten besprechen Sie mit ihm, was Sie wann kontrollieren werden. Und wann Sie welche Kontrollen reduzieren. Wenn Sie einmal gemeinsam definiert haben, was Sie kontrollieren werden, dann entfällt der Gängelungsaspekt der Kontrolle und Sie entwickeln sich sozusagen zu seinem Kunden. Sie sind der mit den zwei Beinen, der in seiner Tür steht. Später kontrollieren Sie dann nur noch drei Bereiche. Diese aber konsequent.«

Ich nickte. »Natürlich die Umsätze und Gewinne. Was noch?«

Kopfschüttelnd verdrehte Herr Radies die Augen: »Was haben wir in den letzten Monaten besprochen? Was ist die Aufgabe eines Unternehmens?«

Etwas irritiert antwortete ich: »Den Kunden einen überragenden Nutzen zu bieten …« Und schlagartig dämmerte es mir, worauf er hinauswollte. »… und Sie meinen, das ist auch das Allererste, was ich kontrollieren muss. Bietet das Unternehmen seinen Kunden einen überragenden Nutzen oder nicht? Soll ich das etwa noch vor den Gewinnen kontrollieren?«

»Ja, selbstverständlich!«, explodierte Herr Radies förmlich. »Wie wollen Sie denn Nutzen bieten, wenn Sie nicht kontrollieren, ob das, was Sie machen, jemandem nutzt? Außerdem lebt dieses ganze Konzept von der Glaubwürdigkeit. Wenn Sie Ihrem Kunden sagen, dass Ihnen Kundenbegeisterung über alles geht, Sie aber nur Ihre Finanzkennzahlen im Kopf haben, wird er Ihnen nicht glauben. Und wenn Sie Ihren Mitarbeitern sagen, dass sie sich vor allem um die Kundenzufriedenheit kümmern sollten, während Sie sich selbst hingegen als Erstes auf die Finanzkennzahlen stürzen, dann werden Ihnen die Mitarbeiter auch nicht glauben. Vermutlich können beide nicht einmal sagen, warum sie Ihnen nicht glauben, aber den Widerspruch zwischen dem, was Sie sagen, und dem, was Sie tun, werden sie wahrnehmen. Darauf können Sie sich verlassen!

Das Mindeste, was dann passieren wird, ist, dass Ihre Mitarbeiter und Ihre Kunden Sie imitieren. Das heißt, Ihre Mitarbeiter werden als Erstes auf ihre Gehaltszettel schauen und Ihre Kunden zuerst auf die Höhe der Rechnung. Das ist sicher nicht das, was Sie wollen. Das Wahrscheinlichere ist jedoch, dass Ihr gesamtes Konzept zusammenbricht und sich die Energie dahinter einfach in Luft auflöst. Das Erste, was Sie messen müssen, ist und bleibt der Kundennutzen.«

»Also zum Beispiel regelmäßige Kundenbefragungen machen.«

»Ja, auch das. Aber noch besser ist: Halten Sie sich bei Ihren Kunden auf. Sprechen Sie *täglich* mit ihnen. Und beobachten Sie Ihre Kunden *täglich* – das ist das Wichtigste: Entscheidungen und Handlungen sind ja weitgehend unbewusst. Wenn Sie nur mit Ihren Kunden sprechen würden, hätten Sie nur deren einseitige Sicht, wie sie sich die Welt erklären.«

»Ja, aber dann habe ich doch noch nichts gemessen.«

Herr Radies lächelte: »Sie sind doch Physiker? Dann ist Ihnen folgende Aussage von Einstein vielleicht geläufig: ›Nicht alles, was man zählen kann, zählt auch, und nicht alles, was zählt, kann man zählen.‹ Die Zahlen brauchen Sie nur, wenn Sie aus dem Kriterium des Kundennutzens ein Bonussystem entwickeln. Das ist nicht das Verkehrteste. Dann sollten Sie jedoch nur eine einzige Zahl verwenden, nämlich wie der Kunde Ihre Leistung relativ zu der Ihrer Konkurrenz bewertet.«

»Ja, eine solche vergleichende Kennzahl ist geradezu genial!«, staunte ich. »Sie vermeiden damit die ganzen Probleme der kurzfristigen Zielplanung. Man kommt als Unternehmer nicht mehr in die Lage, die Zahlen möglichst hoch ansetzen zu müssen, und die Mitarbeiter müssen nicht mehr darum kämpfen, diese Zahl möglichst niedrig anzusetzen. Sie haben auch nicht das Problem, das Sie die zukünftige Entwicklung nicht voraussehen und einschätzen können. Das Einzige, was zählt, ist, relativ zu seinen Wettbewerbern besser zu werden. Und keiner kann sich herausreden, dass etwas nicht ginge, wenn die Konkurrenz es auch geschafft hat.«

»Gut erkannt!«, lobte Herr Radies. »Mit solchen vergleichenden Kennzahlen haben Sie den üblichen Zielkonflikt, der innerhalb des Unternehmens zwischen den Hierarchieebenen abläuft, wieder dahin verschoben, wo er hingehört, nämlich auf den Markt. Und Sie ziehen innerhalb des Unternehmens an einem Strang. Sie werden nämlich innerhalb des Unternehmens niemanden finden, der schlechter werden will als die Wettbewerber. Und Sie vermeiden auch die typischen Probleme bei absoluten Zielwerten. Mitarbeiter hören nicht schon im Oktober auf zu arbeiten, weil sie zu diesem Zeitpunkt noch gar nicht wissen, ob sie besser sind als die Konkurrenz.«

»Und die Energie fließt in die gleiche Richtung«, ergänzte ich. »Jetzt verstehe ich langsam, was Sie mit der Steuerung externer Energie meinen. Es geht um ein ganzes Bündel von Maßnahmen, das letztlich dafür sorgt, dass die Energie in dieselbe Richtung fließt. Und um das möglichst elegant zu machen, suchen Sie einfach die Energien, die das sowieso schon tun, statt sich mit denen herumzuärgern, die in die entgegengesetzte Richtung fließen. Das bedeutet, die Grundlage der Aufgabe, die Sie mit ›Nutzung externer Energie‹ beschreiben, ist einfach das Prinzip, seine Aufmerksamkeit auf das zu richten, was man möchte, statt auf das, was man nicht möchte.

Sagen Sie, Herr Radies«, fuhr ich nach kurzem Nachdenken fort, »kann ich diesen Mechanismus, die Kennzahlen in Bezug auf den Wettbewerb zu definieren, auch an anderen Stellen nutzen?«

»Ja«, antwortete Herr Radies, »bei allen kurz- und mittelfristigen Zielen, die Sie im Unternehmen vereinbaren, können Sie versuchen, die Zielvorgaben relativ zu den Ergebnissen anderer Einheiten, also entweder des Wettbewerbers oder einer Benchmark oder Abteilungen innerhalb Ihres Unternehmens, zu messen. Bei langfristigen Zielen sollten Sie die Zahlen jedoch ausschließlich an Ihrer Vision orientieren. Was die Konkurrenz macht, interessiert Sie dabei überhaupt nicht.«

Ich nickte: »Sehr gut. Aber kommen wir zurück. Wir sind etwas abgeschweift. Sie sagten, es gäbe drei Dinge, die ich kontrollieren müsste. Erstens den Kundennutzen. Was sind die anderen beiden Dinge?«

»Das zweite ist eine monatliche Überprüfung der Energiebilanz.«

»Energiebilanz?«

»Nun, Sie haben verschiedene Energieformen in Ihrem Unternehmen. Üblicherweise werden nur die Finanzen überprüft. Das machen Sie natürlich auch. Liquidität, Gewinn, Umsatz. In dieser Reihenfolge. Dann nützt es Ihnen aber nichts, wenn Ihr Kontostand wächst und zugleich Ihr Ansehen in der Öffentlichkeit schwindet. Oder die Motivation Ihrer Mitarbeiter zurückgeht. Umgekehrt nützt es Ihnen natürlich auch nichts, wenn jeder Sie kennt, Sie aber keine Mittel hätten, um den daraus resultierenden Bedarf zu befriedigen.

Im Wesentlichen geht es bei der Energiebilanz um Kennzahlen zu Finanzen und um Kennzahlen zu den Beziehungen zu Ihren Stakeholdern. Versuchen Sie diese Kennzahlen wie eben beim Kundennutzen relativ zu definieren!«

»Sie meinen mit ›Energiebilanz‹ etwas Ähnliches wie die Balanced Scorecard von Kaplan und Norton?«

Herr Radies schüttelte den Kopf: »Die Parallele beschränkt sich darauf, dass eben außer den Finanzkennzahlen auch noch andere Kennzahlen gemessen werden. Aber von der Balanced Scorecard halte ich nicht viel. Es handelt sich sowieso nur um ein Remake von ähnlichen Modellen aus den Sechzigerjahren oder der Spannungsbilanz aus den Siebzigerjahren. Mit einem entscheidenden Konstruktionsfehler: Kaplan und Norton haben den Zweck eines Unternehmens nicht begriffen. Sie konzentrieren sich voll und ganz auf den Shareholder Value, also den Nutzen für die Investoren. Darauf ist alles ausgerichtet. Mit der Balanced Scorecard rennen Sie, wenn Sie sie unverändert übernehmen, zwingend in die falsche Richtung. Vielleicht laufen Sie dabei effizienter in die falsche Richtung. Das ist sicher mit ein Grund dafür, dass nur etwa zehn bis fünfzehn Prozent aller Balanced-Scorecard-Projekte in Unternehmen erfolgreich sind.«

»Und was hat es mit dieser Spannungsbilanz auf sich? Da fühlt sich ja die Zunge schon vom Aussprechen ganz staubig an.«

Herr Radies musste laut lachen: »Ja, das ist vermutlich einer der Gründe, warum sie sich nicht durchgesetzt hat. Es ist im Prinzip eine Mischung aus dem, was ich Ihnen gerade vorgestellt habe, und der Fokussierung der Kennzahlen auf die Engpässe, wie wir es vor drei Monaten besprochen haben.«

»Gut, ich entwickle also eine solche Energiebilanz und kontrolliere diese einmal pro Monat. Und bespreche dann mit Frank Maßnahmen dazu. Vermutlich wäre es sinnvoll, wenn die Erfassung der Kennzahlen jemand anders macht, um Manipulationen zu verhindern?«

Herr Radies nickte: »Ja. Nun zum dritten Punkt. Damit Ihr Unternehmen effektiv funktioniert, brauchen Sie Systeme. Dazu haben Sie ja schon bei der Übergabe der Aufgaben an Norbert, Maria und Sabine Aufzeichnungen machen lassen. Nun müssen Sie dafür sorgen, dass Ihr Geschäftsführer Systeme schafft. In der Regel gemeinsam mit den Mitarbeitern.

Die Schaffung von Systemen ist eine der wichtigsten und komplexesten Aufgaben des Managements überhaupt. Allein aus diesem Grund sollten Sie dies als Unternehmer keinesfalls selbst machen. Sie brauchen einen professionellen Manager. Diese Regeln müssen irgendwo schriftlich dokumentiert werden und alle müssen Zugang zu diesen Regeln haben. Auf Papier, aber auch im Intranet, in einem Wiki oder in einem spezialisierten Handbuch-Management-System.«

»Ja, das ist auch ein guter Job für Frank, um sich überhaupt damit vertraut zu machen, wie die Abläufe bei uns funktionieren. Aber was kontrolliere ich in dem Bereich genau?«

»Zum einen natürlich, ob solch ein Handbuch überhaupt entsteht. Sie sollten allerdings darauf achten, dass dort nicht zu viele Abläufe beschrieben werden. Diese müssen ja auch verwaltet werden und schaffen unnötige Bürokratie. Sie sollten es genauso wie Aldi mit seinem Produktangebot handhaben: Die Produktpalette umfasst maximal siebenhundert Produkte und für jedes neue Produkt fliegt ein altes raus. Sie sollten mit maximal fünfzig bis siebzig Prozessen hinkommen. Die Obergrenze sollten Sie klar und für alle Zeiten unveränderbar festschreiben. Falls diese Anzahl irgendwann nicht mehr auszureichen scheint, ist dies ein klares Anzeichen dafür, dass Ihr Unternehmen zu komplex wird. Und das ist immer dann der Fall, wenn Ihre Strategie fehlerhaft, unklar und verwaschen wird.«

»Nun fühle ich mich wohler und habe ein ziemlich klares Bild, wie ich Frank integrieren werde.

Aber vorhin erwähnten Sie noch im Nebensatz einen Punkt, der mich die ganze Zeit nicht losgelassen hat. Sie sagten, dass wir auch die Zielgruppe auf die Business-Seminaranbieter oder gar alle anderen Seminaranbieter ausdehnen könnten. Das wäre ja ein riesiges Potenzial! Im gesamten Seminarmarkt werden weltweit viele Hundert Milliarden Dollar umgesetzt.

Und dann könnte man als Content-Portale auch riesige Anbieter wie Amazon gewinnen. Die meisten Businessbücher werden ja geschrieben, weil die Autoren ihre Seminare verkaufen wollen. Warum soll dies nicht direkt bei Amazon möglich sein? Man könnte eine Rubrik einrichten: ›Vom selben Autor gibt es auch folgende Seminare …‹ Oder Tourismus- und Lokal-Portale: ›Im Umkreis finden folgende Seminare und Kurse statt …‹«

Ich schwieg einen Moment. Dann fuhr ich begeistert fort: »Das ist uferlos! Man könnte das Angebot internationalisieren. Man könnte ein Google für Seminare werden.«

Herr Radies nickte nachdenklich: »Ja, das hatte ich auch schon befürchtet.«

»Befürchtet?«, fragte ich verblüfft.

»Ja, befürchtet! Was meinen Sie, wie viele Haifische in diesem Becken herumschwimmen? Entweder Sie sind so schnell, dass Sie nicht gefressen werden. Das ist sehr, sehr unwahrscheinlich. Oder Sie spezialisieren sich noch stärker auf die Anbieter von Outdoor-Kursen. Dazu müssten Sie noch genauer die Unterschiede herausarbeiten.«

»Da haben Sie recht«, räumte ich ein. »Wenn jemand unser System kopieren wollte, dann kann er das mit den entsprechenden Mitteln in zwei bis drei Monaten. Und meine Werte passen auch nicht so gut zu den Business-Seminaranbietern. Was sollen wir jetzt tun?«

Herr Radies überlegte einen Moment: »Das mit den Werten können wir erst mal vernachlässigen. Warum macht wohl ein Vertriebsmitarbeiter ein Vertriebsseminar? Warum besucht ein Manager ein Rhetoriktraining? Warum besucht ein Selbstständiger ein Motivationstraining?«

»Klar, sie wollen besser werden. Und sie wollen auch Grenzen überwinden.« Das versöhnte mich ein bisschen. Es würde auch problemlos zum kommunizierten Unternehmenswert passen. Aber irgendwie war der Outdoor-Bereich doch etwas anderes. Fand ich zumindest. Aber dieses Problem sollte mich auch die nächsten zwei Monate noch beschäftigen.

»Jetzt zu unserer Zielgruppe. Unterscheiden sich diese beiden Gruppen in irgendeiner Hinsicht von Ihren Problemen und Bedürfnissen?«

»Ich kenne die Business-Seminarszene nicht gut genug«, erwiderte ich vorsichtig. »Aber die Preise sind höher. Die Zielgruppe ist eine andere. Es wird oft an Unternehmen und nicht an Privatpersonen verkauft. Das scheinen mir nur marginale Unterschiede zu sein.«

Herr Radies kratzte sich nachdenklich am Kopf: »Das müssen Sie herausfinden! Wenn irgend möglich, sollten Sie mit der kleinen Zielgruppe beginnen und dort so schnell, wie es geht, Marktführer werden. Sie müssen Ihre Energie konzentrieren! Und dann können Sie sich ausdehnen.«

»Also, Herr Radies, im Internet gelten aber andere Gesetzmäßigkeiten. Schauen Sie sich doch eBay oder Google an!«

»Die Unternehmen, die im breiten Markt groß geworden sind, können Sie an einer Hand abzählen«, wiegelte Wolfgang Radies ab. »Und sie hatten hohe zweistellige Millionenbeträge von externen Investoren. Und neben diesen Unternehmen sind Tausende andere mit derselben Strategie und derselben Menge an Kapital auf der Strecke geblieben. Nein, die meisten Internet-Unternehmen, die wirklich funktionieren, sind kleine Spezialanbieter, die in ihrem begrenzten Markt Marktführer sind.«

»Das überzeugt mich nicht. Wir haben mit diesem großen Markt eine riesige Chance und sollten sie ergreifen!«, entgegnete ich.

»Ich kann Sie davon nicht abhalten, aber ich habe noch eine Frage: Sie haben sich doch sicher intensiv mit den Zahlen der Kursanbieter beschäftigt. Und wann diese Kurs- und Seminarbuchungen stattfinden.«

»Im Outdoor-Bereich jetzt. Von Mai bis September.« Und dann kam mir die entscheidende Idee: »Und im Bereich der Businessseminare und der meisten anderen Seminare genau jetzt nicht! Da gibt es ein Sommerloch! Dann ist es völlig klar: Wir beginnen bei unserer eingeschränkten Zielgruppe und konzentrieren dort unsere volle Power. Und bis Mitte August bereiten wir dann die große Zielgruppe vor.

In dieser Zeit finden wir auch die Unterschiede heraus. Je nachdem, wie es dann läuft, können wir die Unterschiede nutzen, um unseren kleinen Markt abzuschotten. Oder wir können ein spezielles Angebot für die Business-Seminaranbieter auf den Markt bringen.«

Herr Radies nickte. »Klingt plausibel. Sie fokussieren jetzt Ihre Kräfte. Dann können wir abhängig von Ihren Erfolgen reagieren. Sie haben praktisch zwei Monate, um im Outdoor-Bereich Marktführer zu werden. Das ist verdammt knapp. Andererseits haben Sie die Hürden für Ihre Kunden so weit abgesenkt, dass man überhaupt nicht mehr von Hürden reden kann. Und im Internet geht ja manches etwas schneller. In jedem Fall schaffen Sie das nur, wenn Sie sich konzentrieren.

Und dann haben Sie Mitte August den Nachweis, ob es funktioniert. Sie haben den Status des Marktführers und können sehr viel leichter den anderen Seminarmarkt dazugewinnen.«

Mir wurde ganz schwindlig von der Vorstellung, in nur zwei Monaten Marktführer werden zu wollen. Aber immerhin: Wir hatten gemeinsame Werte. Wir hatten ein klares, an den brennendsten Problemen der Kunden ausgerichtetes Konzept, das mit keinerlei Eingangskosten und Risiken verbunden war. Warum sollten wir das nicht schaffen? »Ja, das wird uns gelingen«, erwiderte ich fest. »Notfalls setze ich ab übernächster Woche mein ganzes Entwicklerteam noch für den Teil des Vertriebs ein, den man per Internet machen kann, wie E-Mail-Adressen sammeln, in Foren publizieren usw.

Nur eines ist mir nicht klar: Wie kann ich in so kurzer Zeit in den internationalen Markt vorstoßen?«

Herr Radies schüttelte den Kopf: »Vermutlich nur mit einem starken amerikanischen Partner. Sie sollten ab Mitte August Experten beauftragen, einen solchen Partner für Sie zu finden.«

Ich nickte: »Ich denke, wir haben das Wichtigste für die nächsten Wochen besprochen. Ich werde mich vermutlich Ende nächster Woche nochmals bei Ihnen melden. Dann sollte sich in der Frage der Liquidität einiges geklärt haben. Wenn das klappt, dann bin ich Ihnen zu großem Dank verpflichtet.«

Herr Radies lächelte: »Sie danken mir am ehesten, indem Sie dafür sorgen, dass es klappt.«

8. Ernte
(Donnerstag, 10. August)

Die folgenden beiden Monate vergingen wie im Flug. Frank war ein harter Verhandlungspartner gewesen, hatte dann aber bereits am Montag zugesagt und angefangen. Innerhalb weniger Wochen hatte er eine solche Struktur in mein Unternehmen gebracht, dass ich nahezu vollständig vom Management entlastet war. Außerdem schien er alle Anbieter von Outdoor-Kursen persönlich zu kennen.

Auch die Gespräche mit meinem Wettbewerber über den Kunden, mit dem wir dauernd im Clinch lagen, waren nicht einfach, ließen sich jedoch recht schnell zum Abschluss bringen. Zwar brachte diese Maßnahme mit 35 000 Euro lange nicht so viel, wie dieser Kunde wert war, aber immerhin etwa 10 000 Euro mehr, als Herr Radies und ich geplant hatten.

Wirklich heikel wurden die Gespräche mit der Bank. Die Bankangestellten verstanden letztlich nicht, was meine Firma überhaupt machen wollte, und deshalb trauten sie sich nicht, mir entgegenzukommen. Ich wurde den Verdacht nicht los, dass sie es auch überhaupt nicht verstehen wollten.

Nach zähen Verhandlungen erklärten sie, dass sie einer Verschiebung der Kreditkürzung um sechs Monate zustimmen würden, wenn ich einen zusätzlichen Investor auftreiben würde. Die Beteiligung von Frank war ihnen zu gering.

Ich weiß nicht, was mich in dem Moment dazu gebracht hat, doch ich erklärte ihnen kurzerhand, dass ich einen solchen Lead-Investor hätte und sie in den nächsten Tagen ein Fax von ihm bekämen. In Wahrheit fiel mir nicht mal jemand ein, den ich hätte ansprechen können. Ich hatte mich nur an einen Satz erinnert, den Herr Radies bei einem Mittagessen mal zitiert hatte. Er stammt von einem berühmten Eishockeyspieler namens Wayne Gretzky, dessen Namen ich davor nie gehört hatte: »Die meisten Spieler sind ziemlich gut. Aber sie laufen immer dahin, wo der Puck ist. Ich gehe dahin, wo der Puck sein wird.«

Und mein Puck würde dort sein, wo ich auf einen Investor träfe. Ich nahm mir deshalb nochmals die Liste vor, die Herr Radies und ich erstellt hatten, um herauszufinden, wo wir die liquiden Mittel hernehmen könnten. Und dabei fiel mir wieder der Punkt »Andere Unternehmer« auf. Nur diese Gruppe schien mir entscheidungsfreudig genug, um schnell als Investor auftreten zu können. Aber ich kannte keine reichen Unternehmer. Stopp!

Zuerst würde ich eine Liste machen und alle Namen aufschreiben. Und dann schauen, was unter dem Strich herauskäme. Als ich diese Liste erstellt hatte, leuchteten mir drei Namen entgegen: meine Bekannte, die mich damals im März an Herrn Radies vermittelt hatte, Herr Bertram und Herr Radies selbst. Sofort rief ich alle drei nacheinander an. Nachdem ich ihnen sagte, dass ich mit allen anderen Finanzierungsmöglichkeiten schon erfolgreich war und wir die Bank auch im Sack hätten, stimmten sie alle drei zu. Jeder von ihnen beteiligte sich nochmals mit 25 000 Euro.

Da ich nun rund 50 000 Euro mehr als geplant zur Verfügung hatte, ging ich am nächsten Tag ziemlich entspannt zur Bank, legte unserem verdatterten Ansprechpartner die drei Faxe auf den Tisch und erklärte ihm, dass ich ihm angesichts seiner Zweifel lieber gleich die Zusage von drei Investoren mitgebracht hätte. Ob das reichen würde?

Es reichte. Natürlich reichte es: Die Sonne schien ja wieder und dann werden auch die Regenschirme freigiebig verteilt.

Die zusätzlichen Mittel investierten wir in Adressdaten, Callcenter sowie Marketing- und PR-Profis. So konnte ich es vermeiden, meine Entwickler für den Vertrieb zwangszuverpflichten. Sie hätten auch überhaupt keine Zeit dafür gehabt, denn schon kurz nach dem Launch setzte eine stetig anwachsende Welle von Anmeldungen und Buchungen über unser System ein. Durch meine Idee, den Content-Portalen eine Einnahmequelle zu schaffen, die unabhängig von ihren Pageviews und damit unabhängig von der unberechenbaren Google-Positionierung war, stieg die Zahl der Content-Portale in unserem Netz nahezu exponentiell. Bereits Mitte Juli mussten wir für zwei Wochen einen Aufnahmestopp verhängen, weil die Server es nicht mehr schafften. Die Entwickler waren Tag und Nacht dabei, die Performance zu optimieren und die Leistungsfähigkeit zu erhöhen. Und so konnten wir am 1. August, als wir wieder neue Content-Portale aufnahmen, von einem Tag auf den anderen die Zahl der Portale verdreifachen.

Da bereits Anfang Juli absehbar war, dass unsere Umsätze zum 1. August ein Vielfaches des geplanten Betrags betragen würden, begannen wir zwei Vertriebsleute zu suchen, die den Business-Seminarmarkt und die Anbieter in- und auswendig kannten. Einen konnten wir zum 1. August anstellen und über ihn einige der größten Anbieter von Business-Seminaren gewinnen.

Für unsere Kunden ging die Anzahl der Buchungen ihrer Kurse und Seminare um durchschnittlich dreißig Prozent nach oben. Als sich dies herumsprach, stieg die Anzahl unserer Kunden nochmals sprunghaft an.

In dieser Situation kam Sabine Anfang August zu mir und erklärte, dass die Server mit der gegenwärtigen Technologie am Anschlag seien. Man müsse mindestens fünfzig bis siebzig Prozent nochmals komplett neu programmieren und von vornherein mit einem großen Cluster planen.

Mir wurde schwarz vor Augen. Mitten im Wachstum drohte unser System wegzubrechen. Einige Krisensitzungen später hatten wir Maßnahmen beschlossen, mit denen das Wachstum noch etwa zwei Monate mit dem alten System aufrechterhalten werden konnte. Für ein neues System reichten aber die Mittel noch nicht.

Gerade als ich Herrn Radies anrufen wollte, um zusätzliche Mittel aufzutreiben, meldete sich Maria telefonisch bei mir. Ein Herr Schnatter oder so ähnlich sei in der Leitung. Lässt sich nicht abwimmeln. Sagt, es sei dringend. »Ja, stell ihn durch«, erwiderte ich etwas verärgert. Ich kannte keinen Herrn Schnatter.

Gleich nach der Begrüßung blaffte ich Herrn Schnatter ziemlich unfreundlich an, was er denn wolle. Und dass er sich kurz fassen solle, ich hätte keine Zeit.

Herr Schnatter ignorierte meine Unfreundlichkeit und begann: »Meine Auftraggeber haben von Ihrem Erfolg gehört. Und wenn Sie so im Stress sind, nehmen meine Auftraggeber vermutlich zu Recht an, dass Sie Kapital benötigen. Falls Sie interessiert sind, würde ich gern morgen früh mit zwei Kollegen bei Ihnen vorbeikommen.« Völlig verdattert sah ich meinen Telefonhörer an. Wir hatten noch eine Uhrzeit ausgemacht. Dann hatte er schon wieder aufgelegt.

Wie hatte Herr Radies so schön gesagt: Wenn Sie eine gute nutzenorientierte Strategie haben, dann löst sich das Kapitalproblem von allein. Dass es sich derart von allein lösen würde, verblüffte mich aber wirklich.

Am nächsten Tag zitterte der Hörer in meiner Hand noch immer, als ich die Nummer von Herrn Radies wählte. Obwohl ich die letzte halbe Stunde nichts anderes gemacht hatte, als aus dem Fenster zu sehen und eine Tasse Kaffee zu trinken.

»Radies«, meldete sich seine mittlerweile vertraute Stimme, nachdem mich seine Assistentin durchgestellt hatte.

»Thomas Willmann. Haben Sie einen Moment Zeit für mich?«

»Selbstverständlich. Um was geht's?«

»Ich hatte gerade Besuch von drei Herren. Sie waren von einem Unternehmen, das auf Firmenübernahmen spezialisiert ist.«

»Sie haben ein Kaufangebot bekommen?«, unterbrach Herr Radies.

»Ja.«

»Von wem?«

»Sie haben den Namen des Kaufinteressenten noch nicht genannt. Nur dass es einer der internationalen Big Player ist. Also vielleicht Google, Amazon oder Yahoo. Das wäre zu schön, um wahr zu sein.«

»Sie haben denen doch hoffentlich noch keinen Preis genannt?«

»Nein, natürlich nicht.« Nach einer kurzen Pause fuhr ich fort: »Natürlich brauche ich Kapital. Aber ich weiß doch überhaupt nicht, ob ich verkaufen will. Gerade jetzt, wo es richtig zu laufen beginnt.

Jedenfalls interpretierten die drei meine Zurückhaltung falsch und sahen sich genötigt, Optionen in den Raum zu stellen. Sie würden sowohl komplett kaufen als auch nur Anteile.«

»Dann scheint es ihnen ernst zu sein!«

»Ja, sie deuteten dann sogar noch eine Größenordnung an. Und deswegen ist mir jetzt übel. Richtiggehend schlecht sogar! Und ich weiß nicht, was ich tun soll. Deswegen habe ich Sie angerufen.«

Herr Radies schwieg eine ganze Weile, bis er auflachte: »Herr Willmann, ich freue mich jedes Mal, wenn meine Schützlinge mit solchen Problemen zu mir kommen. Zwar sind sie nicht minder kompliziert als die vorigen Probleme, aber doch bei Weitem angenehmer.«

Nach einer Pause fuhr er ernster fort: »Sie kennen Ihre Werte und Ihre Vision. Und Sie haben die Wahl zwischen mehreren Möglichkeiten. Sie können erstens Ihr Unternehmen verkaufen und den Rest Ihres Lebens unter irgendeiner Palme liegen. Sie können es zweitens fortführen. Entweder allein oder mit einer externen Beteiligung. Oder Sie können drittens verkaufen und mit diesen Mitteln auf einer ganz neuen Stufe an Ihrer Vision arbeiten. Sie kennen auch die Entscheidungsmethode für solche zukunftsoffenen Situationen. Entscheiden Sie! Ihnen steht alles offen. Es ist Ihre Wahl!«

Plötzlich musste ich lachen: »Herr Radies, eigentlich hätte ich mir auch denken können, dass Sie mir nicht einfach nur eine Empfehlung geben, für was ich mich entscheiden soll. Aber ich habe noch eine wichtige Frage: Wenn ich verkaufen würde, wäre dann unsere ganze Arbeit an den Werten und der langfristigen Vision hinfällig? Ich würde sie doch nicht verwirklichen.«

»Herr Willmann, was jeder Unternehmer wissen muss und doch die wenigsten verstehen, ist dies: Sie und Ihr Unternehmen sind nicht identisch. Genau genommen handelt es sich um zwei völlig unterschiedliche Dinge. Wenn Sie Ihr Unternehmen verkaufen, dann leben Sie allein weiter. Und alles, was wir zum Thema Werte und Vision erarbeitet haben, hat weiter Gültigkeit. Wenn Sie es wollen.«

Ich dachte nach: »Ja, Sie haben recht. Sie haben mir sehr geholfen. Vielen Dank!«

Ich wusste nun, was ich tun musste. Und so kam es, dass ich an diesem 10. August ein traumhaft schönes Hotelzimmer mit Blick auf den Hochkönig gebucht hatte. Ich saß auf dem Balkon und bewunderte die großartige Natur. Ich wollte mich dort entscheiden. Ja, ich kannte das Entscheidungsverfahren und wusste, dass ich eine gute Entscheidung treffen würde.

Nur so viel war bereits klar, als ich meine erste Meditationsrunde begann: Die Palmenvariante schied aus. Es wäre mir wie ein Verrat an dem erschienen, was mir wichtig war. Und von meinem Traum, andere beim Überschreiten von Grenzen zu unterstützen, wollte ich mich nicht verabschieden.

Warum ich dieses Buch geschrieben habe

Warum habe ich dieses Buch geschrieben? Von hundert Unternehmen, die gegründet werden, überleben etwa zwanzig die ersten fünf Jahre. Von diesen verbleibenden zwanzig Unternehmen überleben etwa vier die nächsten fünf Jahre. Dabei wird ein großer Teil der Unternehmen mit viel Energie und Enthusiasmus gegründet, zum Teil sind sogar die Geschäftsideen gut. Die Menschen, die dahinterstehen, haben in den weitaus meisten Fällen den Wunsch, einen nützlichen Beitrag zu leisten, ein tolles Angebot zu schaffen. Sie zählen ja zu der kleinen Gruppe derjenigen, die ihr Schicksal selbst in die Hand nehmen.

Ein, zwei, fünf oder sieben Jahre später steht ein Großteil der Unternehmen trotzdem vor dem Aus. Viele werden einfach geschlossen, manche gehen in die Insolvenz. Und die Inhaber* und Gründer folgen dann in der Regel in die private Insolvenz, da sie oftmals für Kredite persönlich bürgen.

Vor nunmehr fünf Jahren gehörte ich mit meinem damaligen Unternehmen blue orange Internet GmbH, an dem ich die Mehrheitsanteile hielt, zu der Gruppe der zweitbesten Unternehmen, die sechzehn Prozent aller neu gegründeten Firmen umfasst. (Das sind die Gründungen, die zwar die ersten fünf, aber nicht die nächsten fünf Jahre schaffen.)

---

* Damit sind natürlich – wie überall im Buch – auch die Inhaberinnen und Gründerinnen gemeint.

Vor fünf Jahren war ich also pleite und bis über beide Ohren verschuldet. Ich fühlte mich als schlechter, weil gescheiterter Unternehmer. Dennoch waren meine Überlegungen, einen Job als Angestellter anzunehmen, in weniger als einer Sekunde beendet. Das hätte geheißen, nicht nur zu scheitern, sondern auch das im Scheitern liegende Lernpotenzial zu verschenken. Das hätte geheißen, nicht nur auf die Nase zu fallen, sondern liegen zu bleiben.*

Ebenso habe ich nie daran gedacht, staatliche Unterstützung zu beantragen. Das hätte geheißen, die Verantwortung für meine Situation abzugeben, mich in eine Richtung zu verändern, die ich nicht wollte, und mich in das Heer der Jammernden einzureihen. (Natürlich hätte ich die Schuld nicht auf den bösen Arbeitgeber schieben können. Der war ich ja selbst. Aber da der menschliche Geist bei nichts kreativer ist als beim Suchen von Ausreden und Schuldigen, hätte ich bestimmt die schlechte Wirtschaftslage, die marode Politik, unsere bösen Investoren, die unmotivierten Mitarbeiter oder sonstige Schuldige gefunden und mir damit in die Tasche gelogen.)

Stattdessen begann ich also zu lernen. Ich besuchte rund zehn Seminare und Kongresse pro Jahr, lernte bei meinem Coach, sprach mit vielen erfolgreichen Unternehmern und las hundert bis hundertfünfzig Bücher über Unternehmensführung pro Jahr. Bereits kurze Zeit nach der Pleite akquirierte ich einen ersten größeren Auftrag, dann weitere. Etwa ein Jahr später übernahm ich meine zweite Firma. Es ging wieder aufwärts.

Je mehr ich nun mit befreundeten Unternehmern sprach, umso klarer wurde mir, dass diese von meinem Wissen profitieren könnten.

---

* Steve Jobs, der Gründer von Apple, hat dies in einer Rede 2005 sehr schön beschrieben. Er wurde Mitte der Achtziger aus seiner eigenen Firma hinausgeworfen. Dazu sagt er: »Es war ein öffentliches Scheitern gewesen, und ich dachte sogar daran, aus dem Silicon Valley zu flüchten. Aber dann dämmerte mir etwas. Ich liebte meine Arbeit immer noch. Und so beschloss ich, von vorn anzufangen. Damals sah ich es noch nicht, aber bald zeigte sich, dass mir gar nichts Besseres hätte passieren können als der Rauswurf bei Apple ...«

Die eigene Insolvenzerfahrung stellt in Deutschland immer noch einen Makel dar. Obwohl viele der weltweit erfolgreichsten Unternehmer zu Beginn ihrer Karriere zum Teil mehrfach pleite waren oder scheiterten. Diese Erfahrung erwies sich plötzlich als unschätzbar wertvoller Hintergrund. Ich hatte mir all die Fragen, die sich unzählige Unternehmer jeden Tag stellen, schon selbst gestellt und auch beantwortet: Mache ich weiter oder nicht? Wie kann ich mit dem drohenden Scheitern umgehen? Wie offen und ehrlich bin ich gegenüber Banken und Mitarbeitern? Wie kann ich in so einer Situation nachts schlafen? Soll ich bei Freunden und Verwandten Darlehen aufnehmen?

In dem Jahr vor und nach meiner Insolvenz habe ich mehr gelernt als in der ganzen übrigen Zeit meines mittlerweile über elfjährigen Unternehmerdaseins. Und je stärker diese Erfahrung nachgefragt wurde, desto mehr begann ich, darin meine Mission zu sehen, anderen Unternehmern Erfahrung und Wissen bereitzustellen, um gezielt Spitzenunternehmen aufzubauen. Der entscheidende Unterschied zu vielen Beratern besteht darin, dass ich selbst Unternehmer war und bin. Und dass ich die Höhen und Tiefen aus eigener Erfahrung kenne.

Deshalb habe ich im Jahr 2007 mein zweites Unternehmen verkauft, um mich voll und ganz der Unternehmercoach GmbH* zu widmen.

Die Unternehmercoach GmbH steht im Zeichen der (Selbst-)Verantwortung. Wir helfen Unternehmern dabei, einen sinnvollen und nützlichen Traum zu erarbeiten, sich selbst weiterzuentwickeln und erfolgreich zu werden.

Natürlich geht es dabei auch um die Frage von abstraktem, theoretischem Wissen. Es ist ein Skandal, dass es für (je nach Zählung) ein bis vier Millionen Selbstständige und Unternehmer keine Ausbildung gibt. Sicher gibt es BWL-Studiengänge oder den MBA, aber mit diesem Wissen wird man nicht Unternehmer, sondern bestenfalls Manager.

---

* Mit den Websites www.unternehmercoach.com und www.unternehmerbildung.de.

Ich muss gestehen, ich halte auch nichts von der Vorstellung, dass irgendwelche Bürokraten Lehrpläne für Unternehmer entwerfen. Unternehmer zu werden kann man im Wesentlichen nur von Unternehmern lernen. Weil es eben nicht nur um abstraktes Wissen geht, sondern um die Frage, wie man in bestimmten Situationen empfindet und in emotional extrem anspruchsvollen und stressigen Situationen handelt.

Wie überwindet man eigene Lähmungen angesichts des drohenden Endes? Wie schafft man es, auf dem Boden zu bleiben, wenn das Unternehmen abhebt? Wie schafft man es, in der Leitungsrolle, in der man ist und in der man auf alle Fragen eine Antwort finden muss, trotzdem offenzubleiben, Unsicherheit zuzulassen und den Rat eines Mentors anzunehmen? Wie schafft man es, die Vision eines florierenden Unternehmens aufzubauen und aufrechtzuerhalten, wenn einem die Wirklichkeit kein florierendes Unternehmen, sondern einen chaotischen Sauhaufen zeigt? Und viele Fragen mehr. Fragen, die alle auf eines hinauslaufen: Das Unternehmen ist der Spiegel der Unternehmerpersönlichkeit. Das eine kann ohne das andere nicht wachsen. Unternehmerbildung heißt zum größten Teil Ausbildung der Unternehmerpersönlichkeit.

Unternehmer sind in dieser Gesellschaft die Prototypen der Menschen, die die Verantwortung für ihr eigenes Leben und auch für andere übernehmen. Mitsamt dem Risiko, dabei heftig auf die Nase zu fallen. Sollen die Herausforderungen, vor denen die ganze Gesellschaft steht, bewältigt werden, dann braucht es drei Dinge: erstens mehr unternehmerische Menschen, die die Herausforderung annehmen, zweitens eine größere Effektivität der Unternehmer und drittens Rahmenbedingungen, die die Eigenverantwortung fördern statt zu bremsen und zu bestrafen.

An den ersten beiden Punkten kann und will ich mit unternehmercoach.com, unternehmerbildung.de und meinen Büchern mitwirken. Gegen die Windmühlen in Berlin mag hingegen Don Quichote anreiten. Ich glaube, Max Planck hat einmal gesagt, dass sich neue wissenschaftliche Erkenntnisse nicht rational durchsetzen, sondern dadurch, dass die Anhänger der alten Erkenntnisse einfach aussterben. Genauso wird es mit der alles blockierenden Bürokratie und Umverteilungsphilosophie geschehen.

Den skizzierten Lebensweg hätte ich nicht gehen können, wenn nicht Freunde an mich geglaubt und mich unterstützt hätten. Zum Glück waren diese Freunde auch dann davon überzeugt, dass ich zumindest ein paar Dinge richtig machte, als ich selbst keineswegs davon überzeugt war.

Auch dieses Buch wäre ohne Freunde, Bekannte, Geschäftspartner und meine Kunden nicht entstanden. Im Besonderen will ich mich bedanken bei Anja Frey für die jahrelangen intensiven Diskussionen. Für die inhaltliche und emotionale Unterstützung möchte ich mich bei Olaf Hartke, Felicia Frey, Joana Stolberg, Petra Spiekermann, Günter Reimers, Peter Sawtschenko, Christa Boll, Annette Schamuhn und Martin Hensche bedanken.

Außerdem schulde ich Ute Bock, Barbara Sellke, Peter Arndt und Susanna Mende für das Lesen und kritische Kommentieren des Manuskripts großen Dank. Ohne dieses vielfältige und produktive Feedback hätte dieses Buch nicht die jetzige Qualität.

Des Weiteren wäre das Buch ohne die theoretische Vorarbeit einiger wichtiger Berater, Autoren und Unternehmer nie erschienen. Die wichtigsten sind: Michael Gerber, Wolfgang Mewes, Stephen Covey, Bodo Schäfer, Hans-Georg Häusel und Anthony Robbins. Weitere finden Sie im Literaturverzeichnis.

Schließlich noch ein Wort zu der Frage, die mir schon nach meinem ersten Buch, *Der Weg zum erfolgreichen Franchisegeber*, ab und zu gestellt wurde – interessanterweise immer von Verlagen und Unternehmensberatern, nie von Unternehmern: Warum haben Sie Ihre Erkenntnisse in die Form einer Geschichte gebracht und nicht einfach ein Sachbuch geschrieben? Ich möchte dennoch den Unternehmern unter Ihnen antworten:

- Mein Ziel ist es, dass sich in Ihrem Leben und der Art Ihrer Unternehmensführung etwas ändert. Dazu müssen Sie sich an die Inhalte erinnern. Und unser Gehirn erinnert sich besser an Geschichten als an Theorien.
- Damit sich etwas ändert, müssen Sie lernen und neue Handlungen in Ihr Leben integrieren. Die effektivste Lernmethode ist nicht die mit abstrakten Konzepten und Lehrmodellen, sondern die Imitation. Imitieren können Sie aber nur Handlungen und Geschichten.
- Um Unternehmer zu werden, müssen Sie lernen, anders zu denken, anders zu fühlen und anders zu handeln. Und zwar in allen Lebensbereichen. Die Integration dieser Lebensbereiche lässt sich ebenfalls am besten über eine Geschichte und die entsprechenden Figuren vermitteln.
- Sachbücher gehen davon aus und suggerieren meist, dass es eine festgelegte Methode gäbe, mit der man zum Erfolg kommen könne. Man müsse diese nur Schritt für Schritt anwenden. Und wenn's nicht klappt, dann hat der Anwender etwas falsch gemacht, weil er Vorgaben nicht richtig umgesetzt hat. Das glaube ich nicht! Jeder Unternehmer und jedes Unternehmen sind ein lebendes System. Lebende Systeme stehen vor Engpässen. Überwindet man diese, entwickeln sich die Systeme weiter. Lebende Systeme befinden sich auch in einem Umfeld förderlicher Energien. Nutzt man diese, so entwickeln sich die Systeme ebenfalls weiter. Die Reihenfolge der Schritte kann sich also gar nicht aus der Methode, sondern nur aus den Engpässen und den förderlichen Einflüssen ergeben. Ein Vorgehen entlang dieser Faktoren kann nur exemplarisch in einer Geschichte dargestellt werden, die genau dies vorführt: nämlich an den Engpässen zu arbeiten und die förderlichen Einflüsse zu nutzen. Das schadet oberflächlich gesehen der Systematik der Inhalte. Wiederholungen derselben Idee in jeweils anderen Kontexten sind unvermeidlich. Aber auch durch Wiederholungen und andere Kon-

texte lernen wir effektiver. Insofern dient auch das scheinbare Fehlen der Systematik dem größeren Lernerfolg.

Als Autor biete ich Ihnen mein Wissen, das ich über Jahre hinweg gesammelt und erarbeitet habe, zu einem bezahlbaren Preis. Umgekehrt bin ich auf Ihre Mithilfe angewiesen: Zum einen freue ich mich natürlich über jede Weiterempfehlung dieses Buchs. Zum anderen lerne ich von Ihnen, Ihren Fragestellungen und Ihren Erfahrungen für meine zukünftigen Bücher. Deshalb freue ich mich über jedes Feedback unter s.merath@unternehmercoach.com. Vielen Dank!

Stefan Merath, November 2007

Haben Sie sich schon Ihr kostenloses Tool-Paket für Ihre persönliche Entwicklung gesichert? www.unternehmercoach.com/tools

Unternehmern, die den nächsten großen Schritt in ihrer Entwicklung gehen wollen, sei das gleichnamige Seminar zum Buch empfohlen. Im Seminar »Der Weg zum erfolgreichen Unternehmer« erleben Unternehmer drei transformative Tage mit Stefan Merath und seinen Unternehmercoaches. Mehr Informationen und die aktuellen Termine unter www.unternehmercoach.com.

Persönliches Nachwort zur 20. Auflage

Funktioniert das wirklich, was in diesem Buch steht?

Die Antwort ist ein klares Ja! Vor mittlerweile 12 Jahren erschien *Der Weg zum erfolgreichen Unternehmer*, von dem du die 20. Auflage in den Händen hältst. Dieses Buch hat nachweisbar das Leben von zehntausenden Unternehmern und mit ihnen das Leben ihrer Mitarbeiter, ihrer Familien und ihrer Kunden verändert. Dieses Buch hat damit buchstäblich das Leben von mehr als einer Million Menschen verbessert. Doch was genau heißt das?

Ich bin kein Fan von Zahlen zur Umsatzsteigerung oder ähnlichen äußerlichen Kriterien. Zu oft hatte ich Teilnehmer in meinen Seminaren, die nach äußerlichen Kriterien ziemlich erfolgreich waren – 150 Mitarbeiter, 20-Stunden-Woche, mehr als 1 Mio. Jahresnettoeinkommen –, die sich aber dennoch innerlich leer und ausgebrannt fühlten. Zum Besseren verändert heißt für mich – auch wenn es weniger messbar ist –, dass der Unternehmer wieder für sein Unternehmen brennt und sich sowohl Unternehmen als auch Persönlichkeit im Einklang entwickeln. Dass das Unternehmen Sinn und Erfüllung bietet – und das gleichsam für den Unternehmer, seine Familie, seine Mitarbeiter und seine Kunden. Dass wir uns als Unternehmer selbstbestimmt und frei fühlen. Und wenn wir dann zusätzlich noch nach äußerlichen Kriterien erfolgreich sind, umso besser!

Eine Liste einzigartiger Erfolge

Seit dem Erscheinen dieses Buches hat sich, insbesondere im Bereich der persönlichen Ziele und der Vision, viel Neues getan. Deswegen habe ich das weiterführende Seminar »Der Weg zum erfolgreichen Unternehmer« entwickelt. Es baut auf dem Buch auf und entwickelt es konsequent weiter. Es macht mich stolz, dass sowohl die Leser des Buches als auch die Teilnehmer des Seminars in den letzten Jahren viele großartige Erfolge verzeichnen konnten:

- Mehrere Teilnehmer meiner Seminare wurden beste Arbeitgeber Deutschlands, gewannen Strategie- oder Innovationspreise und wurden so selbst zu Leuchttürmen.
- Ein Unternehmerpaar erkannte, dass ihr 11-Mitarbeiter-Unternehmen gar nicht ihren Träumen entsprach, und beschloss, es für den Verkauf vorzubereiten. Eineinhalb Jahre später verkauften sie das Unternehmen für ca. 70 Mio. Euro.
- Andere Teilnehmer wendeten ihre Insolvenz ab. Ein Teilnehmer kam sogar nach seiner fünften Insolvenz und sagte mir, dass er es das sechste Mal richtig machen wollte. Seine sechste Firma wurde erfolgreich.
- Ein Teilnehmer sagte zu Beginn meines Seminars: »Leute, wenn es so weitergeht wie jetzt, dann bringe ich mich vor meinem 40. Geburtstag um. Und übrigens, der ist in zwei Monaten.« Sechs Monate später war er bei einem meiner Folgeseminare und ich lernte einen völlig neuen Menschen kennen.
- Ein Teilnehmer gründete ein Unternehmen, das ein neuartiges Fluggerät entwickelt und produziert.
- Viele weitere Teilnehmer retteten ihre Ehe, weil sie endlich wieder Zeit und mentalen Freiraum dafür gewannen und nicht 120 Prozent ihrer Zeit in ihre Firma investieren mussten.
- Dann sind viele Unternehmen darunter, die ökologisch extrem sinnvolle Einsparungen entwickelten und verkaufen.

- Wir haben tausende Kunden, die ihre Arbeitszeit halbierten und / oder die Gewinne verdoppelten.
- Und schließlich sogar aktuell rund 20 Unternehmer, die, nachdem sie mit meinen Angeboten selbst erfolgreich wurden, beschlossen, ihre Erfahrungen in der von mir gegründeten Unternehmercoach GmbH an andere Unternehmer weiterzugeben. Sie haben ihre Erfüllung gefunden und sind jetzt Unternehmercoaches.
- Aber die wirklich entscheidende Veränderung ist die Veränderung der Gesichter der Menschen. Der Moment, wenn die Augen zu leuchten beginnen und dann Monate später zu erleben, wie dieses Leuchten noch intensiver wurde. Um zu verstehen, was ich meine, kannst du einfach mal das folgende Video anschauen: https://bit.ly/2YI3hLH.

Wir Unternehmer haben das außergewöhnliche Privileg, unser Arbeitsleben in allen Belangen selbst gestalten zu können. Der Haken daran ist: Je größer und erfolgreicher das Unternehmen, umso mehr Anforderungen strömen auf uns ein – Kunden, Mitarbeiter, Geldgeber usw. Alle wollen etwas von uns. Und schließlich endet das, was als Potenzial zur völligen Selbstbestimmung begann, als die absolute Fremdbestimmung. Irgendwann fühlen wir uns wie der Sklave unseres eigenen Unternehmens. Und genau darauf gab und gibt *Der Weg zum erfolgreichen Unternehmer* eine Antwort. Wir finden zurück zu unserer Selbstbestimmung. Und wir können sagen, dass Unternehmer sein die geilste Lebensform der Welt ist – wenn wir unser Unternehmerleben auf die richtige Art und Weise führen.

Genau deshalb hat sich *Der Weg zum erfolgreichen Unternehmer* in diesen 12 Jahren als das Standardwerk für kleine und mittlere Unternehmen etabliert. Es war und ist praktisch durchgängig bei Amazon in der Kategorie »Kleine und mittlere Unternehmen« auf den ersten Plätzen.

Eine Community, die aus diesem Buch erwachsen ist

Neben den oben beispielhaft genannten unmittelbaren Erfolgen hatte das Buch noch eine darüber hinausgehende, überraschende Auswirkung: Wir Unternehmer haben normalerweise niemanden, mit dem wir auf einer wirklich tiefen Ebene qualifiziert und offen über unsere Themen sprechen können. Wie soll ich mit Mitarbeitern darüber sprechen, ob ich einem anderen Mitarbeiter kündigen soll oder nicht? Wie soll ich mit Unternehmern, die meine Kunden sind, über die Baustellen in meinem Unternehmen reden? Wie soll ich in Netzwerken, in denen alle sich nur gegenseitig etwas verkaufen wollen, offen darüber reden, dass bei mir nicht alles Gold ist, was glänzt? Die meisten Freunde und oft auch die Partnerin oder der Partner sind zwar anfangs willig, über solche Dinge zu reden, aber sie sind meist keine Unternehmer und haben letztlich auch keine Ahnung. In meinen Seminaren entstehen in wenigen Stunden eine solche Offenheit und ein Vertrauen, dass die Teilnehmer – nur Unternehmer – nach kurzer Zeit wirklich über alles miteinander sprechen. Und durch diese Offenheit entstehen Lösungen wesentlich schneller.

Daraus entstanden im Laufe der Jahre viele tausend langjährige Freundschaften. Unternehmer, die sich vor zehn Jahren bei meinen Seminaren kennengelernt haben, tauschen sich noch heute regelmäßig aus. So ist eine wirkliche Community aus Menschen, die gemeinsam vorankommen und sich gegenseitig helfen wollen, entstanden. Und durch meine Bekanntheit konnte ich Menschen in diese Community bringen, an die andere nicht so leicht herankämen. Wir machten Veranstaltungen mit Richard Branson, Jochen Schweizer, Jürgen Dawo, Kerstin Friedrich, Boris Grundl, Han Shan, Hans-Georg Häusel und vielen anderen und oft genug war es möglich, direkten Kontakt mit diesen Menschen aufzunehmen.

Was hat sich in den 12 Jahren verändert, seitdem das Buch geschrieben wurde?

In den vergangenen Jahren habe ich mit tausenden Unternehmern in Seminaren, Coachings und einigen weiteren Formaten gearbeitet. Dabei lernte ich noch detaillierter, was funktioniert und was nicht. Deshalb bewege ich mich heute auf einem ganz anderen Niveau als vor 12 Jahren, als ich das Buch geschrieben hatte. Damals lag ja meine eigene Insolvenz erst vier Jahre zurück. Ich lernte sicher auch in den letzten 12 Jahren aus Büchern und besuchte Seminare als Teilnehmer. Aber entscheidend waren die vielen Unternehmer und ihre Herausforderungen, die mich zwangen, die Dinge immer wieder auf neue Art zu denken und die Theorie zu optimieren. Je besser die Theorie wurde, desto praxisorientierter wurde sie. Bis an den Punkt, den Immanuel Kant so schön beschrieb: »Es gibt nichts Praktischeres als eine gute Theorie.«

Auf diesem Weg entstanden meine beiden weiteren Bestseller *Die Kunst, seine Kunden zu lieben* und insbesondere auch *Dein Wille geschehe – Führung für Unternehmer. Der Weg zu Selbstbestimmung und Freiheit.* Auf diesem Weg verbesserte ich meine Seminare und kann nun mittlerweile sagen, dass sie zu den wirksamsten und nachhaltigsten Praxisseminaren in Deutschland gehören. Ich kenne die Seminarszene in Deutschland ziemlich gut und mir ist kein einziger Anbieter bekannt, der Monate nach dem Seminar überhaupt die Wirksamkeit seiner Seminare misst und diese daraufhin optimiert. Würde man z. B. sechs Monate nach einem Zeitmanagementseminar fragen, wer etwas davon wirklich in sein Leben integriert hat, dürfte die Quote bestenfalls bei fünf bis zehn Prozent liegen. Bei unseren Seminaren antworten die Teilnehmer im Nachgang, dass sie zu über 90 Prozent etwas verbessert und zu über 60 Prozent das zentrale Problem gelöst haben.

Natürlich haben diese praktischen Resultate zur Folge, dass allein aufgrund der Weiterempfehlungen auch mein eigenes Unternehmen, die Unternehmercoach GmbH, wächst: Von den letzten 12 Jahren wuchsen wir zehn Jahre mit einer jährlichen Rate von 20 bis 120 Prozent. Mittlerweile sind wir ein Team aus 33 Mitarbeitern und Coaches. Und alle Coaches sind selbst seit mindestens zehn Jahren Unternehmer mit einem eigenen Unternehmen – wer will sich schon von jemandem coachen lassen, der nie ein eigenes Unternehmen geführt hat und höchstens Einzelselbstständiger ist? Fußball lerne ich ja auch nicht von jemandem, der noch nie selbst ein Tor geschossen hat.

Die nächste Stufe: das Unternehmertraining

Im Buch schreibe ich, dass man das Unternehmersein trainieren müsse. Ich vergleiche das mit dem Sport. Spitzensportler trainieren 90 Prozent ihrer Zeit, Unternehmer vielleicht drei, bestenfalls zehn Prozent. Wirklich herausragende Unternehmer arbeiten aber 50 Prozent ihrer Zeit an sich selbst. 50 Prozent! Solange keiner meiner Wettbewerber trainiert, mag das mit drei Prozent einigermaßen funktionieren, aber stell dir mal vor, es tritt ein Wettbewerber in deinen Markt ein, der sein Unternehmersein trainiert und wirklich etwas auf der Pfanne hat! Dann ändert sich das Spiel komplett! Und stell dir umgekehrt mal vor, derjenige Unternehmer in deiner Branche, der wirklich etwas auf der Pfanne hat, bist du! Auch dann wird sich alles für dich ändern. 😊

Aus dieser Erkenntnis, dass man das Unternehmersein trainieren muss, habe ich das wohl intensivste Trainingsprogramm für Unternehmer im deutschsprachigen Raum entwickelt: Im Unternehmertraining entwickeln sich Unternehmer in einer kleinen Gruppe in einem super intensiven Programm zu herausragenden Unternehmern. Dabei lernen sie nicht nur von mir, sondern vor allem voneinander und von den begleitenden Coaches. Diese sind selbst erfahrene Unternehmer. Jeder bringt sich mit seiner speziellen Expertise und seinen persönlichen Erfahrungen ein. Das Training im Umfeld der mittrainierenden Unternehmer findet mit extrem hohem Commitment statt. Dadurch hat sich das eigene Unternehmerleben am Ende der zwei Jahre massiv verwandelt. Jeder Teilnehmer hat sich zudem ein Umfeld aus 50 oder mehr anderen Unternehmern geschaffen, das bleibt und das einen in der weiteren Entwicklung trägt. Ein Teilnehmer sagte mir gar: »Ohne das Unternehmertraining würde ich heute nicht mehr leben.« Ich mag keine Übertreibungen, aber das Unternehmertraining ist absolut lebensverändernd.

Die drei Dinge, die du jetzt tun solltest

Das Wichtigste zuerst: Fang in diesen Minuten mit irgendetwas an. Beweise dir selbst, dass du etwas verändern willst. Und sei es nur, dass du jemandem eine Message schickst, in der drinsteht, was du als Erstes tun wirst (zum Beispiel der Person, die dir dieses Buch empfohlen hat). Diese Person wird dich dann fragen, was daraus geworden ist, und das erhöht deine Motivation, es auch zu tun. Mach etwas, fang an: jetzt! Ob eine Engpassanalyse, ein Telefonat, eine wichtige Entscheidung, die du bislang aufgeschoben hast, ist im ersten Moment egal. Mach es nicht zu kompliziert! Handeln reduziert Komplexität – Nachdenken erzeugt sie!

Wenn du etwas gemacht hast, dann reduziere (!) als nächstes – zumindest für einige Zeit – deinen Input über Bücher, Podcasts, Videos, Social Media usw. Warum? Wir können uns noch so viel vornehmen – es dauert wenige Tage, Stunden, manchmal sogar nur Minuten und etwas anderes erscheint uns als wichtiger. Schon wechseln wir die Prioritäten und es wird nichts fertig. Die meisten Unternehmer scheitern nicht an schlechten Ideen, sondern daran: Sie graben an einer Stelle mit ihrem Spaten ein kleines Loch. Da finden sie kein Gold. Deshalb gehen sie woanders hin, graben dort wieder ein bisschen. Auch kein Gold. Und so weiter ... Am Ende haben sie noch immer kein Gold, sondern einen Acker mit Maulwurfshügeln. Sie haben zu viele Ideen. Also, wenn es dir wirklich ernst ist: Mach für sechs bis acht Wochen eine Info-Diät und setze die Dinge um! Lass nicht zu, dass irgendwelche neuen Ideen dich von dem, was du eigentlich tun willst, ablenken!

Und schließlich noch der dritte und mit Abstand wichtigste Tipp. Wenn ich von dem, was ich in den letzten 12 Jahren gelernt habe, eine Sache als die wichtigste ansehen würde, dann diese: Es ist entscheidend, die eigene Entwicklung gemeinsam mit anderen Unternehmern anzugehen. Und zwar gemeinsam mit Menschen, die in einer ähnlichen Situation sind oder diese sogar schon bewältigt haben. Mit Menschen, die dieselbe Sprache sprechen und mit denselben Konzepten arbeiten. Sicher, es geht auch ohne dieses Umfeld, aber es braucht viel mehr Zeit und Disziplin und vor allem auch die Bereitschaft (und das Geld auf dem Konto), auch teure Irrwege zu gehen. Genau dieses Umfeld (und mein Praxis-Know-how aus den letzten 12 Jahren) findest du im Seminar »Der Weg zum erfolgreichen Unternehmer«.

Das Seminar nach dem Buch

Speziell für die Leser dieses Buches habe ich ein Seminar entwickelt, in dem du umgeben von Unternehmern und unterstützt durch mich und meine Coaches an deiner spezifischen Situation arbeiten kannst. In diesem dreitägigen Seminar findet nicht dasselbe statt wie im Buch. Das Buch gelesen zu haben ist vielmehr die Voraussetzung, um aus dem Seminar den maximalen Nutzen ziehen zu können. In diesen drei Tagen arbeitest du nach der neuesten Methodik an deinem Lebensstil und an deinem Unternehmen. Darüber hinaus hast du im Seminar die Möglichkeit, dich mit einer Vielzahl von Unternehmern auszutauschen und Antworten für deine spezifische Situation zu erhalten – auch von mir und meinen Coaches. Ich freue mich, dich schon bald persönlich zu treffen. Melde dich noch heute für mein Seminar an und ich begleite dich bei deinem nächsten Schritt auf dem Weg zum erfolgreichen Unternehmer (mehr dazu auf www.unternehmercoach.com).

Doch unabhängig davon, wie deine persönlichen nächsten Schritte aussehen: Bleib unbedingt an der Umsetzung dran! Mein Wunsch für dich ist, dass auch du eines Tages zurückblicken und voller Überzeugung sagen kannst: »Ich war mal der Sklave meines eigenen Unternehmens, aber nun ist Unternehmer sein für mich die geilste Lebensform der Welt!«

Eschbach, August 2019
Stefan Merath

Literaturhinweise

Ausführliche Besprechungen der hier erwähnten Bücher finden Sie unter: http://www.unternehmercoach.com/.
Monatlich weitere fünf bis fünfzehn aktuelle Buchbesprechungen für Unternehmer erhalten Sie über den Unternehmercoach-Newsletter: http://www.unternehmercoach.com/newsletter-anmeldung.htm.

Die wichtigsten Bücher für Unternehmer

Covey, Stephen R.: Der 8. Weg
Friedrich, Kerstin: Das neue 1 x 1 der Erfolgsstrategie
Gerber, Michael E.: Das Geheimnis erfolgreicher Firmen –
 Warum die meisten kleinen und mittleren Unternehmen
 nicht funktionieren und was Sie dagegen tun können
Häusel, Hans-Georg: Brain Script – Warum Kunden kaufen!
May, Peter: Der Unternehmer
Robbins, Anthony: Das Robbins PowerPrinzip
Schäfer, Bodo: Endlich mehr verdienen
Schmidt, Josef: Unternehmer sein – mit Körper, Geist und
 Seele

Verwendete Literatur

Allen, David: Wie ich die Dinge geregelt kriege. Selbstmanagement für den Alltag

Altmann, Alexandra: Gesagt, getan! Business-Strategien und Pläne erfolgreich umsetzen

Altmann, Hans Christian: Kunden kaufen nur von Siegern

Aurel, Marc: Selbstbetrachtungen

Bandler, Richard, u. Grinder, John: Reframing. Ein ökologischer Ansatz in der Psychotherapie (NLP).

Bernecker, Michael u. a.: Akquise für Trainer, Berater, Coachs

Birkner, Monika: Wachstumsstrategien für Solo- und Klein-Unternehmer. Mit neuem Denken und Handeln zu mehr persönlichem und geschäftlichem Erfolg

Black, Jack: Das Mindstore-Buch

Blackmore, Susan: Die Macht der Meme. Oder die Evolution von Kultur und Geist

Blanchard, Ken: Das Prinzip Großzügigkeit

Blanchard, Ken: Führungsstile

Blanchard, Ken: Full Steam Ahead – Die Kraft von Visionen

Blanchard, Ken, u. a.: Der Minuten-Manager und der Klammer-Affe

Brandes, Dieter: Einfach managen

Bridges, William: Der Charakter von Organisationen

Buckingham, Marcus, u. Clifton, Donald O.: Entdecken Sie Ihre Stärken jetzt!

Buzan, Tony: Change Now!

Buzan, Tony: Power Brain

Celma, Alex Rovira, u. Bes, Fernando Trias de: Die Fortuna-Formel – Wie Sie die Voraussetzungen für Ihr Glück schaffen

Covey, Stephen R.: Die 7 Wege zur Effektivität

Demas, Jan: Historisches für Führungskräfte

Donders, Paul: Authentische Führung

Drucker, Peter F.: Management im 21. Jahrhundert

Förster, Anja, u. Kreuz, Peter: Different Thinking
von Fournier, Cay: Das Geheimnis der LebensBalance
von Fournier, Cay: Der perfekte Chef. Führung, Mitarbeiterauswahl, Motivation für den Mittelstand
von Fournier, Cay: Die 10 Gebote für ein gesundes Unternehmen
Friedrich, Kerstin: Empfehlungsmarketing – Neukunden gewinnen zum Nulltarif
Gerber, Michael E.: E-Myth-Mastery. The Seven Essential Disciplines for Building a World Class Company
Gladwell, Malcolm: Tipping-Point
Goldratt, Eliyahu: Das Ziel – Teil II
Goleman, Daniel: EQ – Emotionale Intelligenz
Grün, Anselm: Menschen führen – Leben wecken
Hammer, Michael, u. Champy, James: Business Reengineering
Händeler, Erik: Die Geschichte der Zukunft
Hass, Hans: Der Hai im Management – Instinktverhalten erkennen und kontrollieren
Häusel, Hans-Georg: Limbic Success. So beherrschen Sie die unbewussten Regeln des Erfolgs – die besten Strategien für Sieger
Hayek, Nicolas G.: Ansichten eines Vollblutunternehmers
Heilmann, Christel: Tugenden erfolgreicher Unternehmer
Hill, Napoleon: Denke nach und werde reich
Hope, Jeremy, u. Fraser, Robin: Beyond Budgeting
Kaiser, Stephan: Das Chefbuch. Erfolgreich als Kleinunternehmer und Freiberufler
Kaplan, Robert S., u. Norton, David P.: Die strategiefokussierte Organisation – Führen mit der Balanced Scorecard
Kast, Bas: Die Revolution im Kopf. Die Zukunft des Gehirns
KfW-Bankengruppe: Wachstum. Die 10 goldenen Regeln für eine gesunde Unternehmensentwicklung
Kim, W. Chan, u. Mauborgne, Renée: Der blaue Ozean als Strategie
Kiyosaki, Robert, u. Lechter, Sharon: Rich Dad, Poor Dad. Was die Reichen ihren Kindern über Geld beibringen

Klein, Hans-Michael, u. Kresse, Albrecht: Psychologie – Vorsprung im Job. Die Gesetze der Psychologie verstehen und anwenden. Menschen psychologisch beeinflussen. Sich vor Manipulationstechniken schützen

Knoblauch, Jörg: Unternehmer beraten Unternehmen

Knoblauch, Jörg, u.a.: Unternehmens-Fitness – Der Weg an die Spitze

Kobjoll, Klaus: Abenteuer European Quality Award – Motivaction III

Kobjoll, Klaus: Motivaction

Kobjoll, Klaus: TUNE. Neue Wege zur Kundengewinnung und -bindung

Kohtes, Paul J.: Dein Job ist es, frei zu sein – Zen und die Kunst des Managements

Krenovsky, Annette, u. Reiter, Wilfried: Es irrt nicht nur der Chef. Erkennen Sie die fatalsten Denkfehler im Beruf und entscheiden Sie richtig

Lang-von Wins, Thomas: Der Unternehmer. Arbeits- und organisationspsychologische Grundlagen

Levinson, Jay Conrad: Guerilla Marketing – Offensives Werben und Verkaufen für kleinere Unternehmen

Lieven, Theo: Unternehmer sein heißt frei sein

Linz, Lothar: Teamcoaching

Löbel, Uwe: Wege zum Ziel. Goldratt's Theory of Constraints – Methoden und Werkzeuge

Loehr, James E.: Die neue mentale Stärke. Sportliche Bestleistung durch mentale, emotionale und physische Konditionierung

Love, John F.: Die McDonald's Story

Lundin, Stephen C.: Fish! Ein ungewöhnliches Motivationsbuch

Malik, Fredmund: Führen, Leisten, Leben

Malik, Fredmund: Management – Das A und O des Handwerks

Malik, Fredmund: Wirksam führen

McGinnis, Alan Loy: Aus Freude am Erfolg. Wie Sie aus sich und anderen das Beste herausholen

Merath, Stefan: Der Weg zum erfolgreichen Franchisegeber – Wie Sie die magische Hürde von 25 Franchisepartnern überwinden

Miedaner, Talane: Coach dich selbst, sonst coacht dich keiner!

Ohmae, Kenichi: Was kommt nach der Globalisierung?

Pilsl, Karl: Die naturkonforme Strategie

Pircher-Friedrich, Anna Maria: Mit Sinn zum nachhaltigen Erfolg

Rampersad, Hubert K.: Personal Balanced Scorecard. Der Weg zu individuellem Glück, Persönlichkeitsbildung und Managementerfolg

Robbins, Anthony: Grenzenlose Energie – Das PowerPrinzip

Rückert, Hans-Werner: Entdecke das Glück des Handelns. Überwinden, was das Leben blockiert

Rückert, Hans-Werner: Schluss mit dem ewigen Aufschieben. Wie Sie umsetzen, was Sie sich vornehmen

Rusch, Alex S.: Multiplizieren Sie Ihren Erfolg mit dem Braintrust-Prinzip

Sanders, Tim: Der Sympathiefaktor. Menschen erfolgreich für sich gewinnen

Sawtschenko, Peter: Positionierung – das erfolgreichste Marketing auf unserem Planeten

Schäfer, Bodo: Der Weg zur finanziellen Freiheit. In sieben Jahren die erste Million

Schäfer, Bodo: Die Gesetze der Gewinner

Schäfer, Bodo: Ein Hund namens Money

Schäfer, Bodo: Kira und der Kern des Donut

Schäfer, Bodo: Praxis-Handbuch Marketing

Schäfer, Bodo: Praxis-Handbuch Positionierung

Scherer, Hermann: Das überzeugende Angebot. So gewinnen Sie gegen Ihre Konkurrenz

Scherer, Hermann: Wie man Bill Clinton nach Deutschland holt. Networking für Fortgeschrittene

Schmidt, Josef: Marktdynamik

Schwanfelder, Werner: Konfuzius im Management. Werte und Weisheit im 21. Jahrhundert

Schwartz, Tony, u. Loehr, Jim: Die Disziplin des Erfolgs. Von Spitzensportlern lernen – Energie richtig managen

Schwarz, Hubert: Aus eigenem Antrieb. Erfahrungen eines erfolgreichen Extremsportlers

Schwarz, Hubert: Rad extrem. In 80 Tagen um die Welt

Seiwert, Lothar J.: Wenn Du es eilig hast, gehe langsam

Seligman, Martin: Pessimisten küsst man nicht

Siefer, Werner, u. Weber, Christian: Ich – Wie wir uns selbst erfinden

Simon, Hermann, u.a.: Der gewinnorientierte Manager. Abschied vom Marktanteilsdenken

Simon, Hermann: Die heimlichen Gewinner (Hidden Champions) – Die Erfolgsstrategien unbekannter Weltmarktführer

Slywotzky, Adrian, u. Wise, Richard: Wachsen ohne Wachstumsmärkte. Unternehmensstrategien für neuen Aufschwung

Steiner, Gabi: Von Mensch zu Mensch. Passives Einkommen durch Empfehlungsmarketing

Tracy, Brian: Ziele Setzen Verfolgen Erreichen

Venohr, Bernd: Wachsen wie Würth

Vögele, Siegfried: Dialogmethode: Das Verkaufsgespräch per Brief und Antwortkarte

Vogler, Christopher: Die Odyssee des Drehbuchschreibers

Waitley, Denis: Nur wer handelt, kann gewinnen

Weissman, Arnold: Die großen Strategien für den Mittelstand

Wiersema, Fred: Gewinnformel Kundennähe – Customer Intimacy

Witzel, Herbert, u. Kamm, Roland: Unternehmenswachstum. Die natürlichste Sache der Welt

Wunderle, Michaela: Helena Rubinstein

Würth, Reinhold: Erfolgsgeheimnis Führungskultur. Bilanz eines Unternehmers

Zimmermann, Hans-Peter: Großerfolg im Kleinbetrieb. Wie man einen Betrieb mit 1 bis 40 Mitarbeitern zum Erfolg führt

Sach- und Personenregister

Affen 149f., 204, 249f.
Aktiengesellschaften, börsennotierte 40, 49
Allen, David 197
Anerkennung 134
Arbeitsplan 235–239, 242f.
Arbeitsplätze 38f.
Armstrong, Lance 359
Aufgabenbereiche des Unternehmers 52–56, 79, 82, 196, 245
Aufräum-Manager 133f.
Aversionswerte 95f.

Balanced Scorecard 426
Berufswechsel – vom Selbstständigen zum Unternehmer 36, 61, 108, 125
Blackmore, Susan 417
Braintrust 217
Branson, Richard 279
Businessplan 419–422

Carnegie, Andrew 51
Collins, Jim 230
Covey, Stephen 155, 196

Davidoff, Zino 309
Delegation 135, 139, 143f.
Dienstleister, externe 244
Disziplin 74, 77f., 82, 202, 231
Drucker, Peter 296
Duttweiler, Gottlieb 51

Einflussbereich 21
Einstein, Albert 17, 304, 424
Eisenhower-Methode 155, 185
Emotionen 378–382
Energiebilanz 425f.
Energie, externe 53f., 412, 414, 424f.
Engpassanalyse 192, 218, 321f., 379
Entscheidungsfindung 109–116
Erfolg 374–376
Erfolgskriterien 163
Ergebnisse 158, 184

Fachaufgaben 107f., 128–150
Fachkraft 32–37, 194
Ford, Henry 332, 388
Fournier, Cay von 78, 99
Frankl, Viktor 227
Führungsdiskussion 34, 142, 323
Führungssystem 232

Gallup-Institut 72, 75, 228
Gandhi, Mahatma 332
Gates, Bill 279
Gerber, Michael E. 37, 220
Gewinn 22, 37, 48f., 268, 305f., 413f.
Glaubenssätze 23–25, 88, 181f., 352f., 366–373
Goldratt, Eliyahu 17
Google 318, 394f., 398, 428f., 433
Gore 415

Häusel, Hans-Georg 85, 272, 273
Hayek, Nicolas G. 220
Huxley, Aldous 245, 353

Identität 64, 66
Imitation 283, 370
Investor 49, 165, 328f.

Jesuiten 162
Jobs, Steve 438

Kaplan, Robert S. 426
Kennzahlen 145f., 176–179, 184, 232, 424–426
Kobjoll, Klaus 231
Kommunikation 129, 263, 359
Konkurrenz 20, 22, 297, 424f.
Kontrollbereich 21
Konzentration 297
Kriterien 163–171, 175
Kunde, Jesper 279
Kundennutzen 38f., 272, 305f.
Kundenzufriedenheit 18f., 145

Landkarte, mentale 83f., 87, 354, 367f., 373
Landkartenkonzept 68
Leadership 144
Lebensbereiche 103
Leitfragen 180–184, 236
Libet, Benjamin 270, 304
Lieven, Theo 220
Limbic Map® 272–275
Loehr, Jim 187
Loftus, Elizabeth 66

Malik, Fredmund 232, 296
Managementsysteme 232
Manager 37, 194, 218–220, 228–235, 427
Mandela, Nelson 368
Marktdefinition 298
Marktführer 306, 416, 429f.
Marx, Karl 260, 304

Matsushita 338
May, Peter 99
Meditation 162, 236
Meme 417
Mewes, Wolfgang 296
Microsoft 279
Mitarbeiter, unzufriedene 19
Modelle 68–70

New Economy 9
NLP 85–87, 382
Norton, David P. 426
Nutzen 215f.

Organigramm 323, 325, 416
Orientierung 158, 162

Pareto, Vilfredo 253
Pausen 187, 236
Persönlichkeitsentwicklung 352–366
Preis 267
Produktmarkt 299

Rampersad, Hubert 177
Ricardo, David 259
Robbins, Anthony 85
Roddick, Anita 279
Röpke, Jochen 353
Roth, Gerhard 86

Schäfer, Bodo 180, 232, 413
Scheitern 26f., 315, 438f.

Schumpeter, Joseph 31, 220, 352
Schwarz, Hubert 160
Seneca 154
Shareholder-Value 38
Simon, Hermann 279, 296
Sofortmaßnahmen 131–133
Spaß 77f.
Spezialisierung 297
Stakeholder 39
Stärken 65, 67, 69–71, 77f., 80–83
Stellvertreter des Nachfolgers 119–121, 156, 203, 217
Strategie 255f., 266f., 269, 272, 275f., 294–296, 306, 317, 320, 322, 324f.
Swish 382f.

Tagebuch 62, 88, 184, 381
Teilziele 168–171, 175
Training 80, 357
Träume 65, 67, 69f., 102–104

Übergabe 143–146
Ullrich, Jan 359
Umfeld, soziales 202f., 253
Umsatzstagnation 19
Unamuno, Miguel de 102
Unternehmenskrebs 54, 418
Unternehmensnachfolge 56f., 64, 122f., 165, 220f., 294–331, 338, 413

Unternehmenszweck 37–43
Unternehmer 32, 37, 47, 194, 220–227, 278f.
Unternehmersystem 155–160, 171f., 180f., 190, 195, 197f., 200, 202, 206, 218, 238f., 243f., 250–252, 357, 369

Vision 56, 82, 102, 161, 182, 233, 330–332, 336–338
Vogler, Christopher 289

Waitley, Dennis 357
Walton, Sam 51
Werte 52, 64f., 67, 69f., 83–88, 93, 95f., 258–269, 276–285, 289, 292–294, 297, 303–305, 309, 311f.
Wettkampf 357
Wirklichkeit 67–69
Wohlstand, privater 328
Würth 415

Zeiteinsparung 132
Zeithorizonte 161f.
Zeitmanagement 154–156, 180, 198, 204
Ziele 102–104, 158, 160–163, 166–171, 175, 215–217
Zielgruppe 307–315, 318, 321f., 324–326

Über den Autor

»Unternehmer sein ist die geilste Lebensform der Welt!« Davon ist Stefan Merath, laut Vertriebsnachrichten »Deutschlands führender Unternehmercoach«, zutiefst überzeugt.

Mitte der 90er-Jahre hängt der Diplom-Soziologe seine noch junge Angestelltenkarriere als wissenschaftlicher Mitarbeiter an der TU Berlin an den Nagel. Für Stefan Merath, wie er selbst sagt, die »sinnfreieste Zeit meines Lebens«. Er hat ein klares Ziel vor Augen: Unternehmer zu werden und sich den Traum von der eigenen Unabhängigkeit zu erfüllen.

In den nächsten Jahren leitet Stefan Merath vier verschiedene Unternehmen mit bis zu 30 Mitarbeitern. Er macht viele angenehme, aber auch einige schmerzvolle Erfahrungen, wie die Insolvenz seiner ersten Firma im Jahr 2003. Dies war die Initialzündung für die eine Frage: Was zeichnet ihn aus, den Weg zum erfolgreichen Unternehmer?

Auf der Suche nach diesen Erfolgsparametern liest Stefan Merath weit über 1000 Bücher zum Unternehmersein. Er besucht intensive Fortbildungen, zahllose Top-Veranstaltungen und trifft immer wieder inspirierende Unternehmerpersönlichkeiten. Aus all diesen Erfahrungen entwickelt er mit den Jahren eine umfassende Methodik, mit der er Unternehmer befähigt, endlich wieder ein erfüllendes Unternehmerleben zu führen.

Mit seiner dritten Firma, der Unternehmercoach GmbH, verhelfen Stefan Merath und seine inzwischen über 20 Coaches durch Seminare, Coachings, Braintrusts und viele weitere Produkte heute tausenden von Unternehmern zu einem erfüllteren Unternehmerleben. Und zur Wiederentdeckung alter Stärke und neuen Erfolges. Einige der Kunden sind Gewinner bei Great Place to Work und von Strategie- oder Innovationspreisen. Im Jahre 2009 gewinnt die Unternehmercoach GmbH den Strategiepreis des Strategieforum e.V. Mit »Light the Fire – Woodstock für Unternehmer« erfüllt sich Stefan Merath 2014 einen Lebenstraum und bringt Richard Branson exklusiv als Speaker nach Deutschland.

Doch nicht nur als Unternehmer ist Stefan Merath erfolgreich. Mit seinem Buch *Der Weg zum erfolgreichen Unternehmer* gelingt ihm auf Anhieb ein Bestseller. Das Buch ist seit Erscheinen nahezu durchgängig die Nummer 1 bei Amazon, in der Kategorie »Kleine und mittlere Unternehmen«. Im Jahr 2011 erscheint sein Business-Roman *Die Kunst, seine Kunden zu lieben*, in dem er die Erkenntnisse der Neurowissenschaften erfolgreich auf das strategische Handeln des Unternehmers überträgt und damit an den Fundamenten herkömmlicher Strategieprozesse rüttelt. Mit *Dein Wille geschehe – Führung für Unternehmer* legt Stefan Merath 2017 mit dem ersten Führungsbuch nur für Unternehmer nach. Während die meisten Führungsbücher sich mit der Arbeit von Managern im Führungssystem beschäftigen, widmet sich dieses Buch ganz der Frage, wie man als Unternehmer am Führungssystem arbeitet.

Heute inspirieren die Bücher von Stefan Merath tausende von Unternehmern pro Jahr dazu, ihr Unternehmerleben in neue Erfolgsbahnen zu lenken. Im Zusammenspiel mit Coachings, Seminaren, Braintrusts und dem exklusiven zweijährigen Unternehmertraining erschaffen Stefan Merath und seine Coaches so eine genauso nachhaltige wie starke Unternehmer-Community. Eine Gemeinschaft, die nur ein Ziel kennt: sich gemeinsam zu Höchstleistungen anzustacheln, um endlich ein erfülltes und sinnvolles Unternehmerleben zu führen.

Du bist Unternehmer und du hast einen Traum?

Den Traum von einem sinnvollen, nützlichen und attraktiven Unternehmen. Den Traum von einer aufregenden Tätigkeit, die dir und deinen Mitarbeitern Spaß macht. Den Traum vom großen Erfolg. **Und du willst noch besser werden?**

Vielleicht bist du aber auch Unternehmer und wunderst dich, wie es kam, dass dein Traum unter einer mörderischen 80-Stunden-Woche oder grässlichen Bilanzen verschwunden ist?

Dein Unternehmen ist das Produkt deiner Persönlichkeit und zugleich wird deine Persönlichkeit durch dein Unternehmen geprägt. Deswegen kannst du **dauerhafte Entwicklungen oder Änderungen nur erzielen, wenn du an deinem Unternehmen UND an deiner Persönlichkeit ansetzt.** Dabei kann dich jemand unterstützen, der von beidem etwas versteht: ein Unternehmer und ein Coach. Ein spezialisierter und exklusiver **Unternehmercoach.**

Alle Spitzensportler arbeiten mit einem Coach. Viele Spitzenunternehmer mittlerweile auch. Und du? Pack es an und sorge dafür, dass du und dein Unternehmen neue Dynamik gewinnen!

Wir bieten dir als Unternehmer:
- Unternehmertraining (mit deiner Trainingsgruppe)
- Seminare exklusiv für Unternehmer
- ein Unternehmernetzwerk: unsere Braintrusts
- Online-Kurse auf dem Unternehmercoach Campus (ab 01.2024)
- eine einzigartige Community aus Unternehmern
- individuelles Coaching
- weiteres Wissen für Unternehmer: Bücher, Podcast, Newsletter, E-Books, Arbeitsmaterialien und Blogartikel

Informiere dich jetzt unter:
www.unternehmercoach.com

Der Weg zum erfolgreichen Unternehmer

DAS VERÄNDERUNGSSEMINAR

In diesem 3-tägigen Seminar für kleine und mittelständische Unternehmer erzielst du direkt vor Ort Veränderung, die nachhaltig für ein selbstbestimmtes und erfolgreiches Unternehmersein wirkt.

Das erwartet dich:

- Eine spannende Mischung aus Seminar und Workshop, in der du an deiner Person und deinem Unternehmen arbeitest und Inhalte aus dem gleichnamigen Buch direkt umsetzt.
- In der Hälfte der Zeit spricht Stefan Merath. In der restlichen Zeit bist du dran: Schaffe Freiräume, treffe Entscheidungen und setze erste Pläne direkt vor Ort um.
- Gemeinsam mit anderen Unternehmern arbeitest du an deinen Träumen und lernst, wie du deine Blockaden überwinden und neue Perspektiven entwickeln kannst.
- Du erhältst direkt vor Ort Unterstützung von unseren erfahrenen Unternehmercoaches.
- Du verlässt das Seminar mit einem klaren Plan und einer wirkungsvollen Verpflichtung. Über 80 Prozent aller Teilnehmer, die sich verpflichtet haben, erreichen ihre Ziele!

Das Seminar basiert auf den Erfahrungen von Stefan Merath als Unternehmer, also kannst du sicher sein, dass du wirklich das Beste aus dieser Investition herausholen wirst. Unsere Unternehmer-Community ist einzigartig und wir freuen uns, dich dabei zu haben!

„Das Seminar „Der Weg zum erfolgreichen Unternehmer" wird mein Leben positiv verändern! Die Rakete ist gezündet!"
Patrik Weber, Weber Hotelbetriebs GmbH

Informiere dich jetzt unter:
www.uc-link.com/weg-1

Das exklusive Unternehmertaining

DEINE HELDENREISE ZUM SCHWARZGURT-UNTERNEHMER

Unser 2-jähriges Unternehmertraining ist ein ambitioniertes Gesamtkonzept, das nicht nur sporadisch Probleme löst, sondern darauf abzielt, dich zu einem wahrhaft erfolgreichen Unternehmer zu formen: einem **Schwarzgurt-Unternehmer.**

Ein **Schwarzgurt-Unternehmer** beherrscht seine Zeit und Strategie, genießt finanzielle Freiheit und seinen eigenen Lebensstil. Er formt eine Vision in seinem Unternehmen, bringt dort seine Seele zum Ausdruck und bereichert somit das Leben seiner Kunden und Mitarbeiter.

DU WILLST AUCH EIN SCHWARZGURT-UNTERNEHMER SEIN?
Dann öffnet unser 2-jähriges Unternehmertraining die Tür zu deinem Ziel:

- Werde Teil einer exklusiven Gruppe von maximal 15 Unternehmern, trainiert von Unternehmercoaches mit über einem Jahrzehnt Erfahrung.
- Entwickle nicht nur deine Führungsfähigkeiten, sondern wachse in einer inspirierenden Unternehmergemeinschaft, die dich als wahren Leader unterstützt und dir kontinuierliches Echtzeit-Feedback bietet.
- Investiere deine Zeit weise: Verbringe sie mit motivierten Unternehmern, die deine Vision und unternehmerischen Ziele teilen, da dein Umfeld maßgeblich deinen Erfolg beeinflusst.
- Arbeite mit ebenso entschlossenen Unternehmern wie dir zusammen, denn wahres Commitment ist der Schlüssel zur unternehmerischen Entwicklung.

Mehr über deinen Weg zum Schwarzgurt-Unternehmer erfährst du in Stefan Meraths neuem Buch „Die Schwarzgurt-Unternehmer: Das letzte Geheimnis der leichten, menschlichen und wirksamen Unternehmensführung". **Erscheinungstermin**: März 2024

Informiere dich jetzt unter:
www.uc-link.com/utr-1

Weitere Seminare

NEUROSTRATEGIE
DAS STRATEGIE-SEMINAR FÜR UNTERNEHMER

Willst du für dein Unternehmen eine **glasklare Strategie** erarbeiten? Eine Strategie, mit der du auch in Krisenzeiten deine eigene Konjunktur machst? In 3 intensiv fordernden Tagen entwickelst du auf Basis von Stefan Meraths Neurostrategie-Buch „Die Kunst, deine Kunden zu lieben" eine für dich passende Strategie. Es ist nicht wichtig, ob deine Idee klein oder groß ist. Wichtig ist die **wirkliche Veränderung der Zukunft**!

„*Dieses Umfeld ist einmalig und Stefan Merath schafft es immer noch etwas obendrauf zu setzen und noch besser zu werden. Vielen Dank für alles was ich bisher mit und durch dieses Umfeld erleben durfte.*"
Verena Berndt, IBB - Ingenieurbüro Verena Berndt

FÜHRUNG FÜR UNTERNEHMER: TEIL 1

Du willst deine **Führungspersönlichkeit weiterentwickeln** und nachhaltig daran arbeiten? In diesem 3-tägigen Seminar lernst du von Anfang an effektive Methoden zur **drastischen Steigerung deiner Führungsfähigkeiten** im Alltag. Du erhältst ein unkompliziertes System, um rasch Fortschritte in deiner Führungskompetenz zu erzielen. Du gewinnst **Klarheit** darüber, wie du bestehende Führungskonzepte in dein Unternehmen integrieren kannst. Und du entwickelst einen **präzisen Plan** zur Delegation von Führungsaufgaben an Manager. Dabei profitierst du von **ehrlichem und direktem Feedback** von Unternehmercoaches und anderen Teilnehmern, um deine unternehmerische Persönlichkeit weiterzuentwickeln.

 „*Zu jedem Impuls kommt ein Doing. Hier wird man nicht nur ins kalte Wasser geworfen, sondern fängt direkt an Bahnen zu Schwimmen.*"
Michael Fuchs, Fuchs Raumingenieure GmbH

Informiere dich jetzt unter:
www.uc-link.com/seminare-1

MITARBEITENDE FÖRDERN, UNTERNEHMEN VORANBRINGEN!

GLEICH WEITERLESEN?

In unseren **Businessbüchern** teilen Expertinnen und Experten aus der Praxis ihr Wissen rund um die Themen Unternehmertum, strategisches Management und Mitarbeiterführung.

Scannen Sie den QR-Code und finden Sie in den **Leseproben unserer Businessbücher** Impulse, die Sie und Ihr Unternehmen voranbringen. Ihr Lieblingsbuch bestellen Sie anschließend mit einem Klick beim Shop Ihrer Wahl!

gabal-verlag.de
gabal-magazin.de

DIE BUSINESS-BESTSELLER AUS DER COVEY-BIBLIOTHEK

Mehr Effektivität, Erfolg & Lebensfreude

GLEICH WEITERLESEN?

Von Kommunikation über Zeitmanagement bis hin zu Führung und Konfliktlösung: Entdecken Sie sofort umsetzbare **Tipps** und wertvolles **Praxiswissen** aus der Covey-Bibliothek!

Ob **beliebte Bestseller** oder **aktuelle Neuerscheinungen**: Scannen Sie den QR-Code, stöbern Sie durch inspirierende **Leseproben** und bestellen Sie Ihr Wunschbuch ganz bequem mit einem Klick.

gabal-verlag.de
gabal-magazin.de

GABAL.
Wissen vernetzen

Bei uns treffen Sie Entscheider, Macher ... Persönlichkeiten, die nach vorn wollen

Seit 1976 bildet GABAL e.V. ein Netzwerk für Menschen, die sich und ihr Business weiterentwickeln möchten.

„Austausch, Praxisnähe, Inspiration und Professionalität – dafür ist GABAL e.V. mit seinen Angeboten ein Garant."
(Anna Nguyen, Unternehmerin)

GABAL e.V.
www.gabal.de

Neugierig geworden? Besuchen Sie uns auf www.gabal.de/mitglied-werden/leistungspakete